KB071593

가치, 그리고 음악 교육

VALUES AND MUSIC EDUCATION

Estelle R. Jorgensen 저

최은아 · 김성지 · 김일영 · 박영주 · 양병훈 · 임은정 · 정윤정 · 최정윤 · 최진경 공역

이남재 감수

학지사

Values and Music Education

by Estelle R. Jorgensen

🔊 역자 서문

이 책은 에스텔 요르겐센(Estelle R. Jorgensen)의 『Values and Music Education (2021)』을 번역한 것이다. 인디애나대학교 제이콥스 음악대학의 음악 교육 명예교수인 저자는 미국음악교육협회(National Association for Music Education: NAfME) 철학 연구 단체의 창립자이자 국제음악교육철학학회(International Society for the Philosophy of Music Education: ISPME)의 공동 창립자로서 음악 교육과 관련된 철학 및 윤리적 문제들에 관심을 갖고 지속적으로 연구해 오고 있다.

이 책에서 저자는 음악과 교육에서 핵심적인 역할을 하는 가치들의 개념과 의미를 검토하고 음악 교육에서의 그 역할과 중요성을 탐구한다. 각 가치는 개별적으로 다루어지면서도, 4개의 연관된 가치로 묶여 가치 사중주(a quartet of values)라는 형태로 제시된다. 음악에서 사중주가 각 악기나 목소리가 갖고 있는 특성에 대한 이해를 바탕으로 서로 조화를 이루며 음악적 균형을 맞추어 나가듯이, 음악과 교육의 실제에서 서로 밀접하게 얽혀 충돌할 수 있는 가치들을 사중주로 묶어 고찰하는 것이다. 여기에는 각 가치의 이중성을 드러내고, 그 역할과 중요성이 다른 가치와의 조합에 따라 달라질 수 있음을 강조하려는 의도가 담겨 있다.

저자는 가치를 검토하는 데 있어 분석적이면서도 변증법적인 철학적 접근 방식을 취하며, '이것과 저것(this with that)'을 함께 살피는 방법이라고 부르고 있다. 가치는 우리의 행동을 안내하는 원칙이지만, 권위적이며 절대적인 위상을 갖는 덕목과는 다르게 상대적이며 때로는 주관적이기도 하다. 이 책에서는 가치를 당연시되어야 하는 덕목이 아니라 고려하고 검토해야 하는 대상으로 보고, 긍정적인 면과 더불어 부정적인 면까지 면밀히 살펴보고 있다. 음악과 교육에 대한 폭넓은 관점을 취하고 있는 저자는 각 가치가 갖는 '이것과 저것'의 특성을 드러내면서, 독자들을 사유와 성찰의 장으로 초대하고 있는 것이다.

음악 교육의 토대가 되는 가치는 무엇일까? 어떤 가치를 추구해야 하며 어떻게 실천해야 할까? 역자들은 이와 같은 질문에 초점을 맞추어 서로 배우고 논의하며 번역을 진행하였다. 짧지 않은 번역 과정은 이에 대한 답을 찾는 여정이었다고 해도 과언이 아닐 것이다. 독자들은 이 책을 읽으면서 이러한 질문과 관련하여 우리가 맹목적으로 추구해 왔던 가치, 잊고 있었거나 소외되었던 가치 등에 대해 새로운 시각을 가질 수 있을 것이며, 음악과 교육의 모습을 비판적으로 숙고할 수 있을 것이다. 또한 음악 교육과 관련 가치들이 음악 교육의 이론과 실제에서 어떻게 서로 연결되고 만나게 되는지 숙고하며 실천의 방향을 가늠해 볼 수 있을 것이다.

이 번역서가 출간된 것은 아낌없이 지원해 주신 학지사 김진환 대표님과 관계자분들, 감수해 주신 이남재 교수님 덕분이다. 진심으로 감사드린다. 마지막으로, 이 책이 우리의 삶 속에서 다양한 가치를 건설적이고 비판적으로 성찰하도록 돕고, 편향된 가치에서 벗어나 중용의 지혜를 발전시키는 데 도움이 되길 바란다.

2024년 1월
역자 일동

저자 서문

　나는 오랜 시간 동안 음악과 교육의 교차 부분의 의미를 찾아왔으며, 분석 철학의 전통 안에서 음악 교육에서 사용되는 개념의 의미를 이해하기 위해 노력해 왔다. 나는 음악과 교육에 공통으로 사용되는 용어와 개념을 탐색하면서, 그 의미들을 명확히 하고, 모호성을 드러내며, 가능성과 함정들을 비평하고, 음악적이고 교육적인 이론과 실천을 위한 함의를 풀어내려고 했다. 문자 그대로 그리고 비유적으로, 개별적이며 비교적으로, 비판적이며 구성적으로 생각하면서 나는 이러한 방식들이 제기하는 긴장, 역설, 범주 그리고 질문들을 포괄하였다. 철학에 대한 나의 접근 방식은 내가 세상을 바라보는 방식을 반영하며, 다른 사람들의 철학에 관한 연구와 나의 음악 경험과 교수 경험에 기반을 두고 있다. 나는 음악 교육의 개념적 지형을 명확히 하기 위해 아이디어를 명확히 구별하며 기초를 탐구하여 다른 사람들에게 도움이 되는 음악 교육에 대한 성찰 방법을 실행했다. 나는 내 지식의 한계까지 나아가는 동시에 때때로 당연하게 여겼던 생각들에 대해 더 온전하고 깊은 이해를 추구하였다. 나의 이러한 작업은 유기적이다. 각각의 프로젝트는 완전하지 않으며, 내가 이전에 쓴 글에서 제기한 질문들을 바탕으로 새로운 질문들을 생성한다.

　철학적 비전의 대담함은 그것이 어디로 향하든, 현재의 유행이나 상황과 관계없이 한 가지 생각을 추구할 수 있는 용기를 의미한다. 이는 새로운 것을 추구하고 포용하는 것뿐 아니라 오래된 것에 대해 의문을 제기하고 확인하는 것도 의미한다. 나의 글쓰기는 다른 사람들의 시각에 어느 정도 영향을 받지만, 주로 나의 질문을 따르고 나만의 방식을 만들어 가는 확장된 사고의 시도라고 생각한다. 이 과정에서 나는 변증법적 방식으로 새로운 주장과 오래된 주장들 사이에 놓이게 되었다. 비록 내가 변화와 변혁의 선두에 서기를 바라는 사람들이나 다른 한편으로 보존과 전통을 위해 새로운 것을 거부하기를 바라는 사람들의 비판으로 인해 취약해지는 한이 있더라도, 나는 질문, 모호함, 역설을 수용하면서 나의 견해를 고수해 왔다. 이처럼 위험한 태도를 취하는 데는 용기가 필요하지만 이것이 내가 가야만 할 길이다.

이 책에는 나의 개인적인 관점들이 반영되어 있다. 나에게 철학은 고독한 작업이지만, 나와 대화할 수 있는 소중한 철학적 친구들이 있다. 나는 내가 받아들인 철학적 전통 안에서 내 생각을 더 잘 이해하고 분명하게 표현하는 작업을 우선시했으나, 음악 교육 철학자들이 자신들의 생각을 개진하고 또 존중받을 수 있는 공동체를 육성하기도 했다. 개념적 명확성과 구별을 찾는 점에서 이 책은 나만의 관점과 방침으로 시작과 끝을 맺었다. 본문은 내 아이디어의 출처를 명확히 하거나 다른 사람들이 탐구한 문헌조사를 제안하는 예시적 기능의 교육 목적을 제공하기 위한 주석들보다 먼저 쓰였다. 이 프로젝트는 책 전체에 나의 분석을 체계적으로 연결하여 적용하고, 내가 써야 할 일정한 견해를 결정하는 데 개념적 발판을 발견할 수 있는 창의력을 제공했다. 이 책에 대한 서평에서 알섭(Randall Allsup)은 타로 카드를 면밀히 살피고 하나씩 뒤집어 보는 것처럼 나를 묘사했다. 내가 여러 가치에 관한 의미를 탐구하고 음악 교육을 위한 그 가치들의 중요성을 성찰하고 있다는 그의 말은 옳다. 나는 이 모든 가치를 과거뿐만 아니라 미래에도 중요한 것으로 본다. 상상력과 이성은 그 가치들에 대해 무엇을 해야 할지 결정하는 데 작용한다. 여전히 나는 나 자신을 높은 곳에서 지혜를 전하는 예언자, 마술사, 선견자로 보지 않고, 가치, 음악, 교육의 교차점에 대해 내가 숙고하는 것을 공유하려는 탐구자라고 생각한다. 나는 그저 이미 지속되고 있는 철학적, 음악적 그리고 교육적 대화에 내 관점을 연결시킨 것이다.

이 책에서 가장 중요한 하나의 주제가 있다면, 우리가 우리의 헌신과 행동에 영향을 미치는 가치들에 대해 말할 때, 우리가 그 단어들에 부여한 의미들이 생각과 행동에 중요하다는 것이다. 내가 이 책에서 다양한 방식으로 얽혀 있는 가치들의 사중주를 나란히 배치한 것은 이 단어들의 모호성을 드러내고, 각 가치의 의미 차이가 다른 가치와의 결합에 따라 어떻게 다를 수 있는지를 드러낸다. 우리가 이러한 가치들에 대해 말하고 이들에 따라 행동할 때, 음악가와 교육자는 신중하고 비판적으로 나아갈 필요가 있다. 우리는 어떻게 앞으로 나아갈 것인지를 결정할 때 이성적인 느낌과 느껴진 이성에 의존한다. 나에게는 이 가치들 중 어느 것도 흠이 없다고 밝혀지지 않았다. 나는 하나의 개별적 가치는 장점이 많거나 또는 적을 수도 있다는 아리스토텔레스(Aristotle)의 의견에 동의한다. 나는 또한 이 책이 음악가들과 교사들에게 제기하는 이론적이고 실제적인 문제들의 중대성에 유념한다. 내가 탐구할 수 있었지만 받아들일 수 없었던 많은 가능성, 내 주제와 관련된 광범위하고 이질적이며 관련된 문헌들, 책 한 권 안에서 가치, 음악, 교육 간의 교차점을 제대로 다루는 도전 그리고 각각의 음악적·교육적 가치에 대한 내 개인적 선택의 많은 가능성을 고려할 때, 나는 이 분석의 불완전성과 오류 가능성을 충분히 알고 있다. 이 책의 마지막에서, 나는 아직 관심을 가져야 할 중요한 문제들을 받아들인다. 그러나 내가 완전한 설명을 시도하거나 완성한 것은 아니지만, 이 책의 가치가 음악과 교육에 상호 연관되어 있거나, 될 수 있거나 되어야 하는 방식들에 대해 독자들이 생각하는 것을 돕는, 교육적이고 예증적이며 심지어 영감을 주는 목적에 부합하기를 바란다.

내 목표는 평범하다. 나는 내가 검토한 가치들에 대해 곰곰이 생각하고 숙고하며 고민하고 대화하면서 당신이 처한 구체적인 상황에서 당신의 책무가 무엇이어야 하는지 결정하기를 바란다. 이는 음악 교육에 대한 인도적 접근의 참여자인 우리들의 개인적이고 집단적인 책임이자 특권이다. 만약 나의 분석이 음악적이며 교육적인 가치에 대한 선입견들에 당신이 도전하는 데 도움이 된다면, 당신이 헌신하는 가치들을 비판적으로 성찰하라고 당신을 자극한다면, 당신이 잊어버렸을지도 모르는 가치들을 상기시켜 준다면, 이 책에서 논의되지 않은 다른 가치들을 당신이 명확하게 표현하고 지지하게 된다면, 당신의 음악과 가르침 그리고 배움을 명확하게 하고 형성하는 것을 돕는다면, 당신의 일에 추가적인 의미를 부여한다면 이 책은 이 책의 소임을 다하게 될 것이다.

매사추세츠주 야머스 포트(Yarmouth Port)에서
에스텔 R. 요르겐센(Estelle R. Jorgensen)

9

차례

0

제1장

문화, 인간성, 변화, 가치

Culture, Humanity, Transformation, and Value

이 책은 다음 네 가지 질문을 중심으로 논의된다. 어떠한 가치들이 음악과 교육을 특징짓는가? 그 가치들은 어떠한 긍정적인 면이 있는가? 그 가치들에 대한 부정적인 면은 무엇인가? 이를 어떻게 음악적 및 교육적 실천에 적용할 수 있는가? 나의 목적은 책에서 선별된 가치들과 이들의 음악 교육에서의 신념, 태도, 성향, 행동 간의 관계를 살펴보는 것이다. 나는 각 가치를 개별적으로 살펴보는 것으로는 충분하지 않으며, 모든 가치에는 음악적 및 교육적 측면에서의 긍정적인 면과 부정적인 면이 있다고 제안한다. 내가 논의하는 가치들은 음악과 교육의 목표 및 방법론에 영향을 받고, 이를 표현하면서 구체화된다. 이러한 가치들과 음악적 및 교육적 신념들과 실천들 사이의 공생적 상호 관계는 음악 교육의 이론들과 실천들을 세우는 데 매우 중요한 역할을 하며, 음악과 교육이 어떠해야 하고 어떻게 발전해야 하는지에 관한 철학적 질문들을 다룬다.

제1장은 책 전체가 근거를 두는 다음 네 가지의 핵심적이며 상호 연관된 개념에 초점을 맞춘다. 즉, 문화적 측면에서의 음악, 인간성과 인도적 교육, 음악과 교육의 변화, 가치들과 음악 및 교육의 교차점들이다. 전체 프로젝트를 개괄하고, 나의 방법론적 접근에 대해 언급하며, 책 계획의 윤곽을 그리면서, 나는 가치들과 음악 교육의 교차점에서 다의성을 강조하고, 나의 사고 속에서 중요한 개념들을 구별하며, 이어지는 장들에 대한 맥락을 제공한다. 이러한 과정 가운데, 나는 일반적에서 구체적으로 갔다가 일반적으로 돌아오는 리드미컬하고 주기적인 움직임이라는 전통적 교육 방법

을 따른다.[1] 뒤따르는 장들에서 나는 음악 교육의 가치, 신념, 그리고 실천을 위해 견고한 토대를 찾으면서 사중주들을 상징적이며 직감적으로 생각한다.

이 책의 제목인『가치, 그리고 음악 교육(Values and Music Education)』은 음악 교육에서 일반적으로 이해하는 음악, 교육, 문화가 만나는 교차점을 떠올리게 한다. 음악과 교육에 문제가 있으며 모호하다고 해석하는 것은 음악 교육 자체가 다면적이며 다원론적인 기획임을 암시한다.[2] 이를 염두에 두고 나는 음악과 교육에 가치들을 연관시키면서 다양한 음악적 및 교육적 전통들을 살펴본다. 음악과 교육적 가치들이 겹칠 수는 있지만, 반드시 공존하는 것은 아니다. 음악은 교육을 위한 은유가 될 수 있으며, 교육 역시 음악을 위한 은유가 될 수 있다.[3] 비록 이러한 생각이 책에 내포되어 있지만, 나는 자신을 음악 교육자라고 생각하는 사람들뿐만 아니라 일반 교육에서 음악을 비유적으로 생각하고자 하는 교육자들과 음악을 잠재력 있는 교육 산업으로서 바라보고자 하는 음악가들을 위해서도 책을 쓴다.

나는 가치들이 어떻게 음악과 교육의 길잡이 역할을 할 수 있는지 비판적으로 검토해 보고자 한다. 예를 들어, 예절, 인간성, 정의, 자유, 포용성, 평등 등의 가치는 나의 이전 저서에서 검토되었던 부분들이다.[4] 이는 또한 음악과 예술, 철학(미학과 윤리학), 인류학, 교육학 등 학제 간의 문헌에서도 자리를 잡는다. 예를 들어, 지난 20년간 음악적 가치에 관하여 고민하는 철학자, 음악학자, 종족음악학자, 인류학자들 중에는 앨퍼슨(Philip Alperson), 채핀(Keith Moore Chapin)과 크레이머(Lawrence Kramer), 존슨(Julian Johnson), 가넷(Liz Garnet), 레빈슨(Jerrold Levinson), 비스터-존스(Jayson Beaster-Jones) 등이 있다.[5] 레젤스키(Thomas Regelski), 우드포드(Paul Woodford), 워커(Robert Walker), 알섭(Randall Allsup)과 웨스터룬트(Heidi Westerlund), 굴드(Elizabeth Gould), 프릴리히(Hildegard Froehlich), 엘리엇(David Elliott), 실버만(Marissa Silverman), 바우만(Wayne Bowman)과 동료들은 음악적 가치와 음악 교육 윤리학의 연계점에 초점을 맞춰 왔다.[6] 카(David Carr), 윈스턴(Joe Winston), 블루멘펠드-존스(Donald Blumenfeld-Jones) 같은 다른 학자들은 윤리학, 미학, 교육학의 교차점에 관심을 쏟아 왔다.[7]

음악과 교육의 윤리적 사안들은 복잡하고 난해하다.[8] 미국과 그 밖의 나라들의 경제적·정치적·종교적·사회적 양극화 시대에 인간의 행동 및 자연현상에 기인한 탐욕과 자원 부족이라는 현실은 문화적 양극화를 부추기고 보수와 진보, 민족주의와 세계화 세력 간의 갈등을 격화시킨다. 잇설(Thomas Byrne Edsall)은 성장이 이루어지는 풍요로운 시기에는 민주적 제도와 정중한 담화가 가능하지만, 자원이 부족하고, 실업률이 높으며, 경제적 격차가 큰 시대에는 논쟁, 갈등, 비인간적인 환경들이 만들어진다고 주장한다.[9] 잇설은 양극화를 설명하기 위하여 경제와 정치에 주목하는 반면, 다른 학자들은 종교적 근본주의와 다양한 사회적 이유를 언급한다.[10] 대규모 인구 이동과 기술의 변화들은 이러한 사회적 및 문화적 갈등을 악화시키고 전반적인 사회적 불안과 분노를 심화시켰다. 정확한 원인이 무엇이든 간에 경제적, 정치적, 종교적 요인들이 사회적 양극화의 원인 중 하나임이 분명하다. 전 세계의 이념적 갈등들은 심리적인 것만큼이나 사회적으로 형성된 다양한 가치를 반영한다.

20세기 후반에서 21세기 초반에 나타난 소수 및 소외집단에 대한 포용성 및 평등을 지향하는 움직임은 기존의 전통적인 질서가 무너지는 것을 두려워하는 보수 성향의 사람들로부터 저항을 받았다. 이민에 대한 진보적인 접근, 다양한 문화적 표현, 성적 정체성 및 윤리, 인종, 종교 및 여타 소수집단에 관한 평등, 식민지화 및 강탈에 대한 보상, 부유층의 자산을 빈곤층에 재분배하는 모든 노력에 대한 반발은 공적 영역에서 다양한 가치 중 무엇이 우선순위가 되어야 하는지의 문제로 갈등을 일으켰다. 정중한 담론을 거부하며, 부패 및 부족한 자원에 대한 경쟁으로 인해 서로 다른 사회적 난제들을 해결하려는 협조는 점차 세계화되는 시대를 맞아 더욱 어려워졌다. 이러한 현실들이 국가의 민주적인 정치 기관들을 양극화하고 심지어 마비시켜 안팎의 극단적인 이념에 취약한 사회를 만든다. 미국 이외의 다른 국가들도 자원의 불균형적 분배, 사회 및 문화적 균열과 갈등, 혁명 및 전쟁의 가능성 등에 직면해 있다.

이러한 어려움과 함께 2020년대는 음악가, 교사, 학생으로 하여금 음악 교육의 가치들을 검토하고 또 재검토하는 가슴 아픈 순간들이 발생하고 있다. 전 세계적으로 인종 차별, 자원의 불평등, 빈곤과 관련된 식량 부족, 기아, 노숙, 제한된 보건 의료, 치안 유지 및 수감과 관련된 문제, 부패, 폭력, 국내외 테러, 환경 방치 및 파괴 등이 코로나19 팬데믹 시대에 노출된 제도적 악폐들이다. 이에 따라 지불 기한이 지난 정복, 노예 제도, 탄압, 부패, 인간 및 환경 착취에 대한 청구서로서 경제, 인종, 사회, 환경 정의를 위한 국내외의 움직임이 불붙은 것은 놀라운 일이 아니다. 어떤 점에서 팬데믹은 음악과 교육을 바꿨지만, 동일하게 유지되는 부분들도 있다.[11] 역사적으로 격동의 시대는 늘 등장해 왔고, 나는 앞으로도 그럴 것이다.

이러한 시대에 음악 교육자들은 사회로부터 소외된 이들, 폭력과 괴로움으로 인해 고통받는 이들의 목소리에 귀를 기울이는 겸손함이 필요하다. 고통, 혼란, 각성, 격변의 순간들은 선함을 추구하고 치유와 행복을 촉진하는 인도적 가치들을 재발견, 재평가, 재위탁할 수 있도록 한다.[12] 이를 위해, 나는 우리의 다름과 관계없이 인류 전체에 걸쳐 지속적이고 널리 퍼져 있는 음악적이고 교육적인 가치를 추구한다. 이 가치들은 박탈당하고 소외된 자들, 그리고 과거에는 목소리를 내는 위치에 있었지만 이제는 새로운 변화를 받아들여야 하는 상황에 있는 모든 사람의 음악적 목소리를 깨운다.

격동의 시대에 철학자의 의무는 무엇인가? 나는 예술가에게 조언하는 실러(Friedrich Schiller)를 되새겨 본다: "당신의 세기에 살되, 그것의 산물이 되지는 말아라. 동시대 사람들과 더불어 일하되, 그들이 칭찬하는 것이 아닌 필요로 하는 것을 창조하라."[13] 이것은 놀랍고도 불변하는 통찰력이다. 리드(Herbert Read)의『예술을 통한 교육(Education through Art)』은 제2차 세계대전 시기인 1943년에 출판되었지만, 그가 느낀 혼돈보다는 기쁨과 깨우침을 유발하는 예술의 가능성에 초점을 맞추었다.[14] 오늘날 리드의 책을 다시 읽으면서 여전히 그의 생각이 우리 시대에 새롭고 유의미함을 발견한다. 나는 그가 예술에 관한 책을 쓰면서 당시 소란스럽고 충격적인 상황에서 잠시 휴식을 취하지 않았나 싶다. 마리탱(Jacques Maritain)은 1960년 출간된『예술가의 책무(Responsibility of the Artist)』에서 예술가의 첫 번째 의무는 그들의 예술임을 되새기게 한다. 이는 리드가 전쟁 중에 분명히 느꼈던 바로 그 책임감이기도 하다.[15] 마리탱의 조언은 음악가들이 먼저 음악을 돌봐야 하는 격동의 시기에 여전히 적합하다. 또한 나는 1951년에 출간되었지만, 여전히 교훈을 주는 아렌트(Hannah Arendt)의『전체주의의 기원(The Origins of Totalitarianism)』을 잊을 수 없다.[16] 제2차 세계대전이 끝난 지 6년 후이자 그녀가 숙고했던 운동들이 일어난 지 10년 후에 출판된 아렌트의 획기적인 문헌은 세계를 뒤흔들었던 대재앙의 원인에 대해 숙고할 시간을 필요로 했다. 내가 이러한 과거의 학자들로부터 배운 것은 철학적 작업은 서두르면 안 된다는 것이다. 상황이 바뀜에 따라, 시기들이 불안하든 고요하든, 음악가와 교육자들은 현재에 대한 의견을 지나치게 빨리 제시하기 전에 충분히 성찰하는 시간을 가져야 한다. 격동의 사건들은 새로운 가능성을 열 수 있으며, 관례적 방식을 재점검하게 만들 수도 있다. 하지만 변화나 연속성과 무관하게 음악과 교육에 대한 장기적 안목은 음악 교육에서 가장 중요한 것, 특히 이를 특징짓는 가치들이 무엇인지 밝히는 데 도움을 준다.

음악과 교육에 관한 열린 대화를 하려면 당연하게 여겨 왔던 이념에 의문을 가지며 단순한 흑백논리를 부인하는 자기성찰이 필요하다. 또한 관대함도 요구한다. 많은 경우에 이념은 다른 이념들과 대조되거나 그것들을 반영하고 있으며, 선과 악을 모두 지향하는 가치에 기반을 둔다. 이러한 입장은 아리스토텔레스의 선의 지나침과 미치지 못함 사이를 의미하는 '중용'이나 공자가 가졌던 상반된 입장이나 극단적인 견해들의 균형이 지혜에 도달하기 위해 중요하다는 신념과 부합된다.[17] 이것은 자아, 세계, 그 이상의 현상들을 나타내는 나의 변증법적 관점을 반영한다. 내가 읽은 역사에 의하면 인도적 측면의 이상은 연약하고, 그들이 밝게 빛나는 순간은 비인간적인 세력이 군림했던 순간보다 적었다. 한편으로는 권력 기관의 이해관계와 관련된 이상들은 그 힘에 저항하는 이들을 압도할 위험이 항상 존재한다. 다른 한편으로, 변화를 추구하는 사람들은 전통이 가지는 힘과 안정적인 영향력을 간과하여 자신의 문화적 뿌리가 흔들리는 것을 반대하는 이들의 반발을 일으킬 수도 있다.

음악가와 교육자들은 선과 악이 공존하는 어지러운 현실 가운데 길을 찾아야 하는 난관에 처해 있다. 더 나은 세상을 추구하는 음악가와 교육자들은 인도적 측면의 이상이 갖는 취약함의 문제를 특별히 강조하고 지속적으로 고민하는 것이 필요하다. 그럼에도 불구하고, 전통이 제공하는 가장 좋은 점을 보존하되 그것들을 더 나은 방향으로 변형하는 것도 필요하다. 이러한 중요한 사항들은 마음 깊숙한 곳에서 우러나오는 관대함과 함께 논의되어야 하며, 타인의 언행을 존중하고 공감하는 방식으로 이루어져야 한다. 열린 마음과 관대함은 인간의 한계와 부족함을 넘어, 타인이 말하려는 것을 보고 듣게 하고, 자신과는 다른 생각과 관습을 가진 이들과 공통적으로 이해할 수 있는 부분들을 찾게 한다. 타인의 관점 및 관습의 오류나 부족함을 찾기보다는, 불완전함을 넘어 타인의 통찰력에서 얻을 수 있는 지혜를 찾아야 한다.

독자들이 이 책을 일종의 사고 실험, 즉 음악 교육의 가치들을 재고하는 공간으로 접근한다면 도움이 될 것이다. 이는 기존의 선입견을 해체하고 내려놓으면서 가치들의 의미, 장점, 단점들을 비판적 · 건설적 · 공감적으로 고려함으로써 성취될 수 있다.[18] 이렇게 자신의 신념과 관행을 검토하고 재검토하는 자기성찰적 자세는 보그단(Deanne Bogdan)의 '상황적 감수성'이라는 개념과도 맥을 같이하는데, 이는 음악적 및 문학적 감수성들의 '분리와 재결합'을 융합하는 것이다.[19] 그녀는 음악 교육자들이 상상력을 발휘하여 자신의 생각과 관행을 타인의 관점에서 보고, 다른 생각과 관행을 더 넓고 섬세한 이해력에 흡수시키며, 이러한 상황들이 어떻게 더욱 인간적인 과정이 될 수 있을지를 설명한다. 개념을 대표하는 단어들을 발굴하고, 다양한 관점에서 그들을 바라보는 것은, 내가 그 단어들에 부여한 특정한 해석이 독자들의 이해를 어떻게 강화하거나 상충하게 하였는지를 성찰할 기회를 제공한다. 나는 누가 옳고 그른지 규명하기보다 오히려 다양한 가치를 분석함으로써 나의 관점을 정당화하고 비평하고자 한다. 각 가치에 대해 이것이 어떻게 알맞은지 여유를 가지고 살피는 것이 필요하다. 모든 실험이 그러하듯 이 과정은 성급하게 이루어질 수 없다. 나는 독자들이 자신의 음악적 및 교육적 가치들을 심사숙고하여 자신과 타인의 책무를 보다 잘 이해하고, 비평하며, 정당화하기를 원한다. 이 과정 가운데 독자들은 음악 교육적 사고와 실천을 특징짓는 줄기찬 체계적 도전들을 발견할 수 있으며, 이 상황을 개선하기 위한 보다 폭넓고, 실용적이며, 인간적인 방안들을 추구할 수 있을 것이다.[20]

나는 이분법적 사고와 포스트모더니즘적 흐름에 저항하고, '이것과 저것을 함께'하는 변증법적 접근 방식을 지향한다. 특정한 사고와 행위는 복잡하고 번잡하지만, 나에게는 이것이 단정적이고 제한적인 이분법적 관점보다는 더 많은 음악가, 교육자, 학생들의 삶과 가깝다고 생각한다. 음악을 공부하는 학생이자 교육자로서, 나는 때로 해결하기 힘든 양극적인 상황들에 직면했다: 지성-감성, 수용-활동, 자유-통제, 공동체-개성, 문해력-구술력, 과정-결과, 열광-절제, 연민-정의, 영성-물질성, 대화-침묵, 보편주의-엘리트주의, 형식-기능, 포퓰리즘-고전주의 등이다. 내 경험이 올바른 것이라면, 이들과 다른 수수께끼들은 불가피하게 교사들과 학생들을 도움이자 위험이라는 양극을 가진 '역설의 눈동자'에 처하도록 만든다.[21]

공공 정책의 일환으로서, 음악 교육은 이 세상에서 일치된 행동을 가능하게 하기 위한 헌신들을 요구한다. 정책가들의 이해관계가 경쟁적이고 때로는 상충하는 다양한 교과목 사이에서 전반적인 교육과 문화를 수립할 때, 어떠한 음악 교육적 가치들이 지침이 되어야 하는가? 정책가는 어떻게 이러한 가치들을 반영하는 현실적인 접근법을 구축할 수 있을까? 과거에는 표준화된 교육학 접근 방식들을 통해 생각과 행동을 통제하려는 유혹이 있었는데, 이것은 다양성을 잠재우는 동시에 저항과 체제전복을 부추길 수 있다. 이러한 접근법은 엇갈린 결과들을 낳았으며 오늘날 세계의 복잡한 현상 및 교육과정을 효과적으로 해결하지 못하고 있다. 예를 들어, 표준화, 정규화, 길들임의 가치들을 강조하는 사회적·교육적 환경 안에서 오늘날의 다양한 사회에 공존하는 많은 예술적 전통들을 일반 교육 안에 받아들이는 것과, 이러한 예술들만의 특이성과 차이점들을 기리기란 쉽지 않았다.[22]

현재 나의 목표는 다양한 음악가와 교육자에게 도움이 되는 가치 모둠들을 구성하는 것이다. 나는 이 책을 통하여 서로 다른 신념 체계 및 실천들 속에서 공통점을 찾고자 한다. 최근 수십 년 동안 음악적 및 교육적 실천에서 다른 점들을 찾는 것이 유행이었다. 이러한 노력은 무엇보다 사람들이 음악 및 여러 분야를 이해하는 다양한 방법을 표현하는 데는 유용하였지만, 인간의 더 인도적인 신념과 실천 체계를 통합해 주는 공통 요소들은 간과되기가 쉬웠다. 바라기는 이 책의 분석이 교사들, 학생들, 교육 정책 입안자들이 다양한 문화생활 중 예술 및 교육에서 자신들의 윤리적 책무들과 공공 정책들에 대해 성찰하는 데 도움이 되기를 바란다.

문화의 한 측면으로서의 음악

주된 교육적 노력으로서 문화에 초점을 맞추는 것은 동서양의 오래된 주제를 되살리고 다시 활력을 불어넣는다. 레비스트로스(Claude Lévi-Strauss)는 문화에 대해 '날 것'과 '익힌 것'의 차이라는 은유적 용어들로써 기술했다.[23] 프라이(Northrop Frye)에 의하면 문화는 상상력이 풍부한 삶으로부터 만들어지며, 풍성하고도 실현된 삶을 창조하기 위한 수단들로 사람들이 발전시킨 예술들, 종교들, 신화들, 의례들로 나타난다.[24] 이러한 이유로 보그단(Deanne Bogdan)은 문화에서 상상력은 필수이며 교육과 재교육 역시 중요하다고 주장한다.[25] 문화는 신념 체계들을 넘어서서 정치적 통치, 법적 원칙, 상업적 투자, 종교적 의례, 예술적 공연, 가사 방식 등 우리의 평범한 일상생활들에 나타난다. 문화는 다양한 신념과 실천에서 나타나는 인간 지성의 표명 모두를 포용한다.[26] 교육 기관과 사회는 특정하게 공유되는 기준, 규칙, 기대치들로 형성되며 이러한 공통점은 인간의 상호작용에 안정과 질서를 제공한다. 넓게 해석하면 교육은 문화적 신념과 실천이 세대를 거쳐 전달되고 변화되는 문화화의 과정이다.[27] 그러므로 고대 그리스 단어인 파이데이아(Paideia)가 교육과 문화를 동시에 뜻하는 것은 당연하다.[28] 현대적 해석은 분명 바뀌었지만, 교육을 문화화로 보는 관점은 여전히 남아 있다. 듀이(John Dewey)는 교육과 문화가 겹친다는 것과 교육의 수단이자 목적으로서의 문화의 중요성을 깨달았다.[29] 문화화의 교육적 개념은 훈련, 학교 교육, 교수학, 사회화 등 교육학적으로 많은 부분에 이바지했지만, 넓은 의미에서 인간의 상상력을 표현함으로써 문화적 삶을 구축하는 광범위한 과정에 초점을 맞춘다.[30]

이러한 문화적 삶을 비유적으로 보면, 레비스트로스가 제시한 대로 문화는 자연스럽게 준비, 정교함, 학식, 기교, 복합성, 특수성의 특징들을 강조한다.[31] 상상력이 풍부한 모험으로서 문화는 예외적인 경우가 많기에, 사회 집단, 교육 기관, 공동체의 규칙과 기대치에 녹아든 평범한 표현 형식들을 뛰어넘거나 벗어나게 된다. 예술성과 미학적 각성은 사람들이 열망하는 문화적 이상과 그 이상들이 적어도 부분적으로 성취되는 수단을 구상하는 데 필수적이다. 내가 연구한 모든 음악적 전통에는 공동체가 자신들의 가장 중요한 음악 의식의 주된 음악가들이자 주창자들이며 건축자들로 인정하는 전문가들이 있다. 이는 고대로부터 그래 왔다. 예를 들어, 고대 메소포타미아인들이 발전시켰던 복잡한 종교의식에서는 뛰어나고 세련된 예술적 기량들을 즐겼다는 것이 분명하다. 그중 몇몇 의식들은 며칠에 걸쳐 실행되었으며, 이를 수행하기 위해서 가장 기량이 좋은 성악가, 기악 연주자, 성직자들이 연주로 돕는 것이 필요했다.[32] 레비스트로스가 제안한 '익힌' 문화란 상상력이 풍부하고 잘 훈련된 특징들을 말한다. 상상력이 구성되기 위해서는 독창성, 인내, 기량이 요구되며, 상상력이 이해되기 위해서는 지각, 느낌, 이해가 필요하다. 박식하고 특별한 것을 추구하는 문화의 경향성은 지역 음악들로부터 난해한 클래식 전통들이 생겨나게 했다. 예를 들어, 재즈와 록 음악은 소수의 옹호자나 전문가들이 이를 전파하고 보존하는 클래식 음악의 방식을 취했다. 하지만 이 장르들이 번성하려면, 이들의 평범하고 일상적인 음악적 표현이라는 뿌리를 유지해야 한다.

문화는 또한 행해지는 것이고 성향적인 것이다. 문화는 현상 세계에서 이상이 실현되는 것과 관련이 있다. 아른스틴(Donald Arnstine)은 교육이 기질의 함양, 즉 특정 성향에 따른 행동을 습득하는 것이라고 주장한다.[33] 가치는 원칙을 세워 특정 행동을 촉진, 억제, 인도, 통치, 규정, 금지하게 한다. 이러한 현실적인 부분들을 경험하지 않고 실제적인 목표를 달성하는 것은 상상하기 힘들며, 대부분 그 과정에 참여함으로 목표가 어떻게 달성되는지 배우게 된다. 이런 문화적인 경험은 행동으로 이루어지는 교육이지, 추상적인 지식 습득으로 되는 것이 아니다. 문화는 공부가 아닌 몰입을 통하여 접근해야 한다. 그러한 예술의 능동적이고 경험적인 특징이 행위적 성향을 지향하는 경험적 교육을 이루게 한다. 음악을 문화적 특성으로 여기는 것은 예술이 문화적으로 표준이라는 추정을 필요로 하지는 않으며, 도리어 과학, 기술, 상업들은 이와 다른 문화적 관점들을 제공한다. 하지만 오늘날 너무도 자주 과학, 기술, 상업들이 예술보다 더 시급한 표준으로 간주되는 것은 권력층의 정치적 및 경제적 포부 및 실용적이고 물질적인 목적과 밀접하게 연관되어 있기 때문이다. 내가 예술과 인문학 중에서 음악에 초점을 맞추는 것은, 많은 경우 세간의 주목을 받지 못하는 개인적 · 주관적 · 감각적 · 영적인 유익의 강조가 부족함을 바로잡기 위해서이다.

이러한 입장이 새로운 것은 아니다. 포스트만(Neil Postman)은 기술이 인간을 지배하는 '테크노폴리(technopoly)' 현상을 애통해하면서 사회가 간과하는 '열평형학' 혹은 '이중동형' 교육을 강조한다.[34] 아른스틴과 하워드(Vernon Howard)를 비롯한 여러 학자들은 일반 교육을 이해하기 위한 비유로 예술의 예들을 사용하였고, 보이스-틸먼(June Boyce-Tillman)은 교육이 정신적인 목표에 다시 초점을 맞출 필요성과 산업화 및 탈산업화를 거친 서구 사회에서 소외, 억압, 침묵된 '앎의 예속된 방법들'의 문제에 초점을 둘 필요가 있다고 제안한다.[35] 일반 교육에서 예술을 핵심으로 보는 저자들 가운데 브라우디(Harry Broudy)는 일반 교육에 중요한 예술 공부를 통해 육성된 '계몽된 소중함'을 공들여 다루고, 피닉스(Philip Phenix)는 포괄적 교육의 구성 요소로 미학적 지식이 중심임을 강조하며, 하워드는 학습에서 상상력의 역할이 중요하며 교육, 모범, 실천, 성찰을 통하여 상상력을 성취할 수 있다고 설명하였고, 파울러(James Fowler)는 탄탄한 예술 프로그램과 좋은 학군은 연관성이 있다고 주장하며, 스미스(Ralph Smith)와 동료들은 예술 교육의 문화적 중요성을 언급하고, 그린(Maxine Greene)은 학교 교육에서 학습자에게 상상력이 풍부한 사고를 함양하기 위해서는 예술 교육의 역할이 중요하다고 주장한다.[36]

교육을 음악의 비유로 여기는 것은 일반 교육의 구성 요소로 예술의 중요성을 강조하는 것이다. 나는 음악 교육적 사고와 실천의 기저를 이루는 가치들이 교육 전반에도 모범이 되어야 한다고 제안한다. 이것은 리드처럼 모든 학교 교육이 예술을 중심으로 조직되거나 예술의 맥락 안에서 이루어져야 한다고 단정하는 것이 아니다.[37] 다른 문헌에서 나는 은유적인 사고방식이 음악과 교육을 이해하는 데 도움이 된다고 강하게 주장했다.[38] 영적이고 비유적인 접근 방식은 과도하게 물질 및 시간 소모적인 사회와 대조를 이루며 미래의 교육이 어떻게 발전해야 하는지에 대한 유용한 통찰력을 제공한다. 음악은 참여를 통하여 경험적으로 접근해야 하기에, 문화를 이해하게 되는 데 중요한 특징이라는 점이 중요하다.

음악을 이해하기 위하여 연주도 중요하지만, 교육적인 측면에서 음악을 인간적인 것으로 여기거나 인류의 독창성 및 그로 인해 발생한 문화를 표현하는 방법으로서 문화를 파악하는 것은 필수적이다.[39] 이는 예술 산업으로서의 음악의 책임을 축소하려는 것이 아니라 단순히 문화 전반에서 음악의 역할과 또한 인류를 이해하는 방법으로 보는 것의 중요성을 강조하려는 것이다. 음악을 이렇게 보는 것은 실천을 이해하거나, 인간 표현의 매개체로서의 교육적 역할을 파악하거나, 개인적 및 공동체적 정체성을 확립하거나, 자신과 타인을 이해하는 기회로 보는 것을 넘어선다. 음악은 우리가 개인으로서, 또 공동체로서 누구인지를 정의하고, 구성하며, 표현하는 것을 돕는다.[40] 이는 타 예술을 비롯하여 신화들이나 종교들 같은 다른 문화적 표현들의 관점에서 이해되어야 하며, 개인적이며 주관적인 관점이 모두 포함되어야 한다. 음악에 대한 미학적·종교적·인류학적·사회학적·심리학적·철학적·역사학적 접근 방식들은 이러한 지혜를 얻을 수 있는 수단을 제공한다.

인도적인 교육

이 책의 첫머리에서, 나는 음악과 교육이 시민 사회를 뒷받침하는 인도적인 것이라는 전제를 강조하였다.[41] 철학가들은 오랜 기간 인간적인 것과 **인도적인** 것을 구분해 왔다. 혹자는 인간을 **호모 사피엔스**, 즉 다른 종과는 구별된 신체 특징을 가진 포유류의 일종으로 여길 수 있다. 실러는 '자연인(natural man)'이라는 용어를 통하여 인간의 신체적·심리적·사회적 필요를 위하여 식량, 주거, 우정, 출산, 안전 등이 이루어진다고 본다.[42] 실러의 '자연인'은 도덕적 약속에 의해 통제되지 않고 오로지 동물적 본능과 훈련에 의해 통제되는 도덕관념이 없는 인간이다. 윤리적 책임을 상실한 이러한 인간은 골딩(William Golding)의 소설 『파리 대왕(Lord of the Flies)』에서 예절과 도덕적 절제가 결여되어 본능, 열정, 욕망에 사로잡힌 소년들로 묘사된다.[43]

이와 대조적으로 실러는 우리에게 '도덕인', 즉 이성적 사고 및 미적 감성과 느낌을 가진 도덕적 책임을 갖춘 예절과 교양이 있는 인간을 소개한다. 실러는 플라톤과 마찬가지로 교육의 목표는 선(善)이라고 주장한다. 교육의 목표가 없다면 동물처럼 살수도 있는 사람이, 이성과 책임을 통해 선을 나타내는 가치에 따라 살도록 바뀔 수 있다는 것이다. 플라톤과 실러는 예술적 및 미적 헌신이 교육의 수단이자 목적인 선을 추구하는 것과 일치한다는 데 동의한다. 이들은 인도적인 사람이 선을 지향하는 도덕적 및 미적 책임에 따라 사는 사람들이라고 보았을 것이다. 예를 들어, '파이데이아'와 '핵심 덕목'의 개념은 바람직한 인간 행동들의 서로 다른 표현들과 그러한 가치들이 어떻게 결정되어야 하는지로 이루어진다.

선에 관한 하나의 보편적인 개념보다는, 그린(M. Greene)이 묘사하는 '다양성과 다원성'이 현대 세계에서 인간의 이상적인 신념과 행동을 둘러싼 복합적이고 상황적인 성격을 강조한다.[44] 선이라는 개념들의 중요한 차이점들에도 불구하고, 어떤 가치들은 역사적으로 지금까지도 신념과 실천에 안내자 역할을 하고 있다. 비록 결정적이거나 보편적으로 받아들여지는 유일한 선의 개념은 아닐지라도, 이들은 모두 합해 널리 선이라고 간주되는 징후들이라고 볼 수 있다. 비록 이의가 있거나 모호한 점이 있더라도, 인도적이라는 것은 덕목과 도덕적 이상을 지키고, 사랑하고, 동일시하며 응하는 것이고, 또한 그렇게 되어 가는 과정을 사는 것이다.[45]

가치와 덕목

지혜, 정의, 기쁨, 신의, 숭앙, 인내, 취향, 사랑과 같이 호감이 가는 특성이나 자질을 언급할 때, 나는 덕목보다 가치라는 단어를 선호한다. 두 단어는 공통된 속성들을 가지고 있다. 비록 불완전하게 실현되더라도, 두 단어는 현상 세계에서 보편적으로 갈망하는 이상이나 속성들을 내포하며, 현재 상황보다는 어떻게 되어야 하느냐가 지배하는 규범적이고 철학적으로 기반을 둔 제안들이다. 서양에서 덕목이라는 개념은 주로 유대-기독교의 신학적 신념에 의해 인간 행위를 통제하거나 안내하는 규칙의 틀로, 보편적이고 획일적인 종교적 규범이나 금지와 연관되어 있다.[46]

비록 가치들은 종교에 뿌리를 두고 있지만, 나는 보다 포괄적으로 다른 사회적 제도들 안에서 생각해 보고자 한다. 나는 레젤스키가 주장하는 음악 교육의 주된 윤리적 가능성, 즉 덕 윤리, 결과 윤리, 상황 윤리의 요구를 따르는 것보다는 때로 다양하게 선택될 수 있는 중립 지점을 선호한다.[47] 대부분의 여성과 소수자들은 이 지점에서 자신을 발견하게 된다. 길리건(Carol Gilligan)의 유명한 말 중 하나는, 여성은 맥락적으로 세상을 바라보며 그들의 도덕적 관습은 남성 및 소년들과 다르게 형성된다는 것이다. 나딩스(Nel Noddings)는 아브라함과 그의 아들 이삭의 희생에 관한 유대교 이야기를 통해 윤리에 대한 의문 제기 및 페미니스트 관점에서 교육의 도덕적 규범을 논의하였다. 게이타(Raimond Gaita)는 반식민지주의적 관점에서 가치에 관한 소수 인종 및 도덕적 입장을 논한다.[48] 카(D. Carr)와 스튜텔(Jan Steutel) 및 그들의 동료들이 연구했던 덕 윤리가 도덕 교육에 중대한 이바지를 하지만, 나는 덕목이 지나치게 지성적으로 처리되었다고 본다. 특히 기독교적 핵심 덕목들의 철학적 조직화에서 특정 원칙들이 신학적인 것에 기초를 둔 합리성에 기반하여 수용될 때 그렇다.[49]

나에게 있어 가치는 행동을 지도하는 원칙으로, 소중하게 여기고 심지어 사랑받고 이에 따라 살아가는 것으로, 마음과 정신이 그 안에 풀어낼 수 없게 얽혀 있는 것이다. 내가 덕목보다 가치의 개념을 선호하는 이유는 그 원칙과 함께 주시되는 개인적 애착이나 감정의 특성이 전면에 떠오르기 때문이다. 가치는 인간의 지성과 가치 형성에서 셰플러(Israel Scheffler)와 욥(Iris Yob)이 각각 발견한 인지 감정과 감정 인지의 역할을 분명하게 강조한다.[50] 아리스토텔레스의 덕목이라는 개념이 느낌의 삶과 서로 연관되어 있긴 하지만, 우리는 덕목에서 감정의 역할을 놓칠 수도 있다. 덕목의 현상은 주로 신학적 특권의 위치에서 나오기 때문에 권위적·확정적·비인격적으로 볼 수 있는 반면, 가치의 개념은 덜 가식적이고 보다 상대주의적이며, 때로는 더욱 주관적이다. 후자의 더 겸손하고 체현된 도덕적 관점은 음악과 교육에 관한 나의 이전 문헌들의 취지와 일치한다.

교육적 변화

이상과 실제로 이해된 가치들은 교육의 변혁적 견해 쪽을 가리킨다. 나는 교육이 역사를 통틀어 틀림없이 개선된다는 이성적 비전이 아니라, 오히려 때로는 좋아지고 때로는 나빠지는 되어가기(becoming)의 상태에 있다고 본다. 특정한 장소와 역사적 순간의 교육적 상황이 무엇이든 간에, 교육자들이 추구하는 인도적 원칙들은 세대마다 재검토되고 열렬히 논의된다. 이러한 교육적 가치들은 목표 자체들의 변화하는 구상들과 이들을 실현할 계획들을 반영하는 것에 못지않게 영향도 끼친다. 내가 전에 가졌던 음악 교육이 변화해야 할 필요성에 대한 생각은 영구적인 교육적 곤경에 근거를 둔다. 현재 상황이 부적절하고, 불완전하며, 심지어 해롭기에 교육자는 교육적 수단을 통하여 자신이 물려받은 상황이나 현재 그들이 처한 상황보다 더 좋은 상황을 만들고자 하는 것이다. 예술가의 탁월함의 이상과 상상된 목표를 향한 분투는 교육자들이 처한 크고 뚜렷한 곤경의 설득력 있는 은유이다.[51] 가치에 관하여 생각할 때, 우리는 현재 상황뿐 아니라 희망하는 것을 바라본다. 그 과정 가운데 우리는 예술가처럼 상상한 목표에 더 가까워질 수도 있고, 그 목표가 변하거나 희미해질 수도 있다. 상상으로 추론된 존재들로서, 가치들은 역동적으로 해석된다. 가치들은 예술과 같이 주관적이자 객관적으로 이해된다. 이처럼 상상력의 풍부한 특성은 예술이 교육적 가치들에 대한 중요한 통찰력을 제공할 수 있다는 견해에 신빙성을 더해 준다.

음악에 대한 내 생각은 지난 반세기 동안 주로 가시적 목표, 특히 문해력 및 수리력에 초점을 둔 교육적 성취와 관련되었던 교육적 환경에서 더욱 두드러진다. 사실 이러한 목표들은 문자적이고 담론적인 지식을 넘어서는 상상력과 비유적인 지식 그리고 실천을 중시함으로써 미적 및 수행적 경험을 주장하는 이들에 의해 거부되어 왔다.[52] 그러나 예술 교육자는 정책 입안자들의 근시안적인 물질주의적 관점을 설득하기 위해 예술에 더 적합한 다양한 접근법을 제시하기보다, 제한적이며 상상력이 부족한 교육적 사고방식을 가진 이들에게 적합한 방식으로 교육을 수행하고 이를 옹호하려는 유혹을 받을 수 있다. 너무도 자주, 최상의 의도들을 품고, 미국의 음악 교육자들은 문해력과 수리력에서 측정할 수 있는 결과를 보장하기 위한 광범위한 교육적 노력들에 전문적 사고와 실천의 무게를 실었고, 이를 통해 다른 예술 분야의 선구자 역할을 해 왔다. 이러한 움직임의 기저에는, 그렇게 하지 않으면 음악 교육 직종이 속담 속의 모래 속에 머리를 박은 타조 꼴이 되어 유행하는 교육적 신념 및 실천과 화합되지 못하는 것처럼 만들 수 있다는 생각이 깔렸던 것 같다.

유럽과 미국의 공립학교에 음악이 도입된 시점부터 음악 교육 정책 입안자들은 가치에 관하여 논쟁을 벌였다. 미국에서는 아이브스 주니어(Elam Ives Jr.), 드와이트(John Dwight)와 같은 음악가들이 공립학교 안에서 음악 교육이 가장 잘 제공될 수 있다는 견해를 밝힌 메이슨(Lowell Mason)과 그의 동료들의 견해에 도전장을 내밀었다.[53] 아이브스와 드와이트는 음악 교육이 폭넓은 교육적 목적이 아닌 음악적 목적을 위하여, 음악인들에 의하여, 음악적 적성과 관심을 가진 학생들을 위하여 교육되어야 한다고 주장하면서, 공립학교에서는 이러한 음악적 목적이 보장될 수 없다고 했다. 아이브스는 1830년 하트포드 실험에 참여하고 메이슨과 공동 저자로『젊은이의 리라(The Juvenile Lyre)』를 집필한 후 가창학교 교사로 활동하면서, 가창학교에서 음악가-교사 및 학생들이 직접 음악을 하고, 가르치고, 배울 수 있는 환경을 개발하였다. 기악 주자인 벤자민 형제와 많은 밴드 마스터는 19~20세기 미국 전역에 마을 및 아마추어 밴드들을 설립하여 건전한 기악 교육을 위한 독립적인 음악 교육 기관들을 옹호하고 발전시켰다.[54] 20세기에는 음악 교육을 위한 다양한 전문 협회(합창, 성악 및 기악 음악, 오르간과 교회 음악, 지역 음악, 재즈, 미국의 대중음악 등) 간의 지속적인 긴장감들이 있었다. 이 긴장감은 음악을 연주하고 감상하는 것 그리고 음악 교육의 수단과 목적에 관한 음악가들의 가치관 차이로부터 비롯되었다.[55] 일부 음악가는 공립학교에서의 음악 교육에 득과 실이 동시에 존재하며, 음악을 위한 음악 교육 및 다른 교육 목적을 제공하기 위한 국공립학교 이외의 조직 및 기관들이 필요하다고 믿었다.

음악 교육을 뒷받침해야 하는 가치들에 관한 이와 같은 의견 불일치들은 교육 및 문화 정책의 기초가 되어야 하는 가치들에 대한 더 큰 갈등들을 반영한다. 음악은 미국에서 새로 등장한 일반 학교의 초창기 교과목 중 하나였다.[56] 프로이센의 선례 이후, 19세기 미국의 인문주의적 사회 구조는 시민들이 정부에 적극 참여하는 질서 잡힌 사회에서 공익을 위하여 모든 시민에게 교육이 필요하다고 제안했다. 일부, 특히 가난한 사람들은 자녀를 교육할 형편이 안 되었기에 모두에게 일반 교육이 제공되는 국공립 교육 제도가 필요했다. 초기 일반 학교는 기본 교육만 제공할 수 있었지만, 점차 고등 교육 제도에 관한 기대도 커졌다. 이러한 확장과 함께 이 교육의 기초가 되어야 할 가치들과 이들을 어떻게 명시하고 통제할 것인가에 대한 철학적이고 방법론적인 차이들이 발생했다.

교육이 수행되는 각 기관에는 고유한 가치들과 이에 수반되는 이익과 위험들이 있다.[57] 현재 교육자들에게 주어진 과제는 이처럼 다양하고 때로 상반되는 제도적 및 개인적 관점과 실천 사이에서 최선의 공동 유익을 실현하고 최악의 위험을 피하는 것이다. 이렇게 거대한 목표를 성취하려면 무수한 신념들과 실천들을 주도하는 가치들을 파악하고, 이들을 더욱 잘 이해함으로써 제도적인 협력의 실제적인 방법들을 모색해야 한다. 내가 이전 글에서 주장했듯이, 음악 교육과 관련된 모든 기관과 더 넓은 사회 안에서 음악 교육의 제도적 문제를 해결하려면 체제의 변화가 필요하다. 이러한 변화는 개인의 헌신이 필수이기 때문에 개인, 조직, 기관의 협력이 없다면 이러한 거대한 계획을 상상하기 어렵다.[58] 현재 나의 주장은 음악가들과 교사들이 헌신할 수 있는 가치들을 찾아내고 저마다의 강점과 약점을 검토함으로써, 서로 다른 기관의 음악 및 교육 정책 입안자들이 집단적으로 사회 전체 대다수를 문화적으로 변형시키려고 할 때 공통 기반을 찾아내고, 이들이 어떻게 함께 일할지 결정하며, 협력의 한계들을 설정하도록 하자는 것이다.

가치 모둠들

이 장에서 음악적 및 교육적 가치들을 검토하면서 나는 서로 얽혀 있지만 여전히 분명한 차이를 보이는 가치를 나타내는 단어들의 모둠을 사용한다. 들뢰즈(Gilles Deleuze)와 가타리(Felix Guattari)는 '늑대 떼'라는 표현으로 늑대를 종, 어떤 무리의 구성원, 개별 동물로 동시에 해석하는 복잡성을 상기시킨다.[59] 그들에게 이 은유는 복잡성과 사물들 간의 상호 관계의 역동적 흐름을 드러낸다. 나는 보다 부드럽고 덜 공격적인 은유를 선호하지만, 들뢰즈와 가타리의 '늑대 떼'는 인간의 가치들을 묘사하는 복잡성 및 사물을 연결하고 구별하는 수단의 뉘앙스와 다의성의 중요함을 알려준다. 뉘앙스는 예술에 있어서 매우 중요하다. 예를 들어, 동일한 곡이 다르게 연주될 수 있지만, 동시에 진정성 있고 음악 전문가에게 용인되는 방식들로 연주될 수 있다. 연주에 대한 흥미는 종종 어떤 음악가의 다양한 곡 해석이나 즉흥연주를 하는 미묘한 방식에 내재하여 있다. 내가 『음악 교육의 그림(Pictures of Music Education)』에서 제안하듯, 일반 교육과 같이 음악 교육에서도 뉘앙스는 결정적이다. 교육 정책 입안자들은 중요한 생각 및 실천의 차이만큼이나 뉘앙스에 대한 열띤 논쟁을 벌일 수 있다. 때로는 뉘앙스가 쌓인 것이 축적되어 보다 더 중요하고 보편적인 탁월함을 나타낼 수도 있다. 상호 관련된 가치 모둠들에 관한 나의 지금의 묘사는 음악가 및 예술가들의 뉘앙스 선호도를 보여 주는 동시에 이러한 가치 모둠들이 결정적이며 다의적임을 밝힘으로써 논의를 끝내낸다.

이 책의 구성은 간단하다. 나는 제2장부터 제10장을 걸쳐 9개의 가치 모둠에 집중한다. '예술성, 취향, 기능, 스타일' '숭앙, 겸손, 경외, 영성' '품위, 평정, 절제, 규율' '사랑, 우정, 욕망, 헌신' '기쁨, 행복, 즐거움, 축하' '신의, 끈기, 인내, 충성' '호기심, 상상력, 경이로움, 열린 마음' '지혜, 이해, 지식, 탁월함' 그리고 '정의, 평등, 공정, 포용'이다. 각 장은 독립적으로 읽거나 순서에 상관없이 읽을 수 있도록 설계되어 있고, 책 전반에서 반복과 반향들이 나타난다. 어떤 독자들은 순서대로 읽는 것을 선호할 수도 있고 다른 독자들은 즉각적으로 관심이 가는 장부터 시작하여 다른 장으로 넘어갈 수도 있다.

내가 가치들을 선택한 과정에 대하여 적고자 한다. 이 가치들은 나의 상상력과 호기심을 불러일으켰고, 지금도 강조하고 있으며, 음악 교육자가 반드시 갖춰야 할 가치들의 철저하거나 포괄적이 아닌 예시적인 목록이다. 나는 이 목록을 작성하면서 다양한 질문을 해 보았다. 예를 들어, 내가 과거에 작성했던 음악 교육에 관한 윤리적 글에서 공백, 틈, 간과된 부분들은 어디에 있을까? 나 자신의 실천에서 어떤 가치들에 내가 가장 헌신하는가? 현재 음악 교육에서 나에게 가장 중요한 가치들은 무엇인가? 어떤 가치들이 내가 평생 동안 작업을 통하여 관찰하고 참여해 온 음악과 교육 전체를 집단적으로 예시하는가? 최근 음악 및 교육 연구에서 어떠한 가치들이 간과되고, 잊히고, 보다 중시되었는가? 음악가, 교육자, 학습자에게 현실적으로 공감이 가는 가치들은 무엇인가? 어떤 가치들이 한 권의 책 안에서 다룰 수 있겠는가? 어떤 가치들을 미래의 연구를 위해 미뤄 두어야 하는가? 내가 다양한 질문을 성찰하는 과정 가운데 각 장의 토대를 형성하는 임시 목록이 나타나기 시작했다. 저술이 진행되고, 프로젝트가 더 분명해지면서, 나는 하워드가 예술가의 '탁월함의 이상'이라고 했던 방식으로 지속적으로 목록을 다듬었다.[60]

나의 분석 방법은 각 가치 모둠을 검토하고 음악과 교육의 예시들로부터 분석의 근거를 마련하는 것이다. 나는 각 가치 모둠의 속성들을 찾아 정리한 후 음악과 교육을 위한 이들의 장단점들을 파헤쳤다.[61] 각 사중주의 가치 모둠은 좋기도 하고 나쁘기도 하며 음악가, 교육자, 문화예술 종사자는 자신이 처한 특정한 상황에 어떻게 적용할지를 신중하게 결정해야 한다.[62] 각 가치를 다른 가치로부터 완전히 독립된 개념으로 여기는 것은 사실상 비현실적이다. 하지만 이러한 접근법은 나로 하여금 각 가치의 특성들과 증상들을 비판적으로 검토하고, 상호 관련된 다른 가치와의 조화 및 부조화를 엿볼 수 있으며, 문화와 교육에 관한 현실적인 적용에 대해 생각할 수 있게 허용한다. 이 책의 장들에는 이 첫 장의 초두에 제시된 사안들, 즉 음악 교육과 교육을 더욱 일반적으로 특징짓는 가치들, 그 가치들에 대한 옹호와 비판 그리고 시민 사회 및 인도적 목표를 위해 적용되는 교육 및 문화적 실천에 관련된 사안들에 대한 반응들이 점층적으로 예시된다. 철저한 목록이 의도된 것은 아니지만, 인도적인 음악과 교육에 존재하기를 기대할 수 있는 몇몇 가치들이 예시된다.

제11장에서, 나는 메타 분석을 통해 다양한 가치 모둠 사이에 나타나는 공통점을 추적하면서 나의 생성적 질문들을 재고하고, 음악과 교육의 이론적 공조를 검토하며, 음악가들과 교육자들이 가치를 적용하는 과정에서 겪는 현실적인 어려움을 개괄하면서 의사 결정에 대한 자기성찰적 접근의 유용성을 설명하고, 이러한 분석의 음악과 교육에 대한 의미라는 개인적 메모를 통해 결론을 내린다. 이러한 가치들에 대한 재고(再考)는 음악가들과 교육자들 및 관심을 가진 사람들이 그들 자신의 다양한 음악적 및 교육적 신념들과 실천들을 보다 잘 파악하고, 질문하고, 방어할 수 있도록 해준다. 이렇게 함으로써 이들은 또한 '하나와 다수', 즉 사람들이 구분되는 방식들과 지구라는 행성의 거주자들을 하나로 묶는 공통점들을 숙고(熟考)할 수 있을 것이다.

에필로그는 이 책을 쓰면서 떠오른 몇 가지 질문들, 틈새들, 놀라움들을 드러낸다. 질문들 속에서 나는 이전 연구『음악 교육의 그림』의 음악 교육의 예시들과 비유들이 이 책의 가치들과 교차되는지가 궁금하다. 나의 가치들의 개요와 이와 관련된 음악 교육 은유들과 예시들 사이에 최소한 개략적으로는 진실되어 보일지라도, 이러한 교차점이 항상 자명한 것은 아니다. 가치들, 은유들, 예시들을 문자적 및 비유적으로 생각하는 것은 음악과 교육의 다의성을 복잡하게 만들 뿐이다.

한마디로, 음악과 교육을 이끌어야만 하는 가치들과 관련된 사안들뿐만 아니라 이들의 음악적 및 교육적 실천에 대한 옹호, 폐단들, 적용들에 역점을 두어 다루면서 나는 음악의 문화적 관점을 권유하고, 정중하고 품위 있는 사회를 추구하는 인도적인 음악 교육관을 가정한다. 음악가들과 교육자들이 직면한 어려움들과 내가 미덕보다 가치를 선호한다는 점을 전제로 삼고, 나는 음악과 교육이 교차하는 가치 사중주들을 확인한다. 각 사중주에 관한 나의 접근 방식은 분석적이고 체계적이며, 그리고 제약을 두지 않는 것이다. 이제 음악 및 교육과 교차하는 다양한 가치 사중주가 우리를 어디로 이끄는지 풀어헤치는 일이 남아 있다.

예술성, 취향, 기능, 스타일

Artistry, Taste, Skill, and Style

나는 '예술성, 취향, 기능, 스타일'로 가치 사중주의 논의를 시작하고자 한다. 이 가치들은 이후에 논의할 '호기심, 상상력, 경이로움, 열린 마음' 그리고 '지혜, 이해, 지식, 탁월함'과 많은 공통점을 공유한다. 이들은 음악의 이론과 실천에 특별히 중점을 두지만, 내가 연구한 다른 영역의 예술이나 주제들과도 많은 공통점이 있기에 음악과 예술이 더 일반적인 학습에서 은유 역할을 할 수 있도록 해 준다.[1] 비록 예술가들은 이러한 가치들을 남다른 수준으로 보여 줄 수 있지만, 이것들은 정도의 차이가 있을 뿐 삶의 모든 측면과 방식에서 중요하다. 고대부터 이 가치들은 모든 시민을 위한 이상으로 간주되어 왔다. 예컨대, 고대 그리스에서는 파이데이아의 개념에서 발견되며, 유럽의 르네상스 시기에는 교육받은 사람들, 특히 상류층을 위한 규범으로 여겨져 왔다.[2] 이들이 과거에는 구체적으로 어떻게 나타났었는지 그리고 사회적 지위, 성별, 민족, 언어, 종교 등 사람들을 분리하는 장벽을 넘어 모든 사람에게 확장되지 못한 것에 대해 논쟁이 있을 수 있다. 이는 오늘날에도 여전히 논쟁 중이다. 듀이(John Dewey)는 이러한 가치가 민주적이고 품위 있는 사회의 모든 사람에게 모범을 보여 주며, 일반 교육 안에서 본보기가 되고 함양되기를 바라는 사람 중 하나였다.[3] 아른스틴(Donald Arnstine), 벤하비브(Seyla Benhabib), 브라우디(Harry Broudy), 그린(Maxine Greene), 마틴(Jane Roland Martin), 누스바움(Martha Nussbaum), 리드(Herbert Read)는 21세기 이전에 민주주의 교육과 사회에서 예술과 문화의 중요성을 주장한 저자들에 속한다.[4] 이 사상가들은 예술이 '예술성, 취향, 기능, 스타일'의 가치를 깨우치는 데 도움을 주기에 교육에서 예술을 중시했던 이전 세기들의 철학자들을 뒤따른다.[5] 최근 들어 음악 교육 저술가들은 이러한 가치들이 민주주의 교육의 핵심임을 다양한 방식으로 주장하고 있으며, 이는 철학자들과 실무자에게도 받아들여지고 있다.[6] 이들은 때때로 다소 다르게 표현될 수 있지만, 기초에서 상급 수준의 교육에 이르기까지 다양한 기관에서 수행되는 음악 교육의 탄력적인 가치들로 남아 있다.[7] 이 장에서 나는 각각의 가치를 차례로 탐색하고, 음악과 교육에서 이들의 긍정적인 면과 부정적인 면을 점검하고자 한다. 이러한 논의를 통해 이러한 가치들이 개념적으로 구별되지만 중첩되며, 방점이 다르다는 것이 분명해질 것이다.

예술성

예술성(artistry)이라는 단어는 라틴어와 프랑스어에서 차용되었다. 원래 그것은 예술, 특히 '뮤즈가 주재하는 역사, 시, 희극, 비극, 음악, 춤, 천문학'을 갈고닦는 사람들과 관련되어 있었다. 이후 그 의미는 인문학과 순수 예술을 포함했다. 고등 교육 내에서 예술가는 '일곱 가지 교양 중 하나에 숙련된 사람, 교육받은 사람, 학자, 철학자'로 인정된 사람이었다.[8] 이에 대한 학문적 의미는 르네상스 시대의 대학 학위 자격이 형식화되면서 분명히 나타난다.[9] 보다 실용적인 의미에서 예술가는 '상상력을 실행으로 옮기는 창의적인 예술을 실천하는 사람' '대중 연주자 또는 배우' '회화, 소묘, 조각 등의 시각예술에 숙련된 사람' 혹은 '수작업, 공예 또는 기타 숙련된 작업에서 재능과 창의성을 발휘하는 사람'과 같은 더 광범위한 의미를 담고 있다.[10] 통상적으로 예술성의 사전적 의미는 예술이 무엇을 뜻하는지, 예술적이라고 여겨지는 사람과 사물에 대한 기준이 무엇인지, 그리고 '능력'과 '실행'의 측면에서 예술가가 보여 주는 특성이 무엇인지 등에 대해 일반적으로 받아들여지는 생각들과 관련된다.[11]

이렇듯 다양한 의미를 고려할 때, 나는 무엇을 예술로 간주해야 하는지, 누가 예술가로 여겨질 수 있는지 그리고 예술적인 것으로 설명되는 솜씨, 기술 또는 박식함이 무엇인지와 관련하여 예술성이 이론적으로나 실제적으로 모호하다는 가정에서 출발한다. 비록 예술성이 실용적이고 기술 지향적인 드러냄으로 종종 간주되지만, 나는 이론과 학문의 더 오래되고, 이론적이며, 또한 심지어 비유적인 참조들과 뮤즈를 섬기는 신화적이고 영적인 뿌리를 강조하고 싶다. 예술성을 이런 식으로 보는 것은 예술성을 영적이고 감각적인 삶, 타인에 대한 헌신과 자기 자신으로의 집중, 그리고 생각과 행동에 관한 것으로 상상하는 것이다. 예술성의 모호하고 심지어 역설적인 특성은 음악과 교육에 대해 기회와 도전을 둘 다 열어 주는 나의 '이것과 저것이 함께하는' 변증법적 접근에서 분명해진다.[12]

　상상력의 역할 또는 하워드(Vernon Howard)가 '탁월함의 이상'이라고 묘사한 것은 예술성에서 중요한 구실을 한다.[13] 학계의 연구든 예술 작품의 전시든, 예술성은 가능한 이미지를 마음으로 구성하는 훈련이 필요하다. 순수 예술은 회화, 조각, 연극, 음악 공연, 춤, 시 같은 것들을 통해 상상력을 생생하게 그려 내고 표현하는 적절한 방법을 제공한다. 때때로 각각의 예술적 전통은 시간이 지남에 따라 축적된 기대들의 오랜 전통들을 보여 주는 고유한 신념과 관행을 가지고 있다. 전문가들과 대중들은 이러한 기대에 대해 다소간 알고 있는데, 이러한 기대들은 규범이 되어 예술적 작품들을 상상의 틀 안에서 판단할 수 있도록 한다. 코플랜드(Aaron Copland), 랭어(Susanne Langer), 프라이(Northrup Frye)는 상상력을 인간 발달의 중요한 측면으로 인정하고 현실에서 상상력을 표현하는 수단으로 예술성의 역할을 인정한 20세기 중반의 저자들이다.[14] 스파숏(Francis Sparshott)과 앨퍼슨(Philip Alperson)을 따르거나, 이들에서 분기된 엘리엇(David Elliott)과 같은 음악 교육 저술가들은 예술, 특히 음악의 중요한 구성 요소인 사회적 관행들에 특별한 관심을 기울인다.[15] 최근에 엘리엇과 그의 동료들은 음악 교육의 목적으로서 '예술적 시민성'의 적용 가능성과 민주적인 예술 시민 양성에 대한 음악의 기여를 긍정적으로 가정해 왔다.[16] 이들은 예술을 정신적 구성의 관점에서 형식적인 것으로 생각하기보다는 사유를 독특한 관행, 의식(儀式) 및 행위로 변형하는 예술의 실제적인 특성을 강조한다. 강조점을 형식이나 지적인 행위에 두든 또는 현상적 행위와 실용적 구성에 두든, 예술성을 상상력이 풍부한 활동으로 보는 생각은 공통적으로 합의된 특성인 것 같다. 예술가들은 가능성을 현실로, 아이디어를 명제적이고 절차적으로 추론된 실천으로 바꾸는 과정에 참여한다. 이러한 작업은 예술가와 이들의 대중으로부터 인정받은 약속과 기대 틀 또는 제약 내에서 수행된다. 상상력이 풍부한 수학 공식 혹은 이론, 우아하게 만들어진 철학적 논증이나 매력적인 연구 프로그램 이론, 저명한 학술 논문, 감동적인 노래, 춤, 시 무엇이든 간에, 상상력은 다양한 방식으로 나타나고, 이는 각 방식에 해당하는 전통들을 잘 아는 전문가들에 의해 평가된다.

모든 경우에서, 예술성은 과정이자 결과물이며, 예술가가 추구하는 이상적인 목적이자 이 목적을 달성하는 수단이다. 경험, 성숙함 및 지혜가 성장함에 따라 이상도 함께 변하기에, 예술성은 역동적인 '되어가기'의 상태이다. 이처럼 변화하는 목적을 달성하기 위해 다양한 수단이 사용된다. 내가 상상했던 이상은 다가갈수록 멀어지는 것처럼 보이고, 내가 상상한 비전의 완벽함을 결코 실현될 수 없다고 느낀다. 나는 공연에 만족할 수 있지만, 나의 비판적인 눈은 더 잘 실행되었어야 하는 것, 고칠 수 있었던 문제, 포착할 수 있었던 기회들을 찾아낸다.[17] 다른 사람의 공연을 듣고, 다른 이의 작품을 읽고, 다른 사람의 말을 듣는 것은 내가 상상해 본 적이 없는 다른 목적과 이전에 사용한 적이 없었던 다른 수단들에 대한 가능성을 열어 준다. 하워드가 말한 탁월함의 이상은 내가 나아지도록 동기를 부여하는 영감의 원천이자 특정 방향으로 나의 노력을 집중하게 하는 필수적 요소이다. 따라서 이것은 나의 신념과 실천을 개선하고 심지어 변화하게 하는 교육적 목적을 지닌다.

예술성은 사회적으로나 개인적으로 구축된 독특한 신념과 실천으로 구성된다. 예술가의 상상력은 거의 그들이 작업하는 사회적 맥락에 의해 형성된다. 예술성은 예술가의 힘과 특권을 정의하고, 가능한 경우 그들의 생계를 유지하는 권력관계에 기초를 둔다. 이러한 권력관계와 이와 관련된 지위는 예술이 창작되고 경험되는 사회적 틀에 의해 정의된다. 음악에서, 음악가들이 어린 시절부터 흠뻑 젖어 왔던 전통과 그들이 들어 왔던 소리의 색채, 그들의 청중에게 익숙한 음악 소리의 체계들, 살아온 삶의 일부인 의식들, 음악이 만들어지고 수용되었던 전통들은 탐색의 가능성과 실행되는 음악적 사건들에 영향을 미친다.[18] 여러 전통에서 즉흥연주는 음악 공연 그리고 사람들의 집단생활 내의 중요한 순간을 축하하거나 기념하는 복합 예술 행사에서 중요한 역할을 한다.[19] 내가 알고 있는 음악 문화 안에서, 특히 재능 있는 음악가들은 의식들 안에서 예술이 역할을 담당하고 있음을 잘 안다. 이들은 예술 무용수들, 가수들, 화가들, 의상 제작자들, 악기 연주자들로 다른 누구보다 공동 의식을 잘 이끌고, 사람들은 이들이 만드는 의식에 의존한다. 음악가와 그들의 음악은 사회 계층과 관련이 있다. 일부 음악 전통에서 음악가들은 영적 또는 초자연적 힘을 가지고 있거나 어떤 특정한 음악이 언제 어떻게 어디에서 왜 만들어지고 경험되는지와 관련된 강력한 마술 같은 지식을 가지고 있다고 여겨지기 때문에 다른 사람들과 구별되는 계층으로 간주된다.[20] 몇몇 음악 공동체들은 다른 음악 공동체들보다 더 배타적일 수 있는데, 때로 길고 힘든 과정을 거쳐 준비되거나 대중의 열망과 경험을 대변하는 음악 제작을 통해 비교적 빠르고 쉽게 명성을 얻을 수 있는 엘리트 음악가들을 포함할 수 있다. 그들의 청중은 예술가가 연주한 음악을 수용하고 감상하며, 그것에 상상력을 발휘하는 독특한 역할을 수행한다. 역사적으로 음악가들은 생계를 유지하는 방법으로 다른 사람들과 구별되는 사회적 지위를 키워 왔다. 음악 역사 대부분에 걸쳐 이들이 가족 혈통을 통해 한 세대에서 다른 세대로 음악적 비밀들을 전수하는 것은 흔한 일이었다.[21] 음악가 조합, 노조, 협회 등은 그들의 권력을 공고히 하고, 다른 이들이 그들의 책임과 생계를 침해하는 것을 방지하는 데 도움을 주어 왔다. 적어도 미국에서는 오늘날 이러한 그룹들이 다소 취약하다.[22]

　예술성은 또한 특정 기능을 소유하고 실행하는 것을 특징으로 한다. 기교는 예술성의 중요한 측면을 형성하는데, 예술가는 종종 이러한 기능을 그들의 기교라고 부른다. 악기 제작이든, 연주든, 작곡이든, 즉흥연주든, 제작이든, 심지어 듣거나 보는 것에서도 일련의 기능이 필요하다. 나는 예술성을 예술의 생산적인 측면으로만 해석하기보다는 그것을 보고 듣는 것, 그것을 받아들이는 행위와 관련하여 예술성을 입증하고 싶다. 예를 들어, 음악 평론가는 이 음악이 어떻게 만들어지는지에 대한 지식뿐만 아니라 많은 철학적·이론적 가정을 능숙하게 듣고 끌어낸다. 예컨대, 나는 화려하고 감동적인 콘서트 프로그램, 콘서트 평론 혹은 출판된 논문의 예술성을 생각한다. 내게 있어, 음악 분석에 관한 토비(Donald Tovey)의 고전적인 평론집들은 수십 년이 지난 후에도 신선하고 매력적으로 보인다.[23] 그가 글로 음악을 불러일으키는 뛰어난 방식과 그것을 묘사하기 위해 선택한 표현적인 언어는 내 작업에서 모방하고자 하는 훌륭한 글로 남아 있다. 무엇이 예술성으로 간주될 수 있는가를 이처럼 광범위하게 정의하게 되면, 기능들은 지적인 것과 실용적인 것을 둘 다 필요로 하고, 현상 세계를 초월한 인지적이고 영적인 기능들을 포함하게 된다. 음악 교육 분야에서는 기술적 기능에 많은 관심을 가져왔는데, 레젤스키(Thomas Regelski) 같은 몇몇 학자들은 이러한 기술적 기능을 아리스토텔레스식 용어인 테크네(techné)로 설명하고 있다.[24] 레젤스키와 엘리엇은 음악 교육 철학 내에서 이러한 실천적이고 사회적으로 인식된 기능에 관심을 가져야 한다고 주장한다.[25] 나의 관점과 그들이 적어도 부분적으로 공유할 수 있는 관점은 기교를 갖춘 예술가들이 사용하는 것이 단순한 기술적인 기량을 넘어 예술성의 구성요소 중 하나인 중요한 지적 기능을 포함한다는 것이다.[26] 이러한 관점에서, 예술성은 단지 실행, 예술 작품의 제작, 구성, 작곡, 즉흥연주 등의 방법에 대한 것만이 아니라, 이러한 행위들이 의존하는 생각에 대한 것이기도 하다. 연주를 이끄는 오케스트라 지휘자든, 앙상블 내의 음악가든, 연주를 평하는 음악 평론가든, 모두가 각각의 특정 방식으로 개념적이고 상상적으로 예술을 생각하고, 청중이 모범적이고 감동적이며 유능하다고 이해하는 방식들로 자신들의 예술을 수행한다.

　예술성의 영적 관련성은 매우 중요하다. 연극을 이상적이고 진지한 것으로 보았던 플라톤의 생각은 오늘날에도 여전히 공감을 자아낸다.[27] 기독교 시대 내내 음악가들은 그들의 재능을 신에게 돌렸고 음악의 수호성인인 성녀 세실리아를 기리기 위하여 작곡하였다.[28] 보이스–틸먼(June Boyce-Tillman), 욥(Iris Yob)을 비롯한 음악 및 예술 교육 분야의 다른 저술들은 음악적 경험의 영적 차원에 주목하였고, 작곡가들도 그들의 음악을 감각의 세계를 넘어 영혼에 이르는 성스러운 것으로 생각했다.[29] 동양의 예를 들자면, 북부 인도의 고전 전통에서는 음악가들이 영적 훈련인 **리야즈**(riaz)를 실행해 왔는데, 여기서 자신의 공연을 연습하고 완성하는 행위는 육체적일 뿐만 아니라 영적 활동이기도 하다.[30] 토착 전통에서 샤먼의 음악, 예컨대 내가 목격한 라오스 몽족(Hmong)의 음악은 심오하게 영적이며 또한 악령을 물리치는 초자연적인 힘을 지니고 있다.[31] 북미의 영가(靈歌)든 호주 원주민의 디저리두(didgeridoo: 호주 원주민의 목관 악기) 연주든, 이러한 음악들은 감각적일 뿐 아니라 영적이기도 한 파토스(pathos)와 힘을 전한다. 이러한 음악적 전통들을 더 많이 이해한다면, 음악이 전달하는 의미와 영적 충만감의 깊이를 더 잘 파악할 수 있을 것이다.

　예술성의 긍정적인 측면 중 하나는, 음악의 실천적이고 사회적인 측면에 대해 중점을 두는 예술성이 여느 다른 예술이나 교과보다 능동적인 동시에 수동적이며, 음악 및 다른 교과의 과제와도 잘 일치한다는 점이다. 학습자가 자신이 배운 것을 보여 줄 때, 참가자와 관찰자 모두에게 동기를 부여하고 쉽게 파악할 수 있는 즉각적인 피드백을 줄 수 있다. 형식적 조작이나 추상적인 사고 능력에 도달하기 전에 아주 어린아이들은 자신의 행동을 지배하는 근본적인 이론적 원리와 규칙을 직관적으로 인식하고 표현할 수 있다. 아주 어릴 때부터 노인에 이르기까지 인간 발달의 전 기간에 걸쳐 예술성은 예술가와 대중에게 기쁨의 원천이다. 음악에서, 스즈키 바이올린 프로그램에 참여하는 어린아이들이든 양로원의 노인 연주자들이든, 음악 교육의 목표로서 예술성을 함양하는 것은 음악을 즐겁게 경험할 수 있는 실천적이고 직접적인 방법이며 평생 학습에 대한 동기를 부여한다.[32] 학생들과 함께 작업하는 음악 교사가 음악이 무엇이고 어떻게 진행되는지에 대해 직접적이고 총체적이며 즉각적으로 이해하는 것은 학습에 대한 강력한 동기를 부여한다.

비록 예술성이 '이것은 이러한 것'이라는 명제적 지식보다는 '무언가가 어떻게 만들어지는지를 아는' 절차적 지식에 중점을 두지만, 나는 예술성이 전적으로 절차적이라고 제안하고 싶지는 않다.[33] 오히려 예술은 매우 실천적이기에 필연적으로 어떤 일을 경험하거나 계속하는 방법에 대한 지식을 포함한다. 이 두 가지 형태의 지식에 대한 셰플러(Israel Scheffler)의 구분은 명제적 지식이 절차적 지식을 동반해야 한다고 주장하는 데 유용하다.[34] 많은 학문적 교과가 명제적 지식에 초점을 맞출 수 있겠지만, 그러한 과목들에서도 이를 어떻게 하는지 알거나 수행하는 것은 중요하다. 음악 및 기타 예술 분야에서도 이러한 절차를 아는 것이 중요하지만, 과학자, 수학자, 역사가 및 심리학자는 예술과 과학을 수행하는 방법에 대한 지식이 필요한 학자 중 하나이다. 나에게는 어떤 것 또는 이러저러한 사실에 대해 아는 것 그리고 그것을 하는 방법을 아는 것 사이의 교차점은 너무나 명백하기에, 실제로 두 측면은 불가분의 관계로 연결된 야누스의 얼굴로 생각된다.

감각에 의존하고 인간 영혼을 일깨운다는 점에서, 예술성은 일상적이고 유물론적 실존이 평가절하하는 인식 방식을 표현한다. 예술성은 랭어가 적절하게 명명했던 느낌의 표현, 혹은 추론적 명제들로는 담아낼 수 없는 인간 이해로 설명된다.[35] 느낌은 랭어에게 막중한 문제로서, 어떤 이들은 느낌이 '마음의 삶'이라는 그녀의 강조를 반박할 것이다.[36] 그러나 여전히 그녀의 아이디어는 음악가와 예술가의 작업, 그리고 인간 지성의 한 부분인 순수 이성을 넘어서는 지식의 역할에 대해 울림을 준다. 나는 감각, 감정, 지성이 서로 공명하는 방식에 대한 그녀의 이해에 끌렸다. 그녀는 인간의 마음을 총체적이고 체화된 관점으로 다루면서 자신이 살았던 시대를 앞서고 있는데, 단어나 다른 추론적 상징으로는 제대로 다루지 못하고, 말로 표현될 수 없으며, 알 수 없는 인간의 마음이 여러 예술, 의식, 신화 중 특히 음악에서 드러날 수 있다고 생각하였다. 예술성은 그렇지 않으면 표현되지 않을 인간의 느낌을 표현하는 수단이다. 피닉스(Philip Phenix)가 그의 체계적 교육 계획에서 했던 주장처럼 음악 및 기타 예술들은 예술 교육의 주요 수단들이기에, 교육의 중심 위치를 누릴 만하다.[37] 피닉스는 예술이 의미 형성의 중요한 방식을 이루기 때문에 일반 교육에 속한다고 설득력 있게 주장한다. 의미를 만드는 방식에 대한 그의 분류법은 굿맨(Nelson Goodman)의 세상을 만드는 방식들과 일치한다.[38] 피닉스는 일반 교육이 의미 형성 유형들 전반에 체계적으로 주의를 기울여야 한다는 원칙을 분명히 한다. 예술성은 예술에 대한 직접적인 경험을 제공하기에 예술 교육의 강력한 수단이 될 수 있을 것이다. 나아가, 의미 형성의 수단으로서 예술성은 교육을 구성한다. 최종 목표에 대한 예술가의 상상력은 체험 교육의 본질이다. 다른 형태의 예술 중에서도 음악 공연이 고대부터 교육에서 중심적인 역할을 해 온 것은 항상 명시적으로 언급된 것은 아니지만 이러한 암묵적 이유 때문일 수 있다.

　예술성의 부정적인 측면 중 하나는 한 형태의 예술성이 규범적이라거나 모두에게 충분하다고 생각하고 싶을 수 있다는 점이다. 하지만 랭어가 지적했듯이, 예술은 공통된 특성을 공유하면서도, 또한 서로 다르다. 그녀의 관점에서, 예술이 발레나 오페라에서 합쳐지는 것이 때때로 발생하듯이, 하나의 예술이 다른 예술을 압도하는 것이 가능하다. 음악에서는 하나의 전통이 다른 전통을 차용할 수 있다. 예를 들어, 서양의 클래식 음악은 그 안에 흡수된 음악들의 융합이고 그 경계는 불분명하다. 서양 음악이 중국 음악을 통합하듯이 중국 음악은 서양 음악을 통합한다. 국제화와 세계화 시대에 많은 음악은 전통의 혼합을 보여 준다. 그러나 이렇게 융합된 음악은 또한 독특하며 하나의 음악 분야에서 요구되는 예술성과 또 다른 음악 분야에서 요구되는 것이 다르다. 예술성의 표현은 특정한 경계가 있으며 제한적이다. 한 가지 형태의 예술성이 모든 것을 대표한다는 개념에 저항하는 것이 중요하다. 각각의 예술적 표현이 많은 가능성 중 하나일 뿐이라고 주장하는 나의 견해는 틀릴 수도 있다. 권위주의가 부상하는 시대에 이러한 가능성은 하나의 올바른 사고방식, 존재 방식, 행동 방식의 헤게모니를 무너뜨린다.

　또한 예술의 실천적 측면에 집중하면 예술 교육에 대한 엘리트주의적 접근을 초래할 수 있다. 예를 들어, 음악가는 음악에 대한 명제적 지식을 얻는 것보다 음악을 만드는 데 필요한 기술을 습득하는 데 더 오래 걸릴 수 있다. 정교한 작곡 및 연주 기법과 광범위한 레퍼토리를 갖춘 음악적 전통 속에서, 이러한 현실은 때때로 연주 기능과 경험 간의 이질적인 간극으로 인해 청중과 분리된 엘리트 음악가를 초래할 수 있다. 운동선수가 높은 수준에서 경쟁하기 위해 광범위하게 훈련하듯이 서양 클래식 전통의 전문 음악가는 청중의 능력을 훨씬 뛰어넘는 거장의 공연을 준비한다. 대중음악에서 개러지 밴드는 전문 록 밴드가 되기에 필요한 악기 연주 및 보컬 기술을 흡수하고 숙련하는 데 오랜 시간이 걸릴 수 있다.[39] 그들의 음악 제작과 공연의 화려한 측면은 연습과 준비에 같은 시간과 에너지 그리고 비용을 들이지 않은 청중과 구별된다. 전 세계적으로 널리 퍼져 있는 음악의 접근성을 고려할 때, 공연 기준에 대한 기대는 온라인을 통해 쉽게 접근할 수 있으며, 이러한 기준을 충족하거나 능가하는 공연을 전망하는 것은 더욱 어려워 보인다. 예술성을 강조하는 음악 또는 그 밖의 예술 프로그램은 상당한 시간, 노력 및 비용을 투자할 준비가 되어 있지 않은 학생들에게 더 적은 매력을 줄 수 있다. 이러한 현실은 예술성을 가르치고 배우는 강도와 더불어 이를 비용이 많이 드는 교육 사업으로 만든다.

'탁월함의 이상'에 집중하고 그것에 도달하기 위해 노력하는 것은 소심한 사람을 위한 것이 아니다. 어떤 사람들은 목표에 도달할 때까지 지속하려는 끈기, 욕구 또는 상상력이 부족하다. 완벽주의자들은 자신의 성취에 결코 만족하지 못할 수 있으며, 높은 기대치의 지속성은 그들을 낙담시키고 심지어 사기를 떨어뜨려 예술적 과정에 자신을 개방하려 하지 않을 수도 있다. 일부는 그들이나 다른 사람들의 기대를 충족하려고 노력하다가 실패하느니 아예 시도하지 않는 것을 더 좋아할 수도 있다. 욕망의 문제는 특히 다른 활동에 끌리고 다른 곳에 열정이 있는 사람들에게 중요하다. 내 느낌에 욕망은 예술성을 향한 특히 중요한 원동력으로, 이와 관련된 사람의 성격, 특성 및 능력에 좌우된다. 이러한 현실은 예술성을 때때로, 특히 뛰어난 수준의 수행에 전념하는 사람들과 관련 있는 가치로 만든다.[40]

수행적 지식과 절차적 지식에 초점을 맞추다 보면, 교사들과 학생들이 명제적 지식의 중요성을 간과할 수도 있다. 셰플러는 교사들에게 이 두 가지 형태의 앎을 혼동하지 말라고 조언한다. 무언가가 어떻게 만들어지는지 아는 것은, 그것의 추론적 특성과 같지 않다.[41] 학교에서 행해지는 연주 프로그램들에서 너무도 많은 학생이 높은 수준의 앙상블 연주 기술을 습득함과 동시에 음악에 대한 포괄적이고 체계적인 명제적 지식을 얻지 못한다. 예술성의 수행적·기술적 측면에 집중하는 것은 중요하지만, 음악에 대한 강한 개념적 토대를 쌓는 것 역시 필요하다.

취향

취향(taste)이라는 단어는 옛 프랑스어의 'tast'와 이탈리아어의 'tasto'에서 유래했으며, 원래 '만지다'를 뜻했다. 만지는 행위 또는 접촉에 대한 언급은 이후 맛보는 행위 또는 '사물의 풍미를 미각 기관으로 감지하는 행위'라고 보다 구체적으로 언급되었다. 어떤 경우에 이는 '시음할 수 있는 적은 양의 알코올'을 뜻하기도 하였다. 이처럼 구체적이고 문자적인 의미는 비유적인 의미로 발전하여 '품질에 대한 정신적 인식, 판단, 구별 능력' 또는 '어떤 것을 좋아하거나 선호한다는 사실 또는 조건, 성향, 좋아하는 것, 평가'를 의미하게 되었다. '즐거움, 기쁨, 음미'의 조건은 '무엇이 적절하고, 조화로우며, 아름다운지에 대한 감각', 특히 '자연이나 예술의 아름다움에 대한 분별력과 감상', 두드러지게는 '예술, 문학 같은 것들에서 탁월한 것들을 알아보고 즐기는 능력'을 규범적으로 지칭하게 되었다. 취향은 또한 '미학적 분별력을 나타내는 스타일이나 방식, 좋거나 나쁜 미적 질, 어떤 시대나 국가에서 선호하는 스타일이나 방식'을 뜻한다.[42] 이것을 동사로 사용하는 것은 문자적 참조에서 비유적 의미를 포함하는 것으로, 그리고 감각적인 것에서 지각적인 특성으로의 변화를 반영한다.[43] 이러한 사용은 취향을 교육하는 것이 가능하며, 시간이 지남에 따라 형성될 수 있음을 시사한다. 음악가와 교육자는 '취향을 만드는 사람'이다. 작곡, 즉흥연주, 연주, 제작의 행위는 자신의 취향과 청중과 학생들의 취향을 함양하는 데 있어 음악적일 뿐 아니라 교육적이다.

취향의 특징 중 하나는 이것이 기민하다는 것이다. 시작하기에 다소 특이해 보일 수 있겠지만, 나는 취향과 기민함에 대한 고대의 언급을 되살리고 싶다. 취향은 감각에 뿌리를 두고 있으며, 접촉의 은유는 중요한 특징으로 남아 있다. 사실, 취향은 주로 미각과 연결되어 있긴 하다. 하지만 내가 더 포착하고 싶은 핵심은 취향이 감각의 직접적인 개입을 가리킨다는 것이다. 기민함은 접촉처럼 민감하다.[44] 이것은 세밀함과 세부 사항을 조심스럽게 다루며 질감, 형태, 뉘앙스에 대해 인식하는 일종의 접촉이다. 이는 세밀하게 조율된 판별일 뿐만 아니라 느낌을 불러일으키는 신중하고 사려 깊은 접촉의 일종이다. 비유적으로 해석하자면 취향은 이러한 유형의 접촉 문제이다. 예를 들어, 음악과 음악 교육의 측면에서 이러한 특성은 노래하거나 악기를 연주하는 방식에서 분명해진다. 북경 오페라 가수는 이탈리아의 벨칸토 가수와는 매우 다른 음색을 사용하지만, 그 이면에는 자신의 목소리에 대한 발성 및 신체적 인식과 레퍼토리가 연주되는 신중함에서의 접촉에 대한 민감성이 있다. 베이징에서 북경 오페라 마스터 클래스를 보면서 내게 친숙한 서양 콘서바토리의 마스터 클래스들과 유사하다는 데 놀랐다. 전달되는 음악의 큰 차이에도 불구하고, 모든 교사는 학생들의 기민함이나 접촉을 기르는 데 동등한 관심이 있었다. 매우 다른 레퍼토리들이지만 이들은 모두 목소리와 신체를 통해 느낌의 뉘앙스들을 표현하는 데 몰두했다.

또한 취향은 무언가를 흡수하고 받아들이는 것을 요구한다. 이는 자신의 감각으로 어떤 것을 직접 경험하는 능동적이고 수용적인 과정이다. 그러나 받아들이는 것에는 제한이 있다. 포도주를 조금씩 마셔 보지 않고는 맛을 알 수 없듯이, 음악에 어느 정도 참여하지 않고는 이를 맛볼 수 없다. 그렇게 함으로써, 음악이 소리와 시각을 통해 편견 없이 직접 말할 수 있도록 하는 수용성, 열린 마음 그리고 음악 때문에 기꺼이 놀라겠노라는 의지를 갖게 된다. 놀라움을 받아들이는 소양을 가르치지 않은 채 취향을 가르치는 것은 불가능하다. 그러나 셰플러가 교육적 가치로서의 놀라움을 옹호하면서 지적했듯이, 너무 많은 교사와 학생들이 마음을 닫고 놀라움을 거부하거나 그 가능성을 막으려 한다.[45] 음악 연습의 모든 순간을 미리 계획하고 예상치 못하게 불가피한 상황의 가능성을 허용하지 않는 음악 교사는 자신도 모르게 닫힌 마음을 가르친다. 알섭(Randall Allsup)은 개방성을 제약하고, 열광적 표현, 놀라움을 경험할 가능성을 차단하려는 선의의 경향을 비판한다.[46] 대신 그는 개방성을 중시하는 음악 교육에 대한 접근 방식을 가정하는데, 그린의 말을 빌리자면, 이러한 개방성이 필연적으로 향하는 것은 음악 교육의 '다양성과 다원성'이다.[47] 교수·학습에 대한 이와 같은 직접적이고 참여적인 관계는 실제로 다른 사람이나 사물에 자신을 개방하는 어려움이나 상황에 직면한다는 의미에서 실험적이다. 이러한 개방은 때때로 근본적이고 변혁적인 방식들로 충격을 준다.[48]

또한 취향은 이성, 지각, 직관, 느낌을 포함한 개념을 수반한다. 상상적 활동으로서 취향은 분별력, 비판적이고 건설적인 사고 그리고 감각적 반응이 필요하다. 예술성과 마찬가지로, 이와 같은 지적 능력은 교육적인 과정을 통해 개발될 수 있다. 이러한 능력을 개발하는 수단들은 비형식적인 동시에 형식적이다. 이는 사람들이 성장하고 성숙하며 삶을 영위하는 특정한 가정환경과 사회적 맥락의 영향을 분명히 받는다. 예를 들어, 토속적이고 대중적인 음악 전통을 정기적으로 들을 수 있는 가정, 이웃 및 종교 공동체의 어린이들은 자연스럽게 그들의 음악적 취향의 일부가 되는 이러한 소리와 광경을 흡수한다. 이러한 이유로 음악 교육자들은 종종 음악 감상에 대해 말하는데, 이 경우 음악에 대한 반응은 음악 안에서 일어나는 일을 가치 있게 평가한다는 의미에서 긍정적으로 예상된다.[49] 아이들에게 특별히 노래를 가르치거나 악기 연주를 지도하는 곳에서, 아이들의 음악적 취향은 때로 그들의 음악적 지평을 넓히거나 그들의 음악적 취향을 두 갈래로 가르는 의도적인 방식으로 유도된다. 너무나 많은 음악 교육은 교사나 관리자가 음악적 취향의 기초가 되어야 한다고 생각하는 음악을 배우는 동시에 자기 주변의 음악을 흡수하게 함으로써 때때로 갈등을 느끼는 것과 같은 일종의 음악적 분기(分岐), 즉 조현병적인 결과를 낳았다. 너무나 자주, 그들의 취향은 자신이 하고 있거나 하고 싶은 것과 해야 한다고 믿는 것을 일치시키고 결합할 정도로 성숙하지 못하다. 동양 출신으로 서양의 음악적 취향을 흡수한 음악가들은 동양 음악이 서양의 기준을 뛰어넘는 것으로 느끼고 자신이 쌓아 온 서양적 음악 취향 아래 깊게 내재한 동양 음악에 대한 선호도를 인정하기도 한다.[50] 이는 록 음악을 들으면서 성장한 후에 서양 클래식 악기를 공부하게 된 젊은이들도 마찬가지이다. 고전적으로 훈련된 음악가로서, 그들은 때때로 그들의 교육이 지시하는 음악과는 매우 다른 방향인 대중음악에 끌리는 자신을 발견하게 된다. 극히 소수만이 이처럼 다양한 취향을 받아들이고, 그들의 삶에 통합한다. 오히려 폭넓은 음악 취향과 관련되어야 하는 즐거움은 다른 사람들이 자신의 시간과 에너지에 적합하고 가치 있다고 간주하는 음악에 대한 충실한 헌신으로 대체될 수 있다.

게다가 어떤 음악적 전통에서든 취향은 규범적으로 된다. 칸트(Immanuel Kant)가 말했던 대로 취향은 '대상 또는 표현 방식을 평가하는 능력'이다. 음악에서 사람은 음악에 참여하는 다른 이들이 자신에게 동의하고, 비슷한 믿음이나 기대를 공유하고, 전통의 기대에 부합하는 방식으로 행동하기를 기대한다.[51] 전에 쓴 글에서 나는 이러한 현실을 '음악적 타당성의 영역'이라고 불렀는데, 이는 내가 연구한 모든 음악적 전통들이 공유하는 특징이었다.[52] 이처럼 취향은 권력관계의 영향을 받는 문제로 가장 큰 힘을 가진 자가 힘없는 다른 이들의 취향에 영향을 미치는 위치에 있다. 예를 들어, 어떠한 사회의 기득권층이 높은 지위를 상징하는 음악 형식을 기꺼이 받아들인 곳에서, 그 권력과 위신을 열망하는 사람들이 이러한 음악을 음악 교육의 기초로 받아들이는 것은 자연스러운 일이다. 19세기 초 미국 음악 교육에 대한 공적 지원이 시작될 때부터, 유럽으로부터 퍼져 나온 클래식 음악은 무비판적으로 학교 음악 교육의 적절한 기반으로 간주되었다. 재즈, 애팔래치아와 아프리카계 미국인의 영가(靈歌), 그리고 토속의 대중음악처럼 미국으로부터 퍼져 나간 음악을 포함하여 낮은 지위로 간주되는 음악은 거의 전적으로 서양 클래식 음악을 훈련받은 교사의 관심 밖으로 여겨졌다. 이런 식으로 대중음악 및 토속적인 음악 전통과 서양 클래식 음악 사이의 갈라짐은 한편으로는 사람들이 즐겨야 한다고 믿는 음악과 다른 한편으로는 실제로 즐겼던 음악을 통합하지 못하는 결과를 낳았다. 지난 반세기 동안, 음악 교육자들은 음악적 취향을 구성하는 힘의 역할과 음악적 전통의 고유한 공헌에 가치를 부여하고, 이질적인 음악적 전통의 측면들을 융합하는 통합된 음악적 취향의 중요성을 점점 더 깨닫게 되었다.[53] 그러한 보편적인 음악적 취향을 습득하기 위해서는, 음악들을 비교하여 이해하고 자신이 참여하는 특정 음악적 전통에 적용되는 신념, 관행 및 규칙 체계를 파악하는 것이 필요하다. 음악적 취향을 서술적이고 규범적인 의미에서 습득하고 다양한 자신의 음악적 경험들을 뷔페처럼 통합하는 것은 매슬로(Abraham Maslow)가 '자아실현' 또는 개인적이거나 영적인 행복과 번영이라고 불렀던 것에 이바지하는 교육적 과제이다.[54] 이러한 접근 방식은 개인의 진실성, 총체성 및 투명성에 기여한다.

　　취향의 긍정적인 측면 중 하나는, 이것이 강한 지적 호소력을 가진 음악을 구별하는 중요한 지표라는 점이다. 이는 광범위한 레퍼토리를 가지며 연주에 필수적인 기술에 상당한 준비가 필요한 동서양의 고전적 전통의 가치와 특히 관련된 것으로 보이는데, 작곡가, 즉흥연주자, 연주가와 같이 다양하고 전문적인 계층을 육성하는 음악과 이들을 위한 청중들 사이에는 명확한 구분이 있다. 클래식 음악에서 이러한 특수한 역할이 항상 존재하는 것은 아니다. 음악가들은 자신들의 기쁨을 위해 그들 중 한 명이 작곡한 곡을 함께 연주했고, 이것은 음악가들이 청중을 위해 공연하는 콘서트로 전개되었다. 지난 2세기 동안 계속해서, 이러한 다양한 역할에 대해 전문화가 증가하는 것을 볼 수 있었다.

　　음료수를 맛보기 위해 조금씩 홀짝거리는 것처럼, 음악에 대한 직접적인 경험을 요구하는 취향의 개념은 이론과 실습을 아우르고 이를 총체적으로 생각하게 하는 장점이 있다. 이렇게 보면, 연주하고, 즉흥연주하고, 작곡하는 사람들은 음악을 지적으로 이해하고 그것을 어떻게 만드는지 파악할 수 있다. 이러한 가치는 일반 교육에서 연주, 즉흥연주, 작곡 및 음악에 대한 창의적 글쓰기의 중요성을 강조한다. 음악 활동에 대한 충분히 성숙한 이론이 없더라도, 옛날부터 음악 교육자들은 음악을 하는 것의 힘을 이해해 왔다. 예를 들어, 리라 또는 노래 선생이 학생들을 직접 대면할 수 있었을 플라톤 시대의 전형적인 악기 수업을 생각해 보자.[55] 아마도 플라톤은 자신의 교육 계획 가운데 이러한 음악 교육 모델을 예견했을 것이다. 그에게 이처럼 음악 만들기에 적극적으로 참여하는 것은 학교 교육과정의 초기에 이루어져야 했고, 이는 시민들이 음악적 취향을 습득하는 수단이 되었다.[56] 중요하게도 플라톤은 학생들이 필연적으로 이후의 중요한 학습으로 나아가야 한다는 점을 이해하였다. 그렇지만 음악적 취향의 조기 확립은 문화의 습득인 파이데이아의 기반으로 작용한다. 물론 플라톤의 세계는 대부분의 사람들을 배제하고 다양한 전통과 관점에 관심이 없었다는 점에서 우리들의 세계보다 단순했다. 이들은 단지 그곳의 취향과 지배층의 편협한 흥미를 확립하는 데에만 몰두했다. 따라서 취향은 문제 삼을 것이 없다고 간주하였으며, 플라톤은 기교적인 기능 습득을 노예에게 할당하였다. 그는 음악이 포함된 공동 의례에 유능하게 참여하는 것으로 음악적 이해에 다가간다.

취향은 또한 적은 것으로 많은 것을 성취할 수 있게 한다. 깊이는 폭보다 중요하다. 와인 시음에서는 많은 양을 꿀꺽 삼키기보다는 적은 양을 시각, 후각, 미각으로 음미한다. 이는 강력한 교육적 원칙이다. 플라톤은 모든 학생들이 길고 시간이 오래 드는 연주 교육을 받거나 기교를 습득하기를 기대하지 않았다. 실제로 다른 음악적 전통에서와 마찬가지로, 학생들은 추구해야 할 더 중요한 다른 목표를 희생하면서까지 너무 많은 음악 교육을 받지 않도록 권장된다. 적은 것으로 많은 것을 성취하는 원칙은 교사들이 최소한의 시간과 노력으로 가장 많은 것을 성취할 수 있는 교과를 선택하도록 요구한다. 코다이(Zoltán Kodály)는 잘 선별된 54곡으로 음악적 취향을 키울 수 있다고 확신했다.[57] 나는 그가 음악 교육자들에게 이렇게 특정한 수의 노래로 제한하려는 의도는 아니었을 것이라고 확신한다. 그렇지만 그는 신중하게 선택되고 제한된 레퍼토리가 음악 교육에 중요하며, 그 효과가 잠재적으로 변형적이라는 원칙을 분명히 했다. 많은 음악 교사가 젊은이들에게 선택적으로 가르칠 노래와 작품에 관심을 두는 것은 그들의 음악 교육 프로그램이 이 원리와 공명하는 바가 있기 때문일 것이다.

취향의 부정적인 면 중 하나는, 사회적 통제 수단으로 개인의 욕망과 충동을 지배하는 데 이용될 수 있다는 것이다. 영향력 있는 인사들이 음악 취향을 규범으로 확립하고 보장하는 것에 힘을 행사하는 것은 기존 규범에서 벗어난 것으로 간주되는 음악적 전통을 효과적으로 무력화한다. 소외되고 배제된 전통도 정체성 구축의 일부이기 때문에, 일부 음악적 전통의 배제 또는 소외는 이를 실천하는 사람들을 배제하고 무시하게 한다. 이는 미국 초기 공립학교의 음악 교육과정에서 토착적 전통을 배제한 것에서도 나타난다. 아메리카 원주민, 아프리카계 미국인, 시골 미국인의 힘을 약화하는 수단이었던 이러한 배제는 유럽 음악과 교육 방법을 지지하며, 18세기 말과 19세기 초 가창 학교들에서 육성된 구전 및 형태화된 음표들의 전통을 회피하게 하였다.[58] 커웬(John Curwen)의 영국식 솔페주 체계(sol-fa system)와 일치하는 메이슨(Lowell Mason)의 솔페주 체계는 클래식 음악에 필요한 문해력을 함양하기 위한 것이었다. 그 과정에서, 원주민이나 토착 음악을 실천하는 사람들은 음악 교육의 목적을 위한 음악 주류의 바깥에 있는 것으로 여겨졌다.

음악 취향의 함양은 또한 강력하고 없애기 어려운 경향이 있는 음악 제도와도 관련이 있다. 일단 확립되면, 취향에 대한 제도적 규범은 보수적이어서 종종 변화에 저항한다. 나는 음악 취향의 갈라짐, 그리고 음악 교사가 가르칠 준비가 되어 있는 것과 학생들이 알고 싶어 하는 것 사이의 차이점에 대해 언급한 바 있다. 음악 교육자들은 1960년대에 이러한 어려움을 깨닫기는 했지만, 그 후 수십 년 동안 많은 음악원은 서양 클래식 전통이 규범인 비교적 좁은 범위의 음악 전통 내에서 음악 교사를 계속 양성해 왔다. 음악 교사들 사이에서 대중음악 연구 및 교육에 대한 관심이 높아지고 있음에도 불구하고 음악원들은 변화에 저항해 왔다. 폭넓고 보편적인 음악 취향을 함양하는 것은 고등 교육 수준의 음악 교육에서도 아직 충분히 실현되지 않았다. 예를 들어, 미국 음악원에서 애팔래치아 지방의 바이올린 음악을 접하는 것은 여전히 드문 일이지만, 그러한 전통은 음악가들이 가르칠 수 있는 일부 시골 지역에서는 계속 번창하고 있다.[59] 클래식 음악 전통 내에서도, 현대 관현악 작품의 지휘자들은 옛 스타일과 사운드로부터 과감하게 벗어나는 음악에 대한 청중들의 저항에 종종 직면한다. 이렇듯 다양한 제도적 이유로 인하여, 음악 취향을 강조하는 것은 음악적 지평을 확장하는 것이 아니라 오히려 축소할 수 있다.

음악 취향은 자신의 선호도와 판단이 다른 사람들보다 우월하다고 여기는 우월의식을 기르는 것 외에 지각적 감수성과 판단력의 자제력을 지나치게 강조하고 음악, 시각예술, 드라마, 의식(儀式) 등의 매체에 대한 굴복, 황홀경, 버림의 중요성을 과소

평가하게 할 수 있다.[60] 지적인 용어로 취향을 생각하는 것은 음악이나 다른 예술 형식에 대한 의식적인 평가에서 소리나 시각에 대한 여유롭고 신체적인 반응의 연관성을 약화함으로써 감각적 반응을 간과한다. 아메리카 원주민은 춤을 불러일으키는 힘의 여부로 음악을 판단할 수 있다.[61] 춤이나 황홀경을 불러일으키는 과정에서 음악의 핵심은 평가라기보다는 오히려 일깨우는 것이다. 취향의 지적인 특성은 일부 음악에만 더 관련 있음을 인정해야 한다.

기능

기능은 종종 예술성의 개념, 특히 예술적인 그림, 작곡, 공연 또는 학문적 작품을 만들기 위해 수단과 매체를 마음대로 활용하는 예술가의 뛰어남이나 전문성과 관련이 있다. 이는 예술가의 창의력을 내포하고 있다. 북유럽에 뿌리를 두고 있는 영어 단어 기능(skill)은 한때 '이성' '지적 능력' '판별력' '옳거나 적합한 것에 대한 감각' '현명하거나 분별 있는 행위'와 같은 것을 지칭하였다. 이는 또한 '정확하고 확실하게 무언가를 성취하는 능력, 능력과 결합된 실용적 지식, 영리함, 전문성'을 뜻하게 되었다.[62] 동사로 쓰일 때 기술은 한때 '분리하다' '나누다' '구별하다' '갈라지다' '관리하다' '논박하다' '이해하다' '파악하다' '지식을 갖고 있다' '무언가를 하는 방법을 안다'를 뜻했다.[63] 이러한 의미 중 일부는 사용하지 않게 되었으며, 게다가 기능을 동사로 사용하는 것은 사라지고 있다. 나는 이처럼 연상적이며 모호한 단어를 명사와 동사 두 가지로 다 살려 내고, 기능을 개념적 및 실천적으로 생각하며, 음악과 교육으로부터 이 말의 풍부함과 폐해(弊害)를 조금이나마 찾아내고 싶다.

기능의 특성 중 하나는 이것이 지식의 한 형태이며, 특히 방법을 아는 것이라는 점이다. 다시 말해, 기능은 음악, 시각예술, 문학 혹은 기타 예술 형식을 어떻게 진행할지 아는 것이다. 셰플러에게 이는 절차적 지식 또는 '어떻게 만들어졌는지 아는 것'이다.[64] 이러한 지식은 사물의 존재론적 특성에 대한 깊은 지식 없이 시행착오를 통한 기능으로 배울 수 있기에, 수행되는 것을 명제적으로 파악할 필요가 없다. 나는 내가 무엇을 성취하려 하는지 전달하지 않고도 단지 그들에게 내가 하는 그대로 모방하도록 요구함으로써 피아니스트들에게 어떤 작품을 연주하는 것을 가르칠 수 있다. 많은 음악적 전통은 모방과 반복을 통해 젊은이들을 이끄는 접근 방식을 사용한다. 여기서 나는 기능이 명제적 지식을 풍성하게 하며 그런 지식과 결합한다고 생각한다. 사람들은 문제가 '무엇'인지 배우면서 이를 어떻게 수행하는지를 함께 배우고, 혹은 그 반대로 어떻게 수행하는지를 배우면서 문제가 '무엇'인지를 배우게 되기 때문이다. 나는 기능을 이론적인 이해와 실천적인 지식이 서로 얽혀 있고, 파악, 이해 및 실천을 포함하는 것으로 본다. 사실, 그것을 아는 것과 할 줄 아는 것은 내가 마음에 품은 기능의 서로 다른 측면들을 이룬다.

또한 우리 시대에, 교육적 담론에서 기능은 기술이나 어떤 교과를 구성하는 특정 측면을 언급하기 위해 종종 사용된다. 예를 들어, 음악에서 기능은 종종 뉘앙스와 구별의 문제이다. 세부 사항이 중요하며 음악가가 사용하는 정확한 기술은 작곡, 즉흥 연주 또는 연주의 특정한 특징을 강조한다. 스콜스(Percy Scholes)는 스위스 시골에 있는 자신의 집에서 맞은 손님들이 발코니에서 경치를 보았던 일화에서 이를 분명히 보았다.[65] 그가 이야기하는 동안, 몇 사람은 풍경의 세세한 부분을 받아들이고 특정한 특징들에 대하여 말하였으나, 다른 사람들은 세부를 보지 못하는 듯 보였다. 그는 음악가들이 세밀한 부분들을 놓치지 않기를 원했는데, 이러한 부분들이 음악 작품의 풍부함을 나타내기 때문이었다. 뉘앙스 및 구별 능력과 함께 기능은 음악을 경험하는 데 쓰이는 영리함과 전문성을 의미한다. 능숙하게 연주할 때, 연주는 마술처럼 보이거나 힘을 들이지 않은 것처럼 보인다. 세부 사항에 주의를 기울이면 때때로 복잡한 기능이 거의 초인적으로 보이는데, 특히 한정된 기능을 지닌 사람들은 더욱 그렇다.

기능을 습득하려면 시간, 인내, 결단, 연습이 필요하다. 음악가는 작품을 연주할 때 해석적인 원리를 이해할 수 있지만, 내가 앞서 언급했듯이 실제로 탁월함의 이상을 실현하는 것은 또 다른 문제로, 이를 위한 실제적인 노력을 요구한다. 하워드는 가창 교육에 관해서도 이 점을 지적하는데, 학습자들이 무엇에 대처하고 무엇을 찾아야 하는지 항상 알지는 못하기에, 적어도 교육과정의 초기 단계에서 그들이 교사를 신뢰해야만 무엇을 해야 할지 발견할 수 있음을 지적한다.[66] 이러한 실천적인 측면은 때로 진부하고 잔꾀인 것처럼 보인다. 연습으로 일상화된 동작들은 시간이 흐를수록 음악가들의 의식에서 사라지며 본능처럼 느껴질 수 있다. 기교와 우아함은 특정 연습이 완전히 내면화되고 숙련되어, 음악가들이 어려운 구절을 쉽게 연주하며 전체 음악에 집중할 수 있을 때 나타난다. 이러한 솜씨를 성취하려면 이들이 거의 제2의 본성처럼 보일 때까지 특정한 실제적 측면들을 계속 갈고닦는 훈련이 필요하다. 이러한 과정은 단순한 반복의 문제가 아니다. 이는 누군가 무엇을 하고 있는지와 머릿속에 떠올리는 이상을 향해 어떻게 개선할 것인가를 평가하는 비판적 분석을 또한 포함한다.

더 나아가, 기능은 상상력을 적용하는 문제이다. 라이클링(Mary Reichling)은 창조되어야 하거나, 창조할 수 있는 이미지를 만드는 데 필요한 이성, 직관, 느낌, 지각의 역할에 대해 자세히 설명한다.[67] 나로서는 그녀의 의견이 각 차원에 대한 완전한 목록일 필요는 없지만, 이들은 기능 개발 및 시연에서 상상력의 복잡성을 보여 준다. 이성은 성취하고자 하는 것과 현재 할 수 있는 것 사이의 간극을 어떻게 좁힐 수 있는지 가늠하도록 해 주는 연역, 귀납, 유추적 사고의 힘을 수반한다. 직관은 자신이 무엇을 하고 있는지, 무엇을 해야 하는지, 또 어떻게 원하는 결과들을 얻을지에 대한 총체적인 지적 파악을 제공한다. 느낌은 명제로 표현할 수는 없지만, 예술, 의식, 신화, 꿈, 종교와 같은 수단들을 통해 시행되는 인지적 · 정서적 · 신체적 경험을 드러내고 촉발한다.[68] 지각은 예술에서의 시각적, 청각적, 촉각적 또는 그 밖의 수많은 감각 자극들을 이해할 수 있게 한다. 상상력의 이러한 각 차원은 다른 것들과 상호 연관되어 있으며, 예술적, 과학적 또는 다른 영역에서 창조되는 특정 사물에 차례로 적용되는 다양한 기능을 포함한다. 기능은 하나로 된 거대한 덩어리라기보다 다채로우며, 수행 중인 작업에 따라 다르지만, 상상력 작동의 증거라는 공통점을 공유한다.

기능의 긍정적인 면 중 하나는 이것이 지식을 체화한다는 것이다. 어떤 것에 대한 추상적인 지식은 지적으로 획득될 뿐 아니라 신체적 · 정서적으로도 실행된다. 이러한 지식은 감각을 결합하고, 정서적 가치를 가지며, 배운 것과 관계가 있는 이성과 상상력을 가져온다. 이처럼 학습자는 언어로 표현된 개념들뿐만 아니라 행동을 통해서도 배운 것을 표현할 수 있다. 악기를 능숙하게 연주하는 것은 마음과 영혼과 몸이 하나라는 것을 아는 총체적인 형태, 즉 화이트헤드(Alfred North Whitehead)가 '지혜'라고 부른 일반화와 유사한 존재 양태이다.[69] 그 결과, 도출된 교수 및 학습에 대한 총체적 접근은 학습자가 전체만이 아니라 이를 구성하는 많은 요소를 파악할 수 있도록 함으로써 원자론적 수단과 목적을 초월한다.

기능은 현실에서 관찰 가능하므로 교육 효과를 검토하는 데 몰두하는 교육계의 평가로 받아들여질 수 있다. 기능은 개인적인 것으로 남겨질 수 있는 것을 공개한다. 이는 교사들이 무엇을 학습시켜 왔고 더 나은 발전을 이루기 위해 어떻게 가장 효과적으로 진행할 것인지를 결정하는 데 도움을 준다. 이러한 학습은 보여질 수 있고 공개되기에, 교사는 학생의 숙달 수준 또는 정도를 평가하고 학생의 현재 기능에 가장 잘 맞는 미래의 도전 과제를 맞춰 나갈 수 있다. 이러한 가능성은 교수 및 학습의 효율성과 효과를 향상하는 데 기여한다. 자원들은 가장 필요하고 효과적인 영역에 배당될 수 있다.

기능은 촉각, 시각 또는 청각 같은 다양한 감각적 양식을 활용한다. 모든 예술은 서로 다른 요구를 하고, 이를 숙달하려는 사람들은 필요한 작업에 서로 다른 성향과 경험을 갖는다. 예술이 신체적·정서적·지적 능력이 다른 사람들에게 서로 다른 매력을 발휘한다는 것은 놀라운 일이 아니다. 기능을 개발하는 것은 특정한 신체적·정서적·지적 역량을 갖는 학습자에게 각 기능이 제시하는 도전에 대한 민감성을 요구한다. 기능 개발에 있어 개별 학습자 교육으로 시작할 필요성은 인도적이며 학습자 중심의 교육적 접근이다. 교사는 정확하게 학생들이 처한 곳으로부터 시작해야 하며, 한편으로는 그들이 압도되거나 낙심하지 않으면서도 지루하거나 충분치 못한 도전에 놓이지 않고 성공적으로 발전할 수 있게 하는 전략을 고안해 내야 한다. 교사가 개별 학생에게 초점을 맞출 필연성과 필요가 개인 음악 교습을 가장 성공적이고 지속적인 교육 형태 중 하나로 만든 것은 역사 기록의 가장 초기까지 거슬러 올라간다.[70] 학습은 추상적일 뿐만 아니라 또한 구체적이기 때문에, 아직 추상적 사고 능력을 개발하지 못한 아주 어린아이들도 그들의 행동의 기초가 되는 이론적 원리를 이해하기 전에 음악적 원리의 핵심을 직관적으로 파악할 수 있다.

기능의 능숙함과 전문성의 명백한 마법적 특성은 학습에 영감을 준다. 훌륭하게 실행된 것을 보고, 듣고, 만지는 것은 학습자의 열망을 일으킨다. 합창이나 기악 앙상블에서 학생들을 지휘한 음악 교사들은 관객들로부터 열광적인 반응을 얻은 훌륭한 공연이 격려와 동기 부여를 촉진한다는 것을 안다. 청중은 기교를 즉각적으로 인식하고 소리를 지르거나 휘파람을 불거나, 보여 준 마법에 답례하는 다른 방식들로 응답할 수 있다. 때로 청중이 환호하기 전에 깊은 침묵이 흐를 수도 있다. 나는 음악가들이 보여 준 것을 다른 이들이 모방하고 싶게 만드는 음악적 능력 발휘의 동기 부여 효과를 '시연 효과(demonstration effect)'라고 불러왔다.[71] 음악가로서, 메이슨은 미국의 학교 음악 운동의 여명기에 모방의 힘을 이해하고 일반 초등학교 교육과정에서 음악의 가치를 확립하고자 했다.[72]

중요한 점은, 기능을 개발하기 위해서 연습이 필요하다는 것이다. 기능의 획득은 시간과 노력이 필요한, 지연된 만족의 한 형태이다. 디지털 미디어가 즉각적인 만족에 대한 기대를 불러일으키는 시대에, 기능을 연마하는 데 필요한 인내, 관용, 결단력 및 회복력의 개발이 수반되는 악기 숙달이나 음악 연습은 극명한 대조를 이룬다. 반복적인 동작의 고된 작업과 기능을 개발할 때 사용해야 하는 단계적 절차는 생생한 미디어와 즉각적인 결과의 유혹으로 가득 찬 세상에서 매력적이지 않다. 그러나 이는 누구나 필연적으로 직면하기 마련인 장애물과 슬픔을 넘어서서 행복하고 충만하게 사는 데 필요한 바로 그 자질이다. 훈련된 접근 방식을 구축하는 것은 다양한 기능이나 예술 형식에만 적용되는 것이 아니라 나머지 삶까지 이어진다. 상상력이 풍부한 사고와 행동에 이성, 느낌, 지각, 직관을 요구함으로써 기능은 높은 수준의 사고와 행동을 촉진한다.

기능의 부정적인 면 중 하나는, 이것에 초점을 맞추는 것이 실제적인 측면과 절차적 지식을 강조함으로써 수행되고 있는 것과 관련된 이론적 문제를 간과할 수 있다는 것이다. 교사들로서는 어떤 것이 어떻게 만들어지는지를 보는 것만으로 그것을 철저히 이해하는 데 충분하다고 생각하고 싶을 수도 있지만, 실제로는 그러한 교육이 불필요하게 편협할 수 있다. 예를 들어, 음악에서 연주 기능에만 집중하는 것은, '음악하기'의 대중적 본성을 고려할 때 이해될 수 있다. 하지만 그러한 강조는 체계적 개발도 요구하는, 보다 광범위하고 추상적인 개념적 지식을 놓칠 수 있다. 이러한 일이 생긴다면, 학생들은 보다 넓은 음악적 이해가 부족해질 수 있다. 또한 음악 만들기 및 수용에 대한 포괄적인 지식을 얻는 중요한 역할을 파악하기보다 기능을 위한 기능 발전에 몰두하기 쉽다.[73]

기능에 초점을 맞추는 것은 음악과 교육에 대한 엘리트주의적 접근을 촉진하고 높은 능력이나 전문성을 보여 주는 사람들을 평범한 재능을 가진 사람들보다 높게 평가하도록 만들 수 있다. 특히 기능을 개발하는 데에 필요한 교육의 개별적 특성과 종종 개별화되고 비용이 많이 드는 교육 프로그램(도제식, 소규모 그룹 혹은 개인 스튜디오)을 고려할 때, 가르침에 대한 높은 적성을 입증하는 사람들에게 집중하는 것이 필수적으로 보일 수 있다. 예를 들어, 음악원에서 이러한 교육을 선택하고 학생들에게 전문적인 수준의 작업을 요구하는 것은 공연, 역사, 이론, 작곡, 발레, 오페라 등의 기능을 연마하는 것에 필요한 시간과 노력을 고려할 때 의심할 여지 없이 엘리트주의적이다. 이러한 환경에서 음악 교육 프로그램은 자연스럽게 교사와 음악가가 배운 방식과 음악원의 특징적인 가치에 부합하는 방식으로 가르치도록 준비시키는 경향이 있다. 동서양에서 이러한 가치는 일반적으로 클래식 음악 전통의 가치이다. 이러한 현실은 너무나 자주 음악 교사의 관심 및 역량과 공립학교들의 일반 학생들이 원하는 기능 사이의 간극을 초래한다. 더불어 그러한 기관의 졸업생이 가진 기능은 대중음악가나 취업 기회가 있을 수 있는 오늘날의 음악 산업의 기능이 아닐 수 있다. 이처럼 분리된 기능의 현실, 그리고 높고 낮은 지위의 음악과 관련된 기능 사이의 긴장이 다소 개선되고 있지만, 높은 지위의 음악의 가치는 여전히 규범적이다. 기능에 초점을 맞추면 이러한 긴장과 불연속성이 강조되는데, 그 이유는 음악 연습이 그 전통에 대한 헌신을 요구하고, 이러한 헌신은 필연적으로 개인의 정체성과 사회적 지위에 영향을 미치기 때문이다. 많은 학생이 음악에 대한 일반적인 이해를 원할 수는 있지만, 음악 전통, 특히 그들의 대중적인 주류를 벗어난 음악 전통에 반드시 헌신하지는 않는다. 따라서 음악적 기능의 개발은 특히 기술적 요구가 높을수록 관심을 적게 받을 것이다. 그 결과, 많은 사람이 기능의 습득 및 시연을 중심으로 구축된 음악 프로그램으로부터 제외될 수 있다. 이는 종종 이러한 음악을 넘어 탐색할 수 있는 많은 오락과 흥미로운 대안들이 있는 세상에서 특히 그렇다.

연습과 규율에 필요한 노력은 널리 퍼진 사회적 가치와 일치하지 않을 수 있다. 지연된 만족을 강조하는 교육을 제공하려면 모범적인 공연, 즉흥연주, 작곡 같은 것들을 산출하는 데 방해가 되는 장애물에 직면했을 때 규율, 끈기, 근면함이 있어야 한다. 연습과 놀이가 둘 다 필요하다. 이러한 가치를 소중히 여기지 않는 사회 안에서 젊은이들은 지금까지보다 높은 기대치를 요구하는 상황에서 기능을 개발해야 할 때 탁월한 기능을 만들어 내는 것이 어렵다는 것에 놀라게 될 것이다. 이러한 현실은 학습자들이 어릴 때부터 규율, 끈기 및 근면에 대한 일치된 기대로 성장한 경우가 아니고서는, 이들이 기대했던 결과를 달성하는 것을 훨씬 더 어렵게 만들 수 있다. 그들은 어릴 때부터 열심히 노력해 왔던 것보다, 해야 할 일이 더 많아질 것이다. 또한 바라는 수준의 능력에 학생들이 도달하는 것을 돕기 위해 교사는 기쁨으로 충만한 교육이어야 할 것을 고된 일로 바꾸게 될 수도 있다. 이런 일이 일어나면 학생들은 지속적인 성공과 노력을 불러일으키는 높은 의욕 없이 끊임없는 고된 일에 빠져 있게 되므로, 기능의 강조는 파괴적이고 의욕을 떨어뜨릴 수 있다.

기능을 강조하는 것은 예술이 만들어지는 기교에 초점을 맞추는 것이다. 기교는 실용적인 특성과 복잡한 절차적 지식의 이해가 필요하기에, 영감으로, 노력 없이, 초월적으로 나타나는 것처럼 보이는 예술성에 비해 과소평가될 수 있다. 하워드는 '예술'과 '기교'를 양분하기보다는, 두 측면이 융합된 '기교적 예술' 또는 '예술적 기교'를 생각하는 것이 낫다고 지적한다.[74] 예술이 만들어지는 기교나 기능이 없으면 예술은 흔들리며, 전반적인 예술적 표현이 없으면 기교는 평범해진다. 이러한 교차점은 예술의 기교적 측면이 평가 절하되거나 덜 강조되는 경우 사라질 수 있다. 이러한 일이 발생하면, 예술가들은 그렇지 않았다면 가능했을 예술적 가능성을 발굴할 기술들을 가지지 못한다. 그들의 기교는 실제로 창작될 수 있는 것을 상상하고 실현할 역량을 제한한다.

스타일

예술성, 취향 및 기능과 마찬가지로, 스타일(style)은 모호하고, 명사와 동사로 사용되며, 폭넓은 의미를 갖는다. 어떤 사람은 기능에 예술성을 추가하여 '한 단계 끌어올린' 것이라고 보기도 한다. 그 어원인 라틴어 'stilus'는 무기로도 쓰이는 '말뚝 혹은 기둥'을 떠올리게 한다. 이는 또한 '서판(書板)에 쓰기 위한 날카롭고 뾰족한 도구'를 말하기도 한다. 스타일은 서면 소통 및 연설 방식을 뜻하는 것으로 발전되어, '특정 작가, 문학 그룹 또는 시기 또는 명확성, 효율성, 아름다움 등과 관련된 한 작가의 표현 방식'을 설명한다. '담화 방식'을 언급할 때, 스타일은 '특정 아이디어나 생각을 표현하는 단어들, 글귀, 또는 관용 표현' 같은 것들을 의미한다. 이는 또한 접근 방식과 유행의 측면을 내포하는데, '특히 용법과 법규에 따라 승인된 행동이나 기능을 수행하는 방법이나 관습'에 적용된다. 스타일의 예술적 사용은 보다 구체적으로 '특정 방식 또는 숙련된 구성의 실행 또는 생산의 형태, 개별 예술가 또는 그들의 시간과 장소의 특성으로 간주되는 예술 작품이 수행되는 방식, 특정 예술에서 아름답거나 숙련된 작품을 생산하는 데 적합하다고 인정되는 방식 중 하나'이다. 그 과정에서 스타일은 '건축의 완성된 유형' '작품이나 구성 방식 또는 외관에 의해 결정되는 종류, 부류, 또는 유형'을 의미한다. 이것은 무언가를 하는 방식뿐 아니라 '바로크, 고전, 낭만 시기와 같은 역사적 사건들을 설명하는 방식'으로도 여겨진다. '과업을 수행하거나 행동을 수행하는 방식' '멋진 분위기, 외모, 품행 등', 시각예술, 음악 또는 기타 예술 형식에 대한 자신의 선호도나 취향을 표현하는 방법을 포함한다.[75] 동사로서의 스타일은 무엇인가에 '이름이나 스타일을 부여하다' '경칭(敬稱)으로서의 이름이나 주소' '명령하다, 목적을 향하도록 지시하다' '특정한 스타일로 디자인하다, 배열하다, 제작하다 등'을 의미하며, 최근에 와서는 '특히 유행을 타거나 멋지게 옷을 입었을 때 과시하는 것'을 뜻한다.[76]

특유의 음악적·교육적 특징 중, 스타일은 실천 공동체의 구성원들이 동의한 것 가운데 사회적으로 귀속된 특정 음악적 사고 및 연주 방식을 의미한다.[77] 이러한 신념들과 실천들은 교육적이며 음악 전통의 보유자와 지지자가 따라야 하는 규범적 가치를 지니는 속성들이다. 앞에서 나는 '음악적 타당성의 영역'을 구성원들이 이해를 공유하고, 모범적으로 고수하고, 공표된 관행을 따르는 음악 그룹의 마음가짐과 실천이라고 묘사하였다.[78] 사회적 현상으로서 음악 스타일은 특정 유행이 오고 가는 것처럼 유기적이고 역동적이다. 음악적 규칙들을 두고 전통에 도전하거나 변화시키려는 사람들과 시간과 공간에서 전통을 보존하려는 사람들 사이에 대립이 일어난다. 음악가와 그들의 청중들이 음악을 만들고 받아들이는 모든 장소에서 선호, 뉘앙스, 스타일의 차이가 나타나고, 통합되고, 쇠퇴한다. 시간이 지남에 따라, 어떤 역사적 시기의 전형적인 음악도 마찬가지로 바뀌어, 역사가가 각 시대를 스타일로 설명할 수 있도록 해 준다. 내가 알고 있는 모든 음악은 스타일을 구성하는 특정한 전형적인 특징들을 기반으로 적어도 일반적으로 설명될 수 있다.

스타일은 구별과 훈련 모두를 포함한다. 고대 서판에 새겨진 날카로운 도구의 은유는 이러한 두 가지 역할을 연상시킨다. 그것은 신념과 실천을 기술하고 묘사하고 차별화하기 때문에 음악, 예술, 드라마, 문학, 무용 및 기타 예술을 조사하고 평가하기 위한 분석적 또는 개념적 도구를 제공한다. 그것은 순간적이고 짧을 수 있는 신념과 실천을 보존하는 교육적 수단을 제공하며, 사회적 안정의 원천을 구성한다. 그것은 불멸에 대한 인간의 광범위한 욕망과 지금 여기에서 만들어진 것이 미래에도 지속할 수 있다는 희망에서 비롯된다. 스타일은 또한 특정한 특징을 규범으로 주장하고, 다른 이들이 이것이 사실이라는 것에 동의해야 한다고 가정하기 때문에 규범적이다.[79] 이는 그것의 계율에서 벗어나 신념과 관행을 따르도록 주장하는 사람들을 비판하고, 비하하고, 조롱하고, 배척하고, 창피하게 하거나, 처벌하는 근거가 된다. 예를 들어, 음악 콩쿠르는 공통으로 가정되는 스타일과 관행을 기반으로 하며, 음악가는 이러한 규칙을 준수하는지에 따라 순위가 매겨진다. 규범적인 스타일의 연주가들은 종종 개인주의적이고, 특이하며, 스타일 규칙에 도전하는 다른 연주자보다 높은 순위에 오른다.

스타일은 사회적으로 영향을 받으나, 매우 개인적이며 체화적이다. 예를 들어, 음악가는 전통의 규칙을 흡수하고, 그것을 의인화하며, 음악을 고유하게 만드는 상상력이 풍부한 관점을 전통으로 가져온다. 우리는 예술가와 음악가를 그들의 독특한 '목소리' 혹은 그들이 소통하고자 하는 것과 예술적으로나 음악적으로 자신을 표현하는 방식으로 구분한다. 모든 음악적 전통에 친숙하고, 잘 알고 있는 청취자들은 연주자, 작곡가 및 즉흥연주자 사이에서 모호성, 차이 및 특이성을 기대한다. 과학과 예술 분야에서 사람들은 때때로 그룹의 합의에 도전하고 반박하는 매우 개인적이고 독특한 방식으로, 그들이 속해 있는 그룹과 기관을 특징짓는 합의된 접근 방식을 반영하는 문제에 접근하고 해결한다. 그래서 스타일은 심리적·개별적·개인적으로뿐만 아니라 사회적·집단적·공동적으로 생각해야 한다. 다른 예술과 마찬가지로, 음악에서도 이러한 스타일리시한 개성은 청각, 시각 및 촉각과 같은 감각에 호소하는 소리, 색상, 질감 및 모양의 풍부하고 모호한 가능성을 입증한다.

스타일은 음악가와 청중 모두의 기능에 의존하는 특성들을 종합한 것이다. 음악 내에서 이러한 특정 속성은 음악가가 보여 주는 형식적 또는 이론적 속성과 실용적인 즉흥연주, 작곡 또는 관객이 다양하게 파악하는 연주 기능과 관련된다. 비록 음악 교사는 음악 스타일의 감각을 심어 주는 수단으로 음악을 만들기 위한 기능 개발에 자연스러운 관심이 있지만, 음악적으로 진행되는 상황에 대한 청중의 이해가 중요함을 인식하기에, 일반 교육에서 음악 교육의 주요 목적으로 청중 교육을 강조한다.[80] 특수성을 이해하고 음악적 전통 내에서 요구되는 특정 기능을 숙련하는 것 외에도, 스타일은 랭어가 '명료화된' 전체라고 부르는 것 혹은 화이트헤드가 '일반화' 또는 '지혜'라고 바라본 것이 필요하다.[81] 화이트헤드에게 스타일은 '교육받은 마음의 마지막 습득물'이다.[82] 여기서 특정한 특성이나 기능들은 상호 관련되며 통합을 생성하는 방식으로 융합되어, 직관과 도구주의에 대한 합리적이고 체계적인 이해가 차례로 종합되어 일반화되는 순환 과정을 촉발한다. 화이트헤드의 3부 구성 및 순환 교육 비전을 받아들일 필요는 없지만, 개별적인 구성요소 기능들 각각이 분리된 목표가 아니라는 중요한 사실은 인정할 만하다. 스타일은 통합되고, 함께 합쳐지고, 일관성 있는 상상의 전체를 구성한다.

스타일의 긍정적인 면 중 하나는 창의적인 표현의 중요한 출발점이자 종착점이라는 것이다. 습득하고 숙달하려면, 형식 및 비형식 교육이 필요하다. 음악 공연, 그림, 조각, 연극 작품 또는 강렬한 예술적 진술을 구성하는 예술적 매체가 무엇이든 실행에는 우아함이 있다. 그것이 달리(Salvador Dali) 또는 칼로(Frida Kahlo)의 그림이나 소묘이든, 이러한 우아함은 실행의 세부 사항과 성격, 개인 스타일의 발전, 정보를 갖춘 관람자가 이러한 예술가의 작품 전체에서 인식할 수 있는 깊은 상징적 확신에서 목격된다. 창의성은 새로운 형태의 예술적 표현에 이바지하기에, 맥락과 스타일의 규율 내에서 발생한다. 이런 식으로 볼 때 스타일은 예술로부터, 예술 안에서 흘러나오기에 예술에 대한 교육을 촉진한다. 학습과 실험은 예술적 사고와 실천의 근본적인 측면이며, 스타일은 전체적인 교육 수단과 목적을 제공한다. 스타일은 예술가와 대중모두를 위한 예술 교육을 중시한다. 스타일은 예술가와 청중이 문해할 수 있는 다원적이고 다면적인 방식에 기여하는 동시에 친밀하게 이해한다는 의미에서 예술적 전통에 대한 문해력을 요구한다. 피닉스가 주장하듯이, 스타일은 일반 교육에 필수적인 미학적 인식 방식에 기여한다.[83]

스타일은 또한 배우고 배운 것을 형성하는 유행의 힘, 개인에 대한 사회적 영향의 중요성, 겉보기에 수월하지 않은 것과 창조적인 수행의 '몰입(flow)'을 인정한다. 예술가가 미디어를 숙련하고, 통합하고, 매력적인 작품을 제작했을 때에 스타일은 우아하고 수월해 보인다. 우아함, 교묘함, 완전성을 목격하는 것은 예술 형식에 대한 비판적 검토를 허용하기에, 예술 형식에 대해 잘 알고 있는 청중의 일부에서 감탄을 불러일으킨다. 이러한 스타일에 대해 더 많이 알수록, 훌륭한 음악 공연이나 예술 전시회에서 더 많은 영감을 받고 예술가의 뛰어난 작품에 감탄할 수 있다. 사회적으로 정보에 입각한 실천은 단순히 유행하거나 장식적인 것이 아니다. 그것은 또한 유사한 이해를 공유하는 사람들을 통합하여 예술뿐만 아니라 예술을 실천하는 그룹을 강화하는 영적인 교육 목적을 제공한다. 유행의 힘과 순응해야 하는 사회적 압력에도 불구하고 스타일은 유행과 현상 유지에서 벗어나 개인주의적이고 창의적이다. 이처럼 창의적이고 독특한 스타일 요소는 사회적·예술적 관습과 기대의 강력한 배경 때문에 대담하게 부각이 되고 두드러진다.

앎의 체화된 방식으로서 스타일은 예술가와 관객에게 초점을 맞춘다는 점에서 인도적이다. 예를 들어, 작곡가의 스타일을 연구하다 보면 작곡한 사람에 대해 알게 되고 음악을 단순한 대상이 아니라 주체로 보게 된다. 그렇게 함으로써, 스타일은 사고 방식과 실천 방식을 고양할 뿐 아니라, 음악을 연주하고 교육을 받는 사람들을 소중하게 생각한다. 사고방식은 개인의 경험과 대중 이해의 가치를 스타일적으로 강조한다. 이 글을 쓰는 동안, 치홀리 컬렉션(Chihuly Collection)과 플로리다주 세인트피터스버그에 있는 달리(Dali) 박물관을 방문하면서 당시의 음악을 신선하고 설득력 있는 방식으로 생각하게 되었고 예술가들의 작품이 공통된 인간적 유대를 공유하고 있음을 알게 되었다. 이러한 방문은 장한나가 지휘하는 새러소타(Sarasota) 오케스트라의 로시니, 멘델스존, 베토벤의 작품을 들었던 이전 공연에 대한 성찰을 불러일으켰다. 나는 그것이 음악적이든 예술적이든 스타일 감각이 음악가와 예술가가 작업하는 시간과 장소의 맥락, 그리고 그들 자신의 성격과 선호도를 반영하는 여러 방식에 대해 숙고했다. 이 작품들은 감각적 호소력이 강할 뿐만 아니라 내 경험과 인간의 경험에 대한 성찰을 더 일반적으로 불러일으켰다. 그들은 내가 이미 알고 있거나 몰랐던 것을 밝혀 주었고, 그들과 함께한 시간은 의미 있고 감동적이었다. 이처럼 스타일은 삶을 교육으로, 교육을 삶으로 여는 창을 연다.

스타일에 대한 부정적인 면 중 하나는 그것을 거부하는 창의성을 방해하고 질식시키는 역할을 할 수 있다는 점이다. 다른 길을 가는 예술가와 음악가들은 유행과 사회 인정의 힘으로 인하여, 비판과 조롱을 받거나 배척당할 수 있다. 자신의 예술 작품에 대한 승인이 수익을 창출하고 생계의 원천을 제공하는 곳에서는 사회적으로 승인되고 유행하는 것을 하려는 강력한 동기가 있다. 또래의 승인에 강한 영향을 받는 청소년들과 함께 일하는 음악 교사의 경우, 그들의 경험과 동떨어지기 때문에 인기가 없고 때로는 숙달하기 어려운 스타일을 소개하기보다는 젊은이들이 자연스럽게 관심을 두는 대중적인 유행을 따르고자 하는 유혹이 생길 수 있다. 인기 있는 스타일에만 초점을 맞추면 다양한 스타일을 탐색할 기회를 제한하고, 젊은이들의 음악적·예술적 발전을 저해한다.

스타일은 예술에 대한 체계적 교육을 요구하기에, 이 개념이 너무 협소하게 이해될 위험이 있다. 순수 예술은 시간이 지남에 따라 축적된 구전 및 서면 전통에 입각한 것이다. 일반적으로 행해지는 토속적 전통이든 소수에 의해 행해지는 난해한 전통이든, 기반이 되는 아이디어와 실천은 지적으로 멀어지기 전에 깊이 숙달해야 한다. 고전적인 순수 예술의 전통은 고대로 거슬러 올라가며, 수천 년 동안 한 세대에서 다음 세대로 전달되는 가공물과 서면 및 구전 전통으로 보존되었다. 스타일은 이러한 예술에 대한 문해력과 현재의 신념과 관습이 어떻게 생겨났는지에 대한 이해를 요구한다. 다른 예술과 마찬가지로, 음악도 다양한 전통의 풍요로움 속에서 음악을 연구하여 젊은이들이 고전적 전통의 발전이 서로 어떻게 관련되어 있고, 전 세계의 토속적 전통과 대중적 전통이 어떻게 관련되어 있는지 알도록 하는 것이 필요하다. 체계적 교육이라는 말을 사용할 때, 나는 단지 클래식 음악만을 공부하는 것을 말하는 것이 아니다. 오히려, 나는 음악의 뿌리와 현재의 풍경과 소리가 어떻게 나타나는지에 초점을 맞춘 음악에 관해 넓고 깊고 포괄적인 접근을 생각한다. 이 목적을 달성하기 위해서는 즉흥연주, 음악 문해력 및 기보법, 구술과 그것의 개발, 음악의 확산 및 상호 간의 교차점, 다른 예술과의 교차점에 대한 역사적·지리적 이해를 중시해야 한다. 체계적 음악 교육의 개념이 너무 좁게 해석되어, 일부 전통에 특권을 부여하고 다른 전통을 평가 절하하며 서로 다른 전통과 스타일과 이를 소중히 여기는 사람들 사이의 분열을 더욱 악화시킬 가능성이 있다. 즉, 나는 종종 대중적이고 일상적인 세계에서 끌어내는 순수 예술 전통의 체계적인 이해에 초점을 맞추고 확장하는 것이 여전히 큰 가치가 있다고 생각한다. 달리와 칼로의 전시회를 가득 메운 사람들을 보며, 모바일 장치를 통해 각 작품에 대해 다른 방법으로는 알아차리지 못할 수도 있는 측면에 대한 해설을 들으면서, 음악에서도 같은 방식을 도입하면 어떨까 하는 생각이 들었다. 이러한 전통에서 교육은 그들을 살아 있게 한다. 체계적 음악 교육이 무엇인지에 대해 너무 협소하게 생각하거나 음악의 고전에 충분히 집중하지 못하면, 예술적으로나 심미적으로 삶을 살아가는 것에 중요한 지식을 얻지 못한다.

음악의 스타일을 파악하기에는 음악에 대해 알아야 할 것이 너무 많기에, 음악 창작의 실천적 기능을 배제하고 현재보다는 과거를 중심으로 이론에 치중하는 것은 위험할 수 있다. 어느 경우든, 다양한 음악적 전통을 비하하거나 현대 음악의 제작을 충분히 강조하지 못하는 음악 취향 함양은 음악과 음악하기에 대한 근시안적인 관점을 제공한다. 덧붙여, 남은 삶의 경험으로 이어질 음악적 기능을 배우는 데 실패할 수도 있고, 단순히 과거의 전통을 전수하는 것 이상으로 변화의 기회를 포착하지 못할 수도 있다. 그런 의미에서, 소수자나 사회적으로 영향력 있는 위치에 있지 않은 사람들의 음악에 충분히 참여하지 못할 수 있다. 예를 들어, 아메리카 대륙의 음악은 강한 고전적 맥락과 생생한 토착어 및 대중적 뿌리를 가지고 있다. 유럽 중심의 음악적 전통이 우세한 미국의 교육 기관에서 아메리카 원주민과 다른 문화에서 온 이민자의 음악적 유산은 간과될 수 있으며, 그들의 음악적 목소리는 무시될 수 있다. 사람들이 이러한 음악을 만들거나 수행하지 못하고, 이를 진지하거나 즐겁게 참여할 가치가 없다고 여기게 되는 곳에서 미국인과 인간으로서 우리가 누구인지에 대한 개념은 왜곡되고 축소된다. 더 광범위하게, 음악과 교육에 대해 진정으로 포괄적인 관점은 국제적이고 세계적인 관점을 요구하지만 너무나 많은 음악 교사가 편협하고 자민족 중심으로 훈련받는 상황에서 이는 너무 어려운 과제이다.

스타일 감각을 개발하려면 다른 과목 중에서도 특히 음악을 만들고 수용하는 특정 측면에 집중해야 하지만, 이 지식을 내면화하고 자신의 것으로 만들고 취향과 스타일의 문제에 대한 자신의 자신감을 발전시키는 일반화 지점에 결코 도달하지 못할 위험이 있다. 교육과정에서 숙달해야 할 세부 사항이 너무 많고 시간이 제한된 경우, 이러한 세부 사항을 하나로 통합하기에는 시간이 부족할 수 있다. 내가 이미 관찰한 바와 같이 코다이는 이 곤경에 대한 접근 방식을 제공한다. 즉, 잘 선택된 노래의 제한된 레퍼토리를 통해 음악의 특성을 배울 수 있다고 조언한다.[84] 그의 접근 방식은 어린 아이들이 고국의 노래를 부르는 동안 다양한 음악적 전통으로 번역될 수 있는 음악적 기능을 흡수하는 고전적인 방식으로 민요를 흡수하는 것이었다. 국제 음악으로 레퍼토리를 확장함으로써 코다이 교사들은 당시 코다이가 상상했던 것보다 훨씬 더 넓은 관점을 취하는 접근 방식을 구축했다. 다양한 음악적 전통을 포함하는 접근 방식을 구상하기 위해 코다이 방법론의 모든 요소를 채택할 필요는 없지만, 학습자가 정식 교육을 마친 후 모든 종류의 음악으로 분기할 수 있도록 구두 및 문해력을 제공한다는 의미에서 체계적으로 접근해야 한다. 그러나 단지 교육과정의 최종 목표로서가 아니라 교육과정 전반에 걸쳐서 세부적인 부분들을 숙달하고, 지식을 내면화하며, 자신만의 스타일에 대한 자신감을 기르는 것이 필요하다. 코다이가 옹호한 것과 같은 레퍼토리 기반 접근 방식은 이러한 목적을 위한 한 가지 방법으로 유망하며, 의심할 여지 없이 다른 많은 방법이 있다.

'예술성, 취향, 기능, 스타일'은 음악가와 교육자가 하는 일의 핵심에서 이론적으로는 구별되지만, 실질적으로 상호 관련된 가치이다. 이들은 음악가와 예술가에게 적합할 뿐만 아니라, 또한 모든 시민을 위한 민주적 이상을 구성한다. 음악가가 '예술성, 취향, 기능, 스타일'에 대해 생각하고, 행하는 것은 교육적으로 볼 수 있으며, 비록 이러한 가치가 다양하게 작용하지만, 교육자가 생각하고 행하는 것은 음악적으로 볼 수 있다. **예술성**은 예술가가 된다는 것이 무엇을 의미하는지를 언급한다. **취향**은 기민함과 접촉의 개념에 의존한다. **기능**은 지적 능력, 구별성, 정확성, 특이성 및 뉘앙스를 수반한다. **스타일**은 음악 및 교육적 담론, 연습 및 접근 방식을 구별하기 때문에 윤곽을 그리는 뾰족한 말뚝이나 기둥 또는 펜의 은유를 사용한다. 이 가치 사중주는 매우 다의적인 특징을 보이며 이 가치들을 함양하기 위해서는 상상력에 기초한 접근 방식이 필요하다. 각각의 가치는 가능성을 가지고 있으나 결점이 있으며, 잠재적으로 혁신적이나 제한적이기도 하다. 이러한 가치들은 다양성을 지향하고 권위주의 또는 하나의 올바른 사고방식과 행동 방식에 관한 주장과는 거리가 멀기 때문에, 음악가와 교육자들은 자신의 음악 및 교육 상황에 '예술성, 취향, 기능, 스타일'을 적용하려고 할 때 역설에 빠지게 된다.

제**3**장

숭앙, 겸손, 경외, 영성

Reverence, Humility, Awe, and Spirituality

이번 장에서는 오랫동안 종교와 관련된 가치들의 사중 주에 대해 논하고자 한다. 이 가치들은 '예술성, 취향, 기능, 스타일'과 같이 감정과 인지에 기반을 두고 있다. '예술성, 취향, 기능, 스타일' 은 좀 더 물질적이고 감각적인 반면, '숭앙, 겸손, 경외, 영성'은 비물질적이고 초월적 인 것에 가깝다고 할 수 있다. 이러한 가치들은 정신적 측면에 대한 고려 없이 지적으로 이해되고 개념화될 수도 있다. 그러나 그 중요성은 연역적이고 귀납적인 추론을 통해 판단되기보다 느껴지고 직관적으로 인지된다. 고대로부터 유래하여 지난 몇 천년 동안 때때로 잊히기도 했던 이 가치들이 '인문학, 예술, 과학 연구에 어떻게 이바지할 수 있으며, 어떻게 개인적인 의식과 자기 이해를 불러일으키고, 인간의 존재와 경험에 어떻게 영향을 미치는지'에 대한 새로운 관심을 일으키며 비종교적 보통교육에 수용되고 있다.[1] 예를 들어, 영성은 음악과 교육의 공통부분에 관한 철학자, 종교인, 사회과학자들의 연구와 실제의 중심이 된다.[2] 최근 음악 교육의 뚜렷한 비종교적 특성에도 불구하고, 이러한 가치들은 종교적이고 세속적인 환경에서 음악가와 교육자들의 관심을 끌고 있다. 이 가치들을 분석할수록 가치들의 차이점이 있음에도 불구하고 가치들이 공유하고 있는 확실한 공통점이 있다는 것은 분명해진다. 이 장은 네 가지 가치들이 가지고 있는 일반적인 사전적 의미와 고유의 특징들을 살펴보고, 음악과 교육에 관련된 각 가치들의 강점과 약점을 찾아내고자 한다. 가장 먼저 숭앙에 대한 탐구이다.

숭앙

숭앙(reverence)은 앵글로 노르망어와 고대 프랑스어에서 유래되었다.[3] 명사와 동사로서 'reverence'의 일반적인 사전적 의미는 신분, 지위, 희소가치, 종교적 특징 등에 따른 사람이나 사물에 대한 깊은 존경, 추앙, 존중, 예찬, 경의의 의미를 함축하고 있다. 나는 이런 숭앙의 주요 지적인 특성들이 숭앙을 규정하기 위한 감각적 깊이를 나타내지 못한다고 생각한다. 어떤 사람이나 사물을 숭앙하는 것은 성스러운 곳에 있는 느낌, 심지어는 누군가 응대하거나 경의를 표할 만한 가치가 없는 사람이나 사물에 대해 경배하는 태도를 시사한다. 인간이 이해할 수 없는 무한한 신비와 경외 앞에서 할 말을 잃고, 스스로 엎드리며, 복종하여 절하고, 깊은 사랑 속에서 그것을 받을 만한 자격이 없는 사람에게 귀중한 선물을 준 것에 감사한다. 숭앙은 종교적 경배의 은유로서 비유적으로 묘사된다. 예를 들면, 기독교 전통의 의식에서 충실한 신자들은 신성한 시간과 공간에 모이고, 일상과 세속에서 벗어난다. 그들 자신이 신, 천사들, 성자들의 모임에 의존한다는 것을 인정하고, 이러한 존재들을 높이고, 존중하고, 경배하며, 이러한 곳에서 조심스레 걷는다. 이의 연장선상에서 이들과 관련된 물건들과 사람들은 깊은 숭앙과 사랑을 받을 만한 동등한 가치를 지닌다. 신자들이 혼자 또는 다른 사람들과 한쪽 무릎을 구부리거나 무릎을 꿇고, 조용히 서서 기도나 노래하는 행위는 성서의 말씀보다 더 영향력을 갖는다. 기독교 신자 공동체의 미사, 예배 또는 다른 종교적 의례들은 그리스도와 교회의 관련성에 대해 신비함을 불러일으킨다. 마찬가지로, 불교 사원, 힌두교 사원, 유대교 회당, 이슬람 사원, 그리고 신성한 숲에서 신에게 봉헌을 하며, 신발을 벗고 무릎 꿇어 기도하고, 제물을 바치며 도움을 청하는 기도문을 읊조리고 간청하며, 성스러운 두루마리 책을 암송하여 읊조리거나 읽고, 신성한 이야기를 기억하고 전하며 신성한 의식을 재현한다.

음악은 고대부터 종교의식의 일부였으며 숭앙의 풍부한 전통을 흡수해 왔다. 음악가들의 힘은 신들한테서 나온다고 믿어 왔다. 음악가들은 종교의식에서 사제의 복사(服事)로서 사회 시스템에서 신들의 힘을 상징하는 중요한 역할을 한다. 세계의 다양한 사회에서 음악가들은 신들과 일반인들의 소통을 위한 매개체로 여겨진다. 음악과 초자연적 신의 이러한 연관성은 음악가들을 두려운 존재로 만드는 이유가 될 수 있다. 초자연적인 힘의 매개체를 이루는 의례 장소에서 음악은 연주 시간, 장소, 연주자를 엄격한 규칙으로 제한한다.[4] 종교에서 음악이 중요한 역할을 하게 된 고유의 오래된 전통처럼 음악 공연과 작곡가, 즉흥연주자와 음악회를 가능하게 하는 연주자들에 대한 숭앙의 태도는 놀라운 것이 아니다.[5] 예를 들어, 인도의 고전적이고 체계적인 전통음악 숙련법 리야즈는 일종의 정신적 숭앙 행위로서 뛰어난 예술성과 고도의 연주 기교로 제자들에게 숭앙을 받는 모방의 본보기로 구루(guru)와 훌륭한 교육을 받은 교사자이자 예술가인 우스타드(üstad)의 능력을 인정하는 단련법이다.[6] 추종자들은 구루와 우스타드에 대한 헌신의 표시로 음식과 선물을 봉헌하고, 그들을 위한 하찮은 일을 하며, 스스로를 훨씬 높은 지위와 권력을 가진 구루와 우스타드의 추종자로 여긴다. 추종자들은 자신들의 음악적 진보에 큰 권능을 가진 음악가이자 교사로서 구루와 우스타드를 경외하고 전적으로 의존한다. 이는 구루와 우스타드를 초인적인 존재로 여기는 추종자들의 깊은 감탄과 숭앙을 끌어내는 것으로 오늘날 대중음악의 볼거리인 '스타(stars)'의 출현과 같은 형태이다. 스타의 모든 일거수일투족은 옛날 신들에 대한 숭앙을 연상시키는 방식으로 주목받고 기록된다.[7] 그들의 콘서트에 참석하고, 음반을 소유하며, 스타들의 외모를 갈망하는 사람들이 지불한 돈으로 스타들은 일반 사람들과 동떨어진 저택에서 산다.

숭앙은 책무에 열정적이며 신념에 대해 격렬하게 만든다. 그것은 숭앙받는 사물이나 사람이 숭앙과 명예를 받을 만한 가치가 있다는 확신이나 판단에 근거한다. 숭앙을 위해 이성이 중요한 역할을 하고, 감정은 지적 경험의 중심이 되고, 존경은 이 감정적으로 충만한 지적 관계에서 드러난다. 사람들은 음악가들의 연주 기교와 예술성을 숭앙하고 그들을 깊이 존경할 수 있다. 이러한 지적 판단은 생각에 영향을 미치는 칭송의 감정적 가치를 가지고 있으며, 감상은 이러한 감정적 가치 평가를 내포하고 있다. 단어, 개념, 사상은 궁극적으로 만족을 주지 못하고, 다양한 방법으로 깊이 자리 잡은 신념을 표현하고 실천하는 것이 필요하다. 사람들은 종종 그들이 발견한 사물과 사람들에 대한 그들의 칭송을 다른 사람들과 나누고 싶어 한다. 그들은 다른 사람들에게 그들의 경험에 대해 말하고 싶어 하며, 그들의 신념과 약속을 때로는 혼자, 때로는 함께 실천하기를 원한다. 랭어(Susanne Langer)는 자신이 평가하고 있는 사물이나 사람의 특성을 냉정하게 파악하기 위해서는 그 사물이나 사람으로부터 심리적으로 거리를 두거나 객관화하는 것이 필요하다고 말할 것이다.[8] 그녀에게 있어서 이러한 감상 행위는 예술 작품의 다양한 측면을 고려하고, 전체와 함께 통합된 측면을 중시하는 예술 작품 판단의 예가 된다. 그러나 숭앙과 함께한 경험은 초월적이고 내재적일 수 있다. 사람은 주관적이고 창의적으로 파악한 무한의 신비에 경외심을 가질 수 있으며, 가능하다면 그것과 접촉하고, 또한 동시에 자신을 위해 갈망하는 것과 친밀하게 연계됨을 느낄 수 있다. 이러한 방식으로 지적인 동의는 놀라움이나 검증의 기쁨처럼 이성을 동반하는 인지 감정, 예술, 종교와 같이 이성이 감정에 초점을 맞추는 감정 인지에 따라 감정을 수반한다.[9]

숭앙은 평범하고 세속적인 것으로부터 '숭배받는 사람이나 사물' 또는 '사람이나 사물로부터 숭배받는 것'을 구별하는 것이 실현되고 성취되는 상태이다. 숭배받는 사물이나 사람에 대한 평가와 판단 방식은 시간과 공간에 따라 발전하고, 성장하고, 변화하면서 명백해진다. 예를 들어, 연주자들의 지식이 넓어지고 깊어짐에 따라 연주자들은 그들이 공연하는 레퍼토리에 대해 더 풍부한 통찰력을 얻게 되면서, 이러한 음악적 전통에 대한 숭앙은 커지게 된다. 음악가들은 자기 자신, 자신의 시간, 그리고 자신의 모든 것을 사람들에게 바치거나 숭앙하는 사람들을 위해 헌신적인 봉사를 중요하게 여긴다. 작곡가의 전곡(全曲)을 연구하고 연주하고 녹음하는 연주자, 특정 연주자의 전작(全作)을 발굴하는 연주자, 그리고 이러한 음악이나 음악가를 숭앙하는 연주자들은 그들의 이러한 연구에 시간과 주의를 기울이기 위해 특별한 노력을 한다. 음악에 대한 그들의 깊이와 이해의 폭은 학생들과 청중들로 하여금 결국 그들을 깊이 존경하고 숭앙하도록 만든다. 다른 사람들은 이러한 음악가들의 기량을 인정하고 그것을 가능하게 한 음악가의 희생을 깊이 존경하고 경의를 표한다. 사람들은 음악가뿐만 아니라 음악가 뒤에 있는 음악의 귀중한 전통을 위해 소수인 음악가들을 숭앙한다.

숭앙은 생각을 넘어 실행하고 존중을 넘어 헌신하는 것과 같이 특정 방식으로 행동하려는 욕망과 사랑에 단순한 동의를 넘어선다. 내가 캄보디아의 킬링필드를 방문했을 때 불교도인 안내자는 이 신성한 장소에 대한 경외의 상징으로서 희생자들의 고통에는 아랑곳하지 않고 오로지 말살만을 목적으로 삼았던 사람들의 손에 의해 부당하게 총에 맞거나 흉기에 맞아 죽은 사람들에 대한 숭앙의 표시로서 어깨에 숄을 두르고 있었다. 이 단순한 행위는 말로는 충분히 전할 수 없는 숭앙을 표현하고 보여 주었으며, 그와 함께 여행한 우리 일행에게 깊은 영향을 끼쳤다. 종종 축하 행사든 애도 행사든 이러한 숭배 행위는 집단적이고 공동체적으로 존재한다. 누군가의 헌신을 다른 사람들과 공유하고자 하는 일반화된 책무는 종교 의례와 공공 행사에서 나타난다. 또한 이것은 젊은이들이 또래들과 함께 헌신하도록 하는 공적 교육의 기초가 된다. 그린(Lucy Green)은 음악이 지지와 찬양의 대상일 수도 있으나, 다른 한편으로는 거부와 소외의 대상이 될 수도 있다는 점에 주목한다.[10] 음악이 음악을 만들고 듣는 사람들을 지지하고 예찬할 때, 음악은 학생들이 숭앙을 경험하는 중요한 방식이 될 수 있다.[11]

일상적이고 세속적인 시간과는 다른, 교육이 행해지는 신성한 시간과 공간에 대한 감각은 숭앙에 매우 중요하다. 욥(Iris Yob)은 신성한 공간과 시간의 체제 안에서 교육적 경험을 설명한다.[12] 그녀는 학교를 일상생활과 분리된 별개의 특별한 장소로 생각한다. 이러한 생각은 학교를 일상생활과 더 잘 조화시키기 위한 시도가 이루어지는 시점에서는 놀라운 것처럼 보인다. 욥은 우리에게 교육과정을 일상생활과 분리된 것으로 논하는 것을 고려할 것, 교육과정에서 습득되는 지식과 그 과정에 관련된 사람들에 대한 깊은 존경의 개념에 기초할 것, 그리고 '나는 어디서 왔는가?' '나는 어디로 가고 있는가?' '여기서 나의 목적이 무엇인가?'와 같은 지속적이고 중요한 실존적 질문들에 부딪힘으로써 교육을 위엄 있고 인간적으로 접근할 것을 요청한다. 이러한 측면들은 일상적인 것에서 특별한 것으로, 감각적인 것에서 지적이고 도덕적인 것으로, 세속의 것에서 신성한 것으로 교육의 초점을 옮겨 간다. 이러한 접근법은 교육을 깊은 존경과 명예의 가치가 있는 높은 차원으로 올려놓는다. 민주주의에서 교육이 능력, 욕구, 그리고 지식을 얻기 위해 기꺼이 노력을 기울이는 사람들을 능력과 관심이 없거나 이를 원하지 않는 사람들로부터 분리하고 있음에도 불구하고, 사람들은 소수가 아닌 다수가 지혜를 소유할 수 있기를 바란다.

숭앙의 교육적 장점들 중에는 매우 중요한 주제가 있는 곳에 모인 공동체의 가치를 높이 평가한다는 것이다. 그러한 교육은 사소한 것에 관한 것이 아니라 결과를 이끌어 내는 매우 중요한 지식에 관한 것이다. 비록 지식이 지식 주위에 모인 사람들로부터 분리되어 객관화된다 해도, 지식은 그 중심에 모인 사람들의 경험에 의해 또 주관화된다. 학습이 언어로 이루어지고 교사 주위에 학습자 공동체가 모이는 곳에서, 교사는 지식을 소유하고 있다는 의미에서 객체이며 이러한 지식을 구현하는 주체가 된다. 파머(Parker Palmer)와 그린(Maxine Greene)은 교육에 대한 이러한 대화적이고 공동체적인 접근을 옹호하는 사람들에 포함된다.[13] 인간이 직면한 실존적 질문과 관련된 교과 내용은 인간의 남은 삶에 영향을 끼치는 교육적 환경에 대해 다룬다. 이처럼 인식된 가치에 대해 모든 사람은 머리를 숙인다. 예를 들어, 내가 일본에서 목격한 음악 수업에서 선생님과 학생들은 고대 신화를 노래하고 연주했던 수업 전과 후에 서로 인사를 했다.[14] 듀이(John Dewey)의 관점에서, 이 강화되고 증대된 형태의 경험은 미적일 수 있다.[15] 그것은 매슬로(Abraham Maslow)가 '최고의 경험(peak experience)'이라고 묘사한 정신적인 경험을 생각나게 한다.[16] 음악은 남은 생애와 관련이 있지만, 어떤 의미에서 음악과 교육의 과정은 일상적 경험의 세계와는 분리되어 있다. 음악을 만들고 듣는 시간은 평범을 강화하고, 음악 듣기에 몰두하는 동안 일상적인 생각으로부터 사람들을 분리한다. 단조롭고 평범한 것으로부터의 이러한 분리는 집중과 기쁨이라는 점에서 특별하고 매혹적으로 보인다.

숭앙은 교육과정 논의에서 몸에 배어 자기 것이 된 체화된 마음을 가치 있게 여긴다. 이러한 맥락에서 음악 교육은 숭앙받는 사람이나 사물의 자질을 평가할 수 있는 지적 과정이다. 이 과정은 의식, 공연, 또는 여러 종류의 예술품들에서도 구체화 된다. 숭앙은 육체와 분리된 마음이 아닌 지식에 대한 총체적이고 개인적인 접근법에 구체화된 정신의 개념을 나타낸다.[17] 음악적 행위는 이것이 의미를 부여하거나 기여하는 의미와 불가분의 관계에 있다. 랭어는 이것을 근본적으로 표현적인, 내 식으로 말하자면 음악적 중요성의 수행적 성격으로 파악한다.[18] 그녀는 음악이 삶의 필수적인 부분으로서 현상 세계에서 발생한다는 것을 깨닫는다. 특히 음악 교육의 지적 가치가 때때로 감각적 가치에 유리하도록 평가 절하되는 시기에,[19] 랭어의 음악에 대한 접근은 깊은 숭앙과 겸손의 태도를 기르게 한다. 이것은 사회에 만연한 냉소주의, 무례함, 비인간성에 대한 개선책과 포스트먼(Neil Postman)이 사회에 만연한 가치관에 대한 균형추를 이루는 '자동온도조절(thermostatic)' 교육의 접근을 제안한다.[20] 음악가들과 교육자들은 회복력이 있고 항상 존재하는 것보다는 섬세하고 희귀한 것을 강조하면서, 대중의 눈에 띄지 않을 수도 있는 음악 공간을 만들고, 이러한 보존을 위한 노력 없이는 사라질 수도 있는 시대와 지역의 음악을 체계적으로 지원한다. 이러한 그들의 활동은 세계의 다양한 음악적 전통을 보존하고 여러 음악 사이에 상호교류의 기회를 마련하는 것을 돕는다.

숭앙은 무너지기 쉽고 효력이 남용될 수 있다는 단점이 있다. 이러한 단점은 널리 공유되기를 바랄 수도 있지만, 보편적이라기보다는 엘리트주의적이다. 이러한 현상의 원인은 많은 사람을 배제하려는 의도적인 노력이 아니라 쉽게 접근할 수 없는 것들을 이해하는 데 필요한 노력을 기꺼이 기울이려는 사람은 거의 없다는 사실에 있다. 이러한 교육학적 접근은 덧없는 것이다. 현재 중심에 있는 사회적 우위와 중심은 특정한 지식과 학습자를 예속시키고, 그들을 무관심하고 비판적이지 않으며 무력하게 만드는 기울어진 권력관계를 숨길 수 있다.[21] 교육 상황에 있는 사람들은 전통적 믿음과 관행을 전달하는 데 너무 집중하여, 변화에 관한 주장과 요구되는 변화를 무시할 수 있다. 엄청난 가치의 주제에 아무런 생각 없이 집중하는 것은 평범한 경험을 평가 절하하고 어떤 지식을 가장 가치 있다고 여겨야 하느냐에 영향을 미칠 수 있는 사람들의 권력을 감출 수 있다. 희귀하고, 희소하며, 그 가치를 보장하는 보호자에 의해 지켜지는 것은 평범하고 흔한 것보다 더 숭앙받을 수 있다. 심지어는 음악을 만들고, 듣고, 알게 되는 방식에 대한 고집과 그에 동의하지 않는 사람들의 침묵 사이에 충돌이 있을 수도 있다.[22] 숭앙의 지식에 대한 문제가 없다고 여기거나 문제를 제기하지도 않는 접근법은, 있지도 않은 확실함을 암시하고 다원적 세계에서 독단주의와 편협한 사고를 기를 수 있다.

숭앙에 있어 전통적 우세와 상대적 접근의 불가성은 그 과정에서 중개자로서 교사의 중요성을 시사한다. 일리치(Ivan Illich)에 따르면, 교사는 '목사, 선지자, 성직자'의 직무를 수행할 수 있다.[23] 음악 교육에서 교사가 학습자의 학습을 지시하는 교사 중심의 접근 방식은 프레이리(Paulo Freire)가 '은행 예금식 교육(banking education)'이라고 칭하는 것으로서 퇴보할 수 있다.[24] 숭앙은 학습자들이 자신의 의미를 구성하고 자신의 학습에 적극적으로 기여하도록 권유하기보다는, 학생들의 수동성을 기르고 주제에 대한 참여 부족을 조장할 수 있다.

겸손

겸손(humility)이라는 단어는 특이하게 서구적이고 심지어 기독교적인 뿌리를 뚜렷하게 가지고 있다. 라틴어와 프랑스어에서 유래한 이 용어는 온순함, 자기비하, 자만하지 않음, 자기를 낮춰 보는 것 같은 특성들을 지칭한다.[25] 겸손은 기독교 시대 전반에 걸쳐 특히 수도원, 성당, 교구 학교 안에서 깊이 뿌리내린 교육적 가치이다. 그것은 페스탈로치(Johann Heinrich Pestalozzi)의 삶과 연구에서도 잘 나타나는데, 그는 예수의 가르침을 본받아 가난하고 노동자 계층의 아이들을 돕는 데 관심이 있었다.[26] 미국에서 공적 지원을 받는 음악 교육의 설계자들은 공교육을 위한 존재 이유(raison d'être)를 개발하는 데 있어 가난한 사람들과 노동자 계층을 위한 책임에 대해 페스탈로치의 견해를 강조했다.[27] 유럽과 북미의 공교육 체계는 19세기 경제 산업화를 위하여 노동자 계층의 아이들에게 겸손을 함양시켜 아이들이 노동자로 성장하도록 하였다. 게다가 르네상스 시대의 겸손은 여성적 가치로서 남자들이 아내에게 기대하는 유순함을 길러 주는 데 사용되었다. 음악에서 겸손의 요구는 '피아노 소녀(piano girl)'와 집안에서만 연주하는 아마추어 연주자들의 유행, 여성의 음악적 열망과 음악적 훈련을 제한하는 데 기여했다.[28]

겸손은 자신의 부족함과 불완전함, 그리고 자신에 대한 불만족에서 시작된다.[29] 예를 들어, 유대 기독교(Judeo Christian) 사상에서 이러한 자의식은 죄와 그 결과를 강조하는 신학과 종교 체계에 내재되어 있는 만연한 죄의식에서 비롯된다. 이러한 사고방식은 여성들이 완벽한 세상에 악을 초래하는 것에 특히 책임이 있는 것으로 묘사되는 창조에 대한 유대인 이야기와 복수심이 가득한 신이 창조물의 많은 부분을 파괴하는 노아의 홍수와 같은 이야기에 뿌리를 두고 있다. 그것은 예수의 십자가형에 대한 기독교 이야기에서 이어지고 있으며, 죄 많은 인간의 구원을 위해 필요하다고 여겨진다. 엘리아데(Mircea Eliade)가 언급한 것처럼 창조의 이야기, 선과 악의 싸움, 구원과 갱생의 개념은 세계의 종교들 사이에서 널리 발견된다. 이 종교들은 여러 방법으로 인간성을 부적절하고, 잘못되기 쉽고, 자연적이고 초자연적인 힘에 대항하는, 즉 궁극적으로 무력한 것으로 묘사한다.[30]

또한 겸손에 대한 견해는 하워드(Vernon Howard)가 예술가의 '탁월함의 이상(vision of mastery)'이라고 지칭한 것과 연계되어 있다.[31] 하워드는 예술가들은 경이로운 세계 안에서 그들이 표현하고자 하는 이상적인 작품, 즉흥연주, 공연을 상상한다고 보았다. 일부 음악가들에게, 이러한 목표는 어느 정도 완성된 형태로 보이며, 예술가는 그 음악적 장면을 완전히 나타나게 하는 수단을 구성한다. 다른 음악가들에게 이러한 목표는 예술가가 점차 작품을 만들어 내고 즉흥연주를 가다듬거나 공연을 창조함에 따라 점차 발전한다. 이 접근법은 노력이 필요 없다는 게 아니라 원하는 목적을 이루기 위해서는 필요한 기술을 개발해야 한다는 의미이다. 음악가들에게는 어떤 접근법

이든 목표 자체가 시간이 지남에 따라 변하고 때때로 상상한 목적을 향해 더 많이 또
는 더 멀리 움직이는 것처럼 보일수록 이 목표의 가능성을 점점 더 많이 발견하는 감
각이 있다. 예를 들어, 음악가들이 과거에 공연했던 연주 목록으로 돌아갈 때, 그들의
초기 작품 해석은 현재로서는 부적절해 보일 수 있다. 악보나 연습은 그 의미가 모호
하고 전달될 수 있는 다른 가능성들이 존재한다. 또한 음악가들의 경험은 음악에 대
한 그들의 이해를 넓히고 심화할 수 있으며, 그들은 이제 훨씬 더 흥미로운 것처럼 보
이는 무언가를 만들고 싶어 할 수도 있다. 그들은 과거와 다른 기술적·해석적 기량
을 가지고 있을 수도 있다. 이러한 사실은 음악 연주에 아직 실현되지 않은 가능성들
을 직면하게 되면서 겸손함을 불러일으킨다. 원하는 목적은 달성하기 어려운 것처럼
보이며, 그것에 대한 포괄적인 지식을 얻었거나 가능한 최선의 해석을 찾았다는 것은
확신하기 어렵다. 사람들은 이 연주를 즐길 수 있지만, 반드시 만족하는 것은 아니다.

어떤 음악가들은 코플랜드(Aaron Copland)가 '고전적(classical)'이라고 부르는 자신
들이 연주하는 음악에서 스스로를 상실하는 경향이 있다. 이는 음악에 대해 충실한
것을 자신의 개성이나 기량보다 더 중요하고 여기는 것이다. 그들은 스스로를 자신
이 표현하고 있는 음악의 하수인으로 간주한다. 다른 음악가들은 좀 더 개성적이고
독특한 공연 방식에서 보다 '낭만적(romantic)'이다.[32] 이러한 연주자들은 청중들의 관
심을 음악보다는 자신에게로 이끈다. 음악가들은 음악 해석에 있어서 정확함과 개성
모두를 위해 노력한다. 너무 많은 '고전적' 강조는 개인적인 해석을 부족하게 만들고,
너무 많은 '낭만적' 강조는 음악의 가치를 손상시키고 자기표현보다는 자기노출이 되
어 버린다. 음악을 하는 데 너무 많거나 너무 적은 겸손의 실현성에 직면하여, 아리스
토텔레스는 아마도 음악가들이 음악을 만들고 음악에 생명을 불어넣기 위해 요구되
는 음악가 개인의 주의를 기울이는 자긍심과 겸손의 대조를 환영하는 반면, 음악을
하는 데 자기를 어느 정도 드러내지 않는 태도를 허용하는 '중용'을 지지할 것이다.[33]

겸손의 특성으로서의 유순함의 개념은 온화함, 친절함, 예의, 은혜, 온순함, 복종의
개념을 포함한다.[34] 이러한 특성은 마넨(Max van Manen)이 수업의 바람직한 속성으
로 묘사한 세련된 미적 감각 개념과 관련이 있다.[35] 또한 그 특성들은 종종 고정 관념
적으로 여성들에게 귀속된다. 나딩스(Nel Noddings)는 여성적인 배려의 윤리 안에서
유순함의 자질들을 인간적인 교육에 바람직하며 필수적인 것으로 본다.[36] 타인에 대
한 존중, 그들의 행복에 대한 관심, 그들의 감정에 대한 배려, 타인을 대하는 자비, 그

리고 교육적 상황을 운영하는 규칙을 따르려는 마음은 프레이리, 그린(Greene) 그리고 파머가 희망하는 일종의 대화식 교육을 달성하는 데 필수적인 것으로 여겨진다.[37] 나는 이러한 자질의 부재 상황에서 사람들이 어떻게 진정한 인도적 교육을 받는지 알수 없다. 다른 성별의 사람들이 교육에 참여하기 때문에 이러한 가치들은 단지 여교사들의 가치로 남을 수 없으며, 모든 교사들의 가치가 되어야 한다. 비록 이러한 가치들이 너무나 자주 마치 여성의 전형적인 특성인 것처럼 간주되더라도 이 전제는 모든 음악가들과 교사들을 교육할 것을 요구한다.

우아함 또는 우아함을 가진 자질은 인간성뿐만 아니라 겸손의 표시이다. 모든 부류의 음악가들은 속도와 기교, 눈과 귀를 즐겁게 하는 우아함의 압도적인 유동성과 편안함에 감탄한다.[38] 우아함은 음악에 대한 기대가 음악 양식에 대한 감각에 의해 충족된다는 것을 시사한다. 음악을 작곡하며 그룹 즉흥연주에서 반복악절(riff)을 만들고 음악을 연주할 필요가 있을 때, 음악 경험은 가볍고 기쁨으로 가득 차며 필요에 따라 정념(情念)에 젖어들고, 만들어진 음악은 감각의 만족스러운 전체를 이룬다. 이와 같이 음악에 참여하는 순간의 유동성은 칙센트미하이(Mihaly Csikszentmihalyi)가 '몰입(flow)'이라고 부르는 것과 유사하다.[39] 물론 신학적으로 은혜(grace)는 가치와 감사함이 부족한 상황에서의 자비심이라는 뜻을 갖는다.[40] 비록 그 결과가 모든 면에서 완벽하지 못하더라도 작곡가, 즉흥연주자, 또는 연주자가 최선을 다했다는 것을 알 때 은혜가 있다고 나는 생각한다. 또한 교육적인 상황에서 음악을 연주하고 듣는 사람들 간 상호작용의 인간애적 상황에도 은혜가 있다. 우아함은 다른 사람들의 말과 행동과 무관하게 다른 이들에게 베푸는 자비심과 친절로 증명된다. 교사들은 실제 예를 통해 학생들에게 다른 사람들의 말과 행동에 따라 대우하는 것이 아니라, 오히려 다른 사람들의 더 나은 자아에 호소하는 것으로 마음의 관대함을 신장할수 있다. 다른 사람과의 대인관계의 우아함은 종종 다소 무미건조하게 전문직업의식(professionalism)이라 불리는 그 자체의 양식에 대한 감각을 가지고 있다. 이러한 은혜는 실수가 모든 음악하기(musicking)와 인간 상호작용의 구성요소라는 사실을 인식하고 있다. 벌린(Isaiah Berlin)이 칸트(Immanuel Kant)를 인용하여 인간성의 불완전성을 '인간성의 뒤틀린 목재(crooked timber of humanity)'라고 생각한 것과 같이, 음악 교사들과 학생들은 음악을 만들고 감상하는 서로의 상호작용에서 겸손의 한 측면으로서 은혜를 실천할 수 있다.[41]

이러한 장점들 중에는 겸손이 교육의 시작이며, 오만과 자기만족 또는 자신을 향상시킬 필요가 없고 스스로 자급자족하며 필요한 모든 지식을 소유하고 있다는 느낌과는 대척점이라는 것이 있다. 셰플러(Israel Scheffler)가 지적했듯이, 어떤 사람들은 자신의 입장을 재고하거나 그들이 알거나 할 수 있는 것에 대한 대안을 고려하는 것을 거부하는 수단으로 교조주의(dogmatism), 속기 쉬움(gullibility), 회의주의(skepticism)로 도피한다.[42] 학습은 학습자들이 뭔가 배울 것이 있을 수 있다는 것을 인정하는 것에서 시작한다. 그 순간 사람들은 남들에게 자신이 갖고 싶어 하는 기술과 지식이 있는 것을 파악하고, 사람은 알아야 할 모든 것을 알지는 못한다는 부족함을 인정한다. 교사가 아무리 가르치고 싶어도 학습자가 이 중요한 현실을 인식하기 전까지는 학습이 이루어지지 않는다. 학습자의 오만함, 자급자족, 자기만족은 학습자가 세계관, 지식, 기술에 도전하는 것을 방해한다. 하지만 나는 여전히 겸손에 함축된 의미가 자기폄하로서 학생들이 교사에게 배우기 위해 스스로를 낮춰야 한다는 생각이 여전히 불편하다. 이러한 관점은 교사의 권력을 확립하고 강화하기 위해 학생들이 작아지는 것을 필요하게 만드는 교육적 겸손에 대한 비인간적인 견해를 구성할 것이다. 오히려 겸손에 대한 관대한 해석은 학습자들이 더 나은 음악가나 사람이 되는 것을 도와줄 지식과 기술을 자신들이 필요로 함을 파악하는 것임을 시사한다. 이러한 교육학적 겸손은 지식, 실행방법, 지혜를 습득하는 과정의 시작이다.

겸손은 또한 교육에 대한 인간적이고 예술적인 접근을 가능하게 한다. 이것은 교육 상황에서 모든 참가자를 존중하고, 그들의 다른 관점을 중요시하며, 관련된 모든 사람들이 두려움 없이 공개적으로 참여할 수 있는 교육의 대화적 접근을 지원하는 배려와 교육적 윤리를 지지하는 것이다. 겸손은 또한 음악과 음악하기의 본질과 음악적 의미의 모호성으로 생성된 예술적 겸손, 그리고 시간이 지남에 따라 변화하고 명확해지는 음악가의 예술적 비전 추구와도 잘 맞는다. 한 음악적 전통 안에서 음악가가 작곡, 즉흥연주, 연주의 탁월함을 위해 헌신하는 것은 뛰어난 기교와 품위를 높이 평가하는 겸손함을 드러내는 것으로, 이는 또 이러한 상황에서 음악가에 생명을 불어넣는 도전을 인정하는 것이다. 음악가로서 기교는 자신의 지식과 기량의 한계에서 평가되는 경우가 많으므로, 작곡, 즉흥연주, 연주 등이 잘되었을 때 행운이라고 인식한다. 음악가는 성취로 용기를 얻지만, 미래에는 더 나은 무언가를 바란다.

반면, 겸손은 여성과 소수자들이 이 때문에 이미 너무 많은 고통을 받은 어두운 면을 가지고 있다. 남성 종교 우두머리들은 사람들이 싸워야 할 것으로 겸손의 반대인 교만의 개념을 외친다. 여자들은 때로 지나친 교만으로 고통받는 남성들에게는 겸손의 종교적 준수와 가르침이 가장 필요하다고 제안함으로써 이러한 생각에 지향한다. 예를 들어, 유대교 회당에서 노래하는 것이 허용되지 않고 유대교 회당으로부터 물리적으로 분리된 주변의 숭배자들이 된 하시딕 유대교(Lubavitcher Hasidic)의 여자들은 안식일(Sabbath) 예배가 남성들에게 특별히 필요하다고 여기고, 때론 겸손과 종교적 믿음과 실천에 대한 가르침이 덜 필요하다고 생각하며, 스스로 예배에 불참한다.[43] 종종 자신의 부족함과 낮은 지위를 상기해야 하는 여성과 소수자들에게 충분한 자부심과 자신감의 부족, 그리고 지나친 겸손은 극복해야 할 해악이 될 수 있다. 여성들은 가정의 의무를 수행할 뿐만 아니라 공공 생활에서 더 중요한 역할을 하기 위해 더 큰 개인적인 권력, 자격, 그리고 자신감을 필요로 할 수도 있다. 비록 이러한 문제들을 지나치게 단순화하지 않는 것이 중요함에도 불구하고 겸손의 필요성을 가장 자주 제기하는 사람들에게 오히려 겸손은 성별적 특징을 반영한 가치가 된다. 겸손은 전형적으로 여성의 가치이기 때문에 여성들이 겸손함을 보여 줘야 한다는 특권 의식을 가지고 행동하는 남성들을 설득하는 것은 어려운 일이 될 수 있다.

겸손은 또한 강력한 사회 기관과 이를 대표하는 사람들의 억압 수단으로 사용될 수 있다. 죄책감에서 시작하여 사람들의 죄의식을 강조하고 그들의 자신감과 자존감을 약화시키는 것은 사람들의 의욕을 꺾고 교육의 업무 수행에 부정적 영향을 끼친다. 자부심을 완전한 해악으로 규정하는 것은 개인의 성장과 발전을 방해하는 무가치한 감각에 기여할 수 있다. 사회에서 자신의 위치를 황송하게 받아들이고 사회 질서의 불균형과 불평등에 이의를 제기하지 말라고 사람들을 가르치는 것은 상향 이동성이 거의 없는 계층화된 사회에 공헌하는 것이다. 이것은 종종 소수인 지배 계급에 힘을 실어 주고 대다수 사람에게 사회 지배 계급의 의지를 강요할 수 있게 하며, 대부분의 사람에게 수동성을 야기한다. 프레이리에 따르면, 이 상황에서 벗어날 수 있는 유일한 방법은 억압받는 사람들에게 힘을 실어 주고, 그들의 자부심을 강화하며, 그들이 살아 있는 삶의 상황을 개별적이고 집단적으로 변화시킬 수 있는 기량을 제공하는 것이다.[44]

경외

원래 경외(awe)라는 단어는 즉각적이고 적극적인 무서움, 두려움, 공포의 태도를 의미하는 고대 노르드어에서 유래했다. 서기 13세기에 이르러 일반 영어에 흡수되어 사용되면서, 경외의 의미는 신성한 존재에 대한 기독교적 개념을 통합하는 것으로 바뀌었다. 그것은 '숭앙이 뒤섞인 두려움, 경건함, 숭앙심이 뒤섞인 무서움' '본질적으로 몹시 숭고하고 장엄한 것에 영감을 받아 잠재된 두려움으로 물든 엄숙하고 경건한 경이로움의 감정', 그리고 '깊은 숭앙'을 의미하게 되었다.[45]

경외는 '나는 누구인가?' '나는 어디서 왔는가?' '나는 어디로 가는가?'와 같은 존재론적 질문을 충분히, 빈번히, 완전히 고심할 때 직면하는 어려움에서 유발된다. 이것은 인간 존재의 신비와 자연 세계의 힘에 직면하여 자신의 나약함에 대한 심오한 의식의 핵심을 파악하는 데 포함된다. 욥에게 경외는 자연계의 사건뿐만 아니라 초인적으로 보이는 지적이며 예술적인 기량과 기교에 의해 생길 수 있다.[46] 악과 죽음의 현실은 알 수 없고 설명할 수 없는 것에 대한 두려움을 유발하는 어려운 상황의 하나이다. 제1차 세계대전이 발발한 영국을 배경으로 한 그의 연극 〈프로이트의 마지막 세션(Freud's Last Session)〉에서, 저메인(Mark St. Germain)은 프로이트(Sigmund Freud)와 루이스(Clive Staples Lewis)의 과학과 종교에서 발견되는 해결책과 고통과 죽음 앞에서 두려움을 경험하는 것에 대한 불만족을 묘사한다.[47] 오토(Rudolf Otto)는 경외를 '엄청나고도 놀라운 신비(mysterium tremendum et fascinans)'의 개념으로 나타낸다.[48] 음악이 신들을 달래거나 특정한 감정적·육체적 상태를 불러일으키는 힘을 가지고 있다고 가정할 때, 잘못된 사람들이 잘못된 방법과 잘못된 시간과 장소에서 잘못된 곡을 연주하는 것에 대한 두려움이 있을 뿐만 아니라, 음악의 힘에 대한 경외가 음악가들에게 전달된다. 음악가들은 음악가가 아닌 사람들에 의해 두려워지고 음악가 스스로 음악가 자신의 공연을 두려워한다. 음악가들은 종종 '연주 불안'에 대한 걱정, 또는 그들은 음악 작곡에 실패하거나 음악 공연을 둘러싼 많은 금기사항 중 하나를 어길 것이라는 두려움으로 고통을 겪는다.[49] 요컨대, 음악을 하는 전체 과정은 이러한 악순환 속에서 자신에게 스며드는 경외가 스스로에게 영향을 미칠 수 있다.

듀이는 예술적 경험을 심화되고 특별한 것으로 본다. 그는 '완성된(consummated)'

이라는 단어를 사용하여 절정에 달하고, 충족되고, 만족되는 의식의 고조된 상태를 묘사한다. 그에게 있어 예술적 경험은 '완성된' 것인 반면, 일반적이고 평범한 경험은 '미완성된(unconsummated)' 것이다.[50] 예술적 경험은 완료되고 겪은 것이며, 능동적이고 수동적이며, 구성되고 받아들여진다. 이것이 성취의 순간에 예술적 경험이 강화되는 힘이기 때문에, 사람들은 그 특별한 힘에 직면하여 경이로워하게 된다. 그러한 경험은 자신의 통제 밖에 있고, 예측할 수 없고 설명할 수 없으며, 우연적이라는 사실은 자신의 노력으로 얻은 것이 아니라 우연히 겪게 되거나 주어진 것이라는 의식을 남긴다. 더군다나 그런 순간들은 이 경험이 예상치 않은 것이라는 즐거움과 다시는 오지 않을지도 모른다는 두려움을 안겨 준다. 나는 젊은 음악가들에게 본질적인 동기 부여의 강력한 수단 역할을 하는 이러한 강렬함의 경험보다 더 강력한 매력은 없다는 것을 안다. 그것은 음악가의 열정을 돋우는 것처럼 정신 집중에 중심을 두는 활기를 요구한다.[51] 결국 사람은 그것을 만들고 받아들이는 데 기력이 소모되고, 일어난 일에 대한 놀라움과 경외에 의해 생기를 되찾는다. 예를 들어, 콩고의 악기 연주자들과 가수들의 서양 클래식 음악 경험의 영향은 '킨샤사 교향악단'과 합창단의 구성원들이 오르프(Carl Orff)의 **카르미나 부라나**(Carmina Burana)를 연주하면서 평범한 삶의 영역을 벗어나 다른 장소와 시간에서 온 음악의 특별한 경험에 마주하여 헌신, 기쁨, 경외를 알게 되는 것과 같다.[52]

경외의 중요한 측면 중 하나는 초월성, 탁월성, 그리고 당연하다고 믿는 것들을 뛰어넘어 특별한 것을 창조하는 감각이다. 리머(Bennett Reimer)의 경우, 이 아이디어는 그가 '심오함(profundity)', 또는 깊이(depth)와 광대함(vastness)이라는 감각의 대응점을 가지고 있다.[53] 초월은 위든 아래든, 높든 깊든, 일반적인 경험을 능가하며, 숭앙과 마찬가지로 경외는 무제한성, 가능성, 무한함의 느낌으로부터 비롯된다. 아마도 고대인들이 음악을 초자연적인 힘의 표현으로 생각하게 만든 것은 이러한 초월적인 특성 때문이었을 것이다.[54] 빙겐(Hildegard von Bingen)은 음악을 '신의 숨결(the breath of God)'로 생각했는데, 이는 인도의 '탈라(tala)'를 연상하게 되는 개념이다.[55] 음악의 모호성, 외견상의 무한한 가능성, 그리고 억제 불가능성은 상상력과 이성을 필요로 하며, 누군가가 잠재력의 일부를 발굴하고 귀중한 것의 일부를 보고 들었다는 사실에 경외를 느끼게 한다. 음악가들은 이러한 가능성을 탐구하면서 또한 그들 자신을 발견하는 감각을 지니고 있다. 음악 애호가들에게 이 평생의 과정은 그들을 처음보다 마지막에 더 경외에 빠지게 할 수도 있다. 게다가, 음악의 초월성과 심오함이 클수록 더 매혹적일 수 있다. 음악 교사들은 그들의 학생들이 열심히 공부한 가장 탁월하고 심오해 보이는 음악을 사랑하게 되는 것을 경험할지도 모른다. 나는 킨샤사 교향악단과 합창단이 베토벤 9번 교향곡을 연주할 때 단원들의 얼굴에 떠오르는 기쁨과 집중을 주시한다.[56] 이러한 작품의 초월성과 심오함은 그들의 삶에 강력한 영향을 미친다. 필요한 기술을 연마하기 위해서 그들이 어린아이들을 키우고 집을 돌보는 마을과 도시에서 이 곡을 연습하는 데 전념해야 한다. 그리고 그들은 리허설에 가기 위한 대중교통을 이용하기 위해 거칠고 먼 길을 걸어간다. 그들의 음악 경험은 비록 음악이 발생한 장소와 시간으로 여행하지 않더라도 세계에 존재하는 다른 문화와 다른 방식을 알 수 있는 창이다.

경외는 강력한 감정적 경험이다. 숭앙과 겸손의 가치와 마찬가지로, 경외는 지적으로 인식되는 것뿐만 아니라 모든 사람이 겪게 되는 신체적 경험으로 구현된다. 경외는 신체적 반응과 행동을 필요로 한다. 우리는 고개를 숙여 인사하고, 조용하고, 신발을 벗고, 머리를 가리고, 시선을 낮추고, 이 밖의 다양한 방식으로 신성(神性)의 존재 안에 설명할 수 없고 이해할 수 없는 특별한 장소에 있다는 것을 인정하게 된다. 우리는 더 강력하고 이해할 수 없는 다른 누군가에게 끌려 자신의 상대적인 무력감, 한계성, 불완전성을 인정하지 않을 수 없다. 셰플러의 '입증의 기쁨(joy of verification)'과 '놀라움(surprise)'의 인지적 감정은 상황에 대한 지적 이해를 둘러싸고 있다. 욥이 제안한 것처럼, 예술, 종교, 신화에서 분명한 감정적 인지는 인간 감정의 명백한 표현이다.[57] 여전히 숭앙과 겸손처럼 경외는 인지보다 더 나아가서 신체적 자아 전체에 영향을 미친다. 사람은 이 순간에 휘말리고 사로잡힌다. 랭어는 지금 현재의 순간에 너무나도 열중하기 때문에 심적인 시간, 랭어의 용어로는 '가상의 시간(virtual time)'이 정지해 있는 것처럼 느껴진다고 말한다.[58]

경외는 특별함, 예술성, 그리고 기교를 촉진하는 데 기여한다. 슈나이더(Kirk Schneider)에게 위엄과 화려함과 더불어 두려움과 공포를 아는 것은 존재의 완전하고 장대한 배열, 감정의 높이와 깊이, 초월과 내재성의 역설을 경험할 수 있도록 한다.[59] 이 경험은 일반 교육의 기초를 구성하는 만큼 매우 중요하다. 인생의 많은 부분이 단조롭고 평범하지만, 경험이 놀라움과 두려움을 불러일으킬 정도로 강렬하게 고조되는 순간들은 무한에 직면하여 자신의 가능성과 한계를 더 잘 파악할 수 있게 한다. 음악 교육에서 경외의 경험은 교사와 학생들이 일반적인 기대를 뛰어넘고, 그들의 음악적 성향을 최대한 발전시키도록 격려한다. 이러한 음악 교육은 음악적으로 실현되고 각 음악 연습의 가장 높은 열망을 나타내는 '탁월함의 이상'을 실현하기를 희망한다. 경외는 신속, 품위, 기교를 중요시한다. 음악적 기능의 성취는 개인적인 스타일 감각을 불러일으키고 또한 이러한 음악적 관습의 희망을 나타낸다. 훌륭한 작곡, 즉흥연주, 연주가, 음악가와 청중들에게 경외를 느끼게 하여 최고의 찬사를 불러일으킬 때, 이러한 예외적이고, 예술적이고, 고도의 기교를 보여 주는 음악적 결과들은 더 큰 노력과 향상된 음악하기에 영감을 준다. 확실하게 동시에 실패하거나 자신이 할 수 없는 일을 다른 사람이 할 수 있을 때, 경외는 초월에 직면하여 겸손함을 촉진한다.

중요한 것은 경외는 인생의 가장 중요한 질문들에 역점을 둔다는 것이다. 삶의 최종적인 유한성과 최후의 존재에서, 이 경외의 관점에서 해석된 음악 교육은 이러한 질문들에 대해 음악적으로 숙고할 기회를 제공한다. 코다이(Zoltán Kodály)는 가장 뛰어난 음악만이 음악 교육의 중요성에 기여한다고 본다. 이를 위해 민속음악은 최고의 고전적 전통과 결합되어, 음악 교육에 예술적 접근이 결합된 음악적 단순함과 복잡함을 제공한다고 보았다. 코다이에게 민속음악은 상업적으로 추진되는 '매체 음악'에 저항하고 최고의 음악을 구성하며 '본질적 가치'를 지녀 좋은 취향을 장려한다. 그가 보기에 "예술에 대한 나쁜 취향은 영혼의 심각한 병이다." 뒤이어 그는 "아이들을 위해 작곡하는 것보다 위대한 것은 없다." 그리고 "아이들을 위해 충분히 위대해지는 자신의 최선"이 중요하다고 한다.[60] 코다이는 젊은이들이 음악을 예술적이고 초월적이고 심오한 것이면서 중요한 '인간의 일'로 경험하기를 원한다. 지금 시대에는 오늘날의 음악적 모자이크를 구성하는 모든 전통은 그들을 살아남게 하기 위한 최선의 노력을 받을 자격이 있으며, 그 전통들은 삶의 가장 중요한 질문들을 끌어들이는 많은 방법을 제공한다고 할 수 있다. 궁극적으로 경외를 경험하기 위해 노력할 때, 이러한 음악적 일은 보통 삶의 평범하고 종종 지루한 현실을 초월하기 위한 기회를 제공함으로써 인간의 삶을 개선하려는 경향이라는 점에서 인도적이다.

다른 한편으로, 그것의 폐단들 중에는 공포와 두려움이 사람들로 하여금 자신의 음악적인 최선을 다하도록 동기 부여를 할 수 있는 것처럼, 경외에 대한 지나친 강조는 음악을 만들고 듣는 것을 방해할 수도 있다. 겸손과 숭앙처럼 경외는 양날의 검을 의미한다. 좋은 일이 너무 적거나 많으면 좋은 것도 독이 될 수 있다. 음악가들에게 두려움을 주는 지휘자는 리허설 동안 그들의 노력에 집중하는 것을 도울 수 있지만, 지나친 두려움은 그들을 두렵게 하고 음악을 하는 경험을 즐길 수 없게 만들 수 있다. 연주는 위험 부담이 있다. 대부분의 음악가는 약간의 불안감이 그들의 마음을 집중시키고 연주를 준비하는 데 도움을 준다고 이야기한다. 그런데도 모든 것이 계획대로 되지 않을 수도 있다. 너무 많은 공포와 두려움의 존재는 음악가들이 공연에서 당면한 일에 집중하는 것을 방해하고, 이러한 신체적 효과는 음악을 연주하는 능력에 해로운 것일 수 있다.[61] 이러한 이유로, 나는 아리스토텔레스의 '중용'의 요점을 너무 많은 두려움과 충분하지 않은 두려움의 극단 사이의 중간 어딘가에서 찾고자 한다.

내재성보다 초월성, 그리고 보통의 상태보다 심오함에 과도하게 초점을 맞추는 것은 인간의 많은 경험이 특별하거나 장엄하지 않다는 사실을 간과할 수 있다. 사람들이 음악적 예외성과 예술성만을 소중히 할 때, 사람들은 일상적인 음악 경험에서 많은 즐거움이 발생한다는 것을 알아차리지 못한다. 새러소타의 셀비가든(the Selby Gardens)에 있는 바난나무 아래에 모인 청중들에게 일요일 오후 비형식 콘서트를 하는 재즈 밴드를 떠올려 보라. 이 경우에는 경외의 가식이 존재하지 않는다. 오히려 청중들은 소풍 음식과 음료를 즐기고 수다의 배경으로 음악을 듣거나 밴드의 음악을 듣고 따라 부르고 춤을 춘다. 매 연주 이후 박수가 가득하고, 사람들은 아름다운 정원을 친구들과 가족들과 함께 방문하여 이러한 경험을 즐긴다. 중요한 사람들과 사회적 교제를 위한 평범한 음악 활동에 대해 생각하는 것은, 나에게 많은 음악 경험은 특별한 음악성을 열망하지 않는 평범한 사람들을 위한 매력이 있다는 것을 상기시킨다. 만약 이 경우에 밴드가 전문적인 음악가들로 구성되어 있지 않거나 음악이 형편없이 연주되고 노래되었다면, 이 비형식적인 콘서트에 참석하는 사람들은 음악을 잘 즐기지 못할 것이라고 나는 상상한다. 그러나 참석한 대부분 사람에게 단순히 앉아서 음악을 듣고, 사교적이고, 춤을 추고, 노래를 따라 부르고, 음악가들의 노력에 박수를 보내는 행동은 일요일 오후를 즐기는 즐거운 습관을 만들어 낸다. 경외는 이러한 온전히 평범한 음악 활동과 대조되기 때문에 기억에 남는다. 경외의 추구가 일반적인 음악 경험에 광범위하게 참여하는 것과 대조되는 경험을 구성할 때 경외는 가치가 있을 수 있다.

영성

영성(spirituality)이라는 단어는 '정신'의 개념에 뿌리를 두고 있으며, '정신적인 것의 질이나 상태' 또는 '물질적 또는 세속적 관심사와 반대되는 정신적인 것들에 대한 애착이나 배려'의 개념이다.[62] 나는 영성이라고 하면, 물질적이거나 현상적인 세계와 구별되는 자질이나 정신과 같이 육체적이거나 물질적인 것에 반대되는 비육체적이거나 비물질적인 것으로 생각한다. 서양의 'spirituality'은 라틴어 정신(spiritus)과 신령(spiritualis)에 뿌리를 두고 있으며, 특히 마음, 몸, 영혼 또는 정신 사이의 기독교 신학적 구분에 의존한다. 빙겐은 그녀의 도덕극 〈덕을 찬미하는 노래(Ordo virtutum)〉에서 이 정신을 영혼(anima)이라고 부른다.[63] 철학자들과 음악가들은 오랫동안 연주에 생기를 불어넣고 정신적인 것으로 만드는 음악에서 삶과 호흡의 질을 인지해 왔다. 최근에 키비(Peter Kivy)는 사람들이 음악의 역동적인 특성에서 그들의 살아온 삶을 인식하는 것에 기초한 '음악적 의미에 대한 회복력 이론(a resilient theory of musical meaning)'을 설명한다. 보그단(Deanne Bogdan)은 음악 작품에서 전율과 일렁이는 빛을 영적 특성으로 간주하고 음악 공연에서 음악이 갖는 영적 특성을 볼 수 있다고 생각한다.[64] 랭어는 상상력은 음악을 창조하고, 참여하는 살아 있는 존재들에게 울려 퍼지는 생명력과 삶의 질에 대한 감각을 음악에 부여한다고 한다. 음악은 음악가들과 그들의 대중들을 위한 '생명의 중요성(vital import)'을 가지고 있는 것처럼 보인다.[65] 음악은 현상 세계에서 경험됨에도 불구하고 음악은 또한 신비롭고 상상된 것이다. 이러한 음향 이미지의 비실체성은 여전히 음악의 감각적이고 현상적인 이미지 그리고 물리적인 음악 창작이나 감상과는 개념적으로 구별되는 반면, 실제적으로 말하자면 전체론적인 음악 경험에서 음악의 감각적 특성과 상호 연관되어 있다.[66]

영성의 모호성은 음악 교육자들에게 특별한 관심사이다. 욥은 종교의 영성 개념에 대해 역사적인 회복력 연계를 지적하고, 신이 있거나 기념비적인 자연 현상과 인간 창조물에 직면했을 때 '엄청나고도 놀라운 신비'에 대한 오토의 개념을 언급한다. 이것은 인간이 신 앞에 있거나 기념비적인 자연 현상과 인간의 창조에 직면할 때의 신비와 경외에 연계되어 있다.[67] 그녀의 설명에 따르면 영성과 경외는 공통적인 요소를 공유할 수 있다. 영성은 감정을 연상시키는 기쁨이나 슬픔과 같이 주관적이고 열정적인 삶을 깊게 경험할 수 있다. 또한 영성은 종교적 경험에 국한되지 않고 종교, 예술, 과학과 관련된 다양한 만남의 범위에서 나타날 수 있다. 영성의 경험을 결합하는 것은 경험의 추상적인 자질이나 물질보다는 비물질적인 것에 초점을 맞추는 것, 문자 그대로 진부한 것보다는 비유적이고 상상적인 것, 그리고 아마도 가장 중요한 것은 그런 경험들의 경이로움, 경외, 겸손을 불러일으키는 방식들이다. 욥에게는 한 유형의 영성이 반드시 모든 사람에게 만족스러운 것은 아니며, 영성은 중복될 수도 있지만 교사와 학생들이 교육과정에서 그것들을 배열하는 경험은 중요하다고 한다. 영성의 모호성과 영성의 원천이자 발현으로서의 종교, 예술, 과학의 연결은 음악 교육자들이 그들의 연구 수단과 목적 중에서 영성을 생각할 필요가 있음을 시사한다. 또한 음악적 연구가 종교적 연구의 수단을 제공할 수 있는 것처럼 종교에 대한 연구도 음악 경험에 대한 수단을 제공할 수 있다. 이 모든 것은 다양한 방식으로 영성을 기를 수 있다.

음악을 영적으로 경험한다는 것은 무엇을 의미하는가? 중요한 것은 사람들이 음악 연주의 시각적 또는 다른 사회적 특성보다는 음악의 소리적 특성에 상상력을 집중한다는 것이다. 이는 최근 수십 년간 음악 교육 내의 몇몇 진영들로부터 비판을 받아 온 것으로서, 음악을 객관적 사물뿐만 아니라 주관적 현실로 간주하는 것에 대해 지성과 추상적인 관점으로 가지고 생각해 볼 것을 요구한다.[68] 음악가들과 청중들이 부여한 경험들과 사회적 의미들이 상당히 거리가 있는 음악에 대한 이러한 관점은 음악을 이해하는 데 이성적이고 직관적이며 인식되고 느껴지는 상상력에 의존한다.[69] 단순히 열정적인 흥분을 경험하기보다는 음악을 경험하는 순간과 음악이 멈춘 후 음악에 대해 성찰하고 생각한다. 따라서 쇤(Donald Schön)이 '반성행동(reflection-in-action)'이라고 부르는 사고의 한 종류로서 몸, 마음, 정신의 생동감 넘치는 참여로, 음악을 영묘(靈妙)하고 비신체적인 방식으로 활기차고 의미 있게 만드는 것이다.[70] 감정과 생각을 통해 음악에 참여하는 데는 음악이 생각될 수 있는 수단의 어휘에 대한 이해가 필요하다. 이것은 다양한 음악적 요소들이 음악 전체에 생기를 불어넣기 위해 함께 어우러지고, 음악가들은 관심과 상상력을 사로잡는 소리들을 디자인하고 창조하기 위해 무수한 방법들을 사용하는 '명확하게 표현하는 특성(articulate character)'이다.[71] 랭어는 "음악적 표현(articulation)은 음악의 생명이지, 근거가 약한 증명되지 않은 단정이 아니다. 즉, 표현성(expressiveness)이지 표현법(expression)이 아니다."라고 주장한다.[72] 음악은 대상과 주체로 이루어져 있으며, 음악이 되어가기 과정에 있는 역동적인 것이라는 점을 마음속 깊이 새겨야 한다. 지성은 작곡, 즉흥연주, 연주, 듣기를 막론하고 음악을 만들고, 감상하고, 표현하고, 겪는 모든 수단을 통해 매료되어 있다.

카(David Carr)는 음악을 영적인 일로 간주하는 것이 윤리적 목적에 기여하는 강한 도덕적이고 종교적인 요소를 의미한다고 한다.[73] 그와 그의 동료들은 교육에서 영성의 도덕적 질을 강조하고, 종교적, 태도적, 심리적 설명에 이르기까지 영성에 대해 생각한다.[74] 음악과 도덕의 이러한 연관성은 고대 사상에 뿌리를 두고 있으며, 플라톤과 같은 철학자들이 음악 양식이 특정한 윤리적 가치를 가지고 있다고 가정하고, 교육에서 음악은 젊은이들이 '선(善)'을 향해 교육을 받을 수 있도록 엄격하게 검열되어야 한다고 제안한다.[75] 이 생각은 또한 우리 시대에도 여전히 남아 있다. 카는 음악 교육에서 영성을 미덕으로 여기는 것은 연주 목록이 교육의 도덕적 목적을 촉진하기 위해 신중하게 선택되어야 한다는 것을 의미한다고 보았다. 윤리적이고 교육적인 관점에서 이러한 사례를 만들 때, 카의 제안은 음악가와 교육자들에 의해 전달된 생각들을 상기시킨다. 내가 이미 주목했던 것들 가운데 코다이는 매체 음악에 내재된 위험성을 고려하여 음악 교사들이 아이들의 미적 감각과 도덕적 감성을 배양하기 위해 클래식 음악과 민속음악 중 최고를 선택하도록 한다.[76] 또한 스즈키(Shinichi Suzuki)는 음악의 정신적 차원과 공감, 인간성, 인격의 고귀함을 기르기 위한 음악의 역할을 강조한다.[77] 탄(Leonard Tan)은 고대 중국과 현대 실용주의 철학자들의 사상을 바탕으로 도덕적 사고와 행동을 함양하는 수단으로서 기악 교육의 중요성을 이야기한다.[78] 영성과 도덕을 연계하는 데 있어서 음악 교육의 목적이 음악을 알게 되는 것을 넘어서 인간적이고 고귀하며 도덕적인 젊은이들의 발전에 영향을 미치는 것으로 본다. 이들의 관심은 다양한 형태의 음악 교육에 참여하는 사람들의 삶을 풍요롭게 하는 것이다.

음악과 교육의 장점 중에서 영성은 물질적이고 시각적인 것으로부터 비물질적이고 청각적인 것으로 중심을 이동시킨다. 이것은 우리 시대의 만연한 물질주의와 시각적 편견을 저지하는 데 특히 중요하다. 음향 자극에 근거하는 의미는 종종 확산되고, 모호하며, 주관적이며, 덧없고, 깨지기 쉽다. 시각적 표현이 헤게모니인 현대 사회에서 젊은이들과 노인들은 귀 기울여 듣지 않고 그들이 필요로 하는 것을 들으며, 사람 간 의사소통의 모호성, 주관성, 비물질성에 대처할 능력이 부족하다. 시각이 종종 소리보다 중요한 시기에, 사회와 문화에서 '자동온도조절 관점' 역할을 취하는 음악 교육자들은 시각과 소리의 균형을 잘 맞추기 위해 더욱 광범위한 사회와 문화에서 가치가 없다고 여겨졌던 것들을 강조하고 싶을지도 모른다.[79] 너무 적거나 너무 많은, 보이는 것과 소리 사이의 균형의 당위성은 '중용'을 찾는다는 점에서 아리스토텔레스적이며, 때로 경쟁하거나 충돌하는 감각들 사이에서 균형을 찾는다는 점에서 동양적이다. 음악에 대한 영적 경험의 비물질성을 강조함으로써 물질성에 대한 사회적 중심의 대조점을 제공하는 것의 중요성도 마찬가지라고 할 수 있다.

더욱이 음악적 소리의 이러한 비물질성, 모호성, 주관성, 취약성은 상상력의 발달을 촉진한다. 이러한 사고는 전체론적이며 직관적인 사고, 비판적 사고, 감각적 인식, 표현적 사고와 행동을 중요시한다. 음악 교육에 있어서 지적인 강조는 일상생활에서 도움이 될 수 있는 사고방식을 개발하는 데 도움을 주며, 교사들과 학생들이 음악과 음악의 일부가 되는 더 넓은 문화에 대한 더 풍부하고, 더 넓고, 더 깊은 이해를 얻을 수 있게 함으로써 도움이 된다. 음악과 교육을 지적으로 생각하는 것은 예술적이며 인간성으로서 음악의 가치를 보는 것이고, 이 음악이 무엇이고 무엇을 제공하는지와 그것이 보여 주는 음악 그 자체와 음악의 다른 부분들을 파악하는 것이다. 모호성, 오류 가능성, 죽을 운명은 인간의 피할 수 없는 측면이며, 음악 교육에서 영성을 가치로 강조하는 것은 이러한 실존적 현실을 상상적이고 적극적으로 다룰 수 있는 성향을 촉진하는 데 도움이 된다.

그럼에도 불구하고 영성의 폐단들 가운데 모호성은 이를 공공정책의 주체로 삼기 어렵게 만든다. 특히 경제적 가치가 중요시되는 정치적 영역에서는 영성을 특징짓는 특성을 명시할 수 있는 것이 종종 필요한데, 무엇보다 물질적이고 문자적인 교육 목적이 중시되는 환경에서 확산되고, 모호하며, 비물질적인 영성의 특징들로는 명시하기 어렵다. 사람들이 어려운 노동 시장에 직면하고 경제 상황이 가혹한 곳에서, 현재와 무관해 보일 수도 있는 교육에 대한 조급함은 쉽게 이해할 수 있다. 영적인 것에 초점을 맞추는 것은, 신체와 정신을 둘로 나눠 육체보다 정신을 더 중요시하는 지나치게 원자론적인 접근을 암시할 수 있다.[80] 이러한 견해는 신체와 정신을 둘로 나누는 것에 반대하는 몸의 전체론적 개념과 상반된다. 감각들을 영적인 것과 대립시키고, 음악의 신체적 특성을 영적인 특성과 맞붙게 하며, 신체보다 정신과 마음을 우위에 놓아 음악의 신체적 매력을 훼손하는 음악관에 빠지는 것은 쉽다. 디오니시즘적(Dionysian) 음악관은 음악의 신체적 매력을 음악 교육의 목표로 내세움으로써 이러한 음악 교육적 관점에 도전한다. 이러한 견해에서 사람들에게 신체는 악하고 열정은 억제되어야 하는 것이라고 가르치는 것은 자아 이미지를 손상시키고 인격의 전체적인 발달을 억제할 수 있다.[81] 비록 실러(Friedrich Schiller)는 예술 교육이 사람들을 열정에 의해 지배되는 자연 상태에서 도덕적 발달 상태로 끌어올리는 수단이라고 주장하지만, 그는 역사적 증거가 그의 주장을 뒷받침하지 못한다는 것을 인정한다.[82] 그가 바라는 것처럼 사람들이 예술가이거나 예술을 감상하기 때문에 반드시 더 잘 행동하는 것은 아니다.

더욱이 숭앙, 겸손, 경외와 마찬가지로, 영성과 종교의 오랜 연계는 힘없는 사람들을 대신하여 힘 있는 사람들이 말하고, 그중의 어떤 영성 표현이 다른 것들보다 가치가 있으며, 그 가운데 일부 전통들이 구체화되고 무비판적으로 받아들여지는 비균형적 세계관을 전제로 한다. 몸보다 마음이, 신체의 구속과 제한이, 그리고 열정이 중요한 역할을 하는 다른 것들보다 특정한 도덕관의 관점이 탁월하다는 것은, 근시안적이고 일방적인 음악 교육을 만들기 위해 결합될 수 있다. 그러한 접근법은 지적 매력의 음악을 강조하고 놀이와 찬사보다 노력과 규율에 초점을 맞출 수 있다. 사람들이 좀 더 인도적이고 시민적으로 행동하도록 유도하는 효과적 측면에서 음악을 도덕 발달의 매개로 보는 것은, 비록 변함없이 실천하기를 희망하더라도 비현실적이고 성취할 수 없는 결과에 대해 약속하게 된다.

음악과 교육에 대한 '숭앙, 겸손, 경외, 영성'의 가치에 대한 나의 논의로부터 몇 가지의 결론이 나타난다. 숭앙은 경배와 존경, 놀라움과 경이, 신비의 감각을 자아낸다. 겸손은 온화함의 특성들, 특히 탁월함, 재치, 우아함의 상상되는 이상들과 연관된 불충분한 감각을 가리킨다. 경외는 특히 인간 존재의 신비에 대한 두려움과 공포를 의미한다. 영성은 비물질성과 비유형성이 종교, 예술, 신화와 연관성의 관점에서 생각된다. 이러한 상호 연관성이 있지만 개념적으로 독특한 가치들의 가능성과 함정들, 그리고 그것들 중 어느 것도 비난 없이 충분할 수 없는 것들임에도 불구하고, 나는 가능한 선(善)과 그것들이 제시하는 위험들을 의식하면서 그것들을 유지하고 싶다. 감각적이면서도 지적인 삶에 내재된 가치로서, 그것들은 또한 정신의 비물질적인 세계, 드러나지 않는 것들에 대한 중요성, 그리고 인간의 주관성이 표현될 수 있는 다양한 방식의 중요성을 강조한다. '숭앙, 겸손, 경외, 영성'은 음악가들과 교육자들이 주의를 기울인다면 음악과 교육의 길을 밝히는 등불을 구성할 수 있다.

제**4**장

품위, 평정, 절제, 규율

Dignity, **D**ispassion, **R**estraint, and **D**iscipline

예로부터 '품위, 평정, 절제, 규율'의 가치는 음악과 교육에서 중요하게 여겨져 왔으며, 특히 오랜 클래식 전통의 음악과 교육에서 이성과 학문의 우월성, 격식, 지성의 하인으로서의 감정 역할을 나타낸다. 이 가치들은 감정보다 이성을 우선시하고 영적인 것보다 현상적인 것을 강조한다는 점에서 '숭앙, 겸손, 경외, 영성'을 바로잡는 것으로 간주될 수 있다. 이것은 자격증, 수료증, 졸업장, 학위 수여를 통해 정규 교육 및 고등 교육의 중요성과 예의, 학문적 특권 및 책임과 같은 방식으로 표출되기도 한다. 이러한 가치들을 옹호하는 음악과 교육은 중대한 일이라 여겨지고 그 과정과 결과가 필연적이며 삶을 변화시키는 것으로 여겨진다. 따라서 이러한 일에 종사하는 모든 사람은 '품위, 평정, 절제, 규율'을 가지고 행동해야 한다.

이 가치들은 음악 교육의 전통적인 접근 방식들, 예컨대 대규모 합창 및 기악 합주 지휘에서 분명하게 드러났지만, 특정 분야에서 압력을 받고 있다. 일부는 교육에서 주지주의의 재현에 도전하고, 도제식 음악 교육에서의 거장의 역할을 인정하지 않으며, 대중문화와 더불어 다른 가치를 수용하는 교육에 대한 비형식적 접근을 주장하고 있다.[1] 이러한 비판과 상황에 직면하여, 이 가치들을 살펴보고 '이 가치들은 무엇을 의미하는가?' '음악과 교육에 좋은 점은 무엇이고, 어떻게 손상되었는가?' 등의 질문을 통해 이 가치들을 재조명해 보는 것이 중요하다. '품위, 평정, 절제, 규율'은 상호 연관되어 있지만, 각 가치가 음악과 교육에서 의미하는 바를 차례로 알아보고자 한다.

품위

품위(dignity)는 가치를 의미하는 라틴어 'dignus'에서 유래하였다.[2] 나는 계층화되고 계급화된 사회에서 사회적으로 높은 지위에 있는 사람과 지위에 관한 고귀함, 위엄, 진중함을 나타내는 품위의 개념으로 시작하고자 한다. 이 개념은 위계 사회에서 행위의 기대에 따라 판단되고, 기득권층과 상류층의 공공행동이 규범적인 것으로 간주되는 품위의 사회적ㆍ공공적 성격을 강조한다. 예를 들어, 고위 인사들에 대한 언급은 누군가가 특정 방식으로 행동할 것이라 예상되는 상류층으로 태어났거나, 신뢰받는 지위와 높은 직위 때문에 품위를 가질 수 있음을 암시한다. 이러한 행동의 고귀함과 근엄함은 그것을 모방함으로써 더 높은 지위를 얻으려는 사회적 지위가 낮은 사람들에게 규범적인 것으로 간주된다. 그러나 사람의 사회적 신분이나 지위와는 상관없이 겉모습과 행동, 스타일과 방식이 품위로 나타나기도 한다. 어떤 사람이 품위가 있다고 말하는 것은 그의 행동이 다른 사람에게 존중받고 있다는 것을 의미한다. 이러한 개념에서 도덕적 성격보다는 겉모습이 품위를 나타내는 것으로 보일 수 있다. 사람들의 행동에는 상류층이나 고위직에 있는 사람과 관련된 고귀함, 위엄, 우아함, 스타일이 반영되어 있다. 이는 은밀하게 부도덕한 행동을 하는 사람일지라도 공적으로 관찰되는 행동이 그의 출생이나 지위에 따른 기대에 부응하고 있고, 사적 행동이 보이지 않게 숨겨져 있는 한, 품위를 가질 수 있다는 것을 의미한다. 그가 품위가 있다고 말하는 것은 사회적 계급이나 높은 지위에 부합하는 그의 행동에 대한 사회적 판단에 따른 것이다.

하지만 공적인 모습이 반드시 사적인 생각과 행동 전부를 반영하는 것은 아니다. 품위에 대한 이러한 사회적 시선과는 달리, 교육자들은 오랫동안 사회적 계급과 지위와는 별개로 사람의 깊은 영적ㆍ도덕적 헌신으로부터 나오는 본질적이고 내적으로 생성된 품위를 강조해 왔다. 예를 들어, 실러(Friedrich Schiller)는 '신체적 인간'과 대비되는 '도덕적 인간'의 행동을 구별하였고, 페스탈로치(Johann Heinrich Pestalozzi)는 그의 『린하르트와 게르트루트(Leonard and Gertrude)』와 『은자의 저녁 시간(Evening Hour of the Hermit)』에서 가난한 자의 품위를 밝히고 있다.[3] 품위에 대한 이러한 견해는 개인의 신념, 태도 및 책임에서 비롯된 특정 방식의 행동 성향에 초점을 맞춘다.[4]

여기서 추구하는 바는 단지 품위의 겉치레가 아니라 자신의 신념, 태도 및 책임과 일치하는 행동이다. 이것이 개인의 사적인 생각과 개인의 헌신에서 품위가 발현되는 교육의 변혁적 관점인 것이다. 이것은 사람의 생각이 바뀌면 행동이 변하고, 사람이 개인적 헌신을 발전시켜 나가는 것이 그의 행동들을 주도하는 것임을 내포한다.

　교사와 학생들에게는 고귀함, 스타일, 침착함, 우아함, 절제, 엄숙함을 암시하는 방식으로 품위와 예의를 갖추어 행동하는 것이 개인적 이미지가 사회적 상호작용의 본질에 미치는 중요한 영향력을 인정하는 것이다. 고프먼(Irving Goffman)은 다른 사람에게 자신을 표현하는 다양한 방식의 심오한 영향을 제시한 지난 세기의 작가 중 한 사람이다.[5] 타인에게 비춰지는 자신의 겉모습에 대한 반사적 의식은 자신의 이미지가 타인과의 상호작용을 통해 본질과 질에 미치는 영향에 대한 사회적 의식을 내포한다. 이러한 의식의 사회적 · 심리적 중요성을 고려하여, 가드너(Howard Gardner)는 이를 교육적으로 개발할 수 있는 지능으로 가정한다.[6] 사회 활동으로서 교수와 학습은 이미지의 영향을 받는다. 다른 사람들에게 좋은 영향을 미치는 방법에 관한 인식은 일반 교육의 중요한 측면이다. 대중은 일반 교육을 담당하는 사람들이 미래 사회 형성에 충분히 참여할 준비가 된 시민을 배출하기를 바란다. 품위 있게 행동하려는 성향은 예의 바르고 설득력 있게 이야기할 수 있으며, 다른 사람에게 인간적이고 공손히 행동하게 하며, 사회 내의 다양한 권력관계를 실용적으로 조종할 수 있는 수단이 된다. 교육이라는 사회화 과정을 통해 품위를 키우려면, 음악가, 교사 그리고 학생들이 교실에서는 물론 그들이 음악에 참여하고 가르치며 배우는 모든 장소에서 이를 함양해야 한다.

　품위 있게 행동하려면 이성과 지성이 최우선인 자기통제와 자기훈련의 연습이 필요하다. 이 관점은 인간의 기능, 즉 개인의 경험과 자신이 속한 공동체에 반응하고 형성하며 재구성하는 능력에 의존한다. 존 듀이에게 자기통제는 자유의 야누스적인 얼굴이며, 자기통제의 발달은 필연적으로 공동체적이고 사회적인 것이다.[7] 따라서 민주적인 사회가 생존하고 번성하려면 교육과정 전반에 걸쳐 민주주의 사상이 표현되어야 한다. 다른 사람에게 미칠 결과를 생각하지 않고 쾌락적이고 자기중심적이며 충동적으로 행동하기보다는 열정을 갖되 충동을 자제해야 한다. 사람들은 다른 사람의 필요, 관심 및 권리를 고려한 민감하고 조심스러우며 신중한 사려 깊은 방식으로 지적이면서도 공감적으로 생각하고 행동한다. 마치 자신과 다른 사람들이 가치 있는 사람인 듯이 행동한다.

품위의 긍정적인 면 가운데, 교육이 공통의 관심사와 애착을 가진 사람들의 공동체를 만들기 때문에 사람들을 구별하고 분리하기도 한다. 아이러니하게도 품위를 갈망하며 자제력과 스타일을 갖추고 우아하게 행동하는 사람들은 천박하게 행동하고 자기 좋을 대로 하며 지식, 자기통제와 훈련이 부족한 사람들과는 거리를 두게 된다. 동서양의 철학자들은 품위를 교사나 학생 등 사회와 교육에 관련된 모든 사람에게서 발현되어야 하는 교육적 선(善)으로 여긴다.[8] 품격 있는 사회가 기대하는 격식을 강조하지 않고서는 교육이 사람들의 사회적 몫을 개선하고, 예의 바르면서도 인간적인 사회를 건설하고 유지하는 것을 가능하게 하는 바로 그 요소를 잃게 되는 것이다.[9]

품위는 존중을 요구하며 남에게 영감을 준다. 개인의 몸가짐, 행실, 옷차림, 행동, 말에는 엄숙함의 감각이 수반된다. 품위 있게 행동하는 것에 대한 개념은 시대와 장소에 따라 다양하며, 음악가와 교사가 그들의 청중과 학생들에게 자신을 표현하는 방식에 따라 달라진다. 전문적인 복장과 예절은 연주자와 교사의 자제력을 요구한다. 이렇게 하는 것은 음악가와 교사가 청중 및 학생 사이의 사회적 거리를 최소화하기 위해 비형식적으로 자신을 드러내고 싶은 충동을 막는 것을 의미할 수도 있다. 품위는 음악가와 청중, 교사와 학생 사이에 약간의 분리가 청중과 학생의 존경을 받고 그들이 현재 있는 위치와 앞으로 있을 위치 간의 차이점을 드러내는 데 도움이 될 수 있음을 시사한다. 외모와 행동에서 전문성을 모델링하게 되면 음악가와 교사는 전문적인 사람들이 어떻게 행동해야 하는지를 보여 줄 수 있다. 또한 청중과 학생들이 노래하고 연주하고, 말하고 행하고, 가르치고 배우는 것의 중요성에 부합하게 행동하도록 영감을 줄 수 있다.

의식(rituals)은 품위, 특히 모든 문명사회를 특징짓는 공적 행사에서 어떻게 행동해야 하는지에 대한 상황 감각과 지식에 의존한다. 욥(Iris Yob)은 교육적 의식들이 학교를 신성한 장소와 시간으로 특징짓는다고 말한다.[10] 이러한 시간과 공간을 특징짓는 형식을 강조하는 것은 음악가와 청중뿐만 아니라, 교사와 학생들에게 아름다움, 지식, 지혜의 '광활한 영역'에 대한 경이로움, 지식, 존경심을 불러일으킬 수 있다.[11] 따라서 교육과 음악은 평범하고 일상적이며 진부한 것 이상으로 고양된다. 품위는 생계를 유지하고 경제적으로 번영하는 데 필요한 기술을 넘어 삶의 중요한 영적 및 실존적 문제에 관한 지혜를 찾는 것이다. 품위에 대한 내부로부터의 접근은 개인적 또는 집단적 변화를 가져올 수 있다. 사회 계급, 경제적 상황, 성별, 민족, 언어 및 종교의 격차는 사회에 온전히 참여하지 못하고 억압받고 있다고 믿는 사람들에게 절망, 괴로움, 분노의 근원이 되는 장벽 중 하나이다. 어릴 때부터 품위 있게 행동하는 법을 배운 적이 없는 사람은 나중에 이러한 기술을 습득하기 어려울 수 있다. 프레이리(Paulo Freire)는 가난한 사람들이 자신의 상황을 알아차리고 비판적으로 생각하는 능력과 같이 근본적으로 그들의 품위를 성장시키는 교육의 결손으로 인해 특히 사회의 상류층에서 배제된다고 본다.[12] 자기 자신을 가치 있는 존재로 여기게 되면 자기 존중도 성장한다. 품위를 중시하는 것은 학습자의 개인적이고 사회적인 발달을 촉진하고, 자신감을 키우며, 다양한 방법으로 그들의 삶을 헤아릴 수 없이 풍요롭게 할 수 있다. 음악적 · 교육적 가치로서의 품위를 강조하는 것은 이런 장벽을 극복하고 격차를 줄이며 모두가 사회에 온전히 참여할 수 있도록 하는 수단이 된다.

이러한 기여에도 불구하고, 품위의 내부로부터 우러나오는 것과 외적 현상의 모호함은 일부 품위 있는 표현이 다른 사람에 대한 권력을 유지하고 위협하려는 악의적의도와 생각을 감출 수 있음을 의미한다. 역사적으로 권력자들은 그들의 이미지와 권력을 향상하고 유지하기 위해 주기적으로 품위를 과시해 왔고, 음악은 종종 이러한 품위를 투사하는 수단이 되어 왔다.[13] 이러한 음악의 중대한 역할 때문에 음악가들은 때때로 부도덕한 통치자들의 목적을 위한 노리개와 볼모가 되어 왔다. 품위 있는 이미지와 선전을 창출하고 투영하기 위한 수단으로서 화려한 무대를 만드는 음악가의 역할, 군사 퍼레이드와 전쟁에 수반되는 음악 앙상블, 또는 사회적 지위가 높은 사람들이 참석한 사적인 사교 행사의 분위기, 우아함, 허세를 더하는 실내악의 쓰임새를 보라. 품위가 잘못된 교육의 목적으로 사용될 가능성 또한 매우 높은데, 특히 그것이 피상적이거나, 개인의 생각과 감정에서 나오지 않거나, 사적인 삶과 공적인 삶에서 생각과 실천 사이의 진실성이나 일관성을 입증하지 못할 때 그러하다.

품위가 사회적 지위가 높은 사람들에게 기대되는 행동을 규범으로 만드는 경향이 있다는 것도 문제이다. 이러한 이유로 계급주의적 · 엘리트주의적 태도와 행동을 유지할 수 있고, 그렇게 함으로써 어떤 종류의 사회 변화에도 반대하는 보수적인 사고방식을 유지할 수 있다. 특권층이 대부분의 사람에게 권력을 행사하는 계층화된 사회 질서를 선호하는 것은 권력이 없는 사람들이 더 높은 계층의 사람들을 모방하고 그들의 파괴와 심지어 억압에 공모하도록 만든다. 역사적으로 상류층은 대다수에게 허락되지 않았던 교육의 혜택을 누렸으며, 규범적이라고 여겨지는 방식으로 품위 있게 행동하는 법을 배웠다. 품위 있는 사회에서의 민주주의적 이상은 역사적으로 불평등을 제거하고 사람들 사이의 더 큰 평등을 촉진하기 위한 방향의 사회운동으로 이어졌다. 이를 위해 민주주의 교육의 위대한 운동의 지지자들, 특히 공적 교육 내에서 품위에 대한 내적 접근의 촉진은 모든 사람에게 그 혜택을 누릴 수 있는 기회를 제공함으로써 특별한 권리를 없애려고 노력해 왔다. 그들은 모든 시민에게 자기 존중감을 키우고 형식적인 사교 행사에서 행동하는 방법을 보여 주며, 그렇게 하는 기술을 개발하도록 도움으로써 품위 있게 행동하는 방법을 모르는 사람들을 배제하려는 세력을 약화시키려고 노력했다. 이러한 지지자들의 노력에도 불구하고, 이러한 바람은 대중을 조종하려는 비양심적 사람들에 의해 만들어지기도 하였다. 이런 일이 발생하게 되면 대중은 긍정적인 사회 변화의 개념과 더 나은 사회 질서를 만들기 위한 열망에 대해 조심스러워하게 될 것이다.[14] 그럼에도 불구하고 예의 바른 사회에서 인간적인 교육을 추구하는 사람들을 위해, 품위가 무엇인지, 어떻게 품위를 가질 수 있는지에 대해 누구든지 알 기회를 제공하는 것이 필요하다.[15]

평정

일반적으로 **평정**(dispassion)은 명사와 동사 모두 '열정으로부터의 자유'와 '감정의 부재'로 해석된다.[16] 원래 고통과 괴로움의 감각에서 파생된 것으로 '감정 상태와 관련된 감각', 특히 화, 분노, 욕망, 두려움 등과 같은 '강하고 통제하거나 압도하는 감정'을 의미하는, 라틴어의 'passiōn-'과 'passiō'에서 유래한 어근인 열정(passion)과 대조를 이룬다.[17] 열정은 명사이자 동사로, "열정이나 깊은 감정을 보여 주거나, 표현하거나, 영향을 받는다." 또는 "열정으로 흥분하거나 가득 차다."라는 의미이다.[18] 에피쿠로스에게는 '감정의 자제'가 행복의 원천이었다.[19] 만약 누군가가 일반적으로 '내적 감정과 외적 감각에 주의를 기울인다면' '정신적 혼란과 두려움'의 '원인을 정확하게 추적'할 수 있다고 본다.[20]

그의 견해에 따르면 "불행은 두려움이나 헛되고 억제할 수 없는 욕망으로부터 나온다."라고 한다.[21] 18세기 수필가 템플(William Temple)은 에피쿠로스와 다른 스토아학파의 사상에서 평정이라는 개념의 뿌리에 주목하면서 평정을 '마음의 위대한 평온'과 '육체의 나태'로 묘사했는데, 평정한 상태에는 열정이 가라앉고 조절되며 전환되고, 마음은 조용하며 평온과 이성이 지배하게 된다.[22] 이 단어가 명사이자 동사로서 지니는 모호성은 마음의 고요함이 존재의 상태일 뿐만 아니라 감정을 조절하고 진정시키는 능동적인 과정의 수단이자 목적임을 시사한다. 평정한 사람은 분노나 짜증을 내기보다는 감정을 억제하고 자신이 느낄 수 있는 분노나 불만을 억누르려고 한다. 이러한 모호성은 비록 누군가가 강한 감정을 억누르고 평온함을 유지하는 데 충분하고 완전하게 성공하지는 못하더라도, 평정함은 추구할 만한 가치로 남을 수 있음을 시사한다.

　템플은 에피쿠로스와 스토아학파에게서 행복을 얻는 방법을 기술한 철학 작품에 나타난 평온한 마음 상태의 이상에 대한 은유로서 정원과 정원 가꾸기를 떠올린다. 템플은 에피쿠로스를 정원의 철학자로 본다. 템플은 아테네에 정원을 가진 최초의 사람들 중 하나인 에피쿠로스가 "그의 정원에서 평생을 보냈는데, 정원에서 공부하고, 운동하며, 그의 철학을 가르쳤다."라고 썼다.[23] 템플에 따르면, "에피쿠로스가 주된 목적으로 삼았던 마음의 평온과 육체의 나태함에 이만한 곳은 없는 것 같다." 템플의 표현대로 "공기의 달콤함, 향기의 상쾌함, 식물의 푸르름, 음식의 깨끗함과 가벼움, 일하거나 걷는 운동, 무엇보다도 걱정과 근심의 사라짐은 명상과 건강, 감각과 상상의 즐거움, 이로 인해 몸과 마음의 고요함과 평온함을 같이 좋게 만들고 개선시키는 것 같다."[24] 체킹(Albert Sieveking)에게 이러한 고요함과 평온함은 "정원의 정신과 대학 및 아카데미의 영혼" 간의 연관성을 보여 주고 있다.[25] 체킹은 가르침과 교육이 평온함과 고요함, 그리고 일상의 심란함으로부터의 자유가 있는 정원 안에서 가장 잘 이루어질 수 있다는 에피쿠로스의 의견에 동의한다.

　또한 평정은 교육이 일어나는 장소의 아름다움을 중시한다. 교육 형식이 기능을 따르고, 교수와 학습을 위한 자연과 건축 환경의 아름다움의 중요성이 간과되며, 예술 중에서도 음악이 없는 교육과정은 그 효과가 무의미하고 암울하다. 템플이 에피쿠로스의 삶뿐만 아니라 그의 철학에서 평정함을 기르기 위해 자연환경이 중요함을 강조한 것은 흥미롭다. 루소(Jean-Jacques Rousseau)와 같은 낭만주의 철학자들은 집과 정원에서 이루어졌던 에밀(Émile)의 교육에 기초하였고, 자연의 교육을 강조하였다.[26] 마찬가지로, 페스탈로치와 같은 다른 교육 철학자들은 자연의 세계를 중시했고, 페스탈로치의 음악 스승인 니프(Joseph Neef)는 정기적으로 학생들을 시골로 데려가 노래를 부르게 했다.[27] 공적 지원의 보통교육에 음악을 도입한 19세기 선구자들은 어린아이들이 부를 노래를 선택함에 있어서 도시화와 산업화 시대에 자연에 대한 의식의 중요성을 일찌감치 깨달았다.[28] 학교에서 사용했던 초기 노래책에는 자연 세계의 아름다움과 자연이 가져다주는 영감에 관한 수많은 노래가 있다. 많은 청소년이 주로 혼잡하고, 오염되고, 자연의 아름다움이 결여된 마을과 도시에서 자라고 있었음에도 불구하고, 음악 교사들은 아이들의 상상력을 길러 주고 학교생활과 일상생활에서 잠시나마 휴식을 주는 것의 중요성을 빠르게 인식하였다. 나는 에피쿠로스가 교육에 적합한 맥락으로 정원을 불러온 것을 학교 교육과정에서의 예술의 중요성으로 확장하고자 한다. 지속적으로 학교 수업에서 음악을 여가시간으로 여기는 것은 에피쿠로스가 자신과 제자들을 위해 추구했던 단순함, 안식, 마음의 고요함을 상징한다. 역설적이게도 음악은 그 유희와 재미를 통해 다른 과목의 학습으로부터의 휴식과 여가의 수단이 되지만, 동시에 예상치 못한, 상상력이 풍부하고 직관적이며 느낌 있는 방식으로 학습을 효과적으로 유도한다. 그것은 학생들이 그들을 당혹스럽게 하거나 불안하게 하는 실존적 질문에 대한 영적 통찰력을 얻을 수 있도록 구조화되어 있지 않은 공간과 시간을 제공할 수 있다. 매 순간을 채우는 끊임없는 목표와 기대로 학생들의 마음이 어수선하지 않다면, 음악은 학생들에게 자신을 반성하고 이해할 수 있는 기회를 제공하게 한다.[29]

템플은 평정하거나 차분한 마음 상태를 이루는 데 있어 '나태'의 중요성을 더 잘 이해한다. 현대 사회는 생산성과 분주함에 사로잡혀 있기에 우리 시대에 나태, 또는 태만과 게으름은 종종 교육적인 해악으로 비난받는다. 하지만 지혜를 얻으려면, 끊임없는 활동을 멈추는 것, 미루는 것, 깨어 있는 모든 순간에 무언가 생산적인 일을 해야 한다는 의무감에서 벗어나는 것이 필요하다. 악(惡)과 거리가 먼 나태함은 음악과 교육, 인생의 경험을 자유롭게 누릴 수 있게 한다는 점에서 선(善)이 될 수 있다. 이 개념은 예술적 및 교육적 경험을 '받아들이고' 그것에 자신을 여는 '수동적' 측면에 대한 듀이(John Dewey)의 개념과 크게 다르지 않다.[31] 일에서 벗어나 해변, 숲, 정원, 콘서트장을 거닐면서 통찰의 홍수를 경험한 사람은 나만이 아닐 것이다. 쉼과 휴식을 취하는 동안, 내가 어려운 문제에 대해 생각하는 것을 의식하지 못할지라도, 새롭고 색다른 질문, 아이디어 및 해결책이 갑자기 떠오를 수 있다. 듀이에게 있어 여유로울 때 그 순간을 경험하게 하는 이 사치는 예술과 교육의 간과된 매력적인 측면이다. 나는 음악과 교육에서 이것이 더 많아지길 바란다.

평정은 또한 시민 사회를 육성하는 수단이다. 스토아학파와 에피쿠로스학파에게 평정은 행복을 위한 길이며 이성은 감정을 억제하고 도덕적 행동을 안내한다. 사람들이 배우지 않았거나 자기를 통제할 수 없는 경우 폭력이 발생한다. 어떤 사람들은 특정한 원인이 정당하고, 목적은 폭력적인 행동을 통해서만 달성될 수 있으며, 목적이 수단을 정당화한다고 주장하면서 다른 사람들을 자극하여 폭력을 행사하게 한다. 그러나 예의 바름은 자신의 감정을 억제하고, 이성을 발휘하며, 분쟁을 평화롭게 해결하는 데 참여할 수 있는 능력을 필요로 한다. 우리 시대에 폭력은 미디어와 공공장소를 통해 너무 자주 등장하며, 특히 예의 바름을 기르는 것이 어렵다. 그럼에도 불구하고 품위 있는 사회에서 예의 바름이 번성하고 사람들이 스토아학파와 에피쿠로스학파가 중요하게 여겼던 종류의 행복을 알고자 한다면 평정은 중대한 가치가 된다.

하지만 평정에는 어두운 면도 있다. 감정이나 느낌보다 이성을 높이는 것은 논리적으로 추론되기보다는 느껴지는 삶의 측면을 평가 절하할 수 있다. 그러한 견해가 랭어(Susanne Langer)에게 『새로운 기조의 철학(Philosophy in a New Key)』으로 이끌었다. 그녀는 서양 철학이 추론적 상징을 통해 이성과 명제적 담론을 강조하지만, 삶의 경험 대부분은 추론되기보다는 느껴지고, 명제적으로 생각되기보다는 실행되며, 추론적 상징보다는 비추론적 상징을 통해 표현된다는 관념을 발전시켰다.[32] 교육에서 이성과 명제적 사고를 우월하게 인식하고 수학 같은 분야에서의 추론적 상징의 연구를 강조하는 모습은 종교, 신화, 꿈, 의식, 음악을 포함한 다른 예술들을 '지배'하는 결과를 초래했다.[33] 교육과 관련된 합리적이고 가부장적인 지식의 방식에 초점을 두면서 열정, 감정, 감각 및 느낌의 함양은 폄하되었고 부정적인 가치로 여겨졌다. 이러한 '낮은' 자질은 소녀 및 여성의 경험과 지나치게 자주 연관되며, 그 과정에서 여성은 평가 절하된다. 그러한 견해는 열정, 감정, 감각, 느낌이 삶의 불꽃을 제공하고 모든 사람에게 삶의 즐거움의 기쁨을 헤아릴 수 없이 더해 준다는 사실을 이해하지 못한다. 사람들을 평정의 단색(單色) 평온 상태로 환원시키면 인간 경험의 풍부함, 높이, 깊이의 충만한 척도를 이루는 열정적 헌신의 격렬함이 사라진다. 열정을 너무 억제하거나 순전히 악으로 간주한다면 즐거움과 고통의 다차원성을 제한하여 인간성을 온전히 표현할 수 없게 된다. 자신을 내려놓고 열정에 자신을 내맡기는 것은 뜰에만 머무

르며 자신을 끊임없이 통제하는 사람이라면 상상할 수 없는 창의적인 표현, 기쁨과 슬픔의 원천이 될 수 있다.

또한 너무 많은 악을 용인해야 할 수도 있고 평정이 냉담과 복종을 야기할 수 있는 위험도 있다. 어떤 악은 바로잡아야 하며, 유대교, 기독교, 이슬람교의 아브라함 신앙의 성스러운 경전은 적어도 의로운 대의를 추구하는 데 있어 분노와 분개의 중요성을 지적한다. 이러한 신앙의 지지자들은 악 앞에서 침착할 수 없고 그래서도 안 된다는 점에 주목한다. 듀이의 '자기 표현'(예: 분노를 생산 방식으로 사용)과 '자기 노출'(예: 성질을 부리는 것)의 중요한 차이는 열정이 음악과 예술 등의 수단을 통해 자기 표현의 수단이 될 때 어떻게 선이 될 수 있는지를 잘 드러낸다.[34] 변화를 요구하는 상황에도 불구하고 냉담과 복종은 행동을 소홀히 함으로써 해야 할 때 행동하지 않는 부작위의 악이 될 수 있다. 음악적·교육적 미덕으로서 평정의 중요성에 초점을 두는 것은 특히 예술을 함양하는 데 있어 평정의 한계와 열정에 대한 책무의 중요성을 간과하게 만들 수 있다. 이 영역을 탐색하는 것은 교사와 학생들에게 어려운 일이다. 사람과 제도가 자유를 짓밟거나 악이 행해질 때, 변화를 위해 열정적인 행동이 요구될 수 있다. 분노와 분개를 생산적인 방식으로 안내하는 것은 듀이가 예술적이고 교육적인 선으로서 칭찬하는 자기 표현의 형태이다. 음악가, 교사, 학생들은 자신이 전념하는 목적과 수단을 위해 열정적으로 생각하고 행동하는 자신의 신념에 대한 용기가 필요하다.

또한 평정은 이성이 느껴진 삶과 독립적으로 작용하고 느낌, 욕망 및 감정들을 통제할 수 있음을 시사한다. 실제로, 특히 음악에서 사람의 생각은 지적인 생각, 감정, 신체적·정신적 상태가 혼합된 것이다. 추론에는 감각, 신체 상태, 웰빙의 영향을 받는 인지적 감정과 감정적 인지가 포함된다.[35] 이성은 신체의 다른 측면과 상관없이 홀로 존재하지 않는다는 것은 잘 알려져 있다. 이성은 마음과 몸의 일부이며, 따라서 마음과 몸의 다른 측면과 완전히 분리된 형이상학적 영역에 머물지 않는다. 또한 사회적·환경적으로 구체화된다.[36] 이러한 상호작용의 복잡성을 고려할 때 감정이나 느낌이 없는 '이성만으로'라는 개념은 단순하고 순진해 보인다. 가난, 노숙, 폭력, 질병, 죽음, 자연재해, 전쟁 등의 순환 속에서 평정한 상태에 이를 수 있다는 것과 누군가의 열정이 때때로 그 자신을 배신하지 않으리라고는 상상하기 어렵다. 이런 노력에도 불구하고 존재의 상태인 평정은 궁극적으로 도달할 수 없는 가치인 것 같다.

절제

절제(restraint)라는 단어는 음악적·교육적 사상과 실천에서 오랜 역사를 지닌다. 원래 노르만어와 프랑스어인 이 단어는 주로 명사로 사용되며 원래 '묶는 행위, 제한'을 지칭한다. 역사를 통틀어 '제한을 강요하는 법령 또는 명령' '금지' '절제, 방해 또는 멈추는 행위' '자기통제' 또는 '절제' '자제하는 힘 또는 영향력' 또는 '행동 과정에서 사람을 억제하거나 통제하는 수단' '개인의 자유 박탈 또는 제한' 및 '제한' 또는 '한정'으로 다양하게 생각되어 왔다.[37] 한편으로는 외부의 규율이나 강압을, 다른 한편으로는 자신의 충동과 욕구에 대한 스스로의 제약을 암시하는 이러한 모호함은 전 세계의 음악 전통과 교육 시스템에서 분명하게 드러난다.

절제는 능동적일 수도 있고 수동적일 수도 있다. 자신이나 타인의 행동을 제한, 견제 또는 방지하는 규칙을 행사하고 강요한다는 의미에서 능동적이다(예: 법률 통과, 규정 제정 또는 구금과 같은 수단으로 이동의 자유를 제한하는 것). 다른 사람들에 의해 자신의 행동을 제한하거나 견제하거나 방지하는 행동의 대상이 되는 경우 수동적이다. 이러한 의미에서 절제는 사회 또는 지역사회의 안전과 복지를 유지함으로써 좋은 목적에 기여할 수 있다. 아이들을 데리고 견학하거나 순회 음악가들을 여기저기로 데려다주는 경우, 모두가 목적지에 안전하게 도착하여 연주나 노래를 준비할 수 있도록 보장하는 특정 규칙을 부과해야 할 수도 있다. 그럼에도 불구하고, 이 여정에 참여하는 사람들의 관점은 참여자들이 절제를 정할 수 있는 권한이 있는지 또는 단순히 다른 사람의 결정을 받아들이는 사람인지에 따라 달라진다. 능동적인 의미에서 절제는 자신의 행동을 제한하는 결정을 내리는 권한 부여의 수단이 될 수 있다. 수동적인 의미에서 절제는 정당해 보이지 않을 때도 다른 사람의 결정에 자신을 수용해야 할 때 힘을 잃을 수 있다. 이러한 이유로 듀이는 가능한 한 민주적 교육은 학생들이 자기 행동에 대한 한계의 부과 방법을 공유하는 사회적 통제에 기초해야 한다고 주장한다. 이런 방식으로 그들은 민주주의가 모두를 위한 자유를 육성하고 보존하는 동시에 그들의 행동을 불가피하게 제한한다는 것을 배운다.[38] 마찬가지로, 프레이리는 학생들의 행동이 다른 사람들의 명령에 의해 제한받는 은행 예금식 교육과 학생들이 이러한 가능성과 한계를 정하는 데 참여하는 해방 교육의 차이를 비교한다.[39] 듀이와 프레이리의 경우, 생각되고 실행되는 것이 능동적이냐 또는 수동적이냐에 따라 절제는 커다란 차이를 만든다. 나는 절제의 능동적 · 수동적 개념이 음악과 교육의 실천에 중요하며, 이러한 이론적 양극 사이의 골치 아픈 입장에 처해 있다고 생각한다. 여기에서 음악가, 교사와 학생은 자신이 처한 상황에 맞는 접근 방식을 결정해야 한다.

절제는 기성세대가 젊은 세대에게 물려준 전통을 전수해야 하는 사회화 및 교양의 수단으로서 교육의 개념과 일치하는 장점이 있다. 사회가 지속되거나 음악적 전통이 살아남으려면 사회적 기대가 어느 정도 안정되어야 한다. 젊은이들은 연장자들이 전달하는 규칙과 규정에 대한 준수를 배워야 하며 능동적이거나 수동적인 절제를 수용해야 한다. 사회나 음악적 관습을 스스로 유지하기 위해서는 다른 사람들이 특정한 방식으로 행동할 것이라고 예상하며 행동할 수 있어야 한다. 논리적으로 극단적인 대안은 음악적이든 아니든 무정부 상태이며, 자신과 타인이 행사하는 절제에 대한 기대와 예의의 붕괴일 것이다. 교육을 실행하는 방법에 대해 젊은이들에게 의견을 묻는 것이 항상 가능한 것은 아니다. 때때로 교사들은 학생들의 선택권을 제한하고 학생들에게 최선의 이익으로 생각되는 결정을 내려야 한다.

이러한 이유로 듀이의 민주주의 교육은 능동적이고 수동적인 절제의 형태를 혼합 또는 통합한다. 교사나 지휘자는 교실 공동체나 음악가 집단의 지도자로서 때때로 학생들이나 음악가들에게 복종과 절제를 요구하지만, 듀이는 가능한 한 학생들과 음악가들도 그들의 행동을 제한하는 규칙을 만드는 데 참여할 수 있는 여건을 만들기를 바랄 것이다. 음악과 교육의 실제 세계에서 이것은 골치 아픈 과정이다. 내 경험에 비추어 볼 때, 절제의 능동적 개념과 수동적 개념이 병치된 상태에서 일하는 음악가와 교사는 상충되는 압력에 직면하는 역설적 상황에 놓여 있다. 그들의 바람에도 불구하고 능동적 절제와 수동적 절제 사이에서 항상 적절한 균형을 이루는 것은 아니다.

절제는 또한 직업 세계를 준비하는 데 도움이 될 수 있다. 산업 시대에 음악 교육이 시작될 때부터 학교 교육은 다른 사람들에 의해 행동이 절제되는 공장, 상점, 사무실 등의 장소에서 순종적으로 일할 수 있도록 준비시키는 수단으로 간주되었다. 우드브리지(William Woodbridge)와 같은 19세기 학교 음악의 설계자들은 이러한 산업적 이상을 촉진하는 수단들로 성악 교육의 중요성과 어린이 각자가 합창단의 필요들을 들어 줄 것을 주장했다. 상사의 결정들에 따라야 하는 거대한 자본주의 기업의 톱니바퀴들로서 대부분의 노동자가 생계를 유지하는 데 필요한 기술들을 개발하는 데 절제가 결정적이었다. 밴드와 합창단과 같은 대규모 음악 앙상블은 젊은이들이 이러한 직업 세계에 참여할 수 있도록 준비시키는 수단으로 사용되었다. 정보화 시대가 도래하면서 다른 작업 세계에는 다른 종류의 절제가 필요하게 되었다. 창의적이고 기업가적인 기술과 독립성은 더 능동적인 종류의 절제를 요구했다. 근로자들은 매우 다른 현실에서 살아남을 수 있는 방식으로 자신을 절제할 수 있는 능력이 필요했다. 여기서 한때 대기업이 행했었던 가부장주의는 점점 더 자신의 복지와 생존을 책임지는 작은 장치나 교체가 가능한 단위 부품처럼 취급되는 근로자들의 어려운 처지에 대한 무관심으로 대체되었다. 이러한 기술은 과거의 대규모 앙상블보다는 음악가가 스스로 관리하에 공동으로 참여하는 소규모 앙상블에서 기를 수 있다. 그러나 학교 음악 프로그램인 대규모 앙상블의 탄력성은 음악 교육에 있어서 전통의 힘을 보여 주고 있으며, 절제가 지속적으로 수동적인 상태인 대기업과 만연한 기술의 영향력은 노동자들이 기계를 원활하게 작동하게 하는 교체 가능한 부품으로의 기능을 할 수 있는 준비가 되어 있음을 나타낸다.

평정과 마찬가지로, 절제는 특히 능동적일 때 자기통제와 자제를 촉진한다. 교육자들은 자신의 일이 내재적인 일, 즉 충동을 억제하고 열정을 통제하는 기질을 기르는 일이라고 오랫동안 믿어 왔다. 교육은 근본적으로 젊은이들에게 제한적이고 강제적인 영향을 미친다. 자기통제를 행사하는 것은 특정 방식으로 행동하기 위해 외재적 압력이 필요하지 않다는 것을 시사하기 때문에 비인도적인 일과는 거리가 멀다. 실러에게 심미적 교육의 요점은 열정과 충동에 지배되는 '자연적' 인격으로부터, 심지어 자신이 그리고 싶지 않거나 열정과 충동이 앞설 때에도 적절하고 합리적으로 행동할 수 있는 '도덕적' 인격으로 발전하는 것이다. 평정과 마찬가지로, 자제는 이성이 선을 지향하는 방식으로 행동을 통제하고 감정을 억제할 수 있다고 여긴다.

이러한 잠재적 기여에도 불구하고 절제는 음악과 교육의 일에 부정적인 영향을 줄 수 있다. 가능하게 하는 것보다 방지하는 것을, 음악가, 교사와 학생들이 원하는 목적을 향해 긍정적으로 행동하도록 돕기보다는 명령과 금지로 행동을 제한하는 것을 추구한다. 절제는 해야 할 것과 하지 말아야 할 것에 대한 범위를 명시하고 강요지만, 반드시 사람들이 원하는 방식으로 행동할 수 있는 수단을 제공하는 것은 아니다. 수동적으로 볼 때, 절제는 개선된 행동을 고무하기보다는 특정 규범을 제정하고 특정 규칙을 명시하는 역할을 할 수 있다. 내재적 동기보다는 외재적 동기에 호소한다는 점에서 절제는 우리가 희망하는 행동에 대한 인간적인 접근이 이루지 못할 수 있다. 음악적·교육적 성장을 촉진하기보다 억제할 수 있는 것이다.

절제는 자유를 제한할 가능성도 있다. 나는 듀이가 자유와 사회적 통제를 민주 사회를 육성하는 수단으로 설명하면서 두 가지 측면 모두 교육적 경험에 존재해야 한다고 말한 것에 주목해 왔다. 프레이리가 교육에 대한 접근의 기초로 삼고자 했던 개인적이고 집단적인 해방은 특정하게 규정된 방식으로 생각과 행동을 제한하는 절제를 강조함으로써 간과될 수 있다. 이러한 접근 방식은 또한 전통을 강조하는 대신 전통적 신념과 관행의 본질 및 한계에 도전하는 음악과 교육의 중요한 혁신적 역할을 희생시킨다. 창조적 표현에서 한계가 중요하긴 하지만, 전통의 경계와 절제를 허물고 새로운 시각과 행동 방식을 만들어 내려는 사람들을 억압할 수도 있다.

능동적 의미에서 절제에 대한 환상은 상부 또는 외부로부터 제약이 부과되었다는 사실을 덮어 버릴 수 있다. 인간적이고 해방적인 것처럼 보일 수 있는 것이 속임수로 판명될 수 있고, 음악가, 교사, 학생은 실질적인 통제력이 거의 없을 수 있다. 예를 들어, 무대 뒤에서 음악과 교육 정책 입안자들은 음악가, 교사와 학생들이 자기 절제를 발휘할 수 있는 것처럼 보이는, 그러나 실제로는 다른 사람들에 의해 제약을 받는 방식으로 상황을 조정하거나 조작할 수 있다. 자신이 속고 있거나 사기를 당하고 있다는 것을 알게 된 충격은 특히 자신의 지능이 모욕당하기 때문에 화나는 일이다. 나에게 민주주의의 허식은 특히 짜증나고 심지어 억압적이다. 이런 근무 환경 속에서 살아오면서 아닌 척하는 음악 및 교육 행정의 사례가 줄어들었으면 좋겠다.

또한 음악가 교사들은 활달하고 시끄러운 학생보다 수동적이고 조용한 학생을 더 중요하게 여길 수도 있다. 절제는 학습 과정에서 신체 활동을 제한하는 데 초점을 맞추는 것으로 해석될 수 있다. 일부 학생들의 경우 조용히 앉아 책으로 배우는 것보다 신체 움직임과 실제 활동을 강조하는 방법을 통해 가장 잘 배울 수 있다는 점에서 학생들을 조용하고 유순하게 만드는 것은 교육적이지 않을 수 있다. 학습자들이 한 번에 몇 시간씩 조용히 앉아 수업에 참여해야 할 때, 운동할 시간이 거의 없는 교실에서 제지당하는 기분이나 교사 혹은 관리자에 대한 구속감과 분노를 쉽게 이해할 수 있다. 절제를 가치 있게 여기는 것은 많은 젊은이, 특히 음악가들의 요구와 흥미와는 동떨어진 책으로 배우는 지식을 강조할 수 있다. 몬테소리(Maria Montessori)는 학교 활동과 사물에 대한 움직임과 감각적 반응의 중요성에 초점을 두고, 지나치게 지적이고, 책에 열중하며, 절제를 위한 수동적인 접근 방식을 개선하고자 한다. 그녀는 현상 세계에 있는 사물에 대한 신체적·정서적 참여의 중요성을 강조한다.[40] 이와 같이 몬테소리는 스스로 동기를 부여하는 절제에 대한 접근 방식을 본보기로 삼고, 학생들이 열정적이고 때로는 떠들썩한 물리적이고 실제적인 행동을 수반하는 활동의 웅성거림 속에서 성장하기를 희망한다. 그녀의 교육적 접근은 특히 공연 현장에서 학생들과 함께 일하는 많은 음악 교사의 경험에 공명(共鳴)한다.

음악가, 교사, 학생들, 그리고 그들에 의해 부과된 절제를 조사하는 것도 중요하다. 전통의 요구와 특정 규범에 기반한 기대는 현상을 불안정하게 할 위험이 있더라도 도전받을 필요가 있을 수 있다. 『혁신적 음악 교육(Transforming Music Education)』에서 나는 음악 교육의 가정, 가치, 실천에 체계적 변화가 필요하다고 본다.[41] 이러한 변화를 통해 음악, 수업, 학습, 교육, 교육과정 및 행정에 영향을 미치는 많은 음악적·교육적 절제를 개정할 필요가 있다. 이러한 변화는 다양한 방식으로 음악 교육에 영향을 미치고 학교 음악에 대한 규범적 사고와 표준화되고 동질적인 접근 방식에 의해 육성되는 전통적인 절제에 대항한다. 음악적 전통에 대한 폭넓은 지식을 전달하기 위하여 다양한 형식적 및 비형식적 접근 방식에 음악 교육을 개방하는 것은 학교 교육과정에서 규모가 크고 때로는 군대화된 음악 앙상블의 헤게모니를 불안하게 만든다. 또한 파악하기 어려운 이상을 찾기 위한 끝없는 과정에서 비판을 요구하는 일련의 다양한 절제를 발달시키도록 유도한다.

규율

규율(discipline)이라는 단어는 라틴어 'disciplīna'와 'discipulīna'에 뿌리를 두고 있다.[42] 명사와 동사로 해석되는 규율은 시간이 지남에 따라 다양한 의미로 전달되어 왔는데, '교수, 교육, 훈련, 연구 분야, 철학 학파 또는 종파, 체계, 실천, 방법, 도덕적 훈련에 기초한 질서 있는 행동, 그리고 사람들의 집단에서 유지되는 질서'를 포함한다. 기독교적 어법은 '도덕률' '신성한 법에 대한 순종' '신성한 경고 또는 처벌' '종교적 교리' '수도원 규칙' '체벌' 및 '채찍질'과 같은 개념들을 의미한다. 규율은 또한 제자도와 관련되어 있다('discipulīna'는 'discipulus', 즉 제자 또는 삶의 방식으로 훈련을 따르는 사람을 뜻함). 이처럼 광범위한 참조의 개념적 폭을 감안하여 나는 음악적 · 교육적 의미에 중점을 두고자 한다.

신성한 것과 세속적인 것 모두에서 음악과 교육 역사를 통틀어 규율은 음악적 전통과 정규 교육의 기본으로 여겨져 왔다. 그것은 특히 다른 고전적 전통 중에서도 특히 서양의 클래식 음악과 관련하여 언급되어 왔다.[43]

규율을 교육적 방법과 목표로 생각하는 것은 듀이의 수단과 목적의 연속성을 상기시키는데, 여기서 방법은 목적이자 또 다른 목적을 위한 수단이다.[44] 예를 들어, 음악적 실제를 익히는 수단은 그 과정에서 목적이 되고, 또 다르게 더 발전된 목적이 가능해지는 기반이 된다. 교수법적 접근 방식은 이들이 섬기는 음악적 실제에 단순히 추가되는 것이 아니다. 오히려 그들은 그러한 신념과 실제의 기초가 되는 가치들로 가득 차 있다. 교과 내용을 가르치고 배우는 방식은 전통 자체의 기저에 깔린 가치를 표현한다. 어떤 실제의 주창자들은 특정한 방법과 목적에 동의하기 때문에, 이런 의미에서 규율은 초보자가 이 음악적 전통에서 교육을 받을 때 내면화하는 사고와 실행의 방식으로 표현되는 특정한 합리성을 의미한다. 예를 들어, 학과 중심 음악 교육의 개념 안에서 해석되어 온 방식이다.[45]

규율을 질서 있는 행동으로 간주하는 것은 특정 제약 내에서 규정된 방식으로 행동해야 한다는 점에서 절제, 평정, 품위의 개념과 유사하다. 규율은 행동을 통제하고 감정적 반응이 특정 한계 내에 있도록 보장하는 논리에 근거한다. 또한 공공장소에서의 기대치에 부합해야 할 필요성을 강조한다. 이러한 기대를 불러일으키는 규칙 체계에 뿌리를 둔 규율은 규칙에 따라 살아갈 뿐만 아니라, 그러한 생활을 좋아하는 사람들이 일련의 규칙을 내면화했다는 것을 의미한다. 이러한 규칙과 기대는 도덕적 목표와 목적을 나타낸다. 예를 들어, 재즈에서 음악적 관습은 그룹 공연 내에서 상호 존중, 공동체 음악하기, 자기 표현이라는 윤리적 가치를 구현한다. 이러한 예로 뉴올리언스에서 행해지는 이러한 전통은 재즈를 만들고 수용하는 사람들을 대변하고, 자기 존중과 권한을 부여하며, 특히 유색인종에 민감한 사회에서 흑인 음악가들에게 생계 수단이 된다.[46] 전통이 영향을 끼치는 규칙은 미국의 다른 지역과 전 세계에서 온 음악가와 청취자를 피부색과 관계없이 끌어들이는 민주주의적 가치를 포함한다. 이러한 도덕적 가치는 비평가들과 주역들 모두에게 인정받았다.[47]

음악 시스템, 전통 또는 학교의 경우, 규율은 이론과 실제 모두에 걸쳐 있다. 이는 음악의 실제적 측면을 뒷받침하는 철학적·이론적 명제, 가정, 기대, 신념, 태도 및 가치를 수반한다. 음악적 전통이 기록되는지 여부에 상관없이, 규율의 이론적 토대와 상부 구조는 형식적 또는 비형식적으로 표현될 수 있고 암묵적으로나 명시적으로 이해될 수 있다. 연주자와 음악에 참여하는 사람들에게 이러한 이해는 다양한 각도로 해석되고 공유된다. 이와 같은 이해는 연주자와 대중 모두에 의해 비평받고 음악이 한몫하는 음악 작곡, 즉흥연주 및 공연을 평가하는 데 사용된다. 마찬가지로, 음악의 연주 관행은 연주자들에 의해 다양한 각도로 합의되며 공공연한 기대치에 따라 판단되고 논쟁된다. 이 실제적이고 절차적인 지식은 정확하며 규칙이 적용된다. 행동에 대한 처벌과 규정은 음악가가 특정 행동 범위 내에서만 활동하도록 행동을 제한한다. 예상과 다른 행동은 허용되거나 허용되지 않을 수 있으며, 확실하게도 음악가와 대중 모두에게 주목받게 될 것이다.

규율을 훈련으로 생각하는 것은 한편으로는 바람직한 태도와 행동에 대한 격려와 보상을, 다른 한편으로는 바람직하지 않은 태도와 행동에 대한 제재와 처벌을 활용하는 긍정적인 요소와 부정적인 요소를 모두 수반한다. 이 훈련이 음악적 전통의 이론적 측면과 관련이 있든 실제적 측면과 관련이 있든 간에 긍정적이고 부정적인 강화가 결합하여 초보자와 연주자들을 바라는 생각과 행동을 향해 움직이게 한다. 훈련의 강조점과 방법은 전통, 장소와 시간마다 다르지만, 내가 연구해 온 음악 전통에서는 음악가와 대중이 자신에게 기대되는 바를 이해하고, 이러한 음악을 연주하고 참여하는 데 필요한 기술을 보유하는 방법과 수단을 보장한다. 지식을 습득하는 비형식적인 수단이 많이 있지만, 교육은 주로 숙련된 연주자의 시연(때로는 교습)을 필요로 하는 형식적인 과정이다. 음악이 공동체 의식의 일부로 구전되는 경우, 음악과 관련된 노래, 춤, 악기와 설화를 배우는 것은 성인의 시작을 알리는 의식을 위한 훈련의 일부분이다. 이러한 의식을 수행하기 위한 준비는 엄격할 수밖에 없으며 특정 신념과 관행을 따르려는 기대도 높다. 음악 행위에 영적인 힘이 수반된다고 믿을 때 특히 위험하다. 음악적 전통을 고수하는 사람들과 대중은 자신들의 관행이 진지함과 품위의 가치를 지닌다고 여기며 훈련은 이러한 신념과 관행의 유지 및 그에 따른 번영을 보장하는 데에 중요한 역할을 한다.

음악적·교육적 기여 면에서 수단이자 목적으로서의 규율의 개념은 음악 전통을 이해하는 것과 관련하여 힘을 실어 주는 방법이 된다. 셰플러(Israel Scheffler)는 가르침에 대한 '규칙' 접근의 교육적 중요성을 지적한다.[48] 교육자의 임무를 틀에 도장을 찍어 내듯 학생들에게 깊은 인상을 심어 주거나, 지식에 대한 학생의 통찰력에 전적으로 의존하는 교육 모델과 달리, 규칙 접근은 교사의 중심 임무가 생각과 실천 체계를 관통하는 규칙을 전달하는 것임을 시사한다. 셰플러의 규칙 개념은 주제의 체계적인 질서를 전달하는 것의 중요성에 대한 브루너(Jerome Bruner)의 관점과 공통점이 많다.[49] 일단 학생들이 공부하고 있는 과목의 체계를 파악하면 특정 문제를 넘어 이러한 규칙이 어느 정도 적용될 수 있는 다른 새로운 상황에 대해 추론할 수 있는 수단을 갖게 된다. 셰플러와 브루너에게 이러한 규칙과 기대는 다른 이해의 세계를 여는 열쇠가 된다. 이러한 열쇠에 접근할 수 있게 되면 학생들은 교사로부터 독립하여 스스로 학습할 수 있으며 자기 성장의 원천이 된다. 이 민주적 사상은 개인과 집단적 자유의 원천이다. 규율에 집중함으로써 역설적으로 자유의 수단을 얻게 된다.

규율은 또한 창의성이 성장하는 데에 필요한 구조와 질서를 만든다. 아이러니하게도, 예를 들어 음악 규율 내에서 행동을 제한하려는 의지는 그러한 제한 내에서 창의적인 행동의 기초를 제공한다. 창의성은 음악적 실제 안에 만들어진 질서를 배경으로 가장 뚜렷하게 나타난다.[50] 어디서 어떻게 규칙을 창의적인 방법으로 깨뜨려야 하는지, 전통에 의해 설정된 한계가 도전받거나 전복될 수 있는 곳이 어디인지 분명해지기 전에 규칙이 존재해야만 한다. 전통의 근간이 되는 규칙이 명확할 때 표준에서 벗어난 창의적인 차이가 가장 잘 이해된다. 이러한 관점에서 창의성은 규율에 기반을 두며 규율 없이는 존재하지 않는다.[51]

규율을 명제적 문제뿐만 아니라 절차적 문제로 생각하면 음악과 교육에 대해 아는 것을 넘어 실무자의 '내부로부터의'의 관점에서 '어떻게 만들어졌는지 보는 것'으로 확장된다.[52] 특정 전통의 체계적이고 규칙에 얽매인 특성을 파악하는 것은 절차적 지식, 즉 무언가를 아는 것과는 반대로 무언가를 하는 방법을 습득하는 데에 매우 중요하다.[53] 하워드(Vernon Howard)는 다른 예술가들 중에서도 음악가들이 예술적 관행을 지배하는 규칙을 알게 되는 복잡한 과정을 설명한다.[54] 그는 이러한 과정을 기술과 예술을 배우고 있는 가수들의 관점에서 살펴보고, 예술 교육 전반에 걸쳐 예술가 지망생들이 규칙에 의해 지배되는 행동에서 규칙을 적용하는 행동으로 변화되도록 북돋아 주었다고 보았다. 절차적 이해는 예술, 전문 및 실용 과목에서 특히 중요할 수 있지만, 역사, 문학, 수학 및 과학과 같은 학문적이고 이론적인 과목에서도 중요하다.

이처럼 예술가 교육은 일반적으로 교육에 대한 은유가 될 수 있다.[55]

규율이 할 수 있는 기여에도 불구하고 어두운 면도 있다. 규율은 적절한 행동에 대한 기대의 근거로 전통의 힘에 의존한다. 이 전통은 공동체의 힘, 즉 규범으로 받아들여지는 신념과 관행에 대한 상식적이고 당연한 가정과 맞물려 있기 때문에 쉽게 깨뜨리기 어렵다. 이러한 전통은 이 전통을 조사하여 그것이 잘못될 수 있는 방식에 대해 알아보는 것이 중요하지만, 규율을 구성하는 질서와 시스템의 힘은 전통에 이의를 제기하거나 조사하는 것을 어렵게 할 수 있다. 시스템에 도전하는 사람은 시스템을 변화시키기 위해 마음대로 사용할 수 있는 수단에 어느 정도 의존하고 있으며 이러한 수단은 흔히 전통 내의 강력한 기득권층에 의해 통제된다. 예를 들어, 음악 관행은 기대의 연속성을 전제로 하며, 기대가 뒤엎어지면 관행이 훼손된다. 이 도전이 저지되지 않는다면, 현상 유지에 기득권을 가진 사람들은 권력을 잃을 수 있다. 결과적으로 시스템이 안정 상태를 지향하기 때문에 변화가 필요할 때 성공하기 어려울 수 있다.

체벌, 매질, 폭력에 대한 종교적 관점의 명백한 처벌의 측면에서 규율을 생각하는 것은 음악, 교육 및 학습에 있어서 긍정적인 강화보다는 부정적인 강화를 강조할 수 있다. 대부분의 교육사에서 규율은 주로 심리적·신체적 처벌의 관점에서 생각되었고, 체벌은 서양의 공교육에서 현 세기에 이르기까지 바람직한 행동을 가르치는 데 필수로 여겨졌다.[56] 예를 들어, 음악 교육에 대한 전통적인 접근 방식 내에서, 인류학적, 민족 음악학적으로 어른들이 젊은이들에게 리듬을 가르쳤다는 것은 어린이들의 음악 훈련에서 신체적·정신적 경험 사이의 상호 연관성에 대한 신념의 지속성을 보여 준다.[57] 규율을 악행이나 바람직하지 못한 행위에 대한 처벌로 간주하는 것은 강력한 훈련 수단으로서의 부정적 강화의 힘에 의존한다. 이 엄격한 접근 방식은 인도적 방식들로 바람직한 행동을 장려하기보다는 잘못된 행위에 대한 처벌을 통해 사람들이 전통에서 금지하는 행동을 피하도록 하는 강력한 동기가 된다. 페스탈로치는 이러한 관점에 반대하고, 교육자들에게 처벌보다는 격려에 의존하도록 촉구하며, 보다 긍정적이고 인도적인 관점에서의 아동 교육을 추구한 사람들 중 하나였다.[58] 이 생각은 음악 교육의 기본으로 학생에 대한 사랑을 주창한 듀이(그의 아내 앨리스의 영향을 받음), 몬테소리, 마틴(Jane Roland Martin),[59] 스즈키 부부(Shinichi and Waltraud Suzuki)와 같은 현대 교육자들에 의해 재구성되었다.[60] 나 역시 인간적인 교육적 접근을 희망하고 규율의 주요 수단으로서의 처벌을 지양하는 음악 교육의 규율에 대해 긍정적인 견해를 제시해 왔다. 이 견해는 음악 교육자들이 항상 그들이 말하고 믿고 있는 대로 행동하지는 않더라도 음악 교육 분야에서 일반적으로 뚜렷하게 나타나고 있다.[61]

교과의 지적 측면을 강조하는 규율은 품위, 평정, 절제와 마찬가지로 학습에서 감각과 감정의 역할을 중시하지 않는다. 지나치게 지성화된 교육에서 규율을 강조하는 것은 교육의 인간적이고 정서적인 측면이나, 또는 랭어가 제안한 것처럼 '감정 교육'에 대해 충분한 관심을 기울이지 않을 수 있다.[62] 예술은 교육 전반에 대한 중요한 은유를 제공할 수 있지만, 규율에 초점을 두는 것은 역설적으로 인지와 밀접하게 관련된 학문적 과목을 강조하고 예술 및 기타 실용 과목을 과소평가할 수 있다. 마찬가지로, 예술의 초점은 예술을 특징짓는 구별된 '감정적인' 사고방식과 행동보다는 개념적 측면에 있을 수 있다. 따라서 예술의 가장 뚜렷한 측면이 다른 학문적 과목을 특징짓는 일종의 지적 목표를 위해 경시될 수 있다.

나는 '품위, 평정, 절제, 규율'의 가치를 진술하면서 내면적으로 생성되는 동시에 표면적으로 드러나는 품위의 사회적 특성, 평정의 정원을 통해 은유적으로 해석되는 감정의 절제와 평온, 과잉에 대한 점검과 자제력 조절에 대한 희망, 규율을 따르는 제자라는 개념과 관련된 체계적이고 질서 있는 규율의 수행을 강조했다. 이러한 가치들은 모호하고, 강조점이 다양하면서도 공통점이 있고, 음악과 교육에 기여하며, 어떤 식으로든 문제가 있다. '숭앙, 겸손, 경외, 영성'과는 대조적으로, 그들은 감정을 억제하는 데 지성과 이성에 크게 의존하지만, 또한 경이로움, 신비, 느낌 및 여타 세속적인 것을 바랄 수도 있다. 음악 교육을 지배하는 규범에 이의를 제기하는 과정은 한 세대에서 다음 세대로, 한 곳에서 다른 곳으로 계속 진행되어야 한다. 그러한 질문이 없다면 전통이 경직될 수 있으며 필요할 때 변화를 달성하기가 더 어려울 수 있다. 각각은 도달할 수 없는 목표를 구성할 수 있지만 가능성을 보존할 가치가 있다. 이러한 가치를 고수할 사람들의 과제는 최악의 상황을 피하는 것이다. 이론과 실제 속에서 이 어려운 영역을 탐색하고 교육학적 상황에 적합한 실용적인 해결책을 개발하는 것은 음악가, 교사, 학생에게 중요한 과제이다.

사랑, 우정, 욕망, 헌신

Love, Friendship, Desire, and Devotion

이번 장에서 다룰 상호 연결된 가치 사중주는 고대까지 거슬러 올라가는 음악적·교육적 전통에 깊게 뿌리내리고 있으며, 전 세계 문화에 걸쳐 분명하게 드러나는 가치들이다. 이 가치들은 인간 존재의 마음과 영혼을 구성하고 있다. '품위, 평정, 절제, 규율' 같은 가치들과는 다르게 감정, 느낌, 감각의 삶을 확인하려는 가치가 아니라 이러한 삶을 에워싸고 있는 가치들이다. 이러한 대조적 위치는 인간 경험의 전체성 안에 지성과 감정, 정신과 몸, 사고와 행동 간 서로 다른 주장들의 균형을 맞추는 데 중요하다. 마음의 은유에 근거하고 있는 이 가치들은 다른 특성들을 강조하고 다른 방향에 초점을 맞추고 있으며, 그중 일부는 다른 가치들과 상충되기도 한다. '숭앙, 겸손, 경외, 영성'의 경우처럼 이 가치들의 경험은 객관적이 아닌 주관적인 경향을 보인다. 그러나 이 주관성의 특성은 지적이고 영적이기보다는 육체적이고 감각적이라는 점, 보이지 않는 것보다는 보이는 것과 관계가 있다는 점에서 차이가 있다. 나는 음악 교육적 전통의 관점에서 이 가치들을 다루고자 한다. 음악 및 교육적 실제에서 이 가치들을 순서대로 재고하며 각 가치들이 기여하는 바와 결점들을 비판적으로 검토하고자 한다.

104 제5장 사랑, 우정, 욕망, 헌신

사랑

사랑(love)은 매우 오래전부터 있어 온 음악적이며 교육적인 가치들 중 하나이다.[1] 그저 음악을 좋아하는 '아마추어'일 뿐이라고 자신을 칭하는 음악가들이 옹호하는 가치이기도 하고, 교육의 기초 원리를 사랑이라 생각하는 교사들이 중요하게 여기는 가치이기도 하다.[2] 사랑이라는 용어는 폭넓게 사용되고 있으나 그 의미는 여러 가지로 해석 가능하다. 사랑은 명사이면서 동사인 단어로, 객관적이면서 주관적인 되어가기의 역동적인 과정으로 경험되고, 행하거나 겪게 되며, 생각되면서도 느껴진다. 사랑은 친밀한 대인관계의 유대가 구축되는 사적인 삶의 공간에서 쌓이지만, 공적인 삶에서도 상이한 수준과 형식으로 명백하게 나타난다. 사랑은 인간이 사회적으로 관계를 맺는 무수한 방법과 다양한 제도, 예를 들어 학교, 종교 단체, 회사, 음악 단체 안에 존재한다. 이 글에서 나는 교육적인 측면에서의 사랑에 초점을 맞춰 사랑에 대한 교육적 입장들을 살펴보고 우정, 욕망, 헌신 같은 관련 개념들을 검토하고자 한다.[3] 나의 이러한 작업은 관련된 가치 개념들을 명료하게 하고 음악적·교육적 활동 안에서 그 가치들이 기여하는 바와 결점들을 파악하는 데 도움을 줄 것이다.

사랑을 '애정과 애착'이라는 일반적 입장에서 보면 '누군가를 향한 깊은 애정과 좋아함의 느낌이나 기질'이라고 정의할 수 있다. 사랑은 '매력적인 특징을 인식하게 되거나 자연적인 친밀감을 느끼면서, 혹은 다른 사람의 안녕과 즐거움에 대해 관심을 갖고 공감하며 그 마음을 드러내 보이면서' 생겨난다. 이러한 끌림과 애착은 '사람들로 이루어진 무리나 범주' 혹은 '국가나 다른 비인격적 대상'을 향하기도 한다.[4] 각각의 경우에 사랑에 대한 생각은 다소 다른 양상을 보인다.

사랑을 사람에 대한 것으로 한정시키지 않고 폭넓은 대상으로 보게 되면 신성한 사랑과 세속적 사랑의 측면에서 생각할 수 있다. 사랑은 종교적 입장에서 이해가 가능하다. 아브라함의 신앙을 믿는 신자들은 사랑을 '개인이나 피조물에 대한 신의 자비와 애정' '신에 대한 개인의 애정 어린 헌신' '신과의 일반적인 관계에서 촉발된 다른 인간을 향한 존중과 고려'라고 간주한다.[5] 다신교와 애니미즘 전통의 지지자들은 그들에게 두려움의 대상인 신들의 노여움을 가라앉히기 위해 노력하면서도 한편으로는 자비롭다고 여겨지는 신들에게 매력을 느끼기도 한다. 신의 존재를 거부하는 사람들은 삶과 자연 세계에서 신비, 경외, 경이로움을 느끼거나, 비인격적인 섭리나 자연 원리를 인정하며, 그것에 매력을 느끼고 애착을 갖는다.[6] 세속적인 삶에서 사랑은 돈과 사회적 위상 등의 대상을 향한 '강한 편애, 호감, 좋아함'으로 이해되거나 이러한 대상의 소유 자체와 그 소유로 인해 발생하는 혜택 모두에서 파생되는 느낌 등으로 이해될 수 있다. 음악가들은 다른 예술가나 그들의 팬들이 그러하듯이 자신이 실행하고 감상하는 음악 혹은 다른 예술에 대한 사랑을 이야기한다.[7] 이러한 깊은 애정과 애착은 그들이 필요한 기술을 연마하여 예술을 추구하는 삶을 살도록 만들고 그것을 얻고 유지하기 위해 엄청난 희생을 치르며 노력하도록 이끈다.

사랑은 성적이고 육체적인 행위이자 총체적인 충만으로도 해석된다. 사랑을 나눈다는 것은 정서적이고 지적인 애착이나 헌신을 배제한 정욕이나 육체적 욕망, 본능 등에 의해 움직이는 신체적이고 성적인 행위를 의미한다. 그것은 또한 '다른 사람에게서 느끼는 매력에 기초한 강렬한 낭만적 애착의 느낌, 성적인 열정과 결합된 다른 사람에 대한 강렬한 호감과 관심'이라고 말할 수도 있다. 누군가 "사랑에 빠졌다."라고 말한다면 그것은 성적인 관계를 갖는 것만이 아니라 불타는 열정으로 신체적·정서적·지적 매력을 융합시킬 수 있는 상태를 말한다. 사랑에 대한 이런 총체적인 표현은 단순한 육체적 차원을 넘어 사랑하는 사람에 대한 매력과 존중, 그 사람에 대한 책임, 헌신 및 의무를 아우르는 도덕적 차원을 내포하고 있다. 따라서 상대방을 자신의 '사랑'이라고 말하는 것, 그리고 과거에 그랬던 것처럼 큐피드, 아모르, 에로스, 비너스와 같은 신을 사랑의 의인화로 상상하는 것은 자연스러운 일이다.[8]

사랑은 '추상적 원리'로 생각되기도 한다. 콜리지(Samuel Coleridge)는 "사랑은 존재 전체의 완전성을 위해 필요하다고 느껴 어떤 대상이나 존재와 결합하려는 욕망"이라고 설명했다.[9] 울프(Virginia Woolf)는 "사랑. 증오. 평화. 이 세 가지 감정이 인간의 삶을 좌우하는 가닥이었다."라고 언급했다.[10] 콜리지는 자신을 보완하고 부족한 부분을 채울 수 있는 어떤 대상이나 사람과 결합할 때만 찾을 수 있는 완전성에 대한 욕망과 느낌, 갈망에서 사랑을 발견하고 있다. 그에게 사랑은 불완전성의 느낌과 자신의 외부에서만 찾을 수 있는 완전성에 대한 욕망에 근거하고 있다. 울프는 콜리지와는 다른 입장으로, 인간 삶의 세 가지 정서적 구성요소 중 하나로서 사랑을 이해했다. 가닥에 대한 그녀의 은유는 사랑이 인간 삶을 구성하는 부분으로서의 그 재료 혹은 날실과 직물 자체이며 인간의 조건에 필수적임을 시사한다. 사랑은 어디에나 스며들어 있으며 시간과 장소에 따라 회복력과 표현이 상이하게 나타난다.

　동사로 생각해 보았을 때 사랑은 행하는 어떤 것이다. 어떤 사람이나 대상을 귀하고 '소중하게' 여기는 것이며, '사람이나 의인화된 대상' 혹은 '어떤 특성이나 속성'에 대해 '애정을 갖고 좋아하는 감정이나 관심을 품는 것'을 의미한다.[11] 사람이나 사물과 '헤어지고 싶어 하지 않는 것' 혹은 '사라지도록' 버려 두지 않는 것이며, 자신의 생명을 기꺼이 바치거나 그것을 소유하기 위해 모든 것을 희생할 수도 있는 것이다. 사랑은 정신적으로도 표현되지만 육체적으로도 표현되며, 생각이나 말로만 이루어지는 것이 아니라 실제로 행해진다. 행위는 생각이나 말보다 훨씬 더 강력할 수 있다. 말로는 강력한 감정을 표현하기가 힘들며, 친절, 다정, 헌신, 전념 같은 사랑의 행위들이 말로 뱉어진 단어들보다 더 많은 것을 설명해 준다. 중요한 것은 우리들이 자기 자신이나 다른 사람 안에 있는 혹은 보편적으로 있는 미덕, 실천, 사물의 상태 등에 대해 기쁨을 느낀다는 것이다.[12] 사랑은 다른 사람에게 주는 선물이기도 하지만 주고받는 과정을 통해 그것을 주는 사람에게도 기쁨을 주는 상호적인 것이다. 이에 짝사랑, 거절당했거나 대답 없는 사랑은 훨씬 쓰라리게 느껴질 수밖에 없다.

　이렇게 다양한 의미 중 교육적 사랑은 어디에 위치하고 있을까? 앞에서 살펴본 사랑의 특성들 중 사랑을 사람과 사물에 대한 애정과 매력의 깊이로 생각하는 입장은 온전히 육체적인 욕망, 낭만적이고 성적인 사랑으로만 생각하는 입장과는 다르다. 이러한 사랑은 감각이 아닌 정신적인 것을 목적으로 하며 성적인 결합을 추구하기보다는 오히려 육체적으로 제한된 상태로 나타난다. 교사의 입장에서, 상호 간에 매력을 느끼는 사람들의 자연스러운 애정과 같은 관심 어린 사랑은 무관심한 사랑이라 할 수 있는 것에 의해 완화된다. 무관심한 사랑이란 자연적으로 끌리는 사람들이나 누군가의 사랑을 받을 만한 사람들에 대한 사랑을 넘어서는 사랑으로, 누군가에게 기대고 의존하는 사람들에 대한 사랑을 말한다. 나딩스(Nel Noddings)는 보살핌이란 개념에 사랑스럽지 않거나 자격이 없는 사람들에 대한 이러한 애정, 도덕적 의무 및 헌신을 포함시키고 있다.[13] 이런 입장에서 보면 교사와 학생 사이의 성적인 사랑의 표현은 교사가 학생의 신뢰를 배신하는 것이다. 교육적 사랑은 단순히 지금의 현실이 아닌 미래의 가능성 측면에서 학생을 보려는 원칙적이며 실제적인 방식으로 이루어진다. 애정과 접촉을 통해 느껴지고 표현되는 동시에, 교사의 신뢰성을 지키고 학생의 취약성을 인지하는 예의를 갖추고 있는 것이다. 그러한 사랑은 현실 세계 안에서 행해지고 있으나 인간성에 대한 총체적 의미에서 매우 영적인 측면을 지닌다. 콜리지가 사랑의 기초로서 제시한 필요성의 원리는 다양한 교육적 의미를 가지고 있다. 가르칠 필요가 있으나 더 이상은 가르칠 수 없음을 경험했을 때의 슬픔에 대한 교사들의 이야기, 그리고 자신이 부족하다고 느끼는 부분에 대한 도움과 지도를 필요로 하는 학생들의 이야기에는 진실한 울림이 있다. 교육적 사랑에서 볼 수 있는 열정적인 애착의 예로, 음악 전공 학생들이 종종 그들의 기악, 성악 교사에게 표현하는 사랑과 그들이 연습하는 음악에 대한 사랑을 들 수 있다. 오래전부터 만연한 이러한 음악 교육의 방식 안에서 교사와 학생의 결속력 있는 사랑은 때로는 평생 지속되며, 학생들의 깊은 애정과 애착은 교사에 대한 존경으로 나타나기도 한다. 이러한 모습은 개인 지도나 소그룹 지도, 대규모 기악 앙상블이나 보컬 앙상블 등에서 목격할 수 있다. 종교적 입장에서 사랑을 표현하는 것과 유사하게 교사와 학생은 그들이 신성한 공간 안에 있고 거룩한 땅에 서 있다고 믿으며 서로를 무한히 소중하게 여긴다. 명사와 동사로 해석되는 교육적 사랑은 역동적인 과정이자 존재의 상태이다. 그것은 순간적으로도 오랜 시간에 걸쳐서도 경험된다. 교육적 사랑은 한쪽 방향으로만 이루어지거나 상호적인 관계를 갖기도 하며 응답이 있을 때도 있지만 가끔은 응답 없이도 이루어진다. 이렇게 교육적 사랑은 교육적인 과정 전반을 촉진시키기도 하고 방해하기도 하면서 교육, 학습, 지도, 교육과정, 행정 등 모든 측면에 깊은 영향을 미친다.[14]

음악에 대한 사랑의 경우, 음악을 만들고 받아들이는 사회적·상황적 힘으로 인해 음악이 모든 사람에게 동일하게 매력적이지는 않다는 것을 알 수 있다.[15] 예를 들어, 클래식 음악의 전통에 익숙한 교사가 토속 음악에 관심 있는 학생들과 함께해야 할 경우가 생길 수 있으며, 그 반대의 경우가 될 수도 있다. 20세기 중반 이후 음악 교사들이 가르쳐야 하는 음악적 전통에 대한 부분은 점점 모호해져 갔다. 일부 음악 교사들은 여전히 서양 클래식 전통을 육성하는 것에서 그들의 존재 이유를 찾는다. 그들은 합창단, 밴드, 오케스트라, 오페라, 실내악 앙상블 및 작업실에 클래식 레퍼토리를 수용한다. 또 다른 음악 교사들은 이러한 목적을 거부하고 젊은이들이 더 쉽게 접근할 수 있는 매력적이고 대중적인 토속 음악에 집중하는 것을 선호한다. 클래식 음악의 전통은 엘리트주의, 계급주의, 성차별주의, 무관함 같은 결점들로 인해 비판을 받고 있다.[16]

서양 일반 교육에서 클래식 음악에 집중하지 않게 되면 역사적으로 그래 왔듯이 클래식 음악은 소수의 신봉자 및 관련 기관에 한정된 주변적이고 엘리트적인 문화의 일부분으로 남게 될 것이다.[17] 이것은 19세기 초 음악 교육 지지자들이 초등학교 교육과정에 클래식 음악의 도입을 추진했을 때 주장했던 사항이었다. 그들의 희망은 지금까지 주로 특권 엘리트에게만 한정되어 왔던 클래식 음악에 대한 접근을 확대하는 것이었다. 20세기 중반 이후로 학교 음악 교사들은 클래식 음악에 대한 애정을 갖는 것이 점점 어려워지고 있는 데 반해 대중 매체를 통해 자연스럽게 스며드는 대중적이고 토속적인 음악들은 이미 저항할 수 없는 매력을 기반으로 더 쉽게 구축되고 있다는 것을 알게 되었다. 그러나 접근하기 어렵다는 이유로 클래식 음악을 음악 교육을 통해 강화하지 않고 오히려 대중적인 취향에만 맞추어 교육하는 것은 학생들의 상상력을 개발하고 정신과 마음을 넓히는 데 실패할 뿐이다. 대중문화는 평범한 사람들도 접근할 수 있고 매력적이기 때문에 항상 존재할 것이다. 보다 심오하고 고전적인 전통에 대한 교육이 이루어지지 않으면 이러한 전통은 대중으로부터 더욱 고립된다. 이는 결과적으로 이런 전통들을 민주화하려 했던 노력 이전의 상태가 되는 것이며, 소수의 특권화된 상류층이나 그 전통들을 감상하고 후원할 수 있는 부와 교육을 가진 후원자들의 지원을 받는 사람들만이 클래식 음악을 경험하게 만든다. 누군가는 클래식 음악에 대한 애착과 지지가 커지기를 바라며 젊은이들에게 클래식 음악을 사랑하도록 가르친다. 이는 클래식 음악을 민주화하고 대중이 클래식 음악을 사랑할 수 있는 기회를 확대하고자 하는 음악 교사들의 오랜 전통과 일치하는 가치이다.

　과거와는 달리 오늘날에는 음악적 전통들이 다른 전통과의 접촉을 통해 융합되고 변화되고 있다. 현재 세계화된 음악의 경향을 보면 서양의 클래식 음악이 아프리카, 아시아, 북미와 남미, 유라시아, 오세아니아 음악을 흡수하여 국제적인 전통의 모습을 보이고 있다. 다른 지역의 고전적 전통과 새로운 대중 전통에서도 마찬가지이다. 대중음악, 재즈, 다른 지역의 고전 음악은 서양 클래식 음악의 요소를 취하고 있기도 하다. 영화 음악은 특정한 음악 전통 내에서 만들어진 혼합 음악을 사용하고는 한다. 클래식 음악가인 펄만(Itzhak Perlman)은 대중 음악가인 조엘(Billy Joel)과 협연을 하고 유대 전통 음악을 연주하기도 한다. 요요마(Yo-Yo Ma)의 실크로드 앙상블에는 서양의 클래식 음악가, 동양의 고전적이고 전통적인 음악가가 모여 있다.[18] 세계적으로 널리 퍼진 음악들도 있긴 하지만, 한 민족이 살고 있는 특정 장소를 대표하는 지역적이고 토착적인 전통을 유지하고 옹호하는 것 또한 중요한 일이다. 케르츠 벨첼

(Alexandra Kertz-Welzel)은 음악 세계 안에서 생기는 토착문화보호주의, 지역적 정체성, 국제적 의식 간의 긴장에 대해 다루고 있다.[19] 이러한 긴장은 각 사회 내에서 해결되어야 한다. 음악가와 교사는 지역 음악 유산을 유지하고 보존하는 동시에 더 넓은 세상으로 음악적 지평을 넓히기를 희망한다. 사실, 지역의 음악 관습과 전통은 다른 문화와 구별된 차이를 보이는 표시이기 때문에 각 문화들은 이를 유지하는 데 열중한다. 예를 들어, 미술을 깊이 이해하려는 젊은 인도인들에게는 인도 북부와 남부의 고전 전통을 아는 것이 미국 젊은이들이 미국의 고전 전통을 아는 것처럼 중요하다. 음악 교육이 국가적·지역적 경계를 넘어 음악 세계를 아우르고자 한다면, 젊은 미국인들이 인도 고전 전통에 익숙해지면 도움이 되는 것처럼 젊은 인도인들도 서양 클래식 전통에 대한 지식을 어느 정도 습득할 필요가 있다. 젊은이들이 세계의 음악 전통들에 대한 국제적 지식을 폭넓게 얻는다면 그들의 음악적 지평은 넓어질 것이고 그들에게 잘 알려져 있는 토착음악 및 대중음악을 넘어 접근하기 어려운 음악에 대한 애착이 커지는 것을 경험할 수 있다.

그러나 코다이(Zoltán Kodály)는 대중음악이 널리 퍼져 있는 곳에서 자신이 속한 사회의 음악 문화를 알고 있는 것이 당연한 것이 아니라는 사실을 파악했다.[20] 젊은이들은 자신이 사는 곳의 민요를 배워야 할 필요가 있다. 민속적 전통과 클래식 전통은 연결되어 서로 지탱하며 보존되어야 한다. 이 모든 음악들에 대한 비평이 필요하긴 하지만, 젊은이들은 친숙한 다른 음악을 사랑하듯이 클래식 음악을 사랑하고 소중히 여길 필요가 있다. 클래식 전통에 깊이 빠져 있는 사람들 또한 대중적이고 토속적인 전통에 대한 사랑으로 자신의 지평을 넓힘으로써 막대한 이익을 얻을 수 있다. 이 모든 음악적 전통이 전 세계의 서로 다르면서도 공통된 인간성을 표현하기 때문이다. 모든 음악적 전통은 어떤 면에서든 가치가 있다. 그리고 어떤 방식으로든 한계를 갖는다. 음악을 사랑하지 않는다고 공언하는 사람들이 있을 수도 있다. 이런 경우, 특정한 음악 장르나 스타일만을 생각하고 있거나 음악적인 장면과 소리에 대한 관심이나 이해가 부족한 것일 수 있다. 소리에 대한 민감성, 음악의 세심한 부분을 알아차리는 능력을 개발시키고, 가능하다면 어떤 방법으로든 음악에 눈과 귀를 열어 주기를 기대해 볼 수 있다. 그럼에도 불구하고 사랑이 특정한 사람이나 사물을 향하게 되듯이 사람들이 특정 음악을 사랑하게 될 수는 있지만, 이러한 사랑이 모든 음악에 똑같이 적용되지는 않는다는 것을 경험 많은 음악가와 교사는 알고 있다.

사랑의 음악적·교육적 가치로서의 장점 중 하나는 지도 과정과 교과 내용에 관련된 사람들에 대해 인간적이고 총체적인 관점을 취하고 그들에게 즐거움의 원천이 된다는 것이다. 교과 내용도 매우 중요하지만, 교사와 학생 사이의 애정과 애착을 기반으로 하는 기회를 발견하는 것은 개인적 변화와 성장을 예상할 수 있게 한다. 사랑은 가르치고 배우고자 하는 동기를 부여하고, 음악적이고 교육적인 과정 전체를 강화시키며, 우리는 그 사랑 안에서 기쁨, 행복, 즐거움을 만날 수 있다. 사랑은 음악적이고 교육적인 주고받음이 가득하도록 만들며, 순간의 기쁨을 제공하고 장기적으로는 교수와 학습을 지속시키는 등 열중하도록 만드는 역동성이 생겨나게 한다. 사랑의 교육적 효능을 전폭적으로 신뢰하는 스즈키(Shinichi Suzuki) 같은 사람들에게 사랑은 교사와 학생 모두에게 영감을 주는 수단이다.[21] 스즈키는 어린이가 하나의 바이올린 작품을 숙달할 수 있는 것은 모차르트에 대한 기쁨이 있기 때문이라고 본다. 이것은 음악뿐 아니라 연주하는 사람들의 마음, 생각, 그리고 삶이 풍요로워지기를 바라는, 음악 교육에 널리 퍼져 있는 긍정적인 시각이다. 원칙에 입각한 행동으로서의 교육적 사랑은 젊은이들과 사회 전체의 도덕적 발전을 위한 강력한 방법이 된다. 클래식 전통과 그 밖의 심오한 음악 전통에 대한 사랑은 정신과 마음이 평범함을 넘어 비범함, 즉 이러한 전통들에서 나타나는 음악적 우아함, 스타일, 기교까지 확장되어, 상상력을 강화하고 펼치도록 하며 인간의 경험을 풍요롭게 한다. 덧붙여 말하자면, 클래식 음악가들은 자신이 연습하는 클래식 전통의 범위를 넘어 자신들에게 익숙하지 않은 다른 음악 전통까지 음악적 상상력을 확장시켜야 한다. 이러한 열린 마음은 음악가들이 전통들을 연결하고 새로운 형태의 음악을 창조하게 하며, 이런 음악들과 관련된 정체성을 지닌 사람들과 연결될 수 있도록 한다. 그리고 연주하는 음악을 비평하고 그 음악들에 대해 보다 인도적인 접근 방식을 구축할 수 있게 한다.[22]

교육적 가치로서 사랑의 매력은 그 어두운 측면까지 살펴 조절되어야 한다. 사랑은 거짓일 수도 있고, 속임수와 기회주의적 행동을 감추기도 하며, 사랑이 아닌 것처럼 보일 수도 있다. 교사와 학생 간 애착의 힘은 교육적 사랑과 성적이면서 낭만적인 사랑을 혼동하도록 만든다. 관능적인 면이 찬양되고 길러지는 이 시대에 교육적 사랑과 성적이면서 낭만적인 사랑 사이를 구별하는 것은 특히 어려울 수 있다. 어떤 교사들은 교육적 사랑이라는 명분 아래 학생들의 신뢰를 남용하여 그들을 속이기도 하고, 어떤 학생들은 교사를 유혹하기도 한다. 무관심한 사랑이 개인적 성향에 맞지 않을 수도 있다. 사랑스러우며 애정이 넘치고 감사를 표현하며 가르침을 잘 받는 공손한 학생들과 비교했을 때, 사랑스럽지 않고 적대적이며 배은망덕하고 거만하면서 공격적인 학생들과 함께 작업하는 것은 교사에게 힘든 일이다. 학생도 마찬가지로, 매력적이지 않고 교수법도 흥미롭지 않은 교사와 함께하는 것을 꺼려 한다. 무관심한 사랑은 관심 있는 사랑보다 성취하기 더 어렵기도 하고 교육 원리로서 충분하지 않을 수 있다. 교사는 일부 음악적 전통을 다른 음악적 전통과 적대적인 것으로 여겨 그 음악들을 거쳐 가는 흐름을 파악하지 못할 수도 있다. 자신이 선호하는 음악적 연주에만 외눈박이처럼 접근하거나 음악적 전통들을 통합하기는커녕 분열시키는 사고방식을 취함으로써, 학생들이 그 전통들에 참여하거나 사랑에 빠지지 못하게 만들 수 있다.

표면적으로는 사랑이 매력적인 음악 교육적 가치일 수 있지만 무관심한 사랑이 요구되는 일반 교육에서는 충분치 못한 힘이다. 동기를 부여하고 즐거운 교육 환경을 조성하는 데 도움이 된다는 강력한 장점은 신뢰를 남용하고 교육적 관심과 낭만적이며 성적인 관심을 구별하지 못하는 거짓 사랑의 위험에 가려질 수 있다. 성적 욕망의 힘으로 인해 영적이고 총체적인 교육적 사랑, 원칙적인 생각과 행동에 입각한 교육적 사랑에 대한 희망은 제압되어 버릴 수 있다. 따라서 기대했던 기쁨과 즐거움이 실현되지 않을 수 있으며, 주장하는 가치와 행동 사이가 조작되거나 불일치할 수 있다. 학생들이 익숙하지 않은 음악을 좋아하게 만드는 것은 어려울 수 있으며 교사는 학생의 충동에 항복할 수 있다. 학생들을 접근하기 어려운 다른 음악 전통의 가치로 이끄는 방법과 수단을 찾기보다는 이미 즐기고 있던 제한된 범위의 음악에만 집중하도록 함으로써 학생들의 충동에 영합할 수 있다. 이는 학생들의 음악적 발달을 방해할 수 있다.

우정

우정(friendship)이라는 영어 단어는 북유럽 언어에 뿌리를 두고 있으며 문자 그대로 '친구가 된 상태 또는 관계'로 정의할 수 있다.[23] 요즘 일상적으로 사용되는 친구라는 단어는 상대방이 알고 있거나 모르고 있을 수도 있는 '소셜 네트워크 웹 사이트에

서 접속된 관계'를 가리키기도 하고, 또 한편으로는 '가까운 지인' '상호 신뢰와 친밀
감을 가지고 있는 가깝고 비형식적인 관계를 발전시키고 있는' 사람을 뜻하기도 하
는 등 다중적인 의미를 갖는다. 사람뿐 아니라 명분, 단체, 국가 같은 사물을 친구라
고 말하기도 한다. 적의 반대말로 여겨지는 우정은 '다른 사람을 위해 기원하는 사람'
'잘 되었으면 하는 이유' '동조자, 조력자, 후원자 또는 지지자' '도움되고, 신뢰할 만하
고, 유익한 것' 또는 '사람의 삶의 태도나 외양, 든든한 마음 같은 것을 개선 또는 향상
시키는 것' 같이 유용하고 도움이 되는 사람이나 사물을 의미하고 있다. 우정은 '다정
함'과 '우호적인 마음' '한 사람이나 집단이 다른 사람에 대해 느끼거나 나타내는 친근
한 감정이나 성향'이라고 설명할 수 있다. 그것은 또한 '친구의 전형적이고 특징적인'
모습이라 할 수 있는 '친근하거나 도움이 되는' 방식으로 나타난다. 예를 들어, 민족
국가에서는 우정을 '합의, 동맹, 평화' 및 '동맹 국가 또는 민족 간의 상호 신뢰 상태'라
고 말한다. 이와 같이 우정은 '조화롭게 결합하는 능력', 그리고 서로 간의 '친화력'이
나 '일치'의 개념을 반영하고 있다.[24] 사랑과 마찬가지로, 우정 역시 명사이면서 동사
인 단어로, 비유적으로 이해되거나 문자 그대로 이해되기도 하고, 영적이면서도 성적
으로 이해된다. 예를 들어, 허버트(George Herbert)는 오랜 친구를 가리켜 은유적으로
'거울'이라고 묘사한다.[25] 동사로 생각하는 예로는 요즘 누군가를 친구로 삼는다는 것
은 소셜 미디어에서 디지털로 접속된 사람 목록에 하나 더 추가하는 것으로 이해되는
경우를 들 수 있다. 사랑과는 달리 유대하며 쌓은 친밀감의 종류는 매우 다양하며 그
성적인 의미는 문자 그대로를 뜻하기보다는 완곡한 의미를 내포하는 경우가 많다.
우정은 지원적이며 우호적인 성향, 그리고 받아들일 수 있고 상호 이익이 되며 평화
로운 방식으로 함께 유대할 수 있는 능력을 강조한다. 정서적 따뜻함, 상호성, 공유된
관심과 헌신, 신뢰, 타인에 대한 믿음은 사람들 사이의 평온함과 조화로운 관계를 강
화시킨다. 사랑과 마찬가지로, 우정도 추상적인 원리로 받아들여지고 행해진다.

　우정은 남성들의 철학적 담론에서 지속적으로 다루어 온 가치로, 여성들의 이야기
에서도 발견되긴 하지만 여러 시대에 걸쳐 주로 남성적인 관념으로 여겨졌다. 핸슨
(Forest Hansen)은 플라톤의 『향연(symposia)』이 철학을 위한 기초이자 교육과정 내에
서 관념들에 대한 이야기를 나누기 위한 기초로서 우정의 가치를 다루고 있음을 언급
하고 있다.[26] 그러나 이는 주로 남성들의 대화였고 이런 모습은 다음 세기의 교육 철
학에서도 그대로 유지되었다. 예를 들어, 루소(Jean-Jacques Rousseau)는 에밀의 스승

과 멘토가 에밀의 친구가 되기를 바랐는데, 어린 동생에게 다정하고 도움을 주는 사람, 어린 제자를 자연계에 대한 더 넓은 지식 안으로 인도해 주고 사춘기에 이르렀을 때 도덕성과 목적의식을 개발할 수 있도록 준비시켜 주는 사람이 되기를 기대했다.[27] 프랑스어 'Fraternité'라는 단어는 남자 형제들 간의 애정, 지원, 신뢰 및 상호 목적과 관련된 우정에 대한 은유로 이해될 수 있다. 이러한 젠더화된 우정의 개념에는 자매애와 관계성이 간과되어 있다. 훅스(bell hooks) 같은 여성 작가들은 여성들 간의 서로에 대한 지지를 포함하는 상호 관계와 목적을 강조하면서, 젠더화된 우정 개념과 동등하면서도 중요한 힘을 가진 자매애와 관계성에 대한 입장을 진척시켜 왔다.[28] 훅스는 오랜 시간 지속된 소외와 사회화의 역사를 통해 형성된, 여성들 사이에는 경쟁과 불신이 흔하게 생기며 우정에 내포된 애정, 상호 관계, 신뢰를 실현하기 어렵다는 생각들을 바로잡고자 한다. 마틴(Jane Roland Martin)은 여학생들의 교육, 그리고 학교 내 고립의 문제에 대하여 교육 철학자들의 처방을 비판하고 있다.[29] 그녀에 의하면, 루소는 에밀의 세계를 확장하고 그에게 우정을 제시하고 있지만, 에밀의 여동생 소피에게는 가정과 사회의 참담한 내용을 권고하고 있다. 소피는 우정을 거부당하고 결혼할 때까지 어머니의 부엌과 집이라는 좁은 감옥에 갇혀 있었다. 마틴은 19세기 미국 여성들의 글을 바탕으로 젠더 간 우정의 개념을 확대하였으며, 젠더화된 우정의 개념을 전복하여 여성 간의 우정뿐 아니라 여성과 남성 간의 우정의 가능성을 열어 주는 교육을 장려하고 있다. 같은 일을 해도 여전히 여성이 남성보다 적은 임금을 받고 남녀 간의 평등, 상호 관계, 신뢰가 실현되기에는 여전히 먼 현시대에, 폭넓게 이해되는 우정은 인간의 잠재력이 발현하도록 이끄는 중요한 가치라 할 수 있다. 우정에 대한 이러한 포괄적인 관점은 퇴행적·억압적·보수적 입장들과 충돌하지만, 개인의 행복을 증진시키고 보다 인간적인 사회를 만드는 수단이 된다.

우정은 평등한 관계, 상호 간의 존중, 신뢰, 대면 상호작용, 신의 등으로 특징지을 수 있다. 교육적 입장에서 우정은 교사와 학생을 지혜를 추구하는 동료 학습자로 생각하며 교사와 학생, 학생과 동료 간의 사회적 거리를 최소화한다. 모든 참가자는 가치 있는 사람이며 동등한 지위를 가진 사람으로 간주된다. 이러한 관점에서 교사는 학생보다 우월한 사람이 아니라 더 큰 지식을 가진 사람으로서 가르친다. 이런 교육에서는 학생들이 자신의 또래뿐 아니라 교사들도 가르칠 수 있다. 알섭(Randall Allsup)은 이러한 대화식 교수법에서는 스승인 교사에게만 교육의 권한이 부여되는 것이 아님에 주목한다.[30] 상호 존중은 타인을 존중하는 예의 바르고 인간적인 태도를 의미한다. 사실, 우정은 자신뿐 아니라 상대방을 가치 있게 여기는 것을 필요로 한다. 차이를 찾고, 상대방을 소중히 여기고 존중하며, 상대방을 자신의 제한된 이해와 실천에 상호 보완적인 것으로 생각한다. 우정은 소셜 미디어의 온라인 가상 대화에서 이루어지기도 하지만, 역사적으로는 기술에 의해 걸러지지 않고 직접 대면하는 방식의 대화에 의존해 왔다. 이는 우정이 현실 세계에서는 명백하게 보이지만 가상의 시공간에서는 위장될 수 있다는 취약성이 있기 때문이다. 편지 혹은 영상이나 오늘날의 인터넷 플랫폼 안에서도 우정이 형성될 수도 있는데, 개인적으로는 가상 세계가 현실의 살아 있는 삶에서만 가능했던 대면을 통한 직접적인 대화의 이상에 접근하고 있다고 생각된다. 신의 또는 충성은 오랜 시간 동안 헌신, 지지, 한결같음을 유지할 수 있는 능력이다. 평생 동안 지속되는 우정은 매우 소중한 것으로 여겨진다. 이는 인생뿐 아니라 교육에서도 마찬가지이다.

음악적인 측면에서 우정을 생각한다는 것은 음악적 전통들에 대한 환대(hospitality)의 태도를 강조하는 것으로 볼 수 있다. 환대는 마티(Martin Marty)가 종교들 간의 관계에 있어 필요하다고 여기는 개념으로, 슈미트(Patrick Schmidt)는 데리다(Jacques Derrida)의 환대 개념을 바탕으로 음악 교사와 학생들이 음악적 전통들에 접근하는 여러 방식들의 특징을 알아야 함을 강조하며 음악적 전통들에 대한 환대의 태도가 필요함을 주장했다.[31] 이러한 개방적이며 관대한 마음은 모튼(Charlene Morton)의 세계주의 개념과 맥을 같이하는 것으로, 자신의 문화적 표현들의 결함을 인정하고 다른 사람의 관점을 받아들인다.[32] 이는 문화적으로 여과된 국제적이고 세계화된 음악을 이해하는 것에 대한 케르츠 벨첼의 생각과도 일치한다.[33] 나에게는 자신의 '집'이 아닌 다른 음악적 전통들을 환영한다는 뜻을 갖는 이런 여러 개념이 그린(Maxine Greene)과 앨섭이 바라는 종류의 개방을 촉진시키는 것으로 보인다.[34] 타인의 필요성이 음악적 우정의 원동력이라고 본 콜리지의 개념에 비춰 생각하면 음악적 환대는 음악 교육에 바람직하고 필수적이라 할 수 있다. 이런 방식으로 음악, 교육, 학습, 지도, 교육과정, 행정에 접근한다는 것은 음악과 교육에 대한 따뜻하고 인도적이며 시민적인 접근을 보여 주는 것으로, 이러한 계획의 중심에 사람을 두고 있으며 하나만 아는 제한된 생각과 실천을 거부한다. 이런 태도는 다채로운 문화의 음악과 더 넓은 세계를 알고 경험하도록 하는 다양한 방법을 향해 열려 있다. 그리고 가이타(Raimond

Gaita)가 말했듯이, 음악적 전통과 문화의 무수한 차이 아래 있는 '보편적 인간성'을 볼 수 있는 유용한 접근법을 제공하고 있다.[35]

　음악과 교육의 가치로서 우정은 음악 경험에 있어 인간성을 강조하고 전체를 아우른 교육과정이 강조되도록 영향을 주었으며, 인간 사회 안에서 음악과 교육을 가장 중요한 위치로 끌어올리고 있다. 문화는 인간 상상력의 산물이며, 우정의 이상을 표현하는 방식으로 문화를 알게 되면 자신을 더 잘 이해할 수 있다. 음악 제작에 대한 사회적 입장의 중요성, 그리고 공공 정책의 한 측면으로서 음악 교육의 역할에도 불구하고, 음악 교육 저술가들은 과거부터 음악의 개인적이고 심리적인 이점을 주장해 왔다.[36] 우정의 가치는 이러한 이점들이 유지되어야 함을 주장하고 있다. 우정은 또한 음악 교육에서 긍정적인 동기를 부여하는 역할을 강조한다. 그것은 처벌보다는 격려를 통해 운영되고 최악보다는 최선이 되기를 희망한다. 그것은 보편적이고 공유된 이해, 풍부한 상상력과 비판적인 사고, 복합성과 모호성을 포용할 수 있는 지적 능력을 구축하고자 한다. 우정은 극단적인 근본주의적 사고, 문자주의와 무비판적 사고, 독단과 편견에 저항한다. 우정을 쌓는 것은 지적이고 정서적인 능력을 개발하는 것이며 개인적 성장을 촉진시키고 서로 다른 배경의 사람들을 더 깊이 이해하면서 생기는 평화와 평온을 북돋우게 만든다. 교사가 자신을 학생과 함께 학습하는 동료로 생각하고 학생과 자신 사이의 사회적 거리를 최소화하는 것은 우정의 전형적인 모습으로, 이는 교사가 겸손한 모습으로 모범을 보이면서 학생들이 습득해야 하는 탄력성과 용기를 키우는 데 도움이 된다.

　그러나 우정에는 어두운 면도 있다. 사람들은 친구가 자신을 위해 최선을 다하기를 바라지만 항상 그런 것은 아니다. 칸트(Immanuel Kant)는 인간 본성을 '뒤틀린 목재'라는 은유로 표현하였는데, 이는 친구들이 저마다의 특질과 근시안, 편견과 맹점, 이기심과 욕망을 가지고 있음을 시사하고 있다.[37] 좋은 의도를 가지고 있다 해도 그들 자신이나 상대방에게 무엇이 가장 좋은지 항상 알 수 있는 것은 아니다. 친구는 나를 나쁜 길로 이끌 수도 있다. 한 사람의 이기심이 다른 사람의 욕망과 바람에 대한 판단을 흐리게 할 수 있고 그 다른 사람을 잘못된 길로 이끌 수 있다. 이것은 교육에서도 마찬가지이다. 교사와 학생 사이의 사회적 거리는 교사를 권위 있는 존재로 인식하고 관계를 맺는 데 큰 도움이 되지만, 경험이 부족한 교사는 자신과 학생 사이의 사회적 거리의 중요성을 제대로 파악하지 못할 수 있다. 교육적 상황에서 지식을 소유한 사람과 그렇지 못한 사람 사이의 권력관계는 본질적으로 비대칭적이다. 이는 항상 그래 왔던 것 같다. 비대칭적 관계는 학생들이 교사를 신뢰할 수 있는 기반을 제공하고 교사가 자신의 지혜를 학생들에게 전수할 수 있는 수단을 제공하기 때문에 이러한 관계의 중요한 역할을 폄하하는 것은 순진한 생각이다. 학생들보다 더 많은 지식과 경험을 가지고 있는 교사는 학생들이 지금 알고 싶어 하는 것이 아닌, 장기적인 발전을 위해 학생들이 알아야 할 것이 무엇인지 파악하고 있을 것이다. 교사와 학생 사이의 관계에 있어 어느 정도의 경계는 각자의 역할과 책임을 명확히 하는 데 중요하기도 하다. 이러한 거리는 교사가 학생의 행동을 지시하거나 통제하고 또 비판적 생각과 독립적 사고와 행동을 발전시키는 데 도움이 될 수 있다. 그러나 한편으로는 학생들의 수동성을 초래하여 교사가 원하는 사람이 되도록 하기 위해 그들의 관심과 욕구를 희생하도록 요구하게 될 수도 있다. 실제적인 기술을 습득해야 하는 다른 과목들에서처럼 음악에서도 장인-도제 그림들이 중요한 역할을 할 수 있다. 수년에 걸쳐 많은 음악 전공 학생들은 스승과의 관계가 음악 학습 과정에서 가장 가치 있고 소중한 측면이라고 나에게 말하곤 했다. 가르치고 있는 분야에서 이미 전문가인 사람은 전문가가 되기를 희망하는 견습생과는 매우 다른 상황에 있다. 특히 뛰어난 음악 전통 안에서 자신의 음악적 기량을 개발하고 예술적 역량을 습득하려는 도전이 전문가와 초보자를 분리하여, 우정에 기초가 되는 평등한 관계를 구축하기 어렵게 만든다. 이런 모습은 음악이 정확하게 연주되어야 한다고 생각하는 일부 토착 전통에서도 볼 수 있기에, 초보자가 전문가 수준으로 발전된 이후에야 우정이 생길 수 있을 것이다. 더욱이 교육의 요구는 우정을 넘어서는 것으로, 지도를 지속하기 위해서는 우정에만 의지할 수 없다. 음악 교사가 누구에게 무엇을 가르칠지 선택권이 거의 없는 경우, 교사들의 의무는 학생들이 친구인지에 관계없이 자신이 돌보는 모든 학생에게 적용된다. 교사와 학생은 친근한 관계를 가질 수 있지만 지도가 이루어지는 동안 다른 가치들이 더 중요할 수 있다.

욕망

욕망(desire)은 오랫동안 교육적 가치였지만, 20세기 후반, 특히 음악적이고 교육적인 생각과 실천 안에서 욕망의 개념을 발전시킨 페미니스트 학자들의 작업 이후에 이론적으로 현저하게 다루어졌다.[38] 고대부터 교육 참여자들은 욕망의 언어를 사용해 왔으며, 음악 수업의 경우에는 교사와 학생 간의 '응시'와 '체화'가 주로 활용되었다.[39] 가르치고 배우는 일이 선택의 문제였던 고대 아카데미, 중세 고등 교육 센터, 동양과 서양의 고전적 전통, 세계 각지의 토착 전통 등에서는 학생들이 배움에 대한 욕망을 표현하고 교사들을 설득하여 자신들을 가르치고 싶도록 만들어야 했다.[40] 교육적 욕망에 대한 명시적 언어는 19~20세기 동안 공교육의 점진적인 지식화, 합리화, 기술화, 상업화 경향에 대한 페미니스트의 도전으로부터 생겨났다. 역설적으로 21세기 온라인 고등 교육 내에서 역량 기반 교육에 대한 새로운 강조는 중견 전문가 자격에 대한 광범위한 욕망에 의존하고 있다.[41] 이러한 환경에서 자격을 따려는 학생들의 욕망은 전문적 인증 요건의 틀 안에서 충족된다. 한편에서는 교육의 기술화와 상업주의 증가와 더불어 대두된 교육 실증주의로 인해 욕망이 배제되는 분위기가 조성되고, 욕망을 소생시켜 명시적인 교육적 가치로 복원시키는 일은 페미니스트의 몫이 되었다. 다른 한편에서는 원격 학습의 기술적 수단의 등장과 교육비용의 증가로 인해 자격증에 대한 학생들의 갈망 및 교육과정에 대한 비용 효율적이고 합리적인 접근 방식이 높게 평가되면서 욕망은 주변화되고 최소화되었다. 욕망과 이를 다루는 교육적 방법 사이의 이러한 긴장을 감안한다면 욕망의 언어가 교육적 담론뿐 아니라 음악 교육 내 페미니스트 학자들, 즉 보그단(Deanne Bogdan), 스터블리(Eleanor Stubley), 코자(Julia Eklund Koza), 램(Roberta Lamb), 맥카시(Marie McCarthy), 굴드(Elizabeth Gould) 또는 다른 분야 학자인 알섭의 글에서 두드러지게 나타나는 것은 놀라운 일이 아니다.[42]

　욕망이라는 단어는 프랑스어와 이탈리아어에서 유래했다. 명사로서의 욕망은 '바라고 있다는 사실이나 상태' '즐거움이나 만족이 기대되는 어떤 대상을 얻거나 소유하려는 느낌이나 감정' '열망이나 갈망' '이러한 느낌을 갖는 특정한 경우, 소망'을 뜻한다.[43] 동사로 살펴보면 '~에 대한 강한 소망을 가지다' '열망하다, 탐내다, 갈망하다'를 의미한다.[44] 가치 사중주 안에 있는 다른 가치들과 마찬가지로, 욕망은 명사와 동사, 목적어와 주어, 감정과 생각, 관념과 행동 등으로 다의적인 의미를 갖는다.

　욕망의 특징 중 하나는 느껴진다는 것이다. 느껴짐은 랭어(Susanne Langer)가 '비추론적' 상징이라고 설명한 영역에 속하는 것으로, 일상의 언어적 상징과 명제적 언어로는 포착하기 어려운 예술, 종교, 신화, 의식(rituals), 꿈 등의 상징 영역을 말한다.[45]

이처럼 욕망은 단순히 생각만으로 이루어지기보다는 실행을 통해 표현된다. 셰플러(Israel Scheffler)와는 다르게, 욥(Iris Yob)은 욕망을 인지적 감정보다는 감정적 인지로, 생각을 수반하는 감정보다는 감정에 대한 생각으로 설명한다.[46] 변증법적으로 보았을 때 욕망은 감정적 인지이면서 인지적 감정 둘 다라고 할 수 있다. 욕망은 인간의 가장 깊은 특성에 속하지만, 인간들이 다른 생명체와 공유하고 있는 특성이기도 하다. 그리고 욕망은 성적인 충동에 의해 추구될 수 있다. 듀이(John Dewey)는 '충동'의 측면에서 욕망을 설명하는데, 그에게 충동은 학습을 위한 기초적인 동기이자 교육적 경험의 중심이다.[47] 이들은 예술과 교육에서 느낌의 위상에 대해 각기 다른 관점을 가지고 있지만, 이들 모두 욕망을 감정/생각으로, 그리고 신체적인 면을 강조하는 인간의 본능적 특성이면서도 근본적인 특성으로 보고 있다.[48]

욕망은 어떤 사람이나 대상에 대한 강렬한 소망, 갈망, 열망이기도 하다. 강력한 의미에서 보면 결핍/필요에 대한 것으로, 즉 결핍한 것을 필요한 것으로 느끼고 그 필요를 충족해야 한다는 시급함이 있다. 관심 있는 사랑에서처럼 바로 행동으로 옮기게 만들고 쉽게 진정되지 않는 강력한 힘이다. 그런 갈망은 내적으로 생길 수도 있고 외적으로 만들어질 수도 있다. 예를 들어, 일부 학생들은 아주 어릴 때부터 음악 수업을 받기를 갈망하고 연주하기를 바라며, 어떤 사람들은 학령기나 그 이후에 음악에 대한 욕망을 불러일으키는 교사를 만나기도 한다. 이때 무의식적이고 잠재되어 있던 욕망이 주변 환경에 의해 강력하게 동기화되어 잠자고 있던 음악적 욕망에 불이 붙게 될 수 있다. 이런 각성이 어떤 환경에서 일어나든 욕망은 의식적인 경험이 된다. 레어드(Susan Laird)의 경우처럼 욕망이 좌절될 수도 있는데, 그녀는 부모가 레슨비를 지불할 능력이 없어 피아노 레슨을 받지 못하는 '음악적 굶주림'을 겪어야 했다.[49] 혹은 듀이가 설명한 것처럼 욕망이 앞으로의 성장을 촉진하는 생산적인 방식으로 도움이 될 수도 있다.[50]

나아가, 욕망은 목표를 염두에 두고 그것을 성취하여 만족이나 즐거움을 얻고자 하는 희망이라고 할 수 있다. 듀이는 '완성'이라는 용어를 통해 목표를 채워 나가는 예술적 경험, 즉 예술적 경험의 창조와 그 과정을 언급하고 있다.[51] 그에게 충동과 만족은 상호 연결된 과정 또는 수단과 목적의 연속체이다. 이러한 수단과 목적의 긴장은 본질적으로 욕망이 결코 궁극적으로 충족되지 않는다는 것을 시사한다. 하워드(Vernon Howard)가 설명하듯이 그 목적 혹은 '탁월함의 이상'은 계속 뒤로 물러나는 것 같이 여겨진다.[52] 나는 욕망에 대한 역동적인 견해를 선호하는데, 욕망은 바라는 대상을 향해 움직이고 그것이 충족됨과 동시에 더 멀리 있는 또 다른 목적을 촉발시키는 것으로 보인다. 이러한 견해는 내가 알고 있는 음악 경험과 공명하는 점이 있다. 이러한 관점에서 욕망은 결코 완전하게 실현되지 않는 이상 같은 것이며 다른 가능성을 향하고 있다. 모든 순간에 즉각적인 즐거움과 미래의 기쁨에 대한 전망을 제공하지만, 그 과정에서의 완성이 결코 최종적인 것이 아니다. 이러한 가능성은 음악가들이 자신의 생애 동안 계속 동기를 부여하도록 한다.

욕망은 체화되는 것, 즉 신체적인 행동을 통해 표현되는 것이기도 하다. 우리는 한 인간으로서 무언가를 한다. 욕망의 이상을 포용하고 있는 음악과 교육은 음악적·교육적 과정들과 관련된 모든 것들을 원자적으로 보지 않고 총체적으로 다룬다. 우리의 생각이 몸에 영향을 주듯이 우리의 몸은 중요한 방식으로 생각을 형성하고 있다. 브레슬러(Liora Bresler)와 그 동료들은 '움직이는 마음(moving minds)' 그리고 '아는 몸(knowing bodies)'이라는 입장에서 연구를 진행하였다.[53] 마음은 신체에 의존하고 있어 신체와 떼어 낼 수 없고 분리할 수 없으며, 그 반대의 경우도 마찬가지이다. 이러한 의미에서 음악 교육은 단순히 학습해야 할 개념들이나 표현해야 할 감정들, 훈련해야 할 심리적이고 운동적인 기술들을 모아 놓은 것이 아니다. 그보다는 음악적·교육적 과정을 힘을 합쳐 구성한 사람들이나 개인들과 관련되어 있다. 그것은 다음 세대에 물려줄 믿음과 태도를 구성하고 있으며, 그러한 믿음과 태도에 일치하는 방식으로 행동하려는 성향을 띠고 있다. 음악과 교육은 신체적인 것으로, 우리의 몸, 행동, 상대방에게 '자신을 드러냄'과 밀접하게 관련된다.[54] 음악과 교육에서 몸을 소홀히 다루는 것은 자아, 그리고 우리의 행동을 이끄는 욕망을 소홀히 다루는 것이다. 나딩스가 확고하게 주장하고 있듯이 음악과 교육이 행복에 기여하려면 신체와 그 욕망을 고려하고 이러한 점을 존중하도록 성장을 도와야 한다.[55] 이런 방식으로만 음악과 교육은 심리적 안녕에 필수적인 자아와 인격을 이해하고 수용하도록 도움을 줄 수 있다.

신체 현상으로서의 욕망은 이론가들이 '응시'라고 부르는 신체적 과정에서 드러난다.[56] 응시라는 단어는 은유적인 표현으로서, 본다는 것은 우리가 사물과 타인들을 알아채도록 하는 모든 감각들을 뜻한다. 응시하는 것은 단순히 시각적 경험이 아니다. 이 은유는 모든 감각, 즉 우리가 주변 사물과 사람을 의식하고 주의를 기울이도록 하

는 시각, 청각, 미각, 후각, 촉각 모두를 뜻하고 있다. 음악적 응시와 교육적 응시는
'바라봄'의 특수한 방식이다. 이러한 응시는 상대방을 판단하거나 비하하거나 무시하
거나 거부하지 않는다. 오히려 상대에게 관심을 보이고 받아들이며 차이를 즐거워하
고 인정하며 상대가 보고 들을 수 있는 방식으로 자신도 사물을 보고 들으려고 한다.
바라본다는 것은 상대를 인정하고 주목하고 가치를 두고 다가가서 받아들이며, 때로
는 상대에게 굴복하는 것이다. 우리는 상대와 공감하고 그들로부터 배우기를 바란
다. 그리고 상대에게 욕망을 불러일으키길 희망한다. 응시는 다의적인 측면을 갖는
음악적이고 교육학적인 수단으로, 음악가, 교사, 학생들은 응시를 통해 활동성과 수
동성, 강인함과 취약성, 애착과 자제, 도우려는 욕망과 그대로 두려는 의지를 매우 진
정성 있게 서로에게 나타낸다. 사람들은 시작뿐 아니라 마무리에 대해 열망한다. 즉,
욕망이 충족되어 생기는 절정과 만족감뿐 아니라 미래에 더 많은 시작을 가져올 마무
리의 가능성에 대해 열망하기도 한다.

　욕망은 음악과 교육에 대한 총체적인 접근에 기여하고 있기도 하다. 이 접근은 하
나와 다수를 보고 전체가 그 부분들의 합 이상이라는 것을 아는 것이다. 랭어의 용어
인 '명료화'는 더 큰 전체 안으로 다양한 부분들이 흡수되는 것을 의미한다.[57] 음악과
교육에 있어 지식과 자아는 서로 연결되어 있으며, 개인이 주변 환경에 영향을 받는
것처럼 지식 또한 개인에 의해 구성된다. 화이트헤드(Alfred North Whitehead)가 주장
했듯이, 교육의 목적은 지혜이며, 지식의 다양한 측면이 하나의 형상, 세계를 보는 총
체성의 감각, 하나의 통일성 안으로 함께 들어간다. 이는 플라톤이 하나와 다수를 파
악할 수 있는 사람들에 대해 말할 때 염두에 두고 있었던 역설이기도 한다.[58] 욕망은
신체를 소중히 여기고 신체가 본질적으로 악하다는 생각을 거부한다. 이는 아브라함
신앙에서의 믿음과 부딪치는 견해이다. 욕망은 음악, 교육, 종교 같은 인간 상호작용
의 또 다른 다채로운 표명이라는 측면에서 인간의 성적 관심의 힘을 주장하고 있다.
행복은 음악과 교육의 목적으로 이해되는데, 여기에는 사회적이고 공적인 영역뿐 아
니라 가정 내 영역, 사적 영역에서의 교육과 예술적 표현이 포함되어 있다. 그런 교육
의 내용은 난해하고 접근하기 어려운 문화의 측면을 탐구하고 가치 있게 다루면서도
평범한 일상생활의 측면 또한 중시한다. 욕망은 사람들이 춤추도록 신체적으로 이끄
는 매력을 가진 음악이나 축하연이나 파티에서 즐길 수 있는 디오니소스적 경험과 관
련된 음악들도 음악 교육에서 가치 있다는 것을 말하고 있다.[59] 심지어 지적인 음악

전통 내에서도 음악의 신체적 매력은 영적인 경험의 일부로 인정된다. 욕망에 기초한 교육은 학습에 있어 실행과 신체적 참여를 중요하게 생각한다. 음악 교육은 본질적으로 수행적이면서 경험적이고, 즉각적이면서 가상적이며, 신체적이면서 이론적이다. 실행과 그로 인한 기쁨은 더 많은 욕망을 불러일으키기 때문에, 내용을 수행하는 것은 본질적으로 더 많은 경험을 하도록 동기를 부여한다. 그런 접근은 축하를 강조하고자 할 때 확실하게 나타난다.[60] 그런 방식의 음악과 교육에 있어 자아의식은 중요하며 사람들마다 자아를 확립하는 데 필요한 특정한 부분들이 다르기 때문에, 욕망을 가치 있게 다루는 음악적이고 교육적인 목적은 개방적이고 다양하며 필연적으로 다양성과 다원성을 지니게 된다.[61]

그러나 욕망은 결점과 한계를 가지고 있기도 하다. 성적 욕망은 지식에 대한 욕망과 혼동될 수 있다. 이러한 점은 스웨덴 영화 〈천국에 있는 것처럼(Så som I himmelen)〉에서 아름답게 묘사되고 있는데, 은퇴한 전문 지휘자가 자신이 자란 마을로 가서 마을 교회 합창단의 카리스마 넘치는 선창자이자 리더가 되는 내용이다.[62] 성가대원 중 한 여성이 그에게 사랑을 고백하면서 대부분의 여성 성가대원이 그에게 빠져 있음을 알린다. 사실, 마을 합창단은 번성하고 있었고 신도들보다 성가대에 더 많은 사람이 있었다. 그러나 목사님을 비롯한 마을 남자 몇몇은 이러한 권력을 두려워한다. 카리스마 있는 앙상블 리더의 권력이 성가대원들을 지배하고 있다고 여기고, 이에 분개하는 사람들의 의심과 질투를 목격할 수 있다. 욕망의 가치는 그것이 사악하다고 여겨지는 종교계에서는 용납되지 않을 수 있다. 음악 교육에 대한 디오니소스적 접근은 욕망에 대해 만연한 부정적 관점의 힘에 확실히 맞서고 있다. 이슬람교 보수파에서 서양 대중음악을 악으로 여겨졌던 것처럼 기독교의 보수적 입장에서는 재즈와 록 음악을 악으로 바라보기도 하였다.[63] 이러한 종교들은 종종 욕망을 억압해 왔기 때문에 뿌리 깊은 종교적 가치를 극복하여 욕망을 건설적이고 긍정적인 시각으로 바라보는 것은 사실상 불가능할 수 있다. 교육학적 응시는 성적인 욕망으로 오인될 수도 있는데, 모호한 제스처와 행동들을 해석하는 것이 다를 수 있기 때문이다. 영화 〈천국에 있는 것처럼〉의 경우, 지휘자는 음악하는 즐거움을 전달하고 성가대원들이 노래를 잘 부를 수 있도록 영감을 주는 데 집중한다. 성가대원들은 자신의 음색을 발견하고 혼자 또는 같이 만들어 내는 소리에 즉흥적으로 노래를 부르면서 단합된 모습을 보여 주려고 하는데, 이러한 음악 만들기의 신체적 특징은 성적인 측면과 음악적 경험의 예술적인 측면 사이의 경계를 모호하게 하는 역할을 하고 있다. 이러한 이중성으로 인해 다른 사람의 행동을 잘못 해석할 가능성이 있다. 더욱이, 욕망을 생성시키는 열린 목적의 음악 교육에서 나타나는 인간 중심성과 다양성은 이제까지 당연하게 받아들여져 왔던 가정을 뒤엎고 공공 정책을 수립하는 것을 어렵게 만들 수도 있다. 어떤 사회 시스템에서든 규범을 넘어선 것으로 여겨지는 신념과 실행에 대해서는 합의가 필요하다. 필연적으로 어떤 가치와 실행이 두드러지면 다른 가치와 실행은 무시된다. 음악적 · 교육적 가치로서의 욕망에 초점을 맞추는 것은 다양성이라는 특징으로 인해 길들여지지 않고 한계에 저항하도록 하는 데 도움이 될 수 있으나, 신념과 실천이 일반적인 규범을 벗어나는 경우에는 성취되기 어려울 수 있다.

헌신

욕망이 매력의 관능적 차원을 내포하고 있다면 헌신(devotion)은 그와는 대조적인 입장에 있는 단어로, 행동으로 나타나는 정신적인 전념을 떠오르게 한다. 헌신은 라틴어 'dēvōtiōn-em'에서 유래하였는데, '헌신하다'라는 의미의 행동 명사이다. 본래는 종교적 임무와 의무에 대한 진지함, 신에 대한 '독실한 숭배와 경외감' '독실한 충동이나 욕망' '예배 행위' '기도의 형태' '엄숙한 봉헌' 또는 '축성' 등을 나타낸다. 나중에 이 단어는 '종교적 헌신과 유사한 애착으로 사람, 명분, 추구하는 것 등에 헌신하는 것' '열성적인 중독이나 적용, 열정적 애착 또는 충성심'이라는 세속적인 의미를 지니게 되었다.[64] 예를 들어, 고전적 전통 내에서 헌신은 음악가들과 그들이 수행하는 전통과의 관계를 설명하거나 음악 교사와 학생 사이의 관계를 설명하는 데 사용되곤 한다. 북인도의 전통에서는 학생들이 교사에게 봉사하고 선물을 줌으로써 헌신을 표현하는 경우가 있다. 음악가들이 예술적 전통에 대한 자신의 헌신을 나타내는 종교적 의무와 유사하게 학생들은 영적 경험인 **리야즈**를 실천하면서 교사와 음악에 대한 헌신을 증명하고자 한다.[65] 이러한 교사와 학생의 긴밀한 유대관계는 킹스버리(Henry Kingsbury)와 네틀(Bruno Nettl)이 언급한 북미 음악원 내의 서양 클래식 전통에서도 볼 수 있다.[66] 여기에는 헌신의 고대적 의미, 즉 부름에 대한 헌신 혹은 평생에 걸친 전념으로 증명되는 영적이거나 신성한 목적이라는 의미까지도 포함되어 있다. 가치 사중주의 다른 가치들과 마찬가지로, 헌신 또한 다의적인 의미를 갖는다. 사람과 사물에 대한 이런 영적인 애착은 생각되면서 느껴지고, 믿음에 기반을 두면서도 행동으로 나타나며, 행하면서도 겪게 되고, 형식적이면서 비형식적이며, 신성하면서 세속적이고, 수단이면서 목적이다.

음악적 · 교육적 헌신의 특성 중 하나는 지도 과정과 관련된 사람들을 향한 애착과 충성심, 그리고 능동적으로 착수한 주제나 형식 · 비형식적으로 수동적으로 수행하게 된 주제에 대한 애착과 충성심을 가지고 있다는 것이다. 헌신은 육성되거나 수행되는 음악 전통과 관련 있고 이 과정에 속해 있는 다른 사람들, 즉 교사, 학생, 친구나 가족 같은 중요 인물들과 관련 있다. 이러한 영적인 애착은 감정적 인지와 인지적 감정으로서 지적이면서 감정적으로 느껴진다.[67] 어떤 사람이나 명분에 헌신하는 삶을 살겠다는 생각은 자유롭게 선택되고, 열정적으로 받아들여지며, 그 계획에 큰 애정을 가지고 착수하게 된다. 헌신은 정신과 행동, 즉 생각하는 것과 행하는 것의 습관으로서, 형식적으로는 성문화된 규칙과 기대로 구성된 훈련 방식으로 나타나며, 비형식적으로는 역동적이고 성문화되지 않은 규칙과 기대에 기초한 독특하고 우연적이며 기회주의적 방식을 통해 나타난다. 예를 들어, 서양 클래식 음악 전통에서는 연주 실제에 대한 학생들의 기대가 서로 비슷하게 공유되고 있는 것과 달리, 대중음악에서는 음악가들이 실제의 다양한 측면을 받아들이고 있으며 그들의 헌신에 대한 기대는 우발적이고 개방적이며 다양하다.[68]

교사나 학생, 그리고 고수하는 음악적 전통에 대한 헌신을 표현하는 것은 한편으로는 그 음악적 실천에 함께할 사람들을 불러들이는 역할을 하지만, 또 다른 한편으로는 요구되는 헌신을 보여 주지 않는 사람들을 배제하는 역할을 한다. 헌신의 힘은 행동 뒤편이나 그 너머에 있는 영적인 신념 때문에 생긴다. 실천은 그 자체가 목적이 아니라 중요한 의미로 여겨지는 지적인 신념을 증명하는 것이다. 헌신의 배타적인 특성은 전통을 뒷받침하는 규칙이 전통 전반에 걸쳐 고도로 체계화되고 표준화되어 극도로 까다롭거나 기교적일 때 두드러지게 나타난다. 음악적 전통이나 악기에서 기교적인 것을 추구하고 음악가들에 대한 예술적이고 시간적인 기대치(기술적 요구, 복잡성, 레퍼토리의 규모 등)가 높을수록, 다른 것에 헌신할 시간이 없기 때문에 다른 음악이나 다른 활동의 실천을 배제하게 된다. 이것은 또한 교육적 실천에서도 마찬가지로, 이 내용에 대한 애착을 나타내는 사람들은 포함시키고 그렇지 않은 사람들은 배제하게 된다. 특정 활동에 대한 참여 선택은 다른 활동에 참여할 가능성을 배제시키기도 한다. 실천을 요구하는 것이 많아질수록 이를 달성하기 위해 기꺼이 희생하고자 하거나 희생할 수 있는 사람은 적어진다.

교육적 헌신은 누군가의 주의를 끄는 상상력이 풍부한 활동이다. 나는 음악적·교육적 헌신에 대한 은유로서 일편단심의 마음인 종교적 헌신만을 생각하기보다는, 음악과 교육의 영적인 본질과 직접적으로 관련되고 그것을 환기시키는 것으로 생각하고자 한다. 헌신은 평범하고 진부하며 물질적인 것 이상으로 음악과 교육을 끌어올려 삶의 중요한 영적이고 실존적인 질문에 초점을 맞춘다. 일편단심의 특징을 가진 헌신은 특정한 목적을 가진 사물이나 사람에 주의를 집중하기를 요구한다. 각 목적에 도달하면, 그 달성으로 인해 동기를 부여하게 되고 역동적인 수단—목적 과정 안에서 보다 도전적인 목적에 집중하도록 하는 수단을 제공하게 된다. 음악적 전통을 수행하거나 집중적인 방식으로 어떤 사람과 공부하는 것은 음악적·교육적 과정 안에 영적인 특성을 불어넣어 이러한 전통의 사고와 실천 안에서 높은 수준의 특출함을 만들 수 있도록 할 것이다.[69] 결과적으로 연주자들은 문제를 해결할 수 없는 사람이나 그 문제를 선택하지 않은 사람들과 분리된다. 이는 헌신하여 실천하는 것이 자신을 구별하거나 평범한 삶에서의 다른 사람과 구별되게 만드는 신성화의 특성을 가지고 있음을 말해 주는 것이다. 이러한 신성화는 평신도와는 다른 방식의 삶을 추구하는 종교인들의 그것과 유사하다. 헌신은 음악 교육 안에 신성함을 부여하고 있으며, 신성함은 그 실천자들과 일반 대중의 삶에 매우 중요한 의미를 부여한다.

헌신은 음악과 교육에 중요한 기여를 한다. 그중에서도 고대부터 시민 사회의 특징으로 여겨지는 특성인 성실함과 끈기와 더불어 음악적 전통, 예술인, 교사, 학생, 대중에 대한 충성심을 강화시킨다.[70] 헌신이 자유 의지를 행사하는 것과 사람과 명분을 결정하는 선택의 중요성에 의존하는 것 외에도, 헌신은 느끼고 생각하고 행동한다는 특징을 갖는다. 앞의 글에서 나는 교사와 학생에게 선택과 자유 의지가 보장되어야 지도 과정에 참여하는 사람들에게 더 큰 행복을 가져올 것이라고 주장했었다.[71] 선택에 대한 음악 지도의 오랜 전통은 음악 교육과 학습의 가장 효과적인 수단의 하나인 개인 및 소그룹 교육의 성공과 지속성에서 분명히 나타난다. 헌신은 또한 정신과 몸, 이성적 생각과 느낌에 대한 총체적인 견해를 받아들이며, 추상적인 것과 현상적인 것, 이론과 실제 사이의 경계를 모호하게 만든다. 음악 교육 내에서, 그것은 음악적 전통뿐 아니라 사람에 초점을 맞춘 통합되고 균형 잡힌 음악 교수법에 대한 전망을 제공하고 있다. 헌신의 신성한 특성은 음악 전통을 숙달하고자 하는 도전, 그리고 뛰어난 예술인들의 기교와 우아함을 영예롭게 생각한다. 전통 예술인이 되고자 도전한다는 것은 즉각적인 보상과 만족에 대한 기대를 완전히 뒤엎는 것이다. 헌신은 소유할 가치가 있는 어떤 것들을 상당한 시간, 노력, 돈을 희생하여 힘들게 얻는다는 것을 암시하고 있다. 그것은 특출한 결과를 얻기 위해서 정신 집중, 몰두, 유념 같은 요구사항을 받아들인다. 헌신은 작은 양의 지식 습득에 집중하기보다는 음악가 또는 시민 사회의 시민으로서 삶의 방식을 추구하고자 한다. 그것은 뛰어난 전통에서 모범적인 음악가가 되기 위해서는 의식이 중요하며 계속된 실행이 필요함을 강조한다. 헌신은 높은 기준을 강조하고, 음악 전통의 탁월함을 포용하며, 인간의 상상력과 창의적 사고 및 실천의 표시로서 기교, 우아함, 스타일, 심오함을 중요하게 생각한다. 이러한 견해에서, 기준은 예술인들이 열망하는 이상적인 모습으로 구성되어야 하며, 음악 및 교육의 과정 안에서 그 기준들을 명료하게 하는 것이 중요하다. 이러한 표시들은 극단적인 상대주의로 인해 표준화를 거부하고 모든 음악적 전통들을 동등한 장점을 가진 것으로 받아들이는 환경에서 중요한 역할을 한다.

　이러한 잠재적인 기여에도 불구하고, 헌신 역시 어두운 면이 있다. 헌신은 전통에 대한 부담과 의무에 집중되어 있어 헌신의 마음과 원동력을 잃게 할 가능성이 있다. 랭어는 '생성적 아이디어'의 이런 측면에 대해 언급하며, 처음에는 변혁적 아이디어였던 것이 점차 성문화되어 무의미해져 버린 규칙과 격언들에 의해 나중에는 꽉 닫히고 제한된 아이디어가 되고, 결국 최초 아이디어에 담긴 정신은 사라지게 된다고 설명했다.[72] 이처럼 아이디어들은 좋은 의도로 받아들여졌으나, 받아들인 신봉자들의 방식으로 문자화, 체계화되고 지시사항으로 넘쳐나게 되었다. 기쁨이 그 핵심에 있지 않다면, 헌신은 음악적 전통을 실천하는 사람들에게 외적 표현의 요구로 부담을 줄 수 있으며, 결국 영성이 사라지듯이 음악가들도 음악적 영혼을 잃을 수 있다. 헌신에는 배타적인 면이 있어서, 다른 선한 가치들을 배제하는 데 집착하게 될 수도 있다. 음악과 교육의 신성한 특성에 과하게 초점을 맞추는 것은 세속적인 것의 중요성, 그리고 평범하고 일상적인 음악적 전통과 관행을 간과할 수 있다. 헌신은 주로 의식을 행하거나 특정 의무를 수행하는 것이라고 여겨지곤 해서, 우연히 발생하는 경험들을 허용하고 놔두는 것은 헌신이 아니라고 생각한다. 스틸(Sean Steel)은 음악 교육에서 디오니소스적인 황홀경의 가치를 강조하고 통제 불능의 순간을 포용하고자 한다. 그는 황홀경이 록 음악의 핵심이라고 보았고 그 연구와 실행이 음악 교육과정의 일부가 되어야 한다고 주장했다.[73] 그러나 황홀경은 다른 음악적 전통에서도 경험할 수 있다. 예를 들어, 아메리카 원주민의 전통 음악은 황홀경과 춤추고 싶은 욕구를 불러일으킨다.[74] 사실, 신비한 것이든 감각적인 것이든 황홀경은 친숙한 모든 음악적 전통에서 만날 수 있는 것 같다. 헌신에 초점을 맞추다 보면 배타적이고 엘리트주의적인 음악 교수법으로 결론지어져서, 접근하기 어려운 음악적 전통에 대한 경험을 일반 사람들에게도 제공해야 한다는 점을 간과할 수도 있다. 음악적 전통에 자신을 헌신하게 되면 음악적·교육적 실행에 대해, 그리고 인도적인 목적으로 그것을 변형시킬 필요성에 대해 비판적으로 바라보지 못할 수 있다.[75] 그리고 기준에 대한 집착은 창의적이고 다양한 음악적 표현을 파괴까지는 아니더라도 과소평가할 가능성이 있다. 이는 하나의 우월한 음악적 기준에 비해 다른 다양한 기준을 덜 가치 있게 여기는 경우에 특히 그렇다.

음악과 교육에서의 사랑, 우정, 욕망, 헌신의 다양한 의미를 살펴보면서, 사랑은 관심이 있는 것과 무관심한 것, 영적인 것과 감각적인 것, 접촉을 통해 표현되는 것과 예의를 갖춰 표현되는 것, 신성한 것과 세속적인 것, 사람에게 중심이 되는 가치이면서 음악과 교육의 주된 문제이기도 하다는 것, 기쁨을 불러일으키는 것이면서 도덕적 발전을 이루게 하는 것임을 알게 되었다. 우정은 남성과 소년뿐 아니라 여성과 소녀들에게도 나타나며 그 애착은 친밀감에 따라 다르게 나타난다고 정의할 수 있다. 욕망은 충족, 만족, 완성되고자 하는 소망과 함께 느껴지고 실행되는 것으로, 결핍되고 필요로 하는 것에 대한 강렬한 갈망이며, 광범위하고 총체적으로 해석된다. 헌신은 예배, 기도, 봉헌 등의 영적이고 종교적인 의미를 강력하게 내포하고 있으며, 음악과 교육을 평범하고 일상적이며 물질적인 삶 이상의 것으로 끌어올린다. 이상의 분석을 통해 각 가치들의 특징적인 점과 미묘한 의미의 차이뿐 아니라 사람과 사물에 대한 애정, 애착, 느껴진 생각, 행동 같은 공통점을 밝혀냈다. 서로 얽혀 있지만 각기 다른 특징을 지닌 이 가치들은 선과 악의 가능성 모두를 가지고 있으며, 이는 가치들을 개별 상황에 적용할 음악가, 교사, 학생들에게 중대한 도전을 제기한다. 음악가와 교사들이 일하는 상황은 종종 선택의 자유를 제한하고 이러한 가치들의 나쁜 부분을 피하면서 좋은 부분을 확보하려는 시도를 달성하기 어렵게 만들 수도 있다. 이 가치들은 매력적이지만 음악과 교육 정책 입안자들이 무엇을 해야 할지 결정할 때 신중히 다루어야 할 복잡함과 어려움이 있다는 것을 인정할 수밖에 없다.

제**6**장

기쁨, 행복, 즐거움, 축하
Joy, Happiness, Pleasure, and Celebration

내가 이 장에서 다룰 '기쁨, 행복, 즐거움, 축하'라는 가치 사중주는 '사랑, 우정, 욕망, 헌신'처럼 주관적인 감정의 삶과 느낌에 기반을 두지만, 그 성격과 표현에는 차이가 있는 또 하나의 군집을 제공한다. 이 대조적인 가치들은 다함께 감정, 느낌, 신체성의 풍성하고 다차원적인 어떤 것을 보여 준다. 이들은 인생의 묘미를 더해 주기에, 오랫동안 이들이 인도적인 음악과 교육의 일부로 여겨졌던 것은 놀라운 일이 아니다. 비록 서로 연관되어 있으나, 이 가치들은 다르거나 때로는 어긋나는 뉘앙스들을 가지기에, 우리 시대의 음악과 교육에 이들이 할 수 있는 일들이 있는지를 찾기 위해 탐색할 만한 가치가 있다. 나는 이들의 일상적인 의미들로부터 시작하여, 이들의 특성들을 기술하고, 음악 교육에 대한 이들의 기여와 폐단을 개략적으로 그려 보려 한다. 먼저, 기쁨을 살펴보자.

기쁨

기쁨(joy)이라는 단어는 기쁨과 보석을 의미하는 중세 영어와 고대 프랑스어에서 유래되었다. 보석에 함축된 귀중함과 사랑스러움의 의미는 기쁨의 현대적 개념인 '행복과 만족함에서 비롯된 즐거움의 생생한 감정, 매우 흡족하거나 기쁜 느낌 또는 상태, 영혼의 환희, 반가움과 즐거움'에 그대로 남아 있다.[1] 기쁨은 부정적이지 않고

긍정적인 생생함, 밝음, 강렬함을 가지고 있기에 사람들이 경험하고 싶어 하는 감정
이다. 과거에는 교육자들이 학습의 과정을 보다 매력적이고 덜 힘들게 하려고 기쁨
을 강조하였다. 만약 학습자들이 교육적 경험을 통해 기쁨을 경험한다면 그들의 학
습 욕구는 증가할 것으로 추정해 볼 수 있다. 페스탈로치(Johann Heinrich Pestal)와 몬
테소리(Maria Montessori)와 같은 교육자에게 기쁨이 가득한 교육은 가정의 은유이고,
마틴(Jane Roland Martin)이 '스쿨홈'이라고 부르는 학교들은 그 안에서의 가족적인 생
활에 대해 역점을 두어 다룰 필요가 있으며, 듀이(John Dewey)는 기쁨이 교육의 수단
과 목적이라고 말했을 것이다.[2]

　기쁨은 또한 우리가 장애물들을 극복할 때의 승리감과 원하는 목표를 이루었을 때
의 환희를 보여 주는 영적 경험이다. 이는 랭어(Susanne Langer)가 '느껴진 삶'이라고
불렀을 것 안에서 일어나며, 종종 예술, 신화, 의식, 그리고 종교에서 표현된다.[3] 기쁨
이 표현되는 방식들은 상상적이고 모호하며, 몸짓들과 의식들을 통하여 알려지고 행
해진다. 이는 사회와 문화에 따라 다른 언어들과 표현 방식들을 포함한다. 기쁨의 음
악적 표현은 역사를 통틀어서 나타나며 또한 현재 세계의 수많은 음악적 전통에서도
그렇다. 보석이 희귀하고, 값비싸고, 귀한 돌을 정교하게 커팅하고 세공하여 만들어
지듯이, 기쁨도 음악가의 비전을 이루기 위해 모든 측면에서 연마된 음악 작품 속에
서 나타난다.

　기쁨에는 놀이의 특성이 있다. 나에게 **놀이**란 다른 실용적인 목적들보다 쾌락주의
적 목적과 그 자체를 위한 즐거움이라는 기쁨의 독창적인 성격을 뜻한다. 놀이는 진
지한 목적과 지적인 의미를 포함하며, 우리를 지적 · 정서적 · 육체적으로 만족시킨
다. 프라이(Northrop Frye)가 설명한 것처럼, 놀이의 상상적 특성은 인류 문화의 특별
하게 발전된 특징이다.[4] 놀이는 다른 목적을 위한 것 못지않게 그 자체를 위해서도 존
재하며, 무엇이든 행한 것에 고유의 정당성을 제공한다. 장난스런 표현 방식이라는
점에서 기쁨은 음악하기(musicking)와도 일맥상통한다. 음악가들이 본인의 연주에
대해 말할 때, 이들은 기술적 수월함뿐만 아니라 음악적 놀이와 연합한 기쁨을 언급
한다.

　기쁨은 개인적으로 경험된다. 비록 영적이고 주관적인 특징이 개인적으로뿐만 아
니라 그룹들 안에서 집단적으로도 느껴질 수도 있지만, 사람들 간의 차이점들은 누
군가에게 기쁨을 주는 것이 다른 사람에게는 그렇지 않을 수도 있음을 의미한다. 이

러한 차이들은 정도와 종류의 문제들일 수 있다. 어떤 음악 작품은 한 개인의 기쁨을, 경험한 기쁨의 강도에 따라, 이 작품이 기쁨이나 다른 감정들을 유발하거나 표현하느냐에 따라, 또는 기쁨의 순간적 또는 지속적 성격에 따라, 다르게 유발하거나 표현할 수 있다. 기쁨에 관하여 생각하려면 기쁨의 개인적 및 개인 간의 특성에 주목해야 한다. 정서적인 상태로서, 기쁨은 심리학적 또는 사회심리적인 것으로 여겨진다.

기쁨이 어떤 때는 순간적이다가 다른 때는 지속적이라고 가정하면, 사람은 이처럼 비영구적인 무언가에 의지할 수 있는가? 기쁨은 때로 순식간에 지나가지만, 이는 사람들이 기쁨을 야기하는 경험을 추구하도록 동기를 유발하는 바람직한 상태이기에, 이를 실제로 하나의 이상으로 만든다. 일시적일 수 있다는 이유로 기쁨을 가치에서 배제하는 것은 경험에 기반한 다른 것들도 배제하는 것이다. 감정들은 순간적일 수 있지만, 이들과 관련된 견해들, 신념들, 태도들, 가치들은 기쁨의 즉각적인 경험 이상으로 지속될 수 있다. 이러한 경험들은 또한 사람들이 열망하는 규범적인 상태들로 기억 속에 남는다. 기쁨은 경험적이기 때문에, 어떤 형태로든 기쁨을 체험하기 전에는 기쁨이 무엇인지 모를 수도 있다. 따라서 다음 세대가 일반 및 예술 교육을 통하여 기쁨을 알 수 있는 기회들을 제공하는 것이 필요하다.

기쁨을 이상적으로 생각하는 것은 사람들이 본인의 성향, 재능, 신념, 태도, 가치에 따라 자신들의 삶들을 산다는 것을 전제로 한다. 듀이는 이렇게 깊숙이 자리 잡은 개인적 욕구들을 충동이라고 부른다. 캠벨(Joseph Campbell)은 이렇게 사는 삶을 '천상의 기쁨을 따르는 것'이라고 특징짓는다.[5] 나에게 기쁨을 추구하며 사는 삶이란, 자신의 행동들이 가장 소중히 여기는 것들과 일치하고, 사람의 앞길을 가로막는 장애물에 대해 승리하여 의기양양할 때 나타나는 성실성을 뜻한다. 기쁨의 추구가 온전히 쾌락주의적인 목적만을 가질 필요는 없다. 기쁨은 타인의 필요들과 이익들에 집중하거나, 기쁨이 아닌 측면들을 추구할 때도 나타날 수도 있다. 이는 이와 같은 다른 목적들 추구의 거의 부산물이라 할 수 있는 것으로 떠오를 수도 있다. 누군가 이를 직접적으로 추구하든 또는 다른 목적을 추구하다 생기든, 기쁨은 열망해야 할 어떤 것으로 남으며, 다른 목적들을 강화하는 강력한 동기 부여의 힘으로 봉사한다.

탠(Leonard Tan)은 기쁨을 예술적 이상으로 서술한다.[6] 고대 중국 철학을 바탕으로, 그는 예술가들이 자신의 기교가 기쁨을 낳을 정도로 기술을 연마해야 하며, 자신들이 보여 준 뛰어난 솜씨과 수월함에서 이들은 기쁨을 느낀다고 제안했다. 이러한 우아함, 기교, 그리고 칙센트미하이(Mihaly Csikszentmihalyi)가 '몰입(flow)'으로 특징지었을 어떤 것은 예술가의 입장에서 기쁜 반응을 촉발한다.[7] 기쁨은 무수한 형태로 나타나는 예술성의 수단이자 목적이며, 예술가의 노력은 자신들과 대중들을 위한 기쁨의 원천이다.

비유적으로, 보석과 같이 기쁨을 소중한 어떤 것으로 생각하는 것은 또한 지성과 판단력의 훈련을 자극한다. 기쁨은 지적 승리 또는 셰플러(Israel Scheffler)가 이를 표현한 '입증의 기쁨'과 관련이 있다.[8] 한 문제를 추론하여 결국 본인의 해결책이 생산적이거나 사실인 것처럼 들린다는 것을 발견하면 매우 기쁘다. 한때 자신의 앞길을 가로막았던 문제를 극복하는 것에는 기쁨이 있다. 기쁨은 순수 감정이나 감정만이기보다 생각과도 필연적으로 얽혀 있다. 누군가가 예술 작품을 만들어 내는 데 필요한 기술과 기교의 범위, 본질 등을 파악할 때 그는 정교하게 만들어진 예술 작품을 감상할 수 있다. 어떤 의미에서는, 예술 형식을 많이 알수록, 이를 감상하고 평가할 더 나은 입장에 있으며, 뛰어난 공연이나 훌륭한 창작품을 목격할 때 그의 기쁨은 더욱 강렬하다. 관조를 목적으로 만들어졌든 또는 춤추고 노래하고 또는 연기하기 위해 만들어졌든, 눈부시게 제작된 공연에 참여하거나 제작물을 목격할 때 그것을 잘 아는 사람이나 예술 전문가들과 주창자들은 특히 기뻐한다. 따라서 기쁨을 경험하려면 예술이 속한 사회적 · 문화적 환경뿐만 아니라 그 실행을 이끄는 규칙들과 기대치들을 파악해야 한다. 누구나 어느 정도는 자신의 문화적 한계를 초월할 수 있겠지만, 전통에 깊이 잠긴 이들에게 이러한 경험이 얼마나 더 많은 것을 말해 줄 수 있겠는가.[9] 이러한 판단들은 감정과 인지가 강조점은 다르지만 불가분의 관계에 있는 인지적 감정 또는 감정적 인지라고 생각될 수 있다.[10] 칸트(Immanuel Kant)가 느낌 안과 주변에 기반을 둔 생각들이라고 했을 판단의 모호함은 기쁨의 모호함을 분명히 보여 준다.[11] 이러한 생각들은 일반 교육에서 음악의 정당화를 돕는다. 이들은 또한 음악 교육에서 사회적 및 문화적 맥락의 중요성과, 이런저런 음악을 성실하게 이해하기 위해 필요한 기술 개발의 불가피성을 암시한다.

음악 및 교육에 관한 생각과 실천에 기쁨이 한 기여들 가운데는, 음악이 사람들에게 기쁨을 경험하고 표현할 수 있는 적절한 수단을 제공한다는 것, 이를 통해 기쁨이 야기될 수 있다는 것 그리고 이를 통해 사람들의 생애가 더 풍부하고 밝아질 수 있다는 것이 있다. 음악 경험에서 기쁨을 경험한 결과, 청년이나 노년이나 마찬가지로 인간 존재의 다른 영역에서도 기쁨을 인지하고 추구할 확률이 높아진다. 이러한 영적인 환희는 남은 인생을 보다 밝게 비추어 삶의 의미와 목적을 부여하는 데 도움이 된다. 이러한 상황에서 경험한 기쁨은 다른 이들에게로 흘러넘치고, 기쁨의 강렬함은 사람들에게 이를 더 원하도록 자극할 수도 있다. 기쁨의 경험은 기쁨의 첫 경험으로 이끄는 생각들과 행동들을 긍정적으로 강화한다. 기쁨을 교육의 수단과 목적으로 생각하려면 교육의 과정에 참여하는 모든 사람이 기쁨을 떠올리게 하는 상황들을 설계할 것을 요구한다. 교육자와 학습자가 하고 싶은 교육 활동을 하고 또한 이들에게 기쁨을 주는 방법들로 과목들을 공부하는 모습을 상상해 보자. 만약 음악 교육이 기쁨에 관한 것이며 기쁨을 위한 것이라면, 교육자의 첫 연구는 기쁨을 주는 음악 및 교육의 수단과 목적을 확인하는 것이어야 할 것이다. 비록 이는 자유롭게 하는 과정이며, 또한 예속되거나 비인간화되었을 때 기쁨을 상상하기는 어렵지만, 역설적으로 기쁨은 종종 규율과 제약으로부터 나타난다. 기쁨이 이끄는 음악 교육은 교육자가 학습자의 변덕과 공상에 영합하는 무질서한 상태가 아니다. 오히려 학습자의 선택에 종종 제한들이 가해지며, 그 과정이 때로는 수고스럽고 판에 박힌 것일 수 있지만, 규율은 학습자가 빠르게 나아가며 새로운 분야를 개척하는 수단을 제공한다.

또한 기쁨이 가득한 음악 교육은 기교와 음악성의 개발을 강조한다. 이러한 교육은 두드러지게 기술 주도적이고 수행적이며, 음악 경험의 다른 측면들 중 연주, 즉흥연주, 작곡, 감상과 관련되어 폭넓게 생각된다.[12] 사람이 음악을 하면서, 자신의 능숙함을 연마하고, 또한 그의 숙련과 음악에 대한 생각이 거장의 경지에 오르면서, 우리의 노력을 통해 얻은 음악적 숙련의 순전한 세련됨과 우아함에 기쁨이 나타난다. 그러나 음악가들이 실현하기를 추구하는 '탁월함의 이상'을 성취하는 길에는 장애물들이 있다.[13] 때로 이런 장애물들이 크면 클수록 음악가는 이들을 극복하는 기쁨을 더 크게 경험한다. 도전적이지만 정교한 작품을 준비하기 위하여 앙상블과 고군분투하는 지휘자는 앙상블이 작품을 훌륭하게 연주한 후에 분출되는 기쁨을 잘 안다. 앙상블 단원들, 지휘자, 청중 모두가 공연이 끝난 후 감격의 눈물을 흘리거나 기쁨의 함성을 지르기도 한다. 이 경험은 일상의 근심을 적어도 잠시 동안이라도 기쁨으로 바꾸는 마법과 같은 효과가 있다. 이러한 기쁨은 단순한 감정이 아니다. 오히려 이를 성취하고 그 이상도 할 수 있다는 초월적이고 힘을 북돋우는 자신감이다. 이는 또한 우리의 존재를 빛으로 채우는 앎의 내재적 감각이다. 이러한 기쁨은 목적일 뿐만 아니라 다른 목적들을 위한 수단이 된다. 앙상블과 지휘자는 더 도전적이거나 다른 레퍼토리를 숙달함으로써 이 경험을 뛰어넘고, 그렇게 함으로써 음악가들과 인간으로서 성장하도록 격려받는다. 음악가들이 음악을 만드는 현장에서 이러한 기쁨을 경험함으로써, 청중들 또한 더 많은 기쁨의 경험을 원하고 이를 목격하고 그들 자신이 직접 음악을 만들 기회들을 찾게 된다.

기쁨을 이상으로 얼싸안는 것은 음악과 교육에 대한 인도적인 접근을 요구한다. 이러한 관점에서, 음악 교육은 음악과 관련된 사람들에 관한 것이며, 사람들에게 기쁨을 주거나 표현하는 방식들로 음악에 다가가는 것이다. 이는 인간의 경험을 풍요롭게 하고 이를 기쁨으로 가득 채우는 것이다. 교육과정은 단순히 음악의 주제만이 아니라, 또한 중요하게도 사람들이 다른 교과목들과 더불어 음악에 참여하게 되는 방법들에 대한 것이다. 기쁨으로 채워진 접근법은 주제 자체에만 초점을 맞춰 사람들이 배우는 독특한 방식들에까지 가지 않는 개념적 학습보다는, 이러한 특정한 사람들에 대하여 이들이 기쁨을 가장 잘 느낄 수 있도록 해 줄 종류의 경험들을 목적으로 세워진다. 이러한 경험은 시간과 장소에 따라 다르다. 특정한 교육자들과 학습자들의 흥미들과 필요들을 해결하는 것이 아닌 방식으로 주제를 분할하는 것보다는, 음악가들과 학생들의 가장 큰 적성, 흥미, 기술이 가장 최적화된 음악 경험을 찾는 근본적인 접근법에서 기쁨이 발견될 가능성이 더 높다.

기쁨의 폐단들 중 하나는 이것이 애매모호한 구조물이라는 점이다. 기쁨의 주관성은 대규모의 이질적 교육 집단들에서 기쁨을 찾기가 더 어렵다는 것을 뜻한다. 이러한 상황들에서, 교사들과 학생들이 서로를 그리고 자신들과 공명하며 알맞은 교육적 접근법들을 선택할 수 있는 개별 또는 소집단 교습과는 달리, 누가 무엇을 가르치고 배우는가에 대한 선택권에 제한을 받는다. 학교 음악에서는, 많은 경우에 선택의 여지가 없는 환경에서 교육이 이루어진다. 가끔 선택의 여지가 있을 때도, 지휘자들은 어떻게 기쁨을 불러일으키는지를 알 필요가 있다. 너무 많은 대규모 기악 앙상블들은 기쁨 대신 불안, 긴장, 심지어 괴로움으로 채워진다. 음악가들은 기쁨이 넘치며 어떻게 기쁨을 키워 낼지 아는 지휘자들을 존경한다. 나는 이러한 기쁨을 음악가들의 태도, 몸짓, 얼굴 표정에서 볼 수 있다. 교육자와 학습자가 선택권을 행사할 수 있는 조건, 예컨대 개인 레슨을 위한 조건을 마련하기가 더 어렵고 비싸다. 교육자와 학생이 서로를 선택할 수 있고 또한 그들이 가르치고 배울 교육 자료에 대하여 다소간의 선택권을 더 많이 행사할수록, 그들은 더 자주 기쁨과 마주치게 될 것이다. 공교육을 제약하는 재정적인 압박 속에서, 일부만이 아닌 모두에게 기쁨을 주는 상황을 만드는 것은 때로 어렵다.

　기쁨은 종종 다른 목적들을 추구할 때 오기 때문에, 이는 때때로 다른 목적들을 추구하는 것의 부산물일 수 있다. 예를 들어, 본인이 선택한 분야에서 예술성과 숙련을 추구하는 과정에서 기쁨이 생겨날 수 있다. 루이스(Clive Staples Lewis) 역시 기쁨에 의한 놀람과 예상치 못하게 나타나는 기쁨에 대해 종교적인 용어들로 말한다.[14] 나는 앞에서 이미 놀라움의 교육적 힘과 입증의 기쁨, 즉 일어나리라고 예측했던 일이 생겨나는 것을 깨닫는 기쁨에 관한 셰플러의 언급을 인용하였다.[15] 셰플러에게 기쁨은 교육의 주된 원동력인 지성을 발휘하는 것으로부터 도출된다. 교사들이 학생들에게 음악적 문제들을 풀게 하고 창의적인 방법들로 해결할 수 있는 도구들을 제공하면, 학생들은 흥미로운 해결책을 찾으며, 입증의 기쁨은 음악적 문제를 해결한 바로 다음에 나타난다. 다른 목적들을 추구하는 것과 기쁨이 필연적으로 상호 관련되어 있음에도 불구하고, 기쁨은 여전히 배경에 잠복해 있을 수 있다. 학생들이 관심을 가지는 음악적 문제들을 탐구하기 위해서는 정부 주도적인 기준들을 재검토할 필요가 있다. 음악 교육을 지시하는 시스템을 설립하는 것이 창의적 문제 해결 위주로 조직하는 것보다 간단하지만, 일부 음악 교육자는 다음과 같은 종류의 해결책들을 제안하였다. 삼십여 년 전 셰이퍼는 음악 교육에서 작곡과 즉흥연주를 강조하였다.[16] 그러나 대다수의 음악 교사들은 결과가 열려 있고 해결책이 다양한 방식으로 음악을 창작하며 즉흥연주하는 것을 편안하게 느끼지 않았다.[17]

　음악 교육자들은 기쁨을 추구하는 것이 노력과 규율의 포기와 학습자의 즉각적인 흥미들에 대한 집중을 요구하는 것으로 상상하는 유혹에 빠질 수 있다. 반대로, 교사들은 음악적 기술들을 발전시키는 노력과 규율에 지나치게 몰두하여 기쁨을 우연에 맡길 수도 있다. 이 대안들은 둘 다 잘못되었다. 전자는 자신의 음악적 기술들을 연마하는 교육적 의무의 이점을 취하지 못하며, 교사들과 학생들을 과소평가하는 경향이 있다. 후자는 교육의 전 과정에서 기쁨을 경험하도록 설계되지 않았다. 만일 음악가인 교육자들이 기쁨을 일깨우기 바라지 않는다면, 영영 나타나지 않을 수도 있다. 나로서는, 기쁨을 전혀 추구하지 않는 것보다는, 도중에 예상치 않은 함정들을 피할 필요의 가능성을 감수하는 편이 더 낫다.

행복

영국으로부터의 독립 선언서에서, 미국의 건국자들은 생명, 자유와 함께 '행복의 추구'를 자명한 진리들이자 선험적인 선(善)들로 명시하였다.[18] 이들은 평등, 경제 복지, 그리고 민주적 통치가 행복으로 이어질 것이라고 상상하였다.[19] 이들의 생각의 맥락을 따라 나딩스(Nel Noddings)와 같은 미국의 교육 철학자들은 공교육에서의 가치로서 행복에 대한 찬사를 적었다.[20] 하지만 나딩스는 현재 교육적 실천이 대부분 언어, 수학, 과학, 순수 예술, 사회 과학, 그리고 인문학과 같은 학문적 과목들에만 집중된 것에 대해 이의를 제기한다. 그녀는 또한 행복에 결정적인 가정 관련 지식, 예컨대 가사, 육아, 동물 돌보기, 환경 보호를 소홀히 하는 것에 대해 비판한다. 보이스-틸먼(June Boyce-Tillman)은 교육에서 전형적으로 간과되는 이러한 저평가된 지식을 '아는 것의 예속적 방식들'이라고 기술한다.[21] 보이스-틸먼은 보통 다른 학교 과목들과 동등한 가치로 여겨지지 않는 지식 영역 중 하나로 음악을 포함시킨다. 행복 중심의 교육을 만들어 가기 위해 나딩스는 전통적인 학문 분야를 뛰어넘는 교과 연구를 통하여 행복의 의미가 무엇인지, 교육을 통해 어떻게 행복을 이룰 수 있는지 분석해야 한다고 주장한다. 그녀는 만일 교육자들이 행복을 진지하게 고려하고자 한다면, 교육의 목적들과 수단들이 철저히 재고되고 재구성되어야 한다고 제안한다.

음악적 및 교육적 가치로서의 행복에 대한 나 자신의 접근 방식은 '행복한 특성과 상태' '전반적인 인생 혹은 특정 상황에서 운이 좋음 또는 요행, 성공, 번영' '정신의 즐거운 만족 상태, 본인의 상황에 대한 깊은 즐거움 또는 만족' '즐거움 또는 만족의 순간이나 근원' '성공적이거나 알맞은 적성, 어울림, 적합함, 또는 타당함, 적절함'이라는 일반적인 사전적 개념들로부터 출발한다.[22] 비록 이러한 의미들 중 일부는 현재 사용되지 않지만, 행복은 많은 경우 요행이나 행운의 결과로 생기는 정신 상태이다. 또한 번영을 포함한 본인의 목표들에 도달하거나 원하는 것들을 얻는 성공도 포함된다. 더 나아가, 자신과 주변 환경과의 특정한 어울림, 적성, 짝이 있다. 이러한 사전적인 정의들의 강조점은 우리가 경험하는 감정의 강도가 아닌 정신의 상태에 있다. 행운과 요행에 대한 언급이 있다는 것은 행복이 자신의 통제를 벗어난 요소들로부터 생긴다는 것을 보여 준다. 예측할 수 없는 사건들과 자연 및 인간 재해들은 변덕스러워 보이며, 행운은 다른 사람들보다 특정한 사람에게 미소를 보내는 것처럼 보인다. 어떤 사람들은 개인적·가족적 비극을 다른 사람들보다 더 많이 경험한다. 자신과 가장 밀접하게 연결된 가족들의 사회적·경제적·신체적 건강과 웰빙은 현격하게 다르며, 자신의 열망들을 실현할 기회들이 다른 사람들보다 제한적일 수도 있다. 종교적 및 정치적 금지들과 규정들은 사람들이 자신들의 열망들을 실현하는 것을 어렵게 만들 수 있다. 역사적으로, 특히 여성들, 소수 민족들, 성소수자들이 여기에 속해 왔다. 우울한 성향으로 고통받는 몇몇 사람들은, 선천적으로 명랑한 성향의 사람에 비하여 행복에 대한 적성이 떨어진다. 어떤 이들은 다른 사람들보다 지혜로운 선택을 하며, 어리석은 선택은 지혜로운 선택보다 그 결과가 덜 만족스러운 상황으로 이어질 수 있다. 이러한 개인적·사회적 요인은 행복의 달성을 돕거나 방해하는 행운이나 요행의 느낌을 갖게 한다.

　나딩스가 주목하듯이, 자신과 그 이상의 세계를 생각하는 정신적 상태로서의 행복은 윤리적이다.[23] 이러한 생각에는 자신의 냉정한 의무들과 책임들뿐만 아니라 자신이 아끼는 사람들에 대한 열정적 애착들과 책임들이라는 감정적 특징이 있다. 고통과 악의 실존적 편재(遍在)는 때때로 슬픔을 경험하는 사람들에게 인생의 밝은 순간 및 시간을 소중히 여기는 행복관을 요구한다. 나딩스에게 이것은 가정과 가정생활을 가치 있게 여기는 것, 가장 가깝고 소중한 사람들과 관계를 맺는 것, 남들에게 환대를 베푸는 것을 포함한다. 우리는 자신의 가족 구성원, 자녀들, 부모들, 친척들, 그리고 가족으로 받아들인 동물들을 돌본다. 고통받고 궁핍한 사람들을 돌본다. 우리는 사회 안에 인도적인 사회 정책들을 만들기 위하여 책임감을 행사한다. 우리는 가지각색으로 표출되는 인간 영혼을 돌보며, 자연환경과 그 안에 서식하는 동물들과 식물들을 돌본다. 이들은 인간의 기본 욕구들이기 때문에, 이러한 세심함이 없이는 행복을 찾기 어렵고, 이들을 만족시키지 않고는 성공이라는 외적 장식들이 있더라도 인간은 행복할 수 없다고 나딩스는 주장한다.[24] 내가 이런 견해를 좋아하는 이유는 이것이 인간 조건의 일부인 슬픔과 죽음을 직시하며, 또한 기쁨과 마찬가지로 예상치 못한 행복의 출현으로 우리가 놀랄 수 있기 때문이다. 하지만 행복은 기쁨처럼 순간적이지는 않으며, 보다 안정된 마음의 상태이다. 이는 자신의 인생에서 더욱 깊고 지속적인 의미를 파악하기 위해 직면한 어려움들 너머를 보는 것이다. 한 사람의 적성은 그가 살아가는 방식과 공명하고 부합한다. 기쁨과 마찬가지로, 이러한 공명은 자신에게 가장 적합하고 상황이 허락하는 한, 하고 싶은 것을 성실성 또는 투명한 감각과 온전함으로 존재하고 실행하는 것에 기여한다.

음악과 교육에 관한 이 관점의 기여 중에는 음악가들과 교육자들이 그들 자신과 동료들, 학습자들의 마음에 드는 상황들을 조성하게 했다는 것이 있다. 이들은 가르치면서 그 목적만을 위해서가 아니라 동료들과 학습자들의 행복을 위해서도 하게 된다. 음악 프로그램의 교육과정, 교재, 행정은 음악가들과 학생들이 고유한 가치나 매력이 모자란 프로젝트들을 수행하도록 이들을 훈육하고 통제하는 것보다는, 사람들의 배우려는 내적 동기를 본질적으로 자극하고 여기에 더 의존하는 음악적이고 교육적인 과정에 적합하도록 조정된다. 음악 수업들은 학교에 온 학생들이 행복을 경험하기에 딱 맞는 시간과 장소를 제공한다. 이러한 기회들을 만들어 내기 위해서는 교사들이 행복을 키울 수 있기에 알맞은 활동들과 교실 환경들을 연구해야 한다. 이는 학습자가 행복하고 자신들이 작업 중인 과제들을 즐길 때 가장 잘 배운다고 가정한다. 예를 들어 이러한 음악 교육은, 공부하는 음악 레퍼토리에 대한 선호도, 수행되는 활동, 육성되는 관계, 그리고 모든 참가자의 행복을 소중하게 여긴다.

또한 나딩스가 행복을 강조하는 것은 가정생활과 비형식성의 가치들이 음악 교육에 특히 중요함을 암시한다.[25] 그린(Lucy Green)은 음악 교육에서 비형식성의 개념들을 대중 음악가들이 어떻게 음악을 배우는가와 연관하여 연구한 사람들 중 하나이다.[26] 대중음악의 교수 및 학습 특성을 원용하는 것은 음악 교육의 형식적이고 교훈적인 접근법들을 넘어 교수법의 가능성을 확장할 수 있다. 이는 학습을 음악 경험에 맥락화하고 즉시 적용하는 방법으로, 모방, 반복, 연속적 접근, 장난기, 동료 간 가르침 및 필요한 지식을 바탕으로 가르치는 측면들을 포함한다. 또한 지식은 특이하게도 가끔 교육적이라고 여겨지지 않는 일들 및 음악적 게임을 통해서도 습득될 수도 있다.[27]

행복을 지향한 음악과 교육의 중요한 기여들에도 불구하고, 폐단 또한 잠재한다. 이러한 접근법은 교육이 전에 습득했던 습관들, 태도들, 신념들을 버리고 새롭게 배워야 하는, 때로는 고통스러운 과정임을 간과할 수 있다. 음악적 기량의 개발은 매우 어려운 작업이며, 보상이 항상 즉각적이지는 않다. 기악적 테크닉과 음악성을 쌓으려면 때로는 지루하고 귀찮은 장시간의 연습이 필요하고, 여러 해에 걸친 인내, 용기, 투지, 집념이 요구된다. 인생에서 가치 있는 많은 것은 부지런히 추구되어야 하는 데, 음악과 교육의 유일한 존재 이유로 행복에 초점을 맞춘다면 지금 이 순간 행복을 주거나 주지 않을 수 있는 다른 가치들의 중요성을 간과하게 될 것이다. 부정적 강화는 간혹 음악적 학습에 강력한 동기 부여가 될 수 있다. 우리는 해야 할 것과 하지 말아야 할 것을 함께 배우는 것이 중요하다. 음악적 및 교육적 과정에서 이처럼 중요한 제약들은 즉각적인 행복의 경험과는 상반될 수 있고, 심지어 장기적으로도 행복을 만들 수도 만들지 않을 수도 있다. 이러한 단서들을 고려하는 것은 음악적 및 교육적 가치로써 행복에 대한 열망을 적절하게 조절한다.

비형식성과 우연에 의존하는 음악 교육 프로그램에는 어려움이 발생할 수 있다. 그런은 비형식성을 규모가 크고 형식적인 교육과정에 놓는 것에 신중하다. 인터넷에서 찾을 수 있는 것 같은 다른 종류의 비형식적 학습은, 특정 현상에 대한 학생의 관심에 크게 의존한다. 학생들이 자신들의 관심과 충동에 따르도록 허용하는 것은 행복과 관련될 수도 있지만, 듀이가 주장했듯 학생들의 충동에 집중하는 것이 장기적으로는 성장을 방해할 수 있다.[28] 그보다는 교사들이 학생들의 장기적 발달에 초점을 맞춘 교육 프로그램들을 계획할 때 학생들은 성장할 가능성이 높다. 비록 누군가는 전략적인 계획과 행복을 시종 결합하기를 원할 수도 있지만, 문제는 항상 그렇게 단순하지 않다. 가끔 어떤 교사는 지금 학생들에게 행복을 가져올 수 있는 것보다 이들이 배워야 할 필요가 있는 것을 결정한다는 요구를 더 앞세워야만 할 수도 있다. 학생 집단을 위해 교육 계획을 설계한다는 것은 또한 학생들이 공동체의 최대 이익들을 위해 그들 자신의 행복이 가능한 한 조정될 필요가 있다는 중요한 민주적 원칙을 배우는 수단이기도 하다. 집단 음악 교육의 어려움 중 하나는 가능한 한 많은 사람들이 행복할 가능성을 증진하는 동시에 전체 집단의 필요와 흥미를 가장 잘 충족시키는 교육적 접근법을 찾는 것이다. 이러한 상황에서는 모든 사람이 행복할 가능성을 만들고 싶은 어떤 교사의 희망에도 불구하고, 개인적 행복이 집단의 본성에 따라 얼마간 타협된다. 또한 공적 및 사적 생활에는 중요한 구별이 있으며, 학습자는 비형식성만큼이나 형식성에도 순응해야 한다. 사생활뿐 아니라 공적 생활에서도 행복을 누릴 수 있기를 바라지만, 이는 어느 정도까지만 가능하다.

즐거움

앵글로-노르만어에서 유래한 즐거움(pleasure)이라는 단어는 '좋거나 바람직한 경험 또는 기대로부터 유발된 상태 또는 감각' '행복한 만족 또는 즐거움의 느낌' '충족감' 및 '기쁨'을 뜻한다. 고통의 반대로, 이에 함축된 의미는 가치 있는 신체적 감각부터 '어떤 것이 만족스럽다고 판단하는 상태'까지 다양하며, '의지, 욕구, 선택'의 문제와도 관련이 있다.[29] 즐거움을 순전히 관능적 및 성적 욕망으로만 보기보다는, 신체적 감각, 정서, 생각을 포함하는 광범위한 의미로 봐야 한다. 즐거움은 순간적으로 경험될 뿐만 아니라 예측되고 기억된다. 칸트가 미학적 즐거움을 감정에서 비롯된 판단력이자 유쾌함을 이끌어 낸다고 언급한 것은 만족스러운 방식들로 감각, 감정, 생각이 결합되는 예술 교육과 특별한 연관이 있다.[30] 즐거움이 오로지 육체적 욕구들의 충족에만 연결되어 있다는 관점과는 대조적으로, 칸트적 관점에서의 즐거움은, 순수 및 실천 이성을 포함하는 이성의 3부작 유형들 중 하나인 판단력이 행사될 때 발현되는 인지적 감정으로 중요한 지적 토대를 가진다.

욕구와 판단을 포함하는 즐거움의 다의성은 음악과 교육에 중요한 의미가 있다. 기쁨이나 행복과 마찬가지로, 즐거움은 특히 예술에서 뚜렷한 감각-감정-생각의 폭넓은 개념인 랭어의 '느낌' 개념과 공명한다.[31] 중요한 것은 즐거움이 인간 본성의 측면들을 구성하는 관능과 성적 관심에 기반을 두고 있다는 점이다. 전 세계의 음악적 문화들에서 노래, 춤, 그리고 기악 음악은 탄생, 사춘기, 연애, 결혼, 죽음과 같은 인생의 사건들과 관련된 의식에서 중요한 역할을 한다. 음악이 때로는 비밀리에 그리고 때로는 공공연히 욕구를 표현하기에, 사회는 그 표현을 관리하고, 확인하며, 제한하는 데 관심이 있다. 고대로부터 철학자들은 음악적 표현들을 일반 교육의 일부분으로서 금하거나 규정함으로써 욕구를 직접적으로 다루었다.[32] 경험적 연구자들 역시 음악 교육에서 성적 관심이 정의되고 표현되는 방식들과, 음악, 가르침, 배움, 교습, 교육과정, 행정의 공통점이나 또는 개인적 표현, 정체성 형성, 사회화, 문화화의 수단들이라는 것들이 있는지 이해하려고 노력해 왔다.[33]

즐거움을 정서로 생각하는 것은 즐거움이 그 순간에 경험되는 것뿐만 아니라 예상되고, 상상되고, 성찰되는 방식들을 강조한다. 개인의 관심이 육체적 욕구를 충족하는 것이든 음악들과 음악적 사건들을 둘러싼 이들과 떼어 낼 수 없는 감정들을 경험하는 것이든, 즐거움은 예측적, 경험적, 그리고 성찰적이다. 정신과 몸은 경험적이고 전인적으로 생각되지만, 육체적 욕구는 윤리적으로 축하받을 만한 선 혹은 통제되거나 심지어 거부되어야 할 악으로 여겨진다. 기독교 시대를 통틀어 신학자들은 육체의 자연적 상태가 폄하하고 제한되어야 하는 악인지 아니면 교육되고 권장해야 하는 선인지 논쟁해 왔다. 즐거움이 제한되어야 하는지 축하받아야 하는지 신학자들 간의 의견이 일치하지 않은 것이다. 아우구스티누스는 음악의 달콤함이 신에 대한 묵상에서 멀어지게 할까 노심초사한다.[34] 그의 관점에서 즐거움은 부정적이며 잠재적으로 해로운 의미가 함축되어 있다. 대조적으로, 루터(Martin Luther)는 육체적이고 영적인 선을 위한 음악의 힘과 또한 음악이 주는 즐거움을 신의 섭리로 여겨 옹호한다.[35] 루소(Jean-Jacques Rousseau) 역시 즐거움은 인간 경험의 자연적 부분으로 기려져야 한다고 주장한다.[36] 스틸(Sean Steel)은 육체적 자유분방함과 성적인 기쁨을 찬양하는 록 음악 교육에 대한 디오니소스적 접근법의 한 측면으로서 즐거움을 받아들인다.[37] 이처럼 육체와 즐거움에 대한 상반되는 신학적 및 철학적 개념들이 있다는 것은, 교육자들과 이들의 학생들이 즐거움을 온전한 선과 이상으로서 애써야 하는 가치인지에 대해 교육자들이 종종 주저한다는 것을 뜻한다. 억제되지 않고 쾌락주의적이라는 즐거움의 특성은 육체적 욕구를 길들이거나 순화시키는 것을 추구하는 사람들에게 종종 의심스러운 것으로 간주되는데, 이 견해는 실러(Friedrich Schiller)가 자연적 및 도덕적 '인간'을 구별하고, 즐거움보다는 도덕성을 지향하는 교육의 경향에 받아들인다.[38]

일반 공교육 안에서 처음 시작될 때부터, 음악 교육은 이것이 가져오는 즐거움과 기쁨보다는 주로 사회적·도덕적·영적 목적들로 정당화되어 왔다. 이러한 현실은 학교 음악을 학교 밖의 음악 경험과 상충하게 만드는데, 거기서는 흔히 음악을 만들고 받아들이는 사람들에게 주는 즐거움으로 가치를 평가받는다.[39] 하지만 그린은 모차르트의 〈클라리넷 5중주 A장조〉, K. 581에 대한 자신의 반응을 쓰면서, "즐거움은 그 소리가 누군가를 관통하여 흐르거나 감싸고, 몽상에 잠기고, 편안하게 앉아서 음악의 달콤함(또는 쾌활함 혹은 통통 튐)이 사람을 기분 좋게 만드는 가운데 발견된다." 라고 말한다.[40] 음악을 들으면서 즐거움을 경험하는 청취자들에 대해 생각하는 키비(Peter Kivy)처럼,[41] 그린(Greene)은 다른 예술과 더불어 음악 교육에서도 즐거움을 찾으려 한다. 이 중요한 특성을 간과하면 음악 경험의 풍성함과 육체적 본질을 파악하지 못한다.

　기여들 중에는, 즐거움이 예술과 음악 교육의 목적으로서 문화적 신념들과 관습들에 뿌리내린 개인적이고 사회적인 이해, 선호도, 실천의 복합적인 그물망의 영향을 받는다는 것이 있다. 특정 의식(rituals)들에서, 두려움, 괴로움, 고통을 유발하는 수단으로 음악이 작곡되고, 즉흥연주되며, 연주되고, 노래되며, 춤춰진다. 어떤 음악은 육체적 욕망보다는 지성에 더 호소한다. 어떤 음악들의 창작자들은 대중을 불안하게 하고, 자극하고, 소외시키기를 바랄 수도 있다. 몇몇 사람들이 어떤 음악을 소중히 여길 수 있지만, 다른 사람들은 이를 거부할 수 있다. 한 음악 작품은 필연적이고 명백하게 즐거움과 관련되고, 다른 작품은 고통과 관련되는 것이 아니다. 오히려 음악은 즐거움부터 고통까지 전체 범위에 걸친 다양한 반응을 촉발할 수 있다. 이런 경우, 즐거움이 어떻게 모든 음악가들과 이들의 대중들을 동등하게 만족시키는 방식으로 모든 음악 교육의 목적이 될 수 있는지 알기 어렵다. 음악적 및 교육적 가치로서의 즐거움은 음악들, 사람들 그리고 음악이 만들어지고 수용되는 맥락들에 달려 있을 가능성이 높다. 이러한 다의성은 음악 및 교육에 대한 획일적인 접근 방식의 수단이자 목적으로 오로지 즐거움에만 의존하는 것을 어렵게 만들 수 있다. 그렇지만 이는 서로 다른 음악적 전통들이 번성할 수 있는 다채로운 가능성들을 열어 준다.

　즐거움이 주로 쾌락주의적 욕구라는 면에서 또는 냉정한 사색과 연관된 인지적 감정으로 해석되느냐는 것과는 관계없이, 즐거움에 기반을 둔 음악과 교육은 이것에 이해관계가 있는 사람들에게 매력적이기를 원한다. 이러한 매력의 구체적인 특성은 몸과 마음, 노래와 춤, 작품 분석 등 연주에서 이들을 표현하고 실행하는 목적에 따라 상당히 다양할 수 있다. 놀이는 행복뿐만 아니라 즐거움 또한 불러일으키며, 음악가들과 교육자들은 자연히 놀이를 형식적, 그리고 비형식적인 음악 교육의 중요한 측면으로 여긴다.[42] 즐거움의 긍정적인 감정적 가치는 학습을 활기차게, 즉 이는 학습을 살아나게 한다. 화이트헤드(Alfred North Whitehead)가 '비활성 지식'이라고 표현한 것보다, 오히려 이러한 음악 교육은 이성적으로 파악한 것만큼이나 느끼는 것으로서 생생한 지식을 지향한다.[43] 이는 교사들과 그들의 학생들이 더 많은 경험을 원하고 이들을 추구하도록 동기를 부여한다. 즐거움은 학습을 위한 동기 부여의 내재적 공급원 역할을 한다.

　하지만 즐거움을 지나치게 강조하는 것은 교육자들이 학습자들의 개인적 및 집단적 성장을 돕는 것을 추구하는 장기적인 관점을 갖기보다는, 그들의 현재 욕구와 충동에 항복할 위험성이 잠재되어 있다. 감정과 욕구는 순간적일 수 있기에, 즐거움에 주로 집중하는 것은 교육자가 지속적인 가치보다는 현재의 감각이나 겉보기의 신기루를 따라가도록 만들 수 있다. 누군가는 음악 및 음악과 인생의 다른 측면과의 연결고리를 알아 가는 내내 즐거움을 만나기를 바랄 수 있지만, 즐거움에만 전적으로 의존하는 것으로는 충분치 못하다. 우리가 시간 중에서 이 순간에 이 음악으로부터 얻는 즐거움은 익숙함과 여태까지의 인생 경험의 작용일 수 있다. 현재 지식의 지평을 넘어서서 익숙하지 않은 음악적 전통을 경험하는 것은 처음에는 불편할 수 있다. 그러나 몇 년 뒤에 다른 전통에 적응하게 되면, 이들은 즐거움의 원인이 될 수 있다. 심지어 이들로부터 전혀 즐거움을 느끼지 못하는 상황에 이르더라도, 이제 우리는 자신과 타인들, 그리고 때와 장소를 넘어 사람들이 자신들을 음악적으로 표현하는 다양한 방식에 대해 보다 넓은 관점을 가지게 된다.

　고통은 교육을 통해 회복될 수 있으며 심지어는 중요한 교훈이 될 수 있다. 나는 인도적인 교육을 희망하기에 이러한 현실을 인정하기 어렵지만, 그럴 수밖에 없다. 학교 음악가들은 일반적으로 즐거움을 위해 고통을 피하는 교육 방법들과 교육과정들을 만들어 왔다. 그들은 무슨 수를 써서라도 음악 교육을 즐겁게 만들고 고통을 회피하기를 바란다. 아동의 권리가 국제 연합 헌장에 명기되어 있지만, 미국은 이 헌장의 서명국이 아니며, 국내외의 아이들은 여전히 주기적으로 신체적 및 정신적 학대를 당하고 있다. 신체적 체벌과 심리적 학대는 서양의 현대 학교 교육에서 불법이지만, 어떤 곳에서는 여전히 지속되고 있다.[44] 설상가상으로 내가 음악 프로그램 안의 성 소수자 학생들과 교사들에게 들은 이야기들이 증언하듯, 때로 즐거움과 고통은 뒤얽혀 있다. 안전하고 고통 없는 환경들을 만들고자 하는 음악 교육 정책수립자의 희망에도 불구하고, 많은 음악 교사와 학생들이 음향학적으로 해로운 소리 환경에서 일한다.[45] 음악 교육 프로그램들에서 지속되는 학대와 폭력 및 교사들과 학생들이 그 안에서 일하는 위험한 음향 환경들은 개탄스럽다. 하지만 때로는 교육적 경험이 고통스럽다는 것도 말해야 한다. 한 소년이 현재 자신의 발전 속도로는 본인이 원하는 연주 수준에 도달하지 못한다는 것을 체득하는 일은 괴로울 수 있다. 특정 악기를 연주하고 싶어 하는 한 소녀가, 자신의 신체 조건과 성격에 더 적합하여 궁극적으로 이를 통해 기쁨을 가져올 수 있는 다른 악기가 있다는 것을 이해하는 것은 실망스러울 수 있다. 어떤 성인이 청각 상실로 인해 창의적인 작업의 초점을 연주로부터의 에너지에서 학문으로 방향 전환해야 한다는 것은 슬픔의 원인이 될 수 있다. 본인이 할 수 없는 것이 무엇인지를 배우는 것은 때로 매우 고통스럽다. 그러나 교육이란 우리의 적성과 재능이 어떤 방식들로의 발달을 제한하는 동시에 이들이 다른 방식으로의 발달을 가능케 함을 발견하는 일이다. 우리가 음악과 교육에서 온전한 즐거움을 희망함에도 불구하고, 고통은 때로 중요한 교육적 역할을 한다.

축하

축하(celebration)라는 단어는 축전을 행한다는 뜻의 라틴어 'celebrare'에 뿌리를 둔 동명사이다. 간단히 말해서, '종교적 혹은 격식을 갖춘 공적 의식이나 의전을 거행하거나 준수하는 행위' '중요하거나 행복한 날 또는 행사를 축하하는 행위' '공적 명예나 공로를 표창하는 행위'를 의미한다.[46] 축하는 그것을 정의하고 이해하는 공동체가 일련의 규칙 안에서 거행하는 의식을 의미한다. 그 격식 갖춤과 공적인 특징으로 인해 또한 기쁜 경우일 수 있더라도 엄숙한 분위기가 조성된다.

사회적으로 규정되고 금지된 규칙들 안에서 행해지는 의식으로서, 축하는 또한 느껴지며, 기억되는 사건들과 명예로운 사람들에 대한 감정적 가치가 있다. 이러한 이유로 랭어는 담론적 언어로 표현하기 어려운 삶의 측면을 표현하거나 실천하는 활동 중 하나로 의식을 포함한다.[47] 이러한 의식 행위들은 참가자가 이해하는 방식에 따라 상징적이다. 스몰(Christopher Small)은 교향곡 연주회를 연주자들과 청중이 모두 그 의미를 이해하는 일종의 음악적 의식으로 분석한다.[48] 그에게 있어, 이 의식에 중심적 및 주변적으로 참여하는 모든 사람은 음악을 하는 사람들로, 이들은 부분적이라도 의식에 참여함으로써 자신들의 정체성과 생활 방식이 정의되는 공동체를 형성한다. 음악적 의식은 음악 전문가들과 대중들의 헌신, 신념, 그리고 가치를 표현한다. 전체는 음악가들과 청중들 모두의 즐거운 참여로 가득 찬다. 욥(Iris Yob)은 참가자들에 의해 소통되고 느껴지는 이러한 감정들과 생각들을 '감정적 인지들'이라고 정의한다.[49] 그녀에게 의식이란 감정적 삶을, 풍부한 상징적 사고방식들로 격식을 갖춰 분명히 말하고 표현하는 것이다.

나딩스가 행복의 개념에서 비형식성을 강조한 것과 달리, 기쁜 순간의 강렬함과 즐거움의 감각적 본질을 가진 축하는 의식적 격식 갖춤이라는 특징을 가진다. 음악과 교육을 축하로 생각하는 것은 특정한 규칙들과 기대들을 가진 음악 대중의 신념과 품행을 긍정적으로 확인시킨다. 이러한 음악적 의식을 통해 개인적 및 주관적 확신이 생길 뿐만 아니라, 음악적 실천과 자신이 속한 더 넓은 공동체를 결정짓는 음악적 전통들의 지식과 정체성을 습득한다. 축하에서 쾌락적 태도의 제약은 공동체를 대표하는 특정 규범적 가치들, 신념들, 태도들, 실천들에 따라 고안된다. 사적인 감정 표현과 반대되는 이러한 공적 감각은 원초적 감정으로부터 심리적 거리를 두게 하며, 즉각적인 느낌의 상태에 있을 때보다 더 우아하고 감동적인 방법으로 의식을 실행하게 한다. 이 개념은 포도로 만든 와인의 '압착법'에 대한 듀이의 은유와 유사하다.[50] 듀이가 보기에, 예술가들은 주관적인 감정을 공적으로 접근할 수 있는 축하로 바꾸는 과정에서 장애물을 경험하고 극복한다. 자신을 노출하는 대신 음악가들은 작곡, 즉흥 연주, 혹은 공적으로 접근할 수 있는 이미 작곡된 작품에 대한 연주 등으로 자기 표현에 참여한다.

　축하는 음악을 경험하는 사람들이 자신과 음악을 동일시하며 이를 통해 자신의 존재를 확인받는다고 가정한다. 그린은 어떤 음악의 경우 음악가들과 대중들을 소외시킨다는 점에 주목하여, 축하를 소외에 대비시킨다.[51] 오늘날의 다문화적인 사회들에서는 다양한 음악 전통들이 뚜렷하며, 모든 사회 구성원이 반드시 동일한 신념, 태도, 음악에 대한 가치를 공유하지는 않는다.[52] 현대 사회에서 명백한 다양성과 다원성은 학교 음악에서 나타나는데, 일부 교육자 및 학습자는 특정 음악 작품에서 자신을 확인받는다고 느낄 수 있지만, 또 다른 이들은 이것에 의해 소외감을 느낄 수 있음을 의미한다. 축하를 위해 계획된 음악 연주는 모든 참가자에게 그렇게 받아들여지거나 같은 정도로 받아들여지지 않을 수 있다. 이러한 현실은 음악 교육에서 다양성에 기뻐하고 학습자가 다양한 음악적 전통과 대안적 방식을 통해 음악을 알도록 초대하는 열린 접근 방식을 개발할 가능성들을 제공한다.[53] 이러한 음악 교육은 어떠한 장소와 시간에 접근할 수 있는 음악적 다양성을 축하하고, 학생들에게 음악적으로나 다른 방식을 통해 그들의 존재를 확인시켜 줄 수 있는 다양한 경로를 제공한다.

　안타깝게도, 학생들에게 긍정적인 음악들을 찾아야 한다는 필요성이 음악 교사들을 학생들의 현재 음악 취향에만 집중하도록 이끌 수도 있다. 오늘날의 세계에서, 학습자의 취향들은 주로 상업적 이해관계, 대중 매체, 그리고 가족 전통에 의해 형성된다. 학교 음악에서 학생들의 음악 취향들은, 때로는 전문 음악가들에 의해 음악적 소속감이 형성된 교사들의 음악 취향과 충돌할 수 있다. 음악 교육에 영향을 주는 제도적 협조 부족과 학교에서 음악 교육에 할애하는 시간의 부족 문제는, 교사들이 학생들에게 즉각적인 접근성이 떨어지는 다른 음악들의 가치에 대해 설득하는 것을 어렵게 만들 수 있다. 실천들의 규칙과 기대를 키우기 위해서 형식적인 교육에만 의존하는 것은 삶을 살면서 음악을 익히는 많은 비형식적 방법을 간과한다. 재즈 음악이나 클래식 음악 전통 안에서 자란 젊은이들은 학교 교육과정에 이 음악들이 포함되는 것을 긍정적으로 여길 수 있다. 라이브 음악 연주회를 들은 적이 없고, 평생 전자 기기를 통해 녹음된 대중음악을 들으며 살아온 다른 학생들은 여러 해 동안 학교 음악 수업에 참석하더라도 그러한 음악들에 의해 계속 소외감을 느낄 수 있다. 오늘날 학교 음악 프로그램들에서 축하의 요구를 충족시키기 위해 모든 학생이 알아야 하는 레퍼토리를 찾고 동의를 얻는 것은 대단히 벅찬 일이다. 산업 시대의 음악 교육은 획일적이고 표준화된 집단 음악 교육 체계와는 달리, 정보화시대의 음악은 다채롭고, 전자 및 음향적이며, 변화 지향적이어서, 교육, 학습 그리고 수업하는 또 다른 기술을 요구한다. 정보화 시대의 음악 교육 접근 방식과 다른 관성을 구성한다.

앨퍼슨(Philip Alperson)이 음악 교육에 바라는 것과 같이 '강력한 실천주의' 방식으로 음악을 만들기 위해서는 음악에 실제로 참여하며 경험하는 것과, 또한 일반 교육 안에 있는 광범위하면서도 집중적인 음악 교육 프로그램을 필요로 한다.[54] 어떤 실천의 음악이든 잘 수행되어야 하며, 한 음악을 능숙하게 하는 일은 음악에 대해 배우는 거나 듣는 것보다 훨씬 많은 시간이 소요된다. 이러한 이유로 음악을 축하로 이해하려면 교사들이 전문 음악가들이며 또한 상당한 시간을 음악 교육에 투자해야 하는데, 학교 음악에서는 이러한 특성들이 너무 자주 결여된다. 학교 교사가 음악가가 아니라면 "나는 그의 어떤 말도 듣지 않을 것이다."라는 루터의 견해는 교사들에게 최소한의 음악적 준비만을 제공하는 서구에서 전통적으로 채택되어 온 방식들과는 매우 다른 전략적 접근을 교육 정책 입안자들에게 요구한다.[55] 가장 우수한 자격을 갖춘 음악가들은 대부분의 음악 전문가가 적은 초등학교보다는 고등학교 음악 교육 현장에 있다. 모든 교사가 음악가가 아니고 학교 교육과정에 음악 교육을 위한 충분한 시간이 배당되지 않는다면, 음악 교육이 축하의 형태로 만들어지는 방식들에 따라 음악적 실천의 규칙들을 파악하고 이들과 동일시되는 것은 상당히 비현실적이다. 교사들 자신이 음악성이 부족하면서 어린이들의 음악성을 개발하려고 시도하는 것은 시각 장애인이 시각장애인을 인도하는 사례로 공공 정책 측면에서 제한적 의미를 갖는다. 축하가 실질적으로 음악 교육의 가치로 작용하려면, 음악 교사들이 충분한 교육 시간을 자유롭게 사용할 수 있는 음악가로 활동할 수 있도록 보장하기 위해 상당한 자원들이 필요하다. 그렇지만 음악이 공교육에 들어온 19세기부터 너무나도 자주 전문 교사와 음악 교육 시간의 공급은 부족해 왔다.

기쁨을 비유적으로 보석이나 생생한 감정이라고 생각할 때, 기쁨은 또한 영적인 차원을 가진다. 특히 미국적인 이상인 행복은, 부분적으로는 통제할 수 없고 개인 및 사회적 요인의 영향을 받는 즐거운 정신의 상태와 연관된다. 즐거움은 감각적 및 성적 욕구로부터 감정, 생각, 판단에 이르는 다수의 유쾌한 감각을 촉발한다. 의례적으로 축하를 실행이라고 생각할 때, 이는 상징적인 의미를 가득 담고 있는 풍부한 개념이다. 비록 이 가치들이 감정적 및 육체적 삶에 뿌리를 두고 있어 비슷하게 발현되기도 하지만, 이들은 비형식적 혹은 형식적 접근 방식이라는 면에서 음악 교육 실천에 관해 서로 다른 의미를 품고 있다. 가치들의 잠재적인 힘은 기쁨이나 유쾌함의 감정적 힘, 행복의 헌신과 만족, 즐거움의 감각성과 지적 만족 그리고 축하의 긍정과 확인이 합하여 음악가, 교육자, 학습자에게 내적 동기 부여의 원천들을 제공하느냐에 달려 있다. 이들 중 어떤 가치도 하나씩으로는 충분치 못하며, 이들 모두는 각기 다른 기여들을 제공한다. 음악과 교육이 진행되는 특정 상황들에서 가치들이 제공하는 최선을 유지하고 최악을 피하기 위해 어떻게 해야 할지를 음악 및 교육 정책 입안자들은 찾아야 할 것이다.

제**7**장

신의, 끈기, 인내, 충성
Fidelity, Persistence, Patience, and Loyalty

'**신**의, 끈기, 인내, 충성'에 대한 생각은 음악과 교육의 중요한 요소로서 역동적인 전통의 역할, 그리고 음악가 · 교사 · 학습자의 역할을 포착하기 위한 도제식 교육을 떠올리게 한다. 이 가치들은 주관적이거나 감정적인 삶에 더 가까워 보이는 '사랑, 우정, 욕망, 헌신' '기쁨, 행복, 즐거움, 축하'의 가치들과 대조적으로, 정신적 삶에서 발생하며 구체적인 행동으로 표출된다. 예로부터 이러한 가치들은 어떤 음악을 발전시키고 어떤 교육적 관점을 수용해야 하는지를 결정할 때 중요한 역할을 하는 축적된 음악적 · 교육적 신념 및 실천을 통해 드러났다. 변화하는 기술과 정치적 현실, 사회적 통념에 크게 영향을 받는 이 시대에, 변화에 초점을 맞추고 참신함 또는 차별성을 추구하는 과정에서 전통을 경시하거나 타파하거나 뒤엎는 음악적 · 문화적 교육을 선택하고 싶을 수 있다.[1] 전통을 혁신과의 긴장 관계 또는 변증법적 관계 속에 살아 있는 것으로 간주하는 나의 입장은 더 복잡하거나 문제가 될 수도 있다.[2] 전통에는 반드시 비판이 수반되어야 함에도 불구하고, 이는 사회적 집단과 체제에서 안정성, 의식(儀式), 집단 기억, 정체성 및 가능성의 공유에 기여하는 장점을 갖고 있다. 음악 교육에서 이러한 가치들은 특히 동서양의 고전적 전통에 기반한 개인 레슨 상황에서 종종 드러나며, 가창 및 기악 관련 지도서 및 문헌에서 엿볼 수 있다. 또한 교사 양성 프로그램과 연구자 육성 과정에서도 뚜렷하게 나타난다. 전 세계의 고전 음악과 토속음악에 만연해 있는 도제식 교육과 같이, 이 가치들은 오랜 기간 연습하며 실질적인 기술을 배워야 하는 경우에 특히 중요하다.[3] '신의, 끈기, 인내, 충성'이 개인 및 소그룹 환경과 상급 수준의 교육에서 특히 중요할 수 있지만, 이러한 가치들은 정부, 종교, 음악계, 가문 또는 상업 등 다양한 기관의 후원으로 이루어지는 학교에서의 일반 교육과도 관련이 있다. 이와 같은 특성들은 서로 얽혀 있지만, 나는 음악과 교육에 대한 이 가치들의 속성, 그리고 긍정적인 면과 부정적인 면을 검토하고자 차례로 논하려 한다.

신의

신의(fidelity)라는 단어는 프랑스어 단어 'fidélité'에서 유래하였는데, 이는 믿음과 신뢰를 의미하는 라틴어 'fidès, fidēlitāt-em, fidēlis'에 뿌리를 두고 있다.[4] 이 단어는 비전 또는 원칙들의 세트를 지칭하는 종교적 함의를 갖고 있지만, 나는 신의를 특별히 음악적·교육적 활용 측면에서 생각하려 한다. 신의가 신념들 및 관련된 실제들을 지칭한다는 점은 매우 중요하며, 이들은 현실적으로 불가분하게 얽혀 있다고 본다. 신의는 현실에서도 실행되는 신념에 대한 정신적 동의로서 명백하다. 아른스틴(Donald Arnstine)은 신의를 특정한 신념이나 신념 체계에 따라 행동하는 경향인 '성향'으로 간주한다.[5] 이 신념에 동의하고 이를 위하여 행동하는 것은 그 신념이 충분히 설득력 있고 정당하며, 즉각적인 행동의 동기를 부여한다는 것을 의미한다. 성향은 개인적인 내면의 삶에서 시작되며 그 사람의 행동을 통해 다른 사람들에게 공개적으로 드러난다. 신의는 음악적 또는 교육적 실천의 현실에서 어느 정도 명백한 사고-행동이다. 예를 들어, 특정한 기술적·해석적 기능의 성취를 중요하게 여기는 바이올린 교사의 신념은 필연적으로 바이올린 교육에 대한 접근법을 실천하는 것과 학생의 특정한 성향을 함양하는 것으로 이어진다. 교사는 음악적 개념과 음악적 행동을 서로 구별되고 분리된 것처럼 여기기보다는, 그들의 신념에 따라 학생이 행동하게 할 의무를 가지려 한다. 학생은 또한 교사의 행동을 통해 신념을 갖게 될 수도 있다. 다시 말해, 바이올린 학생들 스스로가 바이올린 연주에 대한 신념을 가지게 될 수도 있다는 것이다. 신념과 실천 사이에는 공생 관계가 있어서 신념 또한 행동을 통해 강화되고 변형될 수 있다.

충실성(faithfulness)은 사람, 사상, 사물에 대한 '변함없는 충절', 충성, 진실성, 헌신을 의미하며, 음악적 또는 교육적으로뿐만 아니라 삶의 나머지 부분에 넘쳐 나는 신념과 행동의 나침반을 제공한다.[6] 신의는 관점을 빠르게 바꾸기보다는, 특정 방향을 고수한 채 명확한 목적의식으로 다양한 가능성을 탐색할 수 있게 해 준다. 이는 때때로 복잡한 결정들 가운데 길을 찾아 주는 북극성의 역할을 한다. 누군가 또는 무언가에 헌신하기로 한 결정은 그 헌신에서 촉발되는 다양한 가능성을 열어 줌으로써 자신의 시야를 좁히고 초점을 맞추게 한다. 우리는 모든 것을 배울 수는 없지만, 무언가를 배울 수는 있다. 배움은 헌신이 없었으면 불가능했을 방식들로 그 결과를 추구할 수 있도록 선택지를 열어 준다. 레퍼토리를 익히고 연주하기 위한 시간적 제약은 피아니스트들이 어떤 음악적 전통과 그 전통 안의 곡들을 연주할 것인지에 대해 선택하도록 만든다. 한 가지를 배우는 데 시간을 쓰려면 다른 것을 포기해야 한다.[7] 무엇을 추구하기로 선택하든, 레퍼토리 선택은 피아니스트의 역량을 제한하기도 하고 향상시키기도 한다. 이러한 선택은 다양한 레퍼토리의 가능성을 탐색하고, 제한된 시야 내에서 자신이 가진 피아니스트로서의 목표를 추구하며 만족감을 얻는 방도를 제공한다.

신의는 암묵적인 정직함, 성실함, 진실함, 그리고 진실하다고 생각될 수 있는(즉, 자신의 말과 신념에 맞는) 사고와 행동의 투명성을 전한다. 이러한 인식과 행동의 명료성은 화이트헤드(Alfred North Whitehead)가 말하는 지혜, 즉 지식이 여러모로 유용하게 활용되는 통일성, 완전성, 총체성에 도달한 것으로 볼 수 있다.[8] 불편함이나 의무, 책임이 생기더라도 진리를 추구하고 인정하는 이유가 바로 여기에 있다. 한쪽으로는 냉소주의를 피하고 다른 한쪽으로 회의주의를 피하는 것은 자신의 소중한 신념과 실천이 도전받을 수 있는, 또한 과거에 배워서 가치 있게 된 것을 재고(再考)하게 하는 놀라운 가능성을 준다.[9] 만약 젊은 가수들이 과거의 노래 습관이 좋지 않다는 것을 깨달았다면, 이제는 미래의 노래 습관에 관한 생각을 바꿀 수 있도록 하는 방법에 대해 고려해야 한다. 이는 그들이 어떤 대가를 치르더라도 과거에 알았던 것보다 더 큰 진리라고 이해하는 것을 추구할 수 있도록 만드는 변혁의 순간일 수 있다. 이 시점에서 새로운 길을 따르려면 자신의 행동과 신념이 하나가 되어야 한다는 것을 깨닫게 된다. 새로운 신념에 순응하며 자신이 누구이고 어떠한 가수가 될 수 있는지에 대해 신중하게 진술해질 필요가 있다. 자신이 진실이라고 믿는 것이 어디로 이어지든 그 길을 따르는 데에 드는 대가와 가능한 위험을 계산해야 한다.

신의는 또한 충절과 약속을 지킬 수 있는 의무감을 수반한다. 사람은 의무나 책무로서 자신의 '명예, 맹세 또는 서약의 말'을 이행하며, 자신의 약속을 지키는 '정직, 진실, 신뢰성'에서 그 고결성이 드러난다.[10] 서양의 콘서바토리에서 음악 교사들은 학생들에게 의무감을 심어 준다.[11] 이들은 종종 학생을 자신의 제자로 준비시키며, 학생이 성실하게 연습하고 레슨을 준비하도록 하며, 개인적으로뿐만 아니라 전형적인 음악적 관행에서도 의무를 다하도록 한다. 이런 점은 동양의 고전적인 전통에도 있다. 예를 들어, 인도에서는 전통적으로 학생이 물질적인 방식을 통해 교사의 편안함을 제공할 의무가 있었다.[12] 연습은 음악가가 되는 과정의 일부로서 학생이 수행하고 겪어야 하는 영적인 운동(예: 리야즈)이었다. 교사가 학생에게 지식을 전하기 위한 전제 조건으로서 학생은 자신의 신의를 교사에게 보여 주어야 했고, 따라서 학생은 제자로 받아들여지기 이전에 입문과 검증의 기간을 거쳐야 했다. 지혜는 삶의 원천으로서 그 자체로 가치가 있었고, 교사는 지식을 지키고 이에 충실할 것이라 믿을 수 있는 사람들에게만 그 지식이 전해질 수 있도록 노력했다.

신의가 기여하는 바 중 하나는 사회적 실천에 있어 안정감을 제공한다는 점이다. 신의에 대한 헌신이 없다면 어떻게 사회 집단이나 음악적 실천이 시간이 흘러도 지속될 수 있을지 상상하기 어렵다. 한 사람의 신의는 그 사람과 어울리는 사람들, 그리고 그 사람이 참여하는 관습들로 확장된다. 이처럼 신의는 공동체 내의 상호성과 사회 집단의 응집력에 기여한다. 신의가 있기에 지지자들은 반복적으로 행해지는 의식(儀式)을 공유한다. 교사의 음악적 및 교육학적 신념은 어느 정도 행동을 지배하는 규칙으로서 성문화되고 당연하게 여겨지는 수업, 연습 세션, 그리고 연주로 전이된다. 다른 사람들과 함께 이러한 의식을 거행하는 것은 집단 기억을 형성한다. 학기는 시작되고 끝나며, 수업은 순서대로 진행되는 전형적인 요소들을 가지고 있고, 연주는 특정한 성격으로 기억되며, 교사는 자신의 학생과 상호작용하는 부분에 있어서 자신만의 방법들을 가지고 있다. 이 모든 것은 음악 공동체의 일원으로서 정체성을 형성하는 데 도움을 준다. 이러한 집단적 감각은 음악가, 지식인, 사회 구성원이 되는 것에 대해 공통된 가능성과 책임을 갖게 한다. 또한 신의의 개념은 교사가 그 직군의 문지기라는 뜻으로도 해석된다. 엉성한 일을 허용하는 것은 잘못된 관행과 잘못된 교육이 번창할 수 있도록 허용하기에 그 직군에 이익이 되지 않는다. 따라서 우수성의 기준에 대한 신의는 어떤 직군에 입문하기 위한 중요한 기준이 된다.[13]

역설적으로 보일지라도, 신의는 또한 유기적인 변화와 차이를 촉진한다. 전통은 역동적이고 진화적이다. 상상력은 다양성과 차이, 그리고 차별성에 있어서 명백한 다의성으로 이어진다. 비록 음악가들이 자신이 속한 특정한 음악적 아이디어와 연습에 있어 신의를 유지하더라도, 이들은 이를 재작업하고 심지어 재창조하려고 한다. 이들은 당연하게 받아들였던 가정에 도전한다. 이들은 다른 것들을 재작업하면서 신선한 음악적 아이디어를 찾는다. 이들은 자신이 작업하는 형태와 자신이 그리는 소리의 가능성을 비판적으로 검토한다. 모든 것의 근본에는 이들이 흠뻑 빠져 있는 이 음악과 이들이 함께 일하고 연주하는 사람들에 대한 깊은 헌신이 있다. 신의는 우리의 상황처럼 음악적 전통이 혼합되고 충돌하며 근본적인 가정이 도전받는 심오한 변화의 역사적 순간에 시험받을 수 있다. 이는 화해할 수 있는 것을 화해시키는 방법, 극복할 수 있고 또 극복해야 하는 신념과 실천에 대해 차이와 도전을 협의할 것을 모색한다. 또한 이어질 수 없는 불화와 불연속성을 인정한다. 세계적이고 문화적인 격변의 시기에, 실크로드(역주: 첼리스트 요요마에 의해 설립된 비영리 단체)의 노력과 같은 것들은 공통적인 음악적 기반을 찾기 위해 음악적 전통을 초월하여 대화하는 수단이 된다.[14] 실크로드의 성과들은 연주자들과 그 관객들로 대표되는 다양한 음악적 전통에 대해 더 넓은 이해를 길러 준다. 이런 식으로, 음악적 신의는 더 폭넓게 재구성된다.

신의로 인한 폐단 중 하나는 지식에 대해 충분히 비판적인 견해를 취하는 데 실패할 수 있다는 점이다. 신념 체계와 음악적 또는 교육적 실천은 오류가 있을 수 있다. 예를 들어, 클래식 콘서트 전통을 해체하면서 스몰(Christopher Small)은 엘리트주의자, 계급주의자, 특권주의자 등이 특혜를 받고 그 혜택의 이익을 누리게 되는 의식에 사회 제도적 문제가 있을지도 모른다고 지적한다. 그의 견해에 따르면, 이 전통은 훈련을 의미하며, 심지어는 함께 일하는 음악가들에 대해 기획자, 매니저, 그리고 지휘자에 의한 권력의 남용을 뜻한다.[15] 스몰은 콘서트홀 공간, 음악가, 후원자 그리고 협약들이 부유한 사람들, 권력자들 그리고 상류층에게 너무 자주 이익을 주고 대부분의 사람은 배제해 버리는 권력관계를 나타낸다고 보았다. 만약 공영방송(PBS)을 통해 방송된 것처럼 빈 필하모닉 오케스트라가 쉰브룬 궁전의 뜰에서 개최된 여름밤 연주회에서 연주하는 것을 그가 본다면, 그는 콘서트 장소의 상징적인 중요성을 놓치지 않을 것이다. 오케스트라가 격식을 갖추지 않은 장소에서 연주하고는 있지만, 이 연주는 호화롭고 특권적인 환경인 오스트리아-헝가리 제국의 주요 궁전 중 하나를 배경으로 삼는다. 가장 후원을 많이 한 후원자들은 오케스트라와 가장 가까운 줄의 의자에 앉아 있고, 대다수의 관객은 더 멀리 있는 잔디 위에 격식 없이 앉아 있다. 관객을 늘리고 싶어 하는 오케스트라의 바람과 이 연주회에 온 사람들의 즐거움에도 불구하고, 이는 역사적으로 귀족과 연관된 레퍼토리를 연주하기 때문에 그 공연은 부와 지위가 부족한 사람들을 후원하기 위한 것으로 읽힐 수 있다. 또한 지휘자와 연주회 기획자의 입장에서 관객들이 즐겨야 한다고 믿는 음악을 상징하는 것으로도 볼 수 있다. 2016년의 이 공연에서, 나는 전체 기악 파트가 남성으로만 구성되었으며 여성 음악가들이 부족하다는 것을 알아차렸다(이는 여성이 오케스트라에서 제외됐던 시기의 연장선에 있다). 나는 그 오케스트라 연주가들 사이에 여성들이 드문드문 있는 것이 포용성의 시작 신호라는 점에서 기쁘지만, 이 오케스트라뿐만 아니라 서양의 클래식 전통에서 계속되고 있는 성차별을 떠올렸다.[16] 만일 신의가 지적으로 정직하려면 이는 자기성찰적이어야 하며, 지지자들은 이 음악 안에서 최고를 육성하는 동시에 전통의 문제들에 대해서도 질문할 필요가 있다. 비록 항상 그러기를 바랄 수 있지만, 신의는 변화의 요구나 필요를 인정하지 않도록 눈을 가릴 수도 있다.

맹목적인 믿음은 음악적 실천의 활기찬 정신을 잃게 한다. 비판, 긴장, 저항, 방해물은 공적인 공간에서 논의되고 논쟁될 때 오히려 생각과 실천에 활력을 불어넣는다. 전통적인 믿음과 실천에 대한 신뢰는 근시안적인 견해를 유발할 수 있다. 이는 아직 온전히 실현되지 않은 더 큰 비전이나 원칙에 대한 신의가 비판, 저항, 변화를 통해 나타날 수 있다는 사실을 간과하고 있다. 이런 관점에서 보면, 신의는 변화를 이끌어 내는 데 도움이 될 수 있다. 랭어(Susanne Langer)가 보기에 제자들은 변혁적 사상에 위험을 제기하며, 알섭(Randal Allsup)이 제자 육성을 음악 교육의 최종 목표로 삼는 것을 우려한 것은 옳다고 볼 수 있다.[17] 제자들은 규정 및 금지 체계(systems of prescriptions and proscriptions)에 대한 생성적 사고의 가능성을 축소하려는 경향이 있는데, 이는 전통을 고착화하고 심지어 파괴할 수도 있다. 기존의 생각과 실천이 굳어지면 한때는 가지고 있었을 수도 있는 힘, 영감(靈感)의 질, 그리고 즉시성을 잃는다. 음악 교육의 역사를 통틀어 사고 체계와 실천은 한때 신선했던 아이디어를 중심으로 확립되었다. 시간이 지남에 따라 이러한 체계에 대한 믿음은 자크-달크로즈(Emile Jaques-Dalcroze)가 적절하게 묘사한 '어처구니없는 허세'로 혼란스러워졌고, 특히 이 아이디어를 믿고, 실천하고, 발전시킬 사람들에게 더욱 그러했다.[18] 셰플러(Israel

Scheffler)는 열린 마음과 비판적 사고가 없는 상황에서 나타나는 교조주의와 회의주의에 대해 경고한다.[19] 우드퍼드(Paul Woodford)는 그러한 맹목을 우리 시대 음악 교육이 직면한 중요한 도전 중 하나로 간주한다. 우드퍼드에게 있어 민주적 과정은 다른 것들과 마찬가지로 음악에 대한 지적 교육을 필요로 한다.[20] 나는 교육과 사회에서 맹목적인 믿음, 종파주의, 환원주의로부터 나타나는 명백한 반지성주의를 살펴본다. 이는 한때 비유적이었던 생각을 문자화하거나, 규칙에 얽매인 시스템으로 성문화하고 회피함으로써 생기 넘치는 이상을 파괴하는 것이다.[21] 그 과정에서 생성적 사고는 비상(非常)한 역동적인 힘을 잃고 제한되며 진부해진다.

끈기

라틴어에 기원을 둔 동사 끈기(persist)는 '특히 반대, 좌절, 실패에도 불구하고 상태, 의견, 목적 또는 행동 과정에서 확고하게 또는 완고하게 계속되는 것'을 의미한다.[22] 프랑스어에서 직접 유래한 명사 'persistence'는 장애물 또는 성공의 결여나 실패에도 불구하고 특정한 신념과 실천을 계속 고수하는 상태를 말한다. 끈기는 일시적이거나 순간적인 것이 아니라 '지속적이고' '오래가며' '계속되거나 연장되는 존재 또는 상황'을 의미한다.[23] 또한 변화가 필요할 때도 자신의 신념과 실천을 끈질기게, 어쩌면 너무 오랫동안 고수할 수 있다는 점에서 완고함이라는 부정적인 의미를 가질 수도 있다. 음악적·교육적 가치로서 끈기의 가능성은 유망하면서도 문제가 될 수 있다. 그렇지만 특히 비판적인 언급들이 있을 수 있음에도 불구하고 끈기가 주는 최선의 것을 건져 낼 가치가 있다.

끈기는 특히 목표를 달성하는 데 있어서 장애물을 넘기 위해 노력하는 과정에 대한 상상의 목표, 즉 '탁월함의 이상'의 필요성을 예상하는 예술과 교육의 개념과 관련 있다.[24] 이 관점은 듀이(John Dewey)의 예술관으로부터 지지받는다. 예를 들어, 이러한 견해는 포도를 압착해서 와인이 되는 것처럼, 눌리거나 '압착되는' 과정을 통해 예술이 만들어진다는 그의 관점에 기대는 것이다.[25] 듀이에게 예술적 창작은 이러한 '짜내는' 과정을 버텨 내거나 견뎌 내는 끈기를 필요로 한다. 음악 작품, 그림, 조각, 시 또는 연극을 만들기 위해서는 몰두, 집중, 그리고 헌신이 필요하다. 듀이는 예술이 결코 단순한 것이 아니라, 극복하기 위해서는 기술과 지능이 필요한 장애물을 견뎌 내는 것이라고 믿는다. 듀이의 예술관을 교육적 경험으로 확장한 리드(Herbert Read), 그린(Maxine Greene), 하워드(Vernon Howard)는 전체적인 교육의 과정에서 예술성을 지속적으로 기르는 수단으로써 상상력과 비판적 사고가 필요하다고 보았다.[26] 마이어(Leonard Meyer)가 볼 때, 고전 음악의 의미와 그에 수반되는 감정적 가치를 파악하기 위해서는 고전 음악의 구성요소를 알고 이 음악이 근거로 하는 축적된 기대감을 계발하는 과정이 필요하다. 이를 성취하기 위해 시간과 끈기가 필요하다.[27]

가능성을 예측하고 도전과 장애물 앞에서도 끈질기게 버티는 역량과 기질을 기르기 위해서는 예술의 영역에서 가능한 탁월함의 이상이나 비범하고 심화된 경험을 실현하는 것이 필요하다. 예술적 비전을 현실 속 삶으로 끌고 오는 데 필요한 기술을 연마하기 위하여 오랜 시간 동안 연습에 의존하는 노력에서 이러한 원칙은 특히 중요하다. 끈기는 창의적인 과정 전반에 걸쳐 교사와 학습자에게 그들의 예술적이고 교육적인 목표를 달성할 수 있도록 힘을 주고 동기를 부여한다. 연주에 있어서 연습은 소리를 만드는 데 필요한 기술을 연마하게 하고, 그들이 표현하는 음악적 아이디어와 감정을 빛나게 하는 것과 관련한 기술적·예술적 문제이다. 연습과 연주에서는 회복탄력성과 강인함의 자질이 필요하다. 이는 음악가들이 음악을 만드는 과정에서 진화하는 상상의 비전을 실현하는 도중에 좌절과 실패에 직면하더라도 특정한 접근법과 목표를 충분히 고수할 수 있도록 한다.

예술적 사고와 실천에 있어 끈기의 중요한 역할에도 불구하고, 일부 음악가들과 교육자들은 내가 교수법적 즉시성 이론이라 여기는 것에 의존하는 교육학적 접근법을 개발해 왔다. 학생의 음악적 노력에 대한 보상이 바로 있어야 하며, 음악은 많은 기술을 필요로 하지 않고 연주될 수 있어야 하고, 학생이 모든 면에서 음악적 완성을 위해 고군분투할 필요가 없다는 개념이다. 예를 들어, 오르프(Carl Orff)와 케트만(Gunild Keetman)의 슐베르크(Schulwerk)는 학생들이 교실 음악을 즉흥적으로 연주하고 성공적으로 연주할 수 있기 위해 정교한 음악 개념을 이해하거나 고급 기능을 가질 필요가 없다는 생각에 기초하고 있다.[28]

즉시성은 특정 상황에서 일반적인 음악 교육에 소중한 역할을 할 수 있지만, 이는 내가 아는 모든 음악적 전통의 관습과 상충한다. 오히려 이러한 음악적 전통을 터득하기 위해서는 오랜 시간에 걸쳐 확장된 연습을 통해 기술을 발전시키는 끈기가 필요하다. 예를 들어, 블래킹(John Blacking)은 독립 전 남아프리카공화국의 음악 교육에 대해 쓰면서 벤다(Venda)족 음악의 특정 디테일들을 정확하게 수행하지 못함으로써 한 연주자의 주의를 흩뜨리고, 결국 무아지경에 빠질 수 없도록 만들었던 자신의 실패에 대해 이야기했다. 무아지경을 유발하거나 이와 연관될 것으로 예상되었던 음악 공연에서 그의 연주는 기술 부족으로 인해 실패하였으며, 그는 이것이 그가 벤다족으로 태어나지 않아서 생긴 문제라 결론 내렸다.[29] 그의 이야기는 벤다족의 전통 음악에서 모든 음악적 디테일을 정확하게 파악하는 것이 필수적이라는 것을 보여 준다. 모범적인 기술에 대한 요구는 실수에 대한 허용 오차를 낮춘다. 또한 이러한 현실은 소수의 사람들만이 벤다족의 수석 음악가가 되도록 장려된다는 것을 의미한다. 블래킹은 독립 전 남아프리카공화국의 벤다족 아이들이 다니는 학교에서 기독교 찬송가를 부르는 세련되지 못한 행동이 벤다어 음악 미학에 대한 모욕으로 여겨졌다고 말했다. 그린(Lucy Green)이 설명했듯이, 각각에 필요한 기능은 다를 수 있지만, 대중음악, 전통음악, 클래식 음악의 전통은 모두 기술을 필요로 한다.[30] 일단 특정 음악을 작곡하고, 즉흥연주하고, 제작하고, 듣는 방법이 지지자들에 의해 '옳은' 또는 '올바른' 것으로 간주된다는 것을 인정한다면, 음악 교육에서는 필연적으로 어린이들에게 이러한 기술들을 가르쳐야 한다. 음악적 요구가 정교하고 열망이 클수록, 이러한 기대를 충족시키는 수단으로써 끝기는 중요하다.

끝기의 여러 긍정적인 면 중, 교육적 가치로서의 끝기는 특히 장기간에 걸쳐 종종 발생하는 사회적·문화적 프로젝트에 적합하다. 교육의 변화는 수십 년에서 수백 년에 걸쳐 일어난다. 교육의 결과가 학생들의 삶에 나타나기 위해서는, 교육적 변화가 교육 시스템을 통해 그 방식대로 작동하기 위해서는, 또 교육적 변화로 인한 영향이 완전히 명백해지기 위해서는 시간이 걸린다. 교육적 비전을 완전히 실현하기 위해서는 장기적인 끝기와 헌신이 필요하다. 미국의 초등학교와 중학교 교육과정의 역사는 장시간에 걸쳐 끊임없이 등장한 일시적 유행과 실패로 가득 차 있다.[31] 이 나라의 교육과정 변화는 다양한 유토피아적 비전을 향해 '땜질'하는 인상을 준다.[32] 이와 대조적으로, 개인 레슨식 교수법은 그 접근에 있어서 아주 끈질기며, 젊은 연주자들이 높은 수준의 기교를 갖게 하고 음악적으로 성숙하도록 준비시키는 데 있어 수 세기에 걸쳐 효과적이었다.

또한 끝기는 그 자체로 보상을 가져온다. 다양한 연령대의 음악가들과 함께 일하는 음악 교사로서, 나는 이 음악가들이 종종 가장 도전적인 레퍼토리를 중요시하게 되고, 그 과정에서 스타일적·기술적·해석적 장애물을 극복하는 자신의 끈기를 요구한다는 사실에 놀랐다. 이들은 습득하기 위해 가장 많은 노력을 들인 음악을 귀하게 여겼다. 이들이 결국 그 음악을 버겁지 않고 예술적으로 수행할 수 있게 되었을 때, 이러한 도전을 충족시킨 것에 기쁨과 승리감을 느꼈다. 이들이 습득한 기술은 특히 연주의 기술적 도전에 더 이상 몰두하지 않고 자신이 배운 모든 도구로 이 작품을 해석하는 데에 집중할 수 있었을 때 기쁨의 원천이 되었다. 그들은 이 도전적인 레퍼토리를 공부하면서 끈기 있게 지속하는 것 또한 배웠고, 결국 이러한 기질은 그들로 하여금 훨씬 더 진보된 기술을 습득하는 데 도움이 되었다. 경험적 증거는 음악을 듣는 것과 훈련하는 것의 효과가 다른 영역으로 전이될 가능성을 시사한다.[33] 음악 교육에서 습득한 끈기가 어느 정도 일상생활로 전이될 수 있으며, 인생 전반에 걸쳐 어려움과 실패에 보다 효과적이고 건설적으로 대처할 수 있게 해 줄 것이라 기대하는 것은 타당해 보인다.

끈기로 인한 폐단 중 하나는, 지나친 끈기가 자신의 신념과 실천을 조정하고 바꿀 필요가 있다는 증거 앞에서도 조정하고 바꾸기를 꺼리게 하고, 대안적인 생각과 실천의 가능성에 대한 폐쇄성을 초래할 수 있다는 것이다. 고집은 모든 연령대에서 분명히 나타나며, 일부 학생들은 다른 학생들보다 호전적인 태도로 변화에 저항하는 경향이 있다. 폐쇄적인 마음에 대한 것은 셰플러가 '교조주의'라고 부르는 것, 또는 신념과 실천을 비판하거나 그 진실성에 대해 의심하기를 꺼리는 것에서 찾아볼 수 있다.[34] 알섭은 근본주의적 상상력이 사실에 대한 강조, 문자 그대로의 사고와 해석, 다의성에 대한 관용의 부족, 그리고 다양한 문화적 관점에 대한 거부 등으로 특징지어진다고 보았다.[35]

끈기에 지나치게 의존하는 것은 학생들의 필요, 관심, 적성, 능력에 대해 나이에 적합하지 않거나 민감하지 못할 수 있어, 음악을 교육하는 과정에서 학생들을 낙담시킬 수 있다. 즉시성에 대한 주장은 음악 교육에서도 중요한 위치를 차지한다. 예를 들어, 매우 어린 사람들 또는 화이트헤드가 말하는 것처럼 직관적이거나 '낭만적인' 관점에서 주제에 접근하는 사람들에게는 즉시성이 특히 중요할 수 있다.[36] 나는 젊은 음악가들, 아마추어 음악가들과 작업하면서, 즉시성이 끈기가 요구되는 레퍼토리와 보상이 즉각적이고 더 접근하기 쉬운 레퍼토리가 균형을 맞추는 것에 도움이 된다는 점을 깨달았다. 어떤 사람들은 천성적으로 끈기가 덜하며, 또 접근 가능한 레퍼토리는 더 많은 끈기를 요구하는 보다 도전적인 레퍼토리와 씨름하는 음악가들에게 동기를 부여하는 데 도움이 될 수 있다. 극복해야 할 문제에 지나치게 집중하는 것은 때로 문제 자체에만 시선을 고정시킬 수도 있다. 학생들이 성장하는 길을 최대한 원활하게 만들어 줄 이해의 다리를 놓아야 하는 교사의 교육학적 책임을 인정하지 않을 수도 있다. 학생의 사기를 떨어뜨리고 낙담시킬 정도로 끈기를 중요시하는 것은 더 이상의 성장과 발전을 방해하고 심지어 막을 수 있다.[37] 모든 학생이 음악가로서의 높은 수준의 기교를 염원하지는 않으며, 재능 있고 야심 있는 학생들조차도 레퍼토리를 연주할 때 똑같이 편하지는 않고, 모두가 노래와 연주를 잘할 수 있는 것은 아니다. 교사의 도전은 학습 과정의 각 단계에서 학생들이 빛을 발할 수 있도록 레퍼토리를 학생들에게 맞추는 것이다. 예를 들어, 다닐 트리포노프(Daniil Trifonov)의 스승 세르게이 바바얀(Sergei Babayan)은 다닐의 손을 보고 쇼팽의 피아노 작품들에 대한 연구로써 그의 교육 프로그램을 시작했다. 다닐이 음악적으로 더 성숙해진 후에, 이들은 브람스 협주곡을 공부하기 시작했다. 좋은 교사는 의도적으로 전통의 규칙을 깨고 학생들에게 그렇게 하도록 가르치기 시작했다고 바바얀은 말하지만, 그는 전통을 거부하기 위한 것이 아니라 더 나은 방향으로 변형시키려 했던 것이다.[38] 무엇보다도 그는 다닐이 현재와 미래에 피아니스트로서 더 성장하고 뛰어나기를 바란다.

인내

프랑스어 'pacience'와 라틴어 'patientia'에서 유래한 단어 인내(patience)는 주어진 문제와 자극에 대한 참을성, 침착함, 나중까지 기다리는 만족지연에 대한 의지, 원하는 목적을 달성하는 데 있어 일관성과 근면성 등을 내포하는 미덕으로 오랫동안 간주되었다.[39] 음악 교육에서 인내는 오랫동안 음악적이고 교육학적인 가치로 중요시되어왔다. 인내는 사람과 상황에 관한 것이며 예술적 · 교육적 과정 및 산물에 있어서 명백하다. 나는 인내를 명사로만 생각하는 것이 아니라 인내를 발휘하거나 인내를 가지고 행동하는 적극적인 의미로 생각한다. 이 장에서 다루는 다른 가치 사중주들과 마찬가지로, 인내는 실행된 신념이자 태도, 기질이며 현실에서 결실을 맺는다.

기술화, 상품화 및 상업화된 오늘날에는 시간이 큰 가치를 가지며 이는 금전적인 가치로 연결되기에, 완료하기 위해 인내를 필요로 하는 시간 소모적 활동보다는 효율성과 즉시성이 종종 중요시된다. 시간의 사용 가치가 높은 경우에는, 때로 비효율적인 과정에서 장애물을 극복하기 위해 느림과 매 순간을 즐기는 데에 필요한 시간을 갖는 것에 대해 너그럽지 못할 수 있다. 대신에 느림을 견디고 심지어 수용하는 인내보다는, 빠르고 즉각적인 결과를 찾는 조급함을 더 선호할 수 있다.[40] 젊은이건 노인이건 즉각적인 결과를 제공해 주는 전자 기기에 둘러싸인 빠른 속도의 세계에서, 인내는 거의 구식으로 취급되거나 적합하지 않은 것처럼 보일 수 있다. 20세기와 21세기의 기업적 사고에 영향을 받은 결과물과 효율성에 대한 교육적 몰두는 마틴(Jane Roland Martin)과 나딩스(Nel Noddings) 같은 철학자들에 의해 도전받아 왔다.[41] 교육에 대한 인도적 접근 방식을 옹호한 이들은 학습자의 요구와 흥미 및 과정의 즐거움에 초점을 맞춤으로써 효율성만을 중시하는 당위성에서 벗어날 것을 주장했다. 느림이 좋은 것으로 간주될 때, 인내는 가치 있고 장기적인 교육적 및 음악적 목적을 달성하기 위한 수단으로 재평가된다. 인내는 힘을 실어 줄 뿐만 아니라 음악과 교육을 비인간적으로 만드는 힘에 저항한다.

'자신과 타인의 잘못이나 한계'를 용인하는 것은 인내의 특성에 포함된다.[42] 인내하는 것은 모든 인간에게 한계가 있다는 점을 인정하는 것이며, 우리 대부분은 완벽함에 미치지 못한다. 음악가들과 교육자들이 완벽해지기 위해 노력할지라도, 작품이나 연주가 개선될 수 있을 것이라는 느낌, 또 이 주제나 함께 일하고 연주하는 다른 사람들에 대해 더 많이 알 수 있을 것이라는 느낌은 여전히 있다. 인내는 다른 사람들과 자신, 그리고 피조물의 불완전함과 한계를 용인한다. 이러한 상황에서 이 사람들이 현재 달성할 수 없는 것을 인식하면서도, 개선할 수 있는 것을 개선하기 위해 끊임없이 노력하게 한다. 이는 긍정적인 태도이며 불평 없는 태도를 보이는 희망적인 사고방식이다. 개선을 꾀하면서도 현실 상황에 대한 차분함과 포용성도 있다.

또한 인내는 '기다림'의 중요한 자질, 즉 장기적인 안목을 가지고 만족을 지연하는 능력을 포함한다.[43] 기다리는 것은 희망하는 목적이 실현될 때까지 시간이 지나감을 허용하는 것이다. 예를 들어, 교사는 질문을 제기한 후 학생들이 다음 질문으로 돌진하기보다는 질문에 대해 성찰하고 그들의 답변을 정리할 시간을 주기 위해 잠시 멈춘다. 때로는 정교한 기술을 습득하는 데 있어 오랜 시간이 필요하다는 것을 깨닫는 장기적인 시각이 필요하다. 절차적 지식보다는 명제적 지식을 더 빨리 습득할 수 있기에, 종종 음악의 절차적 지식을 습득하는 데는 인내가 특별히 요구된다. 이러한 현실은 음악의 실행을 가르치고 배우는 데 있어 특히 인내가 중요하다는 점을 시사한다. 음악적 혹은 교육학적 상황을 더 장기적인 관점으로 보는 것은 교사와 학생들이 더 장기적인 목표를 달성하기 위해 즉각적인 만족에 대한 욕구를 미루도록 요구한다. 끈기와 마찬가지로, 인내는 오랜 시간에 걸쳐 부지런한 연습 뒤에 주어지는, 더 크고 오래 지속되는 보상을 기다리는 능력이 개발되고 입증되는 것을 포함한다.

'가끔은 고통스러울 때가 있는 장애물과 어려움'을 극복하고 '유발되었을 때 오랜 고통'이 되는 참을성은 인내의 다른 중요한 측면이다.[44] 가치 있는 목표를 향해 가는 길은 때로 어렵다. 우리는 예술과 교육의 과정에서 장애물들을 마주치고, 때로는 이를 극복하기 어려워 좌절감을 느낀다. 끈기와 마찬가지로, 인내도 이러한 어려움을 견뎌 낸다. 교사와 학생들은 자신이 마주치는 어려움이나 의도적으로 자신의 길을 막고 원하는 목표를 달성하지 못하게 하는 사람들로 인해 화가 나거나 고통을 받을 수 있다. 교육의 과정에 대해 빛과 행복으로 가득 찬 것으로 묘사하고픈 유혹을 느낄 수 있고 대부분의 경우 사실이기를 바랄 수도 있지만, 그 과정에서 어려움을 견뎌야 할 필요가 있을 수 있다는 점을 인정하는 것이 중요하다. 인내는 이러한 어려움을 더 성공적으로 해결할 수 있게 해 준다.

또한 인내는 '불변성과 근면성'의 자질을 시사한다.[45] 기다림의 과정을 수동적인 것이 아니라 능동적인 것으로 생각하면 희망하는 목표를 달성하기 위해 가능한 모든 것을 할 수 있다. 인내는 아무 생각 없이 가만히 있는 활동이라기보다, 목표에 고정되어 있고 이에 충실한 일종의 기다림이다. 사람은 원하는 목적을 달성하는 데 있어 문제나 방해물, 어려움에 부딪힐 때도 부지런히 노력한다. 인내는 특정한 목표에 초점을 맞추고, 이러한 도전과 달성하기 더 쉬워 보일 수 있는 다른 수단과 목표의 매혹적인 가능성이 있음에도 그것을 유지한다. 이러한 용기는 음악하기(musicking) 또는 교육적 과정에 관련된 사람들을 제한할 뿐 아니라 할 수 있게 하며, 교사와 학생들이 원하는 목표에 도달하도록 도와준다. 어떤 레퍼토리를 숙달하기로 결심한 음악가는 결국 그것을 잘 연주한다는 목표에 도달할 때까지 버틴다. 이들은 이러한 과업에 계속 참여하면서 작품을 해석하고, 우아하고 품격 있으며 지적으로 연주하는 데 필요한 기술을 점차 연마한다. 하워드가 지지하는 명인의 속도, 다재다능함, 그리고 우아함의 가치는 음악가와 교육자들이 모범적인 방법의 연주로 나아가면서 맞닥뜨리는 수행적이고 해석적인 도전들에 인내를 보여 줌으로써만 얻어 낼 수 있다.[46]

인내가 기여하는 바 중 하나는, 인내를 발휘하는 것이 음악과 교육을 민주적이고 인도적으로 실천하는 것과 일맥상통하는, 희망적이고 힘을 주는 일이라는 점이다. 한편으로 인내는 바라는 목적을 상상하는 것을 포함하며, 현재 자신의 능력 범위 내에 있지 않을 수도 있는 작곡, 즉흥연주, 또는 연주가 가능해지도록 만든다. 다른 한편으로 학습자와 음악가들이 이러한 목적을 달성하거나 실현하는 과정을 신중하게 수행하고 비전을 현실화하는 데 필요한 기술을 연마할 수 있도록 해 준다. 이는 자신의 방식으로 어려움을 극복하는 과정을 용이하게 하여 음악적·교육적 성장을 가능하게 한다. 인내가 기교를 중시하는 음악적 전통이나 클래식 음악가들의 전문적 준비 과정에 있는 상급 수준의 음악 교육에서 중요할 수도 있지만, 또한 대중음악과 토속음악의 전통에서도 작동한다. 그린(L. Green)은 대중음악가들이 녹음본을 끈기 있게 들으면서, 모방과 시행착오, 그리고 자신이 상상하는 이상에 가까운 근사치를 통해 자신의 기술을 점진적으로 연마하여 자신의 연주가 다른 음악가들의 모범적인 녹음에 근접하거나 이를 능가하게 된다고 설명한다. 연속적 접근에 의한 시행착오 학습은 음악가들이 시도하고, 실패하며, 재시도하고 성공하는 과정에서 명백하며, 연습을 통해 그들의 연주가 자신의 기대를 충족하고 대중의 인정을 받을 때까지 지속된다. 인내는 이러한 음악가들이 비형식적인 학습을 통해 자신의 연주를 향상시킬 수 있도록 힘을 주는데, 이는 나의 앞선 예에서 클래식 음악가들이 그들의 형식적인 학습에서 인내를 통해 향상시켰던 것과 마찬가지이다. 형식적인, 그리고 비형식적인 학습은 클래식과 대중 음악의 전통에 존재하기 때문에, 이 둘 모두에서 인내가 필요하다.

인내는 교사와 학생들의 높은 음악적·교육적 기대를 통해 길러지고 필요해진다. 교사의 기대는 학생 자신에 대한 기대와 그들의 후속 성취에 상당한 영향을 미치는 것으로 나타났다.[47] 예를 들어, 레퍼토리 선택의 관점에서 교사의 높은 기대는 학생이 현재 성취할 수 있는 것과 성공하기 위해 성취해야 하는 것 사이에 상당한 차이를 시사할 수 있다. 이러한 격차가 클수록, 실제로부터 가능성으로, 현재 알고 있고 할 수 있는 것으로부터 알고 있고 해야 할 필요가 있는 것으로 옮겨 가는 데 더 많은 인내가 필요할 수 있다. 바라건대, 교사들은 모든 단계에서 학생들이 앞으로 나아갈 단계를 달성할 수 있도록 책임짐으로써 이 격차를 조심스럽게 헤쳐 나가려고 노력한다. 그럼에도 불구하고, 그 단계들은 때때로 더 야심적이어서, 교사와 학생이 보다 장기적인 목표에 집중하는 것을 필요로 한다. 이러한 실제적인 기대를 실현하는 것은 학생들에게 인내를 기르고 각 시점에서 성공하는 방법에 대해 배우는 것을 요구하며 돕는다. 학생들은 때때로 자신에 대한 교사의 높은 기대로 인해 자신이 상상했던 것보다 더 많은 것을 성취했을 때 자신뿐만 아니라 심지어 교사를 놀라게 한다.

또한 인내의 가치는 현대 사회와 기술이 조급함을 조장하는 때의 해결책으로서 특히 중요하다. 자신의 한계, 그리고 함께 살고 일하는 타인의 한계를 받아들이는 것은 예의 바르고 인도적인 사회를 만들고 유지하는 데에 중요하다. 인내는 느림의 가치, 세부적인 것에 대한 관심, 적극적인 기다림의 가치, 모범적인 결과를 내기 위해 필요한 시간을 갖는 것의 중요성을 일깨워 준다. 이는 포스트만(Neil Postman)의 교육에 대한 '자동온도조절' 관점, 즉 현대 사회에서 소외되거나 종속된 가치에 대한 교정을 구성한다는 관점을 뒷받침한다.[48] 마틴이 쓴 것처럼, 기억에 남는 교육을 만드는 것은 역설적으로 현재에 초점을 맞추는 동시에 교육의 과정은 길며 성공하는 데에 인내가 필요하다는 것을 깨닫는 문제이다.[49] 단기적인 만족을 강조하는 것은 지혜, 풍성하고 잘 사는 삶, 그리고 문화적 삶과 인간 문명의 탄생 및 유지에 해당하는 장기적인 목표의 가능성을 놓친다. 인내를 위한, 그리고 인내심 있는 교육은 배움을 되살리고 이를 삶의 나머지 부분과 통합시키기 때문에 기억에 남는다. 마틴에게 있어서, 그녀가 학창 시절 초기에 받았던 진보적인 교육은 평생 지속되었다. 수십 년 후, 교사들이 인내심 있게 가르치며 학생들이 암기했던 그 노래와 시들은 영감, 기쁨, 그리고 위로의 원천으로서 노년에 빛으로 회상될 수 있었다.

그러나 인내는 중요한 결점을 가릴 수 있다. 인내에 과도하게 의존하면 놀이보다는 교육적인 일을 강조할 수 있고, 고된 일과 좌절을 초래할 수 있다. 미래의 보상을 찾기 위해 끊임없이 지연되는 기쁨은 현재의 순간을 즐기기보다는 항상 희망적인 현실을 기대하는 지루한 과정들에서 빛나는 점들을 거의 찾기 어려운 교육의 과정으로 이어질 수 있다. 듀이는 교육이 미래에 살아갈 삶의 약속이 아니라 지금 살아 있는 삶이어야 한다고 말한다.[50] 특히 유아기와 청소년기에는 학생의 개인적 발달 수준, 그들의 다양한 성격과 음악적 성향, 그리고 그들의 교육 수준을 고려하는 것이 중요하다. 교사들 또한 학생의 능력과 흥미를 가장 먼저 염두에 두고 기쁨을 항상 유지하면서 인내를 기르는 방식으로 교육의 속도를 조절할 필요가 있다.

누군가는 너무 많이 인내하여 음악적 한계를 기꺼이 용인함으로써 음악가들이 달성할 수 있는 작곡, 즉흥연주, 또는 연주를 만들어 내는 데 실패할 수도 있다. 과도한 인내는 그들이 달성할 수 있는 범위 안에 있는 교육학적 또는 음악적 목표의 성취를 얻는 데 필요한 노력을 들이는 것에 망설이거나 꺼려지게 할 수 있다. 시간이 비싸고 부족하며, 다른 더 효율적인 방법과 접근법이 시간과 자원을 더 많이 아낄 수 있을 때, 과도한 인내는 귀중한 자원을 낭비하고 눈앞의 기회를 놓치게 만들 수 있다. 어떤 사람들은 선천적으로 다른 사람들보다 더 인내심이 있고, 어떤 교육적 상황은 다른 상황들보다 더 많은 인내를 필요로 한다. 교사와 학생이 특정 상황에서 얻는 만족감은 부분적으로 그들이 갖는 기대감과 이러한 기대를 충족시키는 데 필요한 시간 및 노력을 소비하는 인내가 일치하는 데에서 기인할 수 있다.

그러나, 특히 자원이 부족한 일반 교육의 집단 학습에서 교사들은 자원을 현명하게 사용할 의무가 있다. 음악에 대한 학생들의 흥미를 사로잡거나 아직 실현되지 않은 음악성을 발견하기 위해 음악 교육을 제공하는 것은 비용이 많이 드는 일이다. 인내, 그리고 교사와 학생의 기대에 부합하는 것에는 현실적인 한계가 있다. 자크-달크로즈가 음악 교사들에게 교육 초기에는 짧고 풍부한 음악 교수 과정을 통해 음악에 적성이 맞는 아이들을 파악한 다음, 그들에게 자원을 집중하라고 조언한 것도 이러한 이유 때문일 것이다.[51] 자크-달크로즈가 추천하는 2, 3년간의 집중적인 음악 교육만으로는 학생들이 음악 교육으로부터 혜택을 받을 수 있는지 여부를 결정하기에 충분하지 않을 수 있다. 그럼에도 불구하고, 그의 조언은 공적으로 지원받는 교육에 있어서 과도한 인내가 갖는 위험에 대한 경고로 작용한다.

성급함은 사람들이 자신의 목표를 달성하기 위해 필요한 노력을 하고 그들의 목표에 도달하기 위한 가장 효율적인 방법을 찾도록 동기를 부여할 때 좋을 수 있다. 충동의 즉각적인 만족에 초점을 맞추는 것은 음악에 대한 관심이나 적성이 거의 없는 사람들에게는 촉매제가 될 수 있고 학생들의 흥미를 사로잡을 수 있는 수단이 될 수도 있다. 듀이의 관점에서 충동은 장기적인 이점을 가진 성장으로 바뀔 수 있다. 마틴은 초등학교에서 그녀와 반 친구들의 흥미를 사로잡았던 노래들에 대해 썼다. 학창 시절 그녀는 교실에서 노래를 부를 때 피아노 반주를 했으며, 그로 인해 학교 밖 피아노 개인 교습의 중요성이 강화되었다. 나중에 그녀가 초등학교 교실에서 가르쳐야 했던 개념 중심적이고 '듣기 좋지 않은' 노래들은 그녀가 어렸을 때 학교에서 배운 것들에 대한 열정과 흥미에 미치지 못하였다. 그녀는 다른 외적이고 개념적인 이유로 음악을 가르치기보다는 학생들에게 본질적으로 흥미롭고 평생 기억할 수 있는 레퍼토리의 노래를 너무나도 가르치고 싶었다. 어린 시절 경험한 노래들만큼의 즉각적인 흥미가 부족했기 때문에, 그녀가 학생들에게 제공할 의무가 있었던 음악 교육은 그녀와 그녀의 반 친구들이 어렸을 때 음악 수업에서 느꼈던 기쁨에 훨씬 못 미쳤다. 그녀는 만약 자신의 학생들이 그녀가 그랬던 것처럼 음악을 사랑하게 된다면, 오히려 그녀에게 주어진 지시사항들을 뒤집고 그들의 충동을 기반으로 해야 한다는 것을 깨달았다.[52]

충성

충성(loyalty)이라는 단어는 고대 프랑스어 'loyalté(지금의 loyauté)'에서 온 것으로, 신의와 밀접한 관련이 있으며 끈기와 인내의 특성을 보인다. 이 단어의 일반적인 사전적 용법은 '누군가의 약속, 맹세, 명예의 말씀을 충실히 지키는 것' '주권자 또는 합법적인 정부에 대한 충실한 준수' '주권자 개인과 가족에 대한 열렬한 숭배'와 같은 의미를 지니고 있다.[53] 나는 이 단어가 명사이지만, 동적이고 능동적인 의미에서의 충성이라 생각한다. 신념이 행동으로 나타나듯이, 충성은 이 장에서 다루는 가치 사중주의 다른 단어들처럼 사고-행동이다. 충성에 대한 유럽의 기원은 영주들에게 충성을 맹세하는 봉건적인 맹세에 있다. 예로부터 충성은 군주와 귀족 통치자 그리고 사회적·정치적·종교적 위계에서 자신보다 위에 있는 다른 권력자들에 대한 신하들의 의무와 충절에서 나타났다. 또한 이는 공화국의 시민들을 특징짓는 미덕으로써 고대 그리스의 파이데이아에서 명백하게 나타난다.[54] 나는 이 단어를 사회적으로 계층화되었던 그 기원에서 벗어나 법 앞에서 모든 인간을 존중하며 정중하고 평등하게 대하는 의미로서 품위 있는 민주주의 사회에 적용하고 싶다. 충성은 전통적인 가치이고, 나는 이것이 신념, 실천, 규칙 체계, 또는 무엇이든 사람들과 다른 것들에 대한 존중의 문제에 있어서 분명하다고 본다. 음악가들과 교사들에게 충성은 자신의 학생과의 관계에서 명백하며, 그들이 지지하는 음악적 전통과 자신의 가르침이 속한 교육 시스템에 충성한다. 앞서 말한 가치들과 마찬가지로, 나는 충성이 장단점을 모두 가지고 있는 양날의 검이기에 음악 교육에서 나타나는 방식에 대해 주의할 필요가 있다고 본다.

충성의 속성 가운데, 존중은 민주주의 사회에서 중요한 요소이다. 나에게 충성은 자유로운 사회 안에서의 신념, 실천, 그리고 사람들을 향한 것으로, 이러한 사회에서 충성은 얻어지는 것이지 강요되는 것이 아니며, 누군가가 충성하는 사람들과 일들은 모방할 가치가 있고 높게 평가될 필요가 있다고 생각한다. 파머(Parker Palmer)는 매우 가치 있는 주제로 모인 교육 공동체, 참여자들 간의 상호 존중, 그리고 그 주제에 대한 그들의 존중에 대해 묘사한다.[55] 오래되고 박식한 전통이 전문가들에 의해 존경받을 만하다고 여겨지는 동서양의 고전 음악에서는, 교사 또한 음악가와 학자로서 전통을 체현하고 의인화하며 그들의 탁월함으로 존경받는다. 그런 음악에서 많은 이가 소명을 받지만 소수만이 선정되며, 음악적 실천을 열망할 수 있는 사람들 중에서 최고이자 가장 충성스러운 음악가들만이 선택된다.[56] 다른 음악적 전통들은 클래식 음악의 외양(外樣)을 열망한다. 예를 들어, 나는 클래식 록에 대한 문헌들과, 록, 힙합, 재즈, 전통 음악에 대한 학문적 가르침, 그리고 이러한 전통에서의 저명한 음악가, 교사, 학자 그룹에 대해 생각한다. 음악에 대한 충성은 전문가들이 서로에 대해, 또 전통에 대해 존중함으로써 고취된다. 나에게 익숙한 음악적 전통에서는, 전통을 지배하는 규칙에 대한 기교와 충실함을 보여 주는 사람들뿐만 아니라 혁신적인 방법으로 그러한 규칙을 깨뜨리고 그에 따라 전통을 변화시키는 사람을 존경한다. 음악가들이나 그들의 연주를 지지하는 사람들에 의해 나타날 수 있는 영적인 힘을 제외하고, 충성은 음악가들과 대중 모두가 가지고 있는 이 음악에 대한 깊은 존경심에서도 드러난다. 충성은 권력자들에 의해 강요될 수 있고 음악가들 스스로 자신의 연주를 통해 힘을 전할 수도 있지만, 근본적으로는 음악 그 자체와 음악인들에 대한 존중의 문제이다.

또한 충성은 음악과 교육 공동체 내에서 다른 이들에 대한 지지와 상호 존중을 포함한다. 신념과 실천을 공유하는 마음이 맞는 공동체가 없는 상황에서는 어떻게 충실하고 끈기 있으며, 인내를 유지할 수 있는지 상상하기 어렵다. 그린(M. Greene)은 상황이 달랐다면 어땠을지에 대한 상상력을 형성하는 공동체의 중요성을 강조한다.[57] 실내악 연주자들은 자신이 연주하는 음악뿐만 아니라 그 음악을 함께 만드는 동료 음악가들에 대해 충성을 보여 준다. 각자 다른 사람들도 그렇기를 바라면서 탁월함을 추구하고, 모두가 그 공헌에 대해 인정받는다. 모두가 이 음악을 공동으로 만들고 재창조함에 있어서 중요한 역할을 한다. 동료에 대한 존중은 음악으로서의 음악에 대한 존중만큼 중요하다. 이처럼 특정한 연주는 음악가들과 연주들, 그리고 그 음악과 연주자가 있게 해 준 이야기들로 시간을 거슬러 올라가게 해 주는 연결고리가 된다. 또한 이런 연주는 각각의 개성을 포용하는 동시에 그들을 하나의 연주 집단으로 통일시키는 수단이 된다.

충성은 존경을 넘어서 애정, 헌신, 그리고 심지어 숭앙에서도 나타난다. 의무만으로는 개인이나 전통에 대한 충성의 동기를 충족시키지 못할 수 있다. 오히려 존경이 그 주제 및 교제하는 사람들에 대한 감사와 기쁨으로 바뀔 때, 가깝고 장기적인 유대가 충성 속에서 형성되고, 이 전체는 신성하거나 영적인 차원의 성격을 띤다. 숭배와 마찬가지로, 경외와 신비를 대면하여 거룩한 땅에 서 있는 느낌이 든다. 또한 신의와 마찬가지로, 의무적인 삶을 살면서 음악적 전통이나 함께 어울리기를 선택한 사람들에 대해 의무를 다할 때 그 의무는 애정과 배려의 따뜻함으로 물든다. 도중에 어려움이 나타날 때 그들이 반드시 해야 하는 것처럼, 이러한 사람들과 음악에 대한 충성은 존경만큼이나 사랑에서 나온다. 사람은 자신이 믿고 실천하는 것을 사랑할 때 더 오래 인내심을 갖고 지속할 수 있다.

헌신은 충성의 또 다른 중요한 측면이다. 옛날에는 맹세를 하는 것이 대의명분과 사람들에게 충절을 선서하는 엄숙하고 형식적인 행사였고, 그 선언은 일종의 계약이었다. 맹세를 한 사람은 명예를 걸었던 것이고, 다른 사람이나 죽음으로 인해 자유로워지지 않는 한 깨지지 않는 봉사의 의무에 스스로를 가두었다. 그의 고결함이 걸려 있는 문제였으며, 맹세한 것과 더불어 맹세한 사람의 말과 행동의 투명성 및 일관성이 요구되었다. 소명이나 천직으로서 가르침의 역사적 성격이 단순한 생계 수단으로 너무도 자주 평가 절하되는 시기에, 충성은 한때 가르침과 배움이 명시했고 여전히 갖고 있을지도 모르는, 헌신과 신성한 소명을 상기시킨다. 욥(Iris Yob)은 종교적으로 후원되는 교육뿐만 아니라 일반 교육에서도 이 신성한 특성을 가진 학교 교육의 가치를 주장하는 사람 중 하나이다.[58] 문화화의 과정으로서 교육을 이해하기 위해서는 음악 교사들이 삶의 방식을 구축하고 학생들을 위해 이를 몸소 보여 주어야 한다. 학생들을 삶의 방식으로 인도하는 것은 고대 이래로 명백하고 영적인 성격을 보여 주는 기초적인 은유와 음악 교육의 다양한 모델에서도 분명하다. 다양한 방법에서 음악적 전통에 대한 개인적인 헌신과 충절은 음악 교육의 핵심이며, 충성은 신념과 삶의 방식에 대한 헌신을 조장하고 표현한다.[59]

충성이 기여하는 바 중 하나는, 충성이 잠재적으로 음악과 교육을 심오하게 영적이고 인도적인 방식으로 변화시킨다는 점이다. 직업이나 삶의 방식을 따르고 서로에게 헌신할 때, 음악가와 교사, 그리고 학습자들은 그들이 하는 일에서 의미를 찾고 존엄성을 발견한다. 비록 음악과 교육이 현대 서구 사회에서는 높게 평가되지 않을 수도 있지만, 두 활동 모두 원대한 목표들과 숭고한 목적들을 대표한다.[60] 음악과 교육의 원대한 목표란 사회의 개선과 개인 경험의 풍요로움, 그리고 인간성, 정중함, 상호 존중, 포용성, 자율성의 함양을 말한다. 이는 삶을 잘 살아갈 가치 있는 것으로 만드는 초월적이고 내재적인 경험을 제공한다. 또한 물질적인 것을 넘어 영적인 영역을 향하고 있으며, 단어나 수학적 상징과 같이 추론적이거나 명제적으로 표현할 수 있는 것을 넘어선 느낌의 삶에 대한 것, 랭어의 표현으로는 표상적인 것 혹은 수행적인 것을 가리키고 있다.[61] 욥은 특히 종교와 예술의 교사들에게 쓰는 글에서 그저 물질적인 교육적 목표를 넘어서서 영적인 경험을 구축하는 데 있어 신화, 의식, 그리고 예술 중 음악의 힘을 지적한다.[62]

충성은 또한 음악의 사회적 실천을 결속시키고 강화하는 접착제이기도 하다. 음악가들과 청중들 사이의 개인적인 유대를 공고히 함에 있어, 충성은 기대를 행동으로 연결하는 데 도움이 된다. 음악 의식에의 참여는 음악계의 공통된 신념과 실천을 강화한다. 이렇게 공유된 실천은 한 세대에서 다음 세대로 전해지는 사회적 전통의 일부가 된다. 이러한 기대와 실천의 연속성은 전통적으로 안정성을 제공한다. 시간이 지남에 따라 전통 또한 굳으면서 체계화되고 성문화되며, 교육적인 수단을 통해 더 쉽게 전파된다. 음악가들과 대중들의 이러한 명확한 기대는 공유된 음악적 신념과 실천을 중심으로 음악 공동체를 결속하는 수단으로써 더 많은 역할을 한다. 음악의 제도화 또한 그 전달 수단을 성문화한다. 이는 음악가들이 생계를 유지하고 연습에 완전히 전념할 수 있는 기반을 제공하며, 잠재적으로 이 음악적 전통을 풍요롭게 한다.

또한 충성은 교육적 과정을 향상하는 사람 사이의 끌림에 초점을 맞춤으로써 교육의 질에 기여한다. 충성이 핵심 요소인 교사와 학생 간의 '상호 존중적 공감'은 특히 서양의 클래식 전통에서 개인 레슨 방식의 전형이다.[63] 나는 교사와 학생이 서로 무엇을 어떻게 공부할지 선택하며, 또한 상호 존중이 있는 소그룹 및 개인 레슨이 음악교육에서 가장 효과적이고 생산적인 형태에 속한다고 가정했다.[64] 이 방식의 성공 여부는 부분적으로 개인의 선택에 대한 역할과 학생에 대한 교사의, 교사에 대한 학생의, 그리고 학생에 대한 학생의 헌신에 달려 있다. 이러한 애정은 음악적이든 교육적이든 교사와 학생들이 서로 의사소통하는 방식에 영향을 끼친다. 다닐 트리포노프와 그의 스승 세르게이 바바얀의 작업은 이러한 충성이 작동한 것을 보여 준다. 그들의 사랑은 영적으로 깊으며 그들의 합동 연주에서 음악적으로 표현된다. 전문적인 커리어를 쌓기 시작하면서, 트리포노프는 바바얀과 거리를 두기보다는 스승과 강한 유대감을 유지했고, 그를 존경하는 동시에 자신만의 예술적 감각을 연주에 담아 내었다. 이들의 합동 연주는 마법에 걸린 듯 매혹적이고 통일감이 있었으며, 예술가 교사와 예술가 학생이라는 별개의 역할은 상실된 것같이 보였다. 바바얀은 성숙함, 확신, 리듬적 강렬함을, 트리포노프는 멜로디의 유동성과 명인 특유의 강렬함을 통해 서로의 연주를 보완하였다. 거기에서 충성의 음악적 결실을 보고 들을 수 있다.[65]

충성으로 인한 폐단 중 하나는 충성이 강요될 수 있고 교사와 학생 사이의 감정이 조작될 수 있다는 점이다. 특히 교사–학생 관계에서 강요와 조작의 가능성은 음악교육에서의 불평등한 권력관계에 도전하기보다는 오히려 이를 강화할 수 있다. 권력의 남용, 조작, 협박, 그리고 다른 형태의 강요는 자유롭게 주어지기보다는 강요된, 민주적이기보다는 비민주적인 충성의 외관을 만들어 낼 수 있다. 듀이가 말했듯이, 이러한 강요는 학생들의 성장을 돕기보다는 방해하고 저해할 수 있기에 잘못된 교육의 방식일 수 있다. 음악이 강하게 제도화되고, 기대가 성문화되며, 음악가와 교사, 대중 사이의 사회적 관계가 계층적으로 질서화되며, (종종 그렇듯) 음악이 권력의 대리인 역할을 하는 경우, 충성은 전통적인 권력관계를 전복하는 것이 요구될 때도 오히려 이를 강화한다. 또한 신념과 실천을 성문화하고 체계화하는 것은 전문가와 음악 대중들로 하여금 이들을 촉구했던 사상의 정신을 잃게 할 수도 있다. 가면을 벗기고 질문해야 할 때도 충성은 이러한 관계와 생각들을 비판하지 못할 수 있다. 권력 남용의 가능성은 언제나 존재하기에, 비판 행위를 배신이 아닌 충성의 한 형태로 이해해야 한다는 관점에서 충성에 대해 재고할 필요가 있다. 이러한 방식으로 충성을 바라보는 것은 음악적 전통과 이를 전파하는 수단을 보다 인도적이고 정중하게 만들기 위해, 또 그 음악 전문가들의 입장에서 창조적인 표현을 위한 환경을 조성하기 위해 비판적이 되는 것을 의미한다. 그러나 음악적 전통 내에서 권력을 소유한 사람들은 음악 교육에서의 풍부한 예술적 표현과, 포괄적이고 인도적인 접근을 배제하는 권력 관계에 대해 이의를 제기하려는 노력을 좌절시킬 수 있다. 오히려 이들은 처벌이나 규율의 대상인 불충한 행동이라고 비판할 수 있다.

일부 동양 고전 음악 전통의 경우처럼, 교육의 전조로서 충성을 요구하는 것은 엘리트주의적이고 권위주의적일 수 있다. 공립학교 차원에서 가르쳐지고 있는 음악에 많은 이를 끌어들이기를 원하는 음악 교사들로서는, 개인 레슨에서 가능한 방식처럼 선택에 의존하는 음악 교육의 유형을 제공하는 것이 가능하더라도 쉬운 일이 아니다. 서양 역사를 통틀어 학교 음악 교육은 일반 교육의 수단이 되어 왔으며, 그 목적은 음악 전통의 전문가를 준비시키는 것이 아니라 음악 선택의 토대를 제공해 주기 위해 다양한 음악을 소개하는 것이었다. 그러나 일부 학교 음악 교사들은 학생이 자신의 수업과 앙상블에 가입하기 위해 오디션을 보게 하고 충성심을 보여 주지 못하는 학생들을 배제한다. 학생들이 충성해야 할 음악에 대해 전문성이 있는 결정을 내리기 위해 가져야 할 지식을 습득하는 것으로부터 배제되었을 때, 교육의 전제로서 충성에 대한 요구는 비민주적으로 판단될 수 있다. 교육의 전제로서 가르침에 대해 충성을 요구하는 것은 좋은 사회의 일반적인 음악 교육의 주장과는 어긋난 과도한 엘리트주의와 가르침에 대한 권위주의적 접근의 가능성을 여는 것이다.

'신의, 끈기, 인내, 충성'이라는 상호 연관된 가치를 풀어 내면서, 나는 음악과 교육에서 명백한 도제식 교육의 중요한 전통과 은유 간의 연관성을 강조한다. 신의는 생각과 실천에 대한 성실성, 진실성, 충절을, 그리고 의무에 대한 헌신을 의미한다. 끈기는 신념과 실천을 고수하고 장애물에 맞서 오랜 기간을 견뎌 낼 필요성을 강조한다. 인내는 침착함, 참을성, 만족지연에 대한 의지를 강조한다. 그리고 충성은 존경, 신뢰, 상호 존중, 애정, 경의, 헌신을 강조하며, 음악 및 교육 공동체를 결속하는 접착제이다. '신의, 끈기, 인내, 충성'의 가치가 음악과 교육에 중요한 기여점을 제공하지만, 이 가치들은 다의적이고 잠재적으로는 흠이 있다. 음악가와 교육자에게 제기된 중요한 과제는 최악을 피하면서 각 가치가 제공하는 최선의 접근법을 결정하고, 이 가치를 자신의 음악적 및 교육적 상황에 적합한 방식으로 적용하는 실질적인 문제를 포함한다. 또한 그러한 결정은 개별적이면서도 집단적으로 음악과 교육의 중심에 있는 인간성을 포용하는 방식으로 이루어질 필요가 있다. 그러나 이러한 가치들이 없다면 음악계 및 교육계, 음악성의 질, 관객들의 관심과 이해는 '신의, 끈기, 인내, 충성'에 의해 길러지는 탁월함, 지성, 헌신의 부족으로 인해 비틀거릴 것이다.

호기심, 상상력, 경이로움, 열린 마음

Curiosity, Imagination, Wonder, and Open-Mindedness

'**호**기심, 상상력, 경이로움, 열린 마음'은 음악과 교육의 사고 및 실천에 있어서 오랜 시간 동안 깊이 연관되어 온 가치들이다. 이러한 가치들을 포용한다는 것은 음악과 교육을 지극히 지적이고 열정적인 임무로 생각한다는 것을 의미한다. '사랑, 우정, 욕망, 헌신' '기쁨, 행복, 즐거움, 축하'와 같은 가치들은 삶을 밝혀 준다. 또한 '숭앙, 겸손, 경외, 영성'과 같은 가치들은 감각, 정신, 그리고 인간 경험의 진부하고 평범한 세계 너머에 있는 것들에 눈뜨게 한다. 앞 장에서 논의한 '신의, 끈기, 인내, 충성'과 관련하여 전통을 살아 있는 것으로 키우는 데 필요한 확고함, 불굴, 확신, 일관성과는 달리 이 장에서 말하는 가치들은 매우 다른 성격을 지닌다. 이러한 가치들은 변화를 마주하고 육성하며, 새로움을 탐색하고, 그리고 기교의 놀라움과 경외감을 경험하고, 인간의 잘못과 죽음 앞에서 겸손함을 보여 주는 것과 관련이 있다. 셰퍼드(John Shepherd)는 그의 에세이 '음악과 최후의 지식인들'에서 음악을 인류학자적인 측면에서 생각하는 중요성을 강조하였다. 그는 음악이 균형 잡힌 문화 교육의 한 부분을 구성하며, 음악에 대한 연구는 문명화된 인간을 이해하는 데 매우 중요하다고 주장한다.[1] 비록 몇몇 교사와 음악가들이 음악과 교육을 인문학으로 생각하기도 하지만, 너무 많은 사람이 실용적인 음악 및 교수법적인 기술을 강조한다. 따라서 이 장에서는 음악과 교육에 있어서 서로 맞물리고 겹쳐지는 가치인 호기심, 상상력, 경이로움, 열린 마음을 살펴보고, 전통보다는 변혁을 강조하면서, 나는 각 가치를 차례대로 살펴보고 긍정적인 면과 부정적인 면에 대해 언급해 보겠다.

호기심

나는 **호기심**(curiosity)이라는 단어의 사전적 의미와 그 단어가 내포하는 부정적 의미를 살펴보았다. 그것은 '어떤 것, 특히 참신하거나 이상한 것에 대해 알고 싶거나 배우려는 욕구 혹은 경향' '사소한 것 혹은 신경 쓰지 않는 것들'이거나, 이상하거나 혹은 놀랍거나 또는 특이한 것으로 생각되는 사람, 사물에 대한 '궁금증'들로 다양하게 정의된다. 여기서 나는 호기심과 상상력을 구분하고자 한다. 호기심은 색다름과 미지의 것에 관심을 가지는 것인 반면, 상상력은 정신적으로 이미지를 만드는 과정을 의미한다. 이들은 연관되어 나타날 수도 있다. 상상력이 호기심을 깨우는 것처럼 호기심도 상상력을 불러일으킬 수 있다. 호기심은 사람뿐만 아니라 사물의 특성과 관련될 수도 있으며, 행동뿐만 아니라 생각과 연관될 수도 있고, 예술가, 음악가와 과학자의 작품에 적용되기도 한다. 예를 들어, 그것은 한때 '호기심을 일으키는 혹은 독창적인 예술' 또는 '실험'을 의미하거나, '허영심, 정교함, 세련됨' 및 '과학적 또는 예술적 관심, 애호가 혹은 대가의 자질, 전문가적 감식안'을 의미하기도 했다.[2] 다른 사람들은 호기심을 교육적 성향으로 설명하기도 하지만, 나는 그것을 음악적 · 교육적 가치로서 보여 주고자 한다.[3] 호기심의 긍정적인 면과 부정적인 면을 제시하면서, 나는 호기심이 다소 복합적인 축복의 가치라고 생각한다.

호기심은 이상하거나 기이하고 새로운 것에 관심을 가지면서 일반적인 경험의 범위를 벗어난다는 특성이 포함되어 있다. 음악에서 이상함, 특이함, 혹은 참신함은 익숙하지 않은 사람들에게 특이하게 보이는 음악적인 소리, 광경, 신념, 관행의 측면에서 즉각적으로 드러난다. 음악은 호기심을 자아낼 수도 있고, 매력적이거나 반감을 불러일으키기도 한다. 학습자들은 종종 다른 사람이나 자신이 경험하지 못한 특별하고, 낯설고, 기이한 것에 관심을 갖기 때문에 처음에는 흥미를 유발하고 관심을 집중시키는 직관적이거나 환상적인 방법을 통해 음악에 호기심을 가질 수 있다. 처음에는 음악의 다름이 호기심을 자극할 수 있다. 처음에 느끼는 충동이 지속적인 관심으로 바뀌면서,[4] 학생들은 그 다름을 더 잘 이해하게 되고, 호기심은 잠시 충족될 수 있다. 교사들은 학생들의 관심이 다시 학생들 자신과 음악에 집중시키도록 유도하고, 학생들이 생각하는 신념과 실천을 비판적으로 받아들이면서 그들의 호기심이 더욱 자극되기를 바란다. 다른 음악이 이상하게 느껴지고, 다른 음악의 명백한 낯섦에 대해 호기심을 갖는 과정에서 나는 야누스가 마주한 호기심을 떠올린다. 처음에는 바깥으로 향한 개인의 시선이 자신과 자신의 유산(遺産)이 된 음악을 보다 잘 이해하기 위하여 내면을 향해 방향을 바꾸게 된다. 개인은 다른 사람들이 자신과 자신의 유산이 어떻게 다르고 낯설게 볼 수 있는지를 이해하게 된다. 나는 다른 사람을 객체가 아닌 주체로 생각한다. 즉, 부버(Martin Buber)의 나-녀의 관계에 부합하는 방식으로, 무엇이든 처음에 낯설게 보이는 것들을 객체가 아닌 주체로서 존중하고 공감하면서 접근하려고 한다.[5] 음악적 호기심을 충족시키는 이러한 태도는 교사들과 학생들이 다른 사람과 자신의 음악에 대하여 처음에 낯설게 느껴지는 것을 더 잘 이해할 수 있도록 해 준다. 이러한 방식으로, 그들은 다양성 속에서 인류 보편성의 더 넓은 관점에 접근한다. 또한 나는 호기심을 기르는 것이란 때론 처음에는 새롭고, 충돌하며, 심지어 학습자에게 불쾌감을 줄 수 있는 것임을 제시함으로써 충격을 불러일으킬 수 있다는 점을 인정한다. 이러한 부조화를 이해하게 되고, 새로운 것과 익숙한 것의 관계를 파악하며, 세상에서의 자신과 자신의 위치에 대하여 보다 건설적이고 비판적으로 이해할 수 있게 되는 과정에서 변화하게 된다.

호기심은 또한 세부 사항에 주의를 기울이는 것과도 연관된다. 스콜스(Percy Scholes)는 미적 경험의 중요한 측면을 인식하고, 학생과 성인을 위한 음악 감상 프로그램 설계에 이를 적용하였다.[6] 그에게 있어 예술적·음악적 세부 사항에 대한 관심은 음악적으로 무엇을 어떻게 주목해야 하는지 아는 능력을 향상시키는 것에 지속적으로 집중함으로써 기를 수 있다. 음악적 세부 사항에 집중하는 것은 특히 귀, 눈, 촉감에 의존하는 감각적인 작업이다. 호기심에 관련된 생각은 감각과 사유를 통합시키고, 세부 사항을 반영하며, 즉각적이고 직관적으로 감지된다. 그러한 사고는 느낌에서 확연히 나타나는 감정적 요소를 포함할 수 있다.[7] 음악적 세부 사항에 집중하는 것은 지적, 감각적 및 감정적 특성을 필수적으로 인식해야 하는 것이기 때문에 음악 교육에서 호기심을 기르게 하려면 교사가 학생들에게 이러한 일련의 특성을 알아차리고 표현할 기회를 제공해야 한다. 세부 사항에 대한 집중은 이러한 특성을 구별하는 능력뿐만 아니라 차별성을 평가할 때의 신중함에서도 나타난다. 사람들은 자신과 관련된 주제와 사람들에게 관심을 갖고 존중하기 때문에 교육에서 교사와 학생들은 세부 사항에 주의를 기울일 수 있다. 이러한 관점에서 보면, 학습자의 호기심은 그들이 아직 잘 알지 못하는 것에 대한 자신의 한계나 오류에 대한 의식이며, 그들이 만나게 된 사람들과 사물에 대한 존중이다. 그러므로 호기심은 세부 사항에 대한 주의와 관심을 통해 확연히 나타난다.

호기심은 또한 다른 사람들의 일에 간섭하는 것처럼 보이는 방식으로 지식을 추구하며 캐묻는 듯한 관심을 의미한다. 앎에 대한 이러한 욕구는 강력한 이해관계와 음악적 전통을 지키려는 사람들이 세운 경계를 침범하며, 허용되는 한계를 넘어 미지의 영역에 도달하기도 한다. 음악적 실제가 권력을 표출하거나, 초자연적인 것과 연관되거나, 예능인들에 의해 생계 수단으로 인정받은 경우, 비밀은 지켜지며, 해당 분야에서 가치가 없다고 판단되는 사람들에 의한 지나친 간섭으로부터 음악적 지식은 보호된다.[8] 음악적 지식은 정신적 · 정치적 · 경제적 · 가족적 힘을 전달하는 것이기 때문에 반드시 보호되어야 한다. 음악 역사의 대부분과 세계의 많은 음악 전통에서, 음악적 지식과 기술을 습득하는 책임은 학생들에게 주어졌다. 지식은 전통의 수호자들과 옹호자들이 받아들일 만한 가치가 있다고 여기는 사람들에게만 계승된다. 서양에서 보편적 교육 가치가 일반 교육에 널리 퍼져 있다고 해도, 개인 레슨은 학생들의 호기심을 전제로 한다. 교사는 충분히 호기심이 많고 재능이 있으며 신뢰할 수 있다고 생각되는 학생들에게 선택적으로 자신의 지식을 전수한다. 스튜디오와 뮤지컬 앙상블에 들어오려는 학생들을 오디션으로 선발하는 일반적인 관행은 교사들이 가르칠 준비가 되어 있는 학생들과 그렇지 않은 학생들을 선별하는 하나의 수단이다.[9]

호기심의 유익 중 하나는 호기심의 특징이 알고자 하는 학생들의 욕구에 의해 주도되는 학생 중심의 접근을 근거로 한다는 점이다.[10] 주제에 대한 학생들의 호기심은 본질적으로 심화 학습에 대한 동기를 학생들에게 부여한다. 교사는 학생들의 흥미에 반응하고, 학생들이 흥미롭고 진정으로 관심을 가지는 지식을 제공하며, 선택적으로 학생들의 심화된 흥미를 유발한다. 프레이리(Paulo Freire)가 '은행 예금식' 교육이라고 부르는 것과는 대조적으로, 이 접근법은 학생들에게 자유를 주며 학생들의 흥미와 욕구를 바탕으로 구축하려고 의도된 것이다.[11] 가르침은 정보를 제공하는 교사들에게 수동적으로 의존하는 대신에 학생들이 스스로 학습할 수 있도록 설계되었다. 이 탐구 기반 접근 방식은 우연한 발견이 주는 이점과 각 학생의 개성을 활용할 수 있고 다양한 결과를 도출하는 경향이 있다. 가르침은 쉽게 표준화되지는 않지만 예술적인 교육과 일치한다는 점에서 종종 즉흥적이고 열광적인 특성을 나타낸다.

호기심에 의해 촉발된 광범위하고 개방적인 교육적 과정은 음악적 이해를 심화시키고 음악적 지평을 넓히고자 한다. 이러한 접근은 음악적 전통 내에서 우수한 작품에만 초점을 맞추기보다, 규범적이지 않은 특이한 다른 예시들을 탐구함으로써 반대 예시를 드러내거나 기존의 원칙을 깨트린다. 음악에 대한 이러한 다원주의적 접근법은 심지어 특정 전통 내에서도 기대하는 바가 모호하다는 것을 나타낸다. 호기심은 기대의 표준에 도전하고 전통 내 또는 전통 간의 공통점뿐만 아니라 차이점에 대해 모두 발견할 수 있는 가능성을 제시한다. 호기심이 하나의 전통을 넘어설 때, 이는 음악적 관점을 확장하고 음악가들로 하여금 그들이 실천하고 있는 전통의 특성을 자신의 관점과 다른 사람들의 관점에서 더 잘 파악할 수 있게 한다. 이러한 과정은 학습자들에게 불안감과 불편함을 줄 수 있지만, 이를 통해 학습자들은 사람들이 음악을 알게 되고 경험하는 다양한 방법을 이해하게 됨에 따라 겸손함을 기르게 된다. 이미 아는 영역에서 시작하여 미지의 영역으로 확장해 나가며, 학습자는 자신의 지식과 능력의 경계에서 어떻게 대처해야 할지를 이해하게 된다. 이해의 폭이 넓어짐에 따라, 이들은 명백한 음악적·문화적 차이와 다름에 맞설 수 있다는 자신감을 가지게 된다. 이러한 기술과 자신감은 음악적·문화적 '다양성과 다원성'의 세계에서 특히 더 중요하다.[12]

호기심은 학습자가 음악 작품 또는 음악적 실천에서 일어나는 규범적인 측면과 그렇지 않은 측면, 다양한 음악 전통, 스타일, 형식 간의 유사점과 차이점을 탐구할 때 비교 교육적 접근 방식을 유도한다. 비교를 통해 학습자는 자신의 음악적 관심을 추구할 수 있고 유사하거나 다른 음악이 그들의 음악적 관심사와 어떻게 연결되는지 이해할 수 있게 된다. 이 접근법은 서로 다른 음악적 전통을 적절치 않은 것으로 생각하기보다는 서로 다른 음악 사이에 내재한 유사성과 그 안에 표현된 공통된 인간성에 관한 관심을 도모한다.[13] 이 공통점을 이해함으로써 아이러니하게도 학습자가 음악적 관행들 사이에서 또는 그 안에서 중대한 차이점을 이해하고 가치 있게 여기게 된다. 그들은 음악적 전통의 측면들을 통합하고 다른 상대로부터 배우려 할 수 있다. 이러한 융화 과정은 음악적 전통 자체 내에서 변화를 초래할 수 있다.

그 과정에서 음악 교육도 퀴어화된다. 퀴어(queer)라는 단어는 음악과 음악 교육의 다른 젠더에 대한 특별한 의미로 제한되어 왔지만 나는 인간의 경험에 적용되는 평범한 의미에 초점을 맞추고자 한다. 그리고 나는 상식이 되어 버린 암묵적 규칙과 기대를 심문하고, 흔들고, 위협하는, 즉 변혁시키는 다른 음악적 실천의 가치로써 이 단어를 보다 폭넓게 해석하고자 한다. 21세기 전환기의 퀴어 이론과 저술의 계보를 살펴본 터너(William Turner)는 퀴어라는 용어의 파악이 쉽지 않음을 인정하고 이를 다양한 개념들의 혼합으로 생각했다.[14] 내가 이해하기로 이 용어는 작가들이 단단한 경계에 저항하고 그 개념의 비정형적이고 역동적인 특성을 수용함에 따라 모호하게 남아 있다. 이러한 문헌이 양산되는 가운데, 브렛(Philip Brett), 우드(Elizabeth Wood), 토머스(Gray Thomas)와 같은 음악학자들과 그들의 동료인 라이베체데르(Doris Leibetseder), 페라이노(Judith Peraino), 테일러(Jodie Taylor)는 클래식, 록(rock), 그리고 대중음악의 전통에서 음악적 퀴어를 발굴한다. 로드리게스(Nelson Rodriguez), 마티노(Wayne Martino), 잉그리(Jennifer Ingrey), 브로큰브로(Edward Brokenbrough)와 같은 교육 이론가들과 동료들은 교육과 퀴어 연구의 교차점에서 '비판적 개념'을 탐구한다. 그리고 굴드(Elizabeth Gould), 헨드릭스(Karin Hendricks), 보이스–틸먼(June Boyce-Tillman)과 같은 작가들과 동료들은 퀴어니스(queerness)의 개념과 퀴어니스의 영성, 음악, 교육과의 관계를 연구한다.[15] 굴드가 비유적으로 '연금술'이라고 생각하고 '황홀한 풍요'의 예시라고 생각한 퀴어라는 단어는 내가 이 용어를 광범위하게 사용하는 것과 많은 공통점이 있다.[16]

마틴(Jane Roland Martin)은 학생들이 음악적 퀴어에 흥미를 느끼게 되거나 평범하지 않은 가사의 노래, 혹은 평생 '엿가락'처럼 들러붙어 노년에도 기억할 수 있고 부를 수 있는 노래에 흥미를 느낀다고 말한다.[17] 특히 비교적인 관점에서 음악적으로 특이하고 퀴어한 것에 초점을 맞추면, 젊은이들이 개성과 개인주의를 귀하게 여기게 되고 대다수의 다른 사람들과 다를 때조차도 자신의 행복을 따르고 개인의 관심과 재능을 받아들일 용기를 얻게 된다. 학생들은 예술이 종종 퀴어니스, 특이함에 대한 표현이며 평범하지 않은 것의 강렬한 묘사임을 알게 된다. 음악 작품은 가감 없는 개성과 표준과의 다름 때문에 기억에 남을 것이다. 그래서 호기심은 그 풍요로운 가능성 안에서 특이한 것을 추구하고 포용하는 음악 교육의 기초가 된다.

호기심의 부정적인 면 중 하나는 호기심이 지나치게 강하거나, 경계, 비밀, 개인적 사생활에 대한 존중의 부족으로 인해 대인관계를 위협할 수 있다는 점이다. 이는 음악 교육 공동체를 구축하는 데 필요한 다른 사람에 대한 신뢰와 개방성을 훼손하고 다른 사람들을 폭로의 위험에 처하게 할 수 있다. 전쟁 중의 베를린에서 사는 여성들의 삶을 묘사한 길럼(David Gillham)의 소설 『여성의 도시(City of Women)』를 읽으면서, 나는 비밀을 다른 사람들에 대한 권력의 원천으로 간주하고 그것을 밝혀내고자 하는 것이 유혹적이긴 하지만, 역사를 통해서 비밀은 때로 생존의 열쇠를 쥐고 있다는 것을 새롭게 깨달았다.[18] 인도 고전 전통에서는 한 세대에서 다른 세대로 지식을 전수하는 것을 제외하고, 음악적 비밀은 서양 클래식 음악과 재즈에서와 마찬가지로 경제적 생존에 매우 중요했다.[19] 지식은 힘이고, 음악 협회와 조합에서와 같이 지식에 대한 접근을 통제하는 것은 음악가들의 생계를 보호하는 것이었다.[20] 생계를 유지할 수 있는 능력에 대한 고민 없이 음악 공연 경력을 위해 많은 인원을 배출하는 것은 음악가로서 일자리를 찾는 것을 어렵게 만들고, 경쟁이 치열해지는 상황에서 더욱 살아남기 어렵게 만든다. 음악적 생계를 보호하는 관점에서 볼 때 음악적 비밀을 아는 것은 복합적인 축복이다. 19세기 중반에 20세기 초 보스턴과 매사추세츠 보통 학교에 음악 교과가 도입되는 것을 추진했던 보스턴 학교 음악 운동에 반대하며, 자크-달크로즈(Emile Jaques-Dalcroze)와 같은 음악가들은 '허영심 있는 사람'들의 부정적인 영향을 우려했다. 이들은 음악적으로 부적격하거나 숙련되지 않은 사람들로, 교육 시스템과 음악계를 '혼란'시킬 수 있으며, 음악적 재능을 가진 사람들에게 해를 끼칠 수 있다고 본 것이다.[21]

하나의 새로움에서 다음 새로움으로 가볍게 이동하는 것은 음악 전통을 철저히 이해하는 데 필요한 교육적 지침이나 전형적인 관행에 대한 인식을 제공하는 데 부족하다. 음악적 원칙이 배타적이고, 성 차별적이며, 민족 중심적인 경향이 있음에도 불구하고, 음악적 관행에 대해 분명한 의미를 확립하려면 그 원칙을 아는 것이 필요하다.[22] 음악의 신념, 관행, 규칙, 가치는 음악의 중심적인 성향과 전형적인 예시들에서 드러난다. 비록 특이하고 퀴어적이며, 비주류인 것도 중요하지만, 음악 관행의 옹호자가 되려는 사람들은 전통, 규칙, 그리고 기대에 대한 근거를 아는 것이 대단히 중요하다. 음악적 관행은 실용적인 기능의 완전한 습득이 필요하고, 이러한 기능은 차근차근 점진적으로 발전시켜야 하므로 신중한 교육 계획이 필요하다.[23] 전형적인 작품 중심의 구성은 음악 연습에 필요한 기술 습득과 숙달에 명확한 초점과 경제적인 접근 방식을 제공한다. 특히 자주 그렇듯이 음악 교습에 비용이 가장 적게 드는 접근 방식이 필요할 때는 더욱 그러하다.

호기심에 의존하는 학습자 중심의 교육 접근 방식은 전통적인 교사 중심의 수업을 가치 있게 여기지 않을 가능성이 있다. 이러한 접근은 프레이리가 비판하였지만 중요한 이점이 있을 수 있는 '은행 예금식' 교육의 지혜와 장점을 충분히 인지하지 못할 수 있다. 모든 학생이 선생님들이 중요하게 생각하는 주제에 대해 궁금해하는 것은 아니다. 교사가 음악적 관행의 숙련된 전문가이고 학생들은 무엇을 궁금해야 하는지 모르는 경우, 학생들의 호기심은 교사 중심 교육이 진행되는 동안 또는 그 이후에라도 일깨워질 수 있다. 학습의 원동력으로 호기심에만 의존하면 음악적 전통에서 교사의 지식과 전문성을 활용하지 못하고 교사가 잠재적으로 교육 상황에 기여할 수 있는 것을 놓칠 수 있다. 전통을 잘 아는 전문 음악가-교사는 학생들에게 포괄적이고 친밀한 지식을 제공하는 레퍼토리 및 교육적 접근 방식을 선택할 수 있다. 이런 방식으로 볼 때, '은행 예금식' 교육은 학생들이 미래에 인출할 수 있는 귀중한 저장소를 제공하는 것이다.

상상력

상상력(imagination)이라는 단어는 원래 프랑스어와 라틴어에서 차용되었다. 통상적인 사전적 의미는 '이미지나 개념을 형성하는' 능력과 '감각적으로 실제 하지 않는 사물 및 상황에 관한 내부적 이미지 또는 아이디어'를 생성하는 능동적인 과정을 의미한다. 철학에서 상상력은 정신의 측면과 관련하여 '상상에 참여하는 것으로 간주되는' 기술적 의미를 가지며, '이미지, 아이디어, 사고가 생성되고 저장되거나 그것이 포함되는 곳으로 나타나는 개인의 마음 또는 일부'의 의미를 가진다.[24] 그것은 문자 그대로 그리고 비유적으로, 역동적으로, 그리고 정적으로 이해된다. 예를 들어, 이런 모호성은 이성, 직관, 느낌, 지각의 네 가지 상호 관련된 측면으로 구성된 라이클링(Marry Reichling)의 음악적·상상력 모델에서 나타난다.[25] 나는 그의 존재론적 특성보다는 음악적·교육적 가치로서의 기능에 초점을 맞추고 있다. 이를 위해 몇 가지 두드러진 특징을 살펴보고, 음악과 교육의 긍정적인 면과 부정적인 면을 향해 그 가치가 양날의 검이라는 것을 입증하고자 한다.

교육학적이고 음악적인 상상력의 특징 중 하나는 과거의 경험을 회상하고 이론적으로 가능하지만 아직 현실에서 구현되지 않은 미래의 사건이나 행위를 예측하는 능력이 있다는 것이다. 예견하는 능력은 현실에 현존하지 않는 '미래의 또는 잠재적 행동이나 사건'을 생각할 수 있는 능력을 포함한다.[26] 이러한 잠재적인 미래를 생각하는 방법 중 하나는 상상력을 공상적이거나 비현실적인 것과 실현할 수 있고 적용할 수 있는 것이라는 두 극단 사이를 오가는 개념적 또는 추상적 계획의 일종으로 간주하는 것이다. 처음에는 음악가들이 그 모든 세밀한 사항에 있어서 이 계획을 완전히 또는 완벽하게 예측하지 못할 수도 있다. 그러나 그들이 그 계획을 음악적으로 구체화하려고 할 때, 이는 점점 더 명확해지고 접근하기 쉬워진다. 어떤 음악가들은 처음부터 완전한 구상이나 명확한 비전을 가지고 시작할 수 있지만, 다른 이들에게는 그 구상이나 비전이 점진적으로 발전하게 된다. 하워드(Vernon Howard)는 예술적 상상력에 대한 이 두 가지 대조적인 이론을 아테나와 페넬로페 관점들이라고 부른다.[27] 아테나의 관점에서 상상력은 강력하고 명확한 선견지명으로 다가오는 반면, 페넬로페의 관점에서 상상력은 창조적 과정 동안에 점진적으로 발전하는 것으로 나타난다. 하워드는 예술가들이 연속선상의 어느 곳에도 속할 수 있다는 것에 동의할 것이다. 미래에 대한 통찰이 처음부터 선명하게 보이든, 과정에서 나타나든, 기억과 구상은 함께 작용한다. 아이디어나 행동과 같은 추상적인 것을 이론이나 실천에 적용하거나 또는 실현되기 전에 미리 상상할 수 있는 능력은 존재한다. 선견지명은 예술 분야나 이론이 실제에 적용되는 분야에만 적용되는 것도 아니다. 새로운 수학적 공식 또는 물리 이론을 도출하려면 예측 능력과 알려진 실체를 이용하여 새로운 것을 도출하는 능력이 필요하다.

　상상력도 기대의 힘을 가지고 있다. 그것은 '사람이 무엇이 가능하다고 생각하는 인상', 즉 '기대와 예상'이다. 이 기대는 '정신적으로 그림을 그리는 행동'과 같이 생각이 행동과 연결되어 있다는 의미에서 능동적이다.[28] 이러한 이미지의 힘이 그만큼 강력해져, 사람들은 그것들을 보길 기대하게 된다. 그 이미지들은 창조자들의 마음의 눈 속에서 이미 형성된다. 어떤 단어, 수학 기호, 소리, 색상, 모양 또는 물질이든 사람들이 그에 대해 생각할 때, 이미지는 즉각적이고 생동감 있는 확신을 보여 주기에 사람들은 그 이미지에 따라 행동하기를 원하고 심지어는 열망한다. 이 이미지들은 역동적인 성질과 '생명력' 또는 '활기'를 가지고 있는데, 창조의 기술 정도에 따라서 이는 창조자들과 현실에서 그것을 목격하거나 참여하는 사람들에게도 매우 매력적인 것이다. 이 가정은 랭어(Susanne Langer)의 예술 공연 분석의 핵심이다.[29] 그녀의 이론에 대한 철학적 비판에도 불구하고, 음악가들과 예술가들은 그녀의 미학 이론이 설득력이 있다고 생각한다. 왜냐하면 그녀가 예술을 창조할 때 그들이 느끼는 것을 포착했기 때문이다.

상상력은 전체론적으로 사고하고 느끼고 감지되는 경험으로서, 현상적이고 추상적인 것, 정신과 감각적 지각, 이성과 직관, 사고와 감성을 연결해 준다. 상상력에는 강력한 지각 요소가 있다. 즉, '지각 과정에서 정신이 감각 데이터를 통합하는 능력'이다.[30] 이러한 통합을 달성하려면 과거의 생각과 실행했던 것을 기억하고 경험을 새로운 가능성으로 재구성하며 변형하는 것이 필요하다. 연역, 귀납 또는 유추와 같은 다양한 추론 방식은 게슈탈트 또는 즉각적으로 드러나는 전체에 대한 귀납적 의미에 의해 보완된다. 이 사고는 랭어가 '느낌'이라고 기술하거나 셰플러(Israel Scheffler)와 욥(Iris Yob)이 '인지적 감정'과 '감정적 인지'라고 묘사한 다양한 감정과 연관되어 있다.[31] 이러한 사고와 감정은 감각과 심지어 열정까지 요구하는 신체적 경험에 근거를 두고 있다. 이러한 요소들을 다양한 방식으로 그리고 서로 다른 정도로 조합하는 것은 더욱더 상상력이 사람마다, 프로젝트마다, 시기에 따라, 그리고 장소마다 다른 상황적인 요소들로 이루어진다는 것을 의미한다.

이 상상력의 특성은 모호함, 차이, 다양성이 풍부한 인간의 상황과 잘 어울린다. 셰플러가 관찰한 것처럼, 인간의 담론에는 모호함이 생각보다 더 보편적으로 내재한다.[32] 언어, 과학, 예술의 다양한 영역에서 상상력은 모호함에 직면하여 의미를 만드는 여러 방법을 제공한다. 잘못된 명제, 모호함 및 모순을 드러내려면 아이디어와 증거에 대한 혁신적이고 색다른 사고방식이 필요하며, 그에 대해 생각하는 새롭고 바라건대 더 정확하고 견고한 방법 제시가 필요하다. 알고 있는 것과 알려지지 않은 것에 대해 인간이 제기하는 담론은 미묘한 차이를 담고 있으며 모호하다. 예술은 모호함을 중심으로 구성되며, 예술에 관한 사고나 예술을 행함에 있어서 창의적인 방식을 요구한다. 그린(Maxine Greene)은 특히 개인과 집단적 상상력을 형성하는 데 있어 공동체의 힘과 그것이 만들어 내는 다양성과 다원성에 대해 생각한다.[33] 문자적인 참조와 연상이 없는 연주 음악은 특히 모호하고 상상력에 의존하게 된다. 그러나 음악의 구성적인 특징으로 인하여, 텍스트나 제목이 존재하거나 음악적 요소가 임의적이거나, 음악이 잘 알려진 경우더라도 상상력이 필요하다.

창조적 행위로서, 상상력은 종종 예술적이거나 혁신적인 결과물의 구성에서 비롯된다. 상상력이 '마음의 창의성과 이미지와 비유 등을 사용하고 만드는 능력'으로서 예술적으로 정의되거나 '시적이거나 예술적인 천재성 또는 재능'을 가진 사람들에게 적용되는 데는 충분한 이유가 있다.[34] 보편적인 것들의 발명과 건설은 실용적 가치가 있는 것에 반해, 상상력은 일반적이거나 평범한 것을 초월하는 것들을 나타내는 것으로 여겨진다. 음악적 상상력은 지난 수십 년 동안의 극적인 음향 변환에서 분명하게 나타나는데, 새로운 음계 체계, 새로운 음향 악기, 그리고 전자적으로 생산되고 조작되는 새로운 형태의 사운드의 개발 등을 예로 들 수 있다.

상상력의 긍정적인 면 중의 하나는 지적 생명체가 번창하기 위해 필요한 발산적이고 혁신적인 사고 방식을 제공한다는 것이다. 상상력은 광범위한 혁신, 기술 변화, 그리고 전 세계적 연결성을 가능하게 했으며, 예술 교육을 통한 상상력의 함양은 일반 교육에 있어 중요하다. 이런 이유로 리드(Herbert Read)는 예술이 교육을 조직할 필요가 있다고 생각한다.[35] 하워드는 예술을 일반 교육의 은유로 간주하고 모든 과목의 학습에 상상력과 창조적 표현의 정신을 불어넣어야 한다고 주장한다.[36] 프라이(Northrop Frye)는 문화에 대해 인간의 상상력이 작용한 결과라고 말한다. 상상력은 변화가 만연한 우리 시대뿐만 아니라 전 인류 문명 전체에도 적합한 가치이다.[37] 프라이를 연구하는 교육 평론가인 보그단(Deanne Bogdan)은 문화를 비판하고 변혁하기 위해 '상상력을 재교육'할 필요가 있다고 주장한다.[38] 상상력은 다른 동물들도 가지고 있는 것이며, 인공지능의 목표이기도 하다.[39] 의식을 가진 존재는 현실에서 자신의 행동을 주도적으로 형성할 수 있는 능력이 있다. 왜냐하면 그들은 기억하고 예견할 수 있으며, 감각, 사고, 이성, 직관을 총체적인 방식으로 통합하고, 이론과 실제에서 아직 드러나지 않은 것에 대한 이미지를 창조할 수 있다. 이러한 능력은 예를 들어, 평화, 시민성, 문화를 조성하고 세계의 생태계를 보존하는 데 필수적이다. 그린은 상상력에는 변화시키는 힘이 있다고 말한다. 상상력은 '사회적 마비를 완화하고' '고상함과 인간성을 깨우치며' '삶과 희망과 빛을 제공한다'.[40] 우리가 알고 있는 삶이 지구상에서 번영하려면 인류세(人類世)의 현실은 자연 세계와 조화를 이루며 살아갈 방법을 찾기 위한 상상력을 필요로 한다.[41]

문명과 문화를 창조하고 유지하며 인간과 물리적 환경 사이의 지속 가능한 상호 관계를 구축하는 수단으로서의 실용적 가치 이외에도, 상상력은 인간적이고 정신적인 목적을 가지고 있다. 상상력은 내면의 생각과 감정을 표현할 수 있게 해 주고, 내재적 만족과 안락감을 불러오는 존재, 사고, 행동의 방식을 촉진한다. 예를 들어, 매슬로(Abraham Maslow)는 '자아실현'을 인간의 욕구 위계의 최상위 단계로 생각한다.[42] 자아실현은 상상력이 매우 풍부한 과정으로서, 이 과정에서 사람들은 자신의 상황에서 만족감을 얻고, 그 상황에 몰입하며, 매우 영적이고 만족스러운 방식으로 자신의 생각과 느낌을 표현할 수 있다. 다른 맥락에서, 칙센트미하이(Mihaly Csikszentmihalyi)는 '몰입'이라는 심리학적 개념을 고안하였으며, 이는 창조적 활동 안에서 사람들이 역동적 과정에 의해 그 순간 속에서 옮겨질 때 느끼는 몰두, 자기 인지 상실, 전혀 힘들이지 않은 상태를 표현하기 위한 것이다.[43] 현대적으로 사용되는 이 상상력의 개념에 대응하는 고대 세계의 개념이 있는데, 고대 세계에서 상상력의 개념은 교육의 목적과 수단으로써 매우 중요했다. 플라톤은 교육적 목표로서 상상력을 추상적 사고와 놀이의 가장 높은 단계 중 하나로 보았다. 놀이는 진지한 목적을 가지고 있으며, 그 방법론에 있어서 절제되어 있다.[44] 플라톤(Plato)은 철학적 담론을 가장 높은 수준의 교육으로 생각하고 이야기, 비유, 은유를 통해 재미있게 대화식으로 지도한다. 인간의 문화적 · 예술적 표현을 가능하게 하는 상상력의 정신적 가치는 특히 무례함, 비인간성, 폭력, 공포, 전쟁이 만연한 시기에 설득력을 갖는다.

인공지능의 성장, 일상생활과 일에서 기계로 대체되는 인간, 그리고 일상생활에서의 테크놀로지의 만연과 의존은 잠재적인 위안과 기술로부터의 휴식을 위해 상상력을 요구한다.[45] 기술은 지배적일 수 있고, 창의적이며 자유롭게 사고할 기회와 현실에서 사회적으로 소통할 기회를 제한할 수 있다. 기술 중심적인 세상에서 이 기술의 지속적인 영향으로부터 벗어나는 것은 심리적 · 사회적으로 시급한 요구이다.[46] 기술의 노예가 되기보다는 자신을 예술적으로 표현할 수 있고 기술에서 독립되어서 때로는 복잡하고 중요한 존재론적 질문을 통해 사고할 수 있는 인간적인 존재가 필요하다. 예술은 우리의 지속적인 주의를 필요로 하는 기술 장치의 요구로부터 자유로운 기회, 공간 및 시간을 제공한다. 예술은 또한 비인간화할 수 있는 만연한 기술로부터 휴식을 제공하는 동시에 창의적이고 생산적으로 기술을 사용하는 방법을 제공한다.

그러나 상상력에는 부정적인 면이 있다. 상상력 하나에만 집중하거나 다양한 사고의 관점에서만 생각하면 융합적 사고의 가치를 충분히 고려하지 못할 수 있다는 것이다. 융합적 사고는 사고와 실천을 지배하며, 음악적 전통이 번성할 수 있게 하는 규범적 규칙을 수립하고 유지한다. 내가 잘 알고 있는 모든 전통 음악가들은 무엇이 '올바른' 또는 '맞는' 관행인지에 대한 엄격한 기대치를 가지고 있다. 이러한 신념과 관행을 따르지 않는 것은 궁극적으로 음악 관행을 훼손하고 파괴한다. 사회적 행위는 특정한 규범의 영속성을 전제로 한다. 이것이 없다면, 문명과 문화는 해체될 것이다. 다른 무엇보다도 바로 이러한 이유로 인해 음악 교사들은 그 기대치를 전수하기 위해 자연스럽게 보수적인 태도를 취하는 경향이 있다. 상상력은 확실히 이러한 전승의 일부이며, 적어도 처음에는 어떤 융합적 기대치와 이미지를 확립하는 데 많은 중점을 둔다. 예를 들어, 하워드는 자신이 무엇을 해야 할지 알기도 하고 모르기도 하는 학생(젊은 테너를 생각해 보자.)을 둔 성악 선생님을 묘사한다.[47] 처음에 이 학생은 그가 습득하고자 하는 성악 연습에 충실한 이미지를 만드는 방법을 보여 주고 도움을 얻는 데 있어서 교사에게 의존한다. 점진적으로 그가 더 숙련된 성악가가 되면, 처음에 그에게 지시된 규칙이나 그가 한때 복종적으로 따랐던 규칙은 선택적으로 깨질 수 있다. 그는 그 규칙들을 존중하고, 그에 의해 통제받으며, 때로는 그 규칙들을 적극적으로 무너뜨리거나 거부하게 된다.

상상력은 끝맺음과 지혜의 중요성을 간과할 수 있다. 오직 새로운 가능성만을 가르치려는 시도는 끝맺음의 중요성, 즉 지금까지 시작된 것들에 대한 완성감과 이해, 숙달, 통합의 의미를 주는 것의 중요성을 놓칠 수 있다. 이러한 끝맺음과 완성은 새로운 시작을 탐색하고, 공통점과 차이점을 이해하는 데 있어 논리 및 이성의 중요성을 강조한다. 물론 이성은 넓게 해석된 상상력의 한 측면이다. 그럼에도 불구하고 이러한 끝맺음과 지혜의 목적은 이미 알려진 것을 중심으로 학습자에게 명확한 목적의식을 제공하는 것이다. 명확한 완성감이 새로운 시작을 위한 발판이 될 수 있을지라도, 끝맺음은 위안을 주고, 안심시키고, 학습자가 배운 학습 내용을 통합하고, 자신의 것으로 만들 수 있게 한다. 이 끝맺음은 학습자가 시작한 것에 대해 다시 생각하게 하고, 그것의 중요성과 이미 형성된 관점과의 연관성을 성찰하게 한다. 학습에 있어 중요한 끝맺음은 상상력과 새로운 가능성을 강조하는 교육에서 가끔 잊히기도 한다. 음악 작품을 공연하는 것은 이런 과정에 대한 좋은 예시가 된다. 끝맺음이 없는 시작은 만족스럽지 못하며 악보 또는 음악적 아이디어에서 가능성을 탐구하고, 발굴하고, 궁극적으로 가능성을 줄여 나갈 때, 시작과 끝맺음 두 가지가 다 필요하다. 이처럼 무

한한 가능성은 유한한 실제가 되어 끝맺음을 이룬다. 마찬가지로, 지혜는 학습자가 여러 가능성을 찾아내고 궁극적으로 그것들을 중요한 방식으로 제한하면서 찾아온다. 자신이 따르는 음악 학파나 관행은 이러한 끝맺음에 영향을 미친다. 음악적 아이디어와 관행은 시작할 때 상상적이고 끝맺음 때 수렴적이다. 이러한 이유로 상상력이 학습에서 중요한 가치이지만 그것만이 유일한 가치가 될 수는 없다.

획일적이거나 단일한 상상력의 개념들은 부적절하지만, 상상력을 다양한 형태로 해석하는 것도 교육 정책 입안자들에게 실질적인 문제를 제기한다. 1983년 가드너(Howard Gardner)가 제안한 다중 지능의 개념은 다양한 심리적 '마음의 틀' 또는 세상을 보는 방법에 대한 가능성을 제시한다.[48] 가드너의 이론은 피닉스(Philip Phenix)의 '의미의 영역들' 분석과 굿맨(Nelson Goodman)의 '세계를 만드는 방법들'의 형식화와 같은 철학적 견해들과 공명한다.[49] 사람들이 세상을 보는 방식을 형성하는 데 있어 성과 성 정체성, 집단 소속감, 사회 계층, 민족, 이데올로기, 권력과 같은 속성의 추가적인 복잡성을 고려하면 상황이 더욱 복잡해진다.[50] 교육 정책 입안자는 길러야 할 상상력의 종류와 이를 성취하는 방법을 명시하는 것이 더욱 어려워진다. 예를 들어, 에릭슨(Erik Erikson)과 에릭슨(Joan Erikson)의 연구를 따라가면서 상상력의 형성에서 삶의 단계를 고려하는 것이 얼마나 중요한지 생각해 보자.[51] 듀이(John Dewey)는 교육적 성장을 영속적인 것으로, 교육적 과정을 일생에 걸친 것으로 묘사하면서, 교육은 초창기에 젊은이와 관련되며, 성장이 계속되고 목적이 다른 목적의 수단이 되면서 상상력이 확장된다는 견해를 전개한다.[52] 에릭슨 부부는 다른 견해를 가지고 있었는데, 그것은 사람들이 청년기에서 노년기까지 인생 단계를 거치며, 그 차이는 각 단계마다 세밀하게 다른 교육적 접근을 필요로 한다는 것이었다. 젊은 시절에는 상상력의 개방과 확장을 지향할 수 있고 교육적 초점이 성장에 맞춰질 수 있지만, 사람들이 중년과 인생의 후반기를 통과하면서 상상력은 변화하게 된다. 사람들이 점차 내면으로 회귀하는 끝맺음을 찾기 시작하기 때문이다. 인생의 모든 단계의 사람들에게 다가가고자 하는 음악 교육자들은 이러한 차이를 염두에 둘 필요가 있다. 그리고 상상력의 이론들은 인생의 변화가 시작뿐만 아니라 끝맺음을 이루는 데 있어서 미치는 역할을 표현할 필요가 있다. 성, 인종, 언어, 종교, 인생의 단계 등 많은 요소가 상상력에 영향을 미친다는 점을 고려하면 교육 정책 입안자가 상상력을 기르는 데 있어 넘쳐나는 복잡성을 지나치게 단순화할 수 있다는 가능성을 보여 준다. 그들은 시작과 끝맺음의 세세한 사항을 예견하고, 이러한 모호함에 대비하는 실용적인 교육 계획을 개발하고, 여러 가지 상상의 가능성을 고려하는 데 중대한 어려움에 직면할 수 있다.

상상력에는 또 다른 부정적인 면이 존재한다. 특히 그린(M. Greene)은 자유의 개념이 가지는 문제점과 노예 제도, 복종과 억압과 같은 부정적인 상황에서 벗어나지 못하는 상상력의 실패에 대한 어둠의 잠재력을 걱정한다. 자유의 실천은 자유가 약속하는 것을 결코 실현하지 못하며, 이것이 주는 가능성에도 불구하고 자유는 끝없는 투쟁으로 남아 있다.[53] 모든 시작과 가능성이 선(goods)을 이루지는 않는다. 예를 들어, 독일 제3제국(German Third Reich)은 소수자와 장애인이 없는 국가를 상상했다. 시민성과 인도적인 목적을 위한 교육은 그것을 상상하고 창조하는 수단을 거부하고 다양한 배경과 능력을 가진 사람들을 환영한다. 상상력은 선과 악 모두에 작동하는 가능성 때문에 상상력을 발휘하는 구체적인 목적과 이를 달성하기 위한 수단을 고려하는 것이 필요하다. 이렇듯 다른 교육적 선을 고려하지 않으면, 상상력은 가치로서 영향력을 잃는다.

경이로움

경이로움(wonder)이라는 단어는 고대 색슨어와 네덜란드어에서 유래했으며, 영어에 깊은 뿌리를 두고 있다. 이 단어는 모호하게도 명사, 형용사 그리고 동사로 간주되고, 과정이면서 결과물이며, 사고이면서 행동이다. 명사로서, 과거에는 때로 '사악하거나 수치스러운 행동'의 의미를 내포하기도 했지만, 이 단어의 통상적인 사전적 의미는 '(보통 심도 있는 감탄을 내포하는) 놀라움의 대상'을 의미한다. 그것은 종종 '행해진 행위 또는 기적적이거나 초자연적인 힘에 의해 일어난 사건'과 관련이 있으며 '기적'이나 '징조 또는 조짐'일 수 있다. 경이로움은 또한 '새롭고 예상치 못했거나 설명할 수 없는 것을 인식하면서 생겨나는 감정, 당혹감과 뒤섞인 놀라움 혹은 어리둥절한 호기심'을 의미하기도 한다.[54] 동사로 쓰일 때 이 단어는 '놀라워하면서 스스로에게 질문하는 것, (방법, 여부, 이유 등에 대해서) 약간의 의심이나 호기심을 느끼는 것, 알고 싶거나 배우고 싶어 하는 것' 또는 '크게 놀라는 것, 경탄하는 것'을 의미한다.[55] 이런 일반적인 뜻 이외에, 음악적 및 교육적 가치로 해석되는 경이로움과 관련된 측면을 대략적으로 정리해 보고 경이로움의 일부 긍정적인 면과 부정적인 면을 알아보려고 한다.

나는 음악 교육에서 욥이 제안한 경이로움의 영적 차원부터 시작하고자 한다.[56] 경이로움은 평범하게 살아온 삶과 구별되는 시공간의 것, 신성한 것과 어울린다. 그것은 자연 세계를 초자연적 세계 또는 설명 불가함과 순수한 위엄, 인간의 통제력 너머에 존재하는 힘으로 인하여 외경심과 두려움을 일으키는 힘이나 사건과 연결된다. 이는 가장 심오한 존재론적 질문을 포함한다. 나는 어디에서 왔는가? 내 인생의 목적은 무엇인가? 죽음 이후에 삶과 존재, 그리고 미래가 있는가? 종교는 사람들이 우주와 우주 안에서 인간의 위치에 대한 의미를 찾으려 할 때 경이로움을 불러일으킨다. 종교적 이야기에 나오는 초자연적 사건들은 경이로움을 유발할 뿐만 아니라 신자들에게 종교적 명령에 순종할 것을 명한다. 제임스(William James)는 일상생활, 질병, 죽음, 폭력, 테러 및 전쟁에 직면할 때 위안을 제공하는 수단으로 인간의 종교에 대한 필요성을 제기한 초기 종교 심리학자 중 한 명이다.[57] 음악과 교육이 삶 전체에 의미를 부여하고 경이로움을 일으키는 질문들과 관련이 있다고 한다면, 종교는 윤리적 가치나 덕목의 원천일 뿐만 아니라 신성한 일로 생각하고 인정해야 할 필요가 있다.[58]

경이로움은 또한 인간의 오류 가능성을 인정하는 것이다. 전지전능하지 않은 인간이기에 인간의 자아와 세계에 대한 이해는 부분적이며, 인간의 지식은 불완전하고 어떤 면에서는 필연적으로 틀릴 수밖에 없다. 이런 미스터리와 전체 그림을 이해하지 못한다는 것은, 학습자가 경이로움을 가질 때, 완전한 진실에 도달한다는 것을 확신할 수 없음을 의미한다. 하워드는 무엇보다도 음악을 배우는 수단으로서 성찰의 중요성을 제시한다. 그러나 여전히 그 성찰은 다소 불완전한 이해에 도달할 수밖에 없다. 그가 말하는 음악을 이해하게 되는 다른 수단, 지도, 예시, 실습과 마찬가지로, 성찰은 끝없이 개방적이고 모호할 수밖에 없다.[59] 한 사람의 경이로움은 인간의 관점이 부분적이고 결함이 있기 때문에 끝이 없고 모호하다.

경이로움은 자연 환경과 사건뿐만 아니라 예술적 창조물, 신화, 신성한 의식에 의해서도 촉발될 수 있다.[60] 이것은 특히 보그단이 만든 신조어인 '떨림' '반짝임', 그리고 황홀하게 연출된 음악적 기교 속에서 확연히 드러난다.[61] 어떤 음악 공연은 너무 놀라워서 초자연적인 것처럼 보이기도 한다. 그것을 묘사하기 위해 종종 **마술 같은**, **전율적인**, **심장이 멎는 듯 같은** 단어가 사용된다. 초자연적인 세계와 현상 세계 사이에서 있는 성직자와 같은 낭만적인 이미지의 음악가를 떠올리기 쉽다. 내가 알고 있는 모든 음악적 전통에는, 기대를 완전히 뛰어넘어 청중을 전율시키는 몇몇 음악가와 연주자들이 있다. 이러한 공연은 보는 이들에게 영감을 주며, 음악적 관행의 한계와 가능성을 명확히 하는 데 중요한 역할을 한다.

경이로움은 감정적 영향력이 있다. 인지적 감정일 수도 있고, 감정적 인지일 수도 있고, 또는 둘 다일 수도 있다.[62] 이 생각은 또한 감각, 감정, 지성 및 본능적 반응의 총합이라는 점에서 총체적이고 몸 전체와 관련되어 있다. 이 생각은 매우 즉각적이고 강력하기에 인정과 행동을 끌어낸다. 훌륭한 공연은 우레와 같은 박수, 발 구르기, 함성과 또한 다른 감탄의 신체적 표현 후, 침묵의 순간을 불러올 수도 있다. 반대로, 공연을 좋아하지 않았거나 두려움을 느꼈다면, 그것은 경멸과 야유를 불러오거나 공연 도중 나가 버리게 할 수도 있다. 기쁨이든 두려움이든, 감탄이든 반감이든, 경이로움은 감정적이고 본능적인 반응을 일으켜 개인을 행동하게 한다. 예술 중에서도 음악은 경이로움을 경험하는 강력한 방법이며, 경이로움으로 가득 찬 음악 교육은 몸과 마음이 개입하기 때문에 필수적으로 총체적인 것이다.

경이로움의 긍정적인 면 중에는 학습자들은 경이로움을 불러일으키는 음악을 통해 그들의 귀와 눈이 민감하게 반응하게 되고 그들의 잠재력을 깨우치는 역할을 한다는 것이다. 이것은 그들에게 추구하고 싶은 '탁월함의 이상'을 생각하게 해 준다.[63] 한 예술가의 놀라운 능력, 기교와 힘들이지 않고 수월하게 해내는 모습에 대한 감탄과 경이로움은 배움의 수단으로서의 시연과 예시의 힘을 보여 준다. 예시는 가능성과 기대치를 명확하게 해 주고 이 시연이 어떻게 이루어졌는지에 대한 경이로움을 불러일으킴으로써 상상력을 자극한다. 공연이 더 빛날수록, 향후 기대치는 더욱 높아질 수 있다. 이러한 이유로 스즈키(Shinichi Suzuki)는 아름다운 바이올린 음색을 만들어 내고자 할 때 매우 젊은 연주자들을 모범적인 바이올리니스트의 소리에 둘러싸이게 함으로써 학습자들이 이 소리들을 표준적인 것으로 내면화하여 그 소리를 만들거나 그것을 능가하기를 열망하게 한다.[64]

경이로움은 또한 음악과 교육을 더욱 영적이고 인간적으로 만든다. 동사로서 경이로움은 학생 중심의 학습 형태를 생성한다. 앎에 대한 학습자의 욕구에 의존하며, 그 과정에서 의심과 호기심의 가능성을 허용한다. 학습자가 현재 이해하는 것의 한계를 깨닫고, 질문에 대한 답을 연구하고, 마주치는 미스터리에 대해 고민할 때, 그들은 자신의 오류 가능성을 이해하고, 자신이 인간임을 인정하며, 자신만의 독특한 관심, 재능 및 관점을 포용한다. 경이로움은 전통적인 시간과 장소를 뛰어넘어 학습 경험의 가능성을 넓히고 인생 전체를 학습의 기회로 해석한다. 물론 여전히 음악가, 교사, 학생들은 능동적인 학습자가 되어야 하고 놀라움과 감탄에 열려 있어야 한다. 셰플러가 설명하듯이, 냉소주의와 파벌주의는 교사의 유산인 '지식, 가치 경험 등의 다양한 영역'에 대한 경이로움으로 가득한 교육을 방해한다.[65]

경이로움은 호기심, 상상력, 열린 마음과 같이 기대하지 않았던 것을 불러오며 또한 배움에서 자신감과 기쁨을 일깨운다. 학습자가 신비와 경외에 사로잡히고 예상치 못한 것에 놀랄 때, 탐색을 위한 새롭고 색다른 학습 경로가 열리면서 모험심이 고조된다. 질문과 답변이 완전히 기대하고 있던 것이 아닐지라도 놀라움은 학습 과정에 재미를 더하고 학습 중인 주제가 실제적이고 중요한 질문 및 답변과 관련이 있다는 느낌을 갖게 한다. 음악 교사는 탁월하고 뛰어난 기교의 공연, 그래픽 이미지, 고음질의 음향 및 라이브 공연을 통해 경이로움을 불러일으킬 수 있다. 교사들은 학생들이 어떻게 해결될지 궁금하게 만드는 음악적 문제를 제시할 수 있다. 궁금증을 느끼는 경험은 학생들이 더 나은 질문을 하고, 음악적으로 예상치 못한 것에 자신감을 갖게 되며, 자신들의 궁금증을 유발하는 현상들을 더 잘 이해하게 되면서 즐겁게 느껴질 수 있다. 또한 음악 공연과 제작을 통해 다른 사람들에게도 경이로움을 이끌어 낼 수 있다. 이러한 방법을 통해, 경이로움은 음악적 성장과 숙달을 촉진하고 이는 다시 학생들과 교사들에게 기쁨을 가져다준다. 음악적 경이로움을 불러일으키며, 방법을 찾아내고 드러내는 데서 얻은 자신감은 삶의 다른 측면들로 퍼져 나갈 수 있다.

그럼에도 불구하고, 경이로움에는 부정적인 면이 있다. 그중 하나는 경이로움에 초점을 맞추는 것은 그것을 달성하는 과정보다 결과를 지나치게 강조할 수 있다는 것이다. 기대한 결과가 나오지 않는 경우 그리고 학습자가 훌륭한 결과를 달성하는 데에 필요한 노력을 할 수 없거나, 노력할 의사가 없을 때 두려움을 유발할 수 있다.[66] 앞서 언급한 대로, 많은 음악적 전통은 비인간적인 음악 교육 방법을 사용하며, 그 예로 올바른 연주를 하지 못했을 때 학생들을 체벌하는 것이다.[67] 서양에서는 일부 감독들이 그들의 악기 앙상블에 대한 적절한 동기 부여로서 공포심을 내세워 왔다. 학생들, 특히 평균적인 능력이나 음악성을 가진 학생들에 대한 비현실적으로 높은 기대치는 이러한 기대치에 도달하지 못했을 때 학생들의 입장에서 분노, 자존감 상실, 훈련에 대한 두려움을 유발할 수 있다.[68] 두려움과 자존감 상실은 학습자와 음악가의 사기를 떨어뜨릴 수 있으며, 성장을 방해하거나 불가능하게 하는 잘못된 교육 결과를 초래할 수 있다.

경이로움을 불러일으키는 공연을 만들려고 과도하게 집중할 때, 기교와 기술적 탁월함 및 마법 같은 기술이 음악적 해석에 대한 깊이가 부족한 것과 본질을 가릴 수 있다는 점을 놓칠 수 있다. 관객을 감탄시키는 음악의 표면적인 측면에만 주목할 경우, 외적으로 훌륭하지 않더라도 음악을 잘 아는 사람들에게 인정받고 가치 있게 여기는 해석의 단순함과 깊이의 미덕을 간과할 수 있다. 음악을 지나치게 분석하고 기술적으로 완벽성을 지나치게 강조하는 것 또한 경이로움을 파괴할 수도 있다. 일부 작가들은 음악의 외적인 부분과 내적인 깊이, 그리고 음악의 본질과 표현 방식 사이의 차이를 고려하여 음악을 이해하고 분석한다.[69] 나는 음악 외적인 부분과 깊이를 비유적으로 보려 한다. 즉, 서로 통합적으로 상호 연결되어 있어 그 사이의 차이는 불연속적이거나, 이분법으로 확연히 나뉘기보다는 정도와 뉘앙스의 문제라는 것이다. 멋진 연주를 추구하면서 음악가-교사들은 음악이 만들어지고 받아들여지는 과정을 인지하지 못하고, 덜 극적이지만 동등하게 중요한 측면인 음악적 단순성과 가능성의 깊이를 간과할 수 있다. 청중 앞에서 이루어진 흠잡을 데 없이 훌륭한 공연이 끝나고 난 후와는 상당히 다르게 대중공연의 순간 이외에도 리허설, 연습 세션, 그리고 비형식적인 음악하기(musicking)에서 음악을 배우고 즐길 수 있는 귀중한 시간과 장소가 있다. 이 순간들 또한 경이로움의 원천일 수 있다.

열린 마음

일반적으로 사용할 때, 열린 마음(open-mindedness)은 '새로운 아이디어를 수용'하고 '편견이 없는' 특성을 의미한다.[70] 호기심, 상상력, 경이로움과 마찬가지로, 열린 마음은 활동에서 표현되는 새로움, 차이, 불협화음에 대한 생각, 태도 그리고 감정적 반응과 관련이 있다. 여기에서 나는 열린 마음을 음악과 교육을 뒷받침하는 가치로서 이해하고 그 단어가 내포하고 있는 긍정적인 면과 부정적인 면을 대략적으로 설명하고자 한다.

열린 마음은 극단적 입장을 배타적이고, 문제를 일으킬 수 있고, 심지어 위험하다고 보는 고대 사상인 중용에서 시작된다. 아리스토텔레스(Aristotle)에게 중용은 어떤 좋은 것이 너무 적거나 너무 많은 것 사이에 있는 난처한 상황이었다.[71] 중용은 또한 한쪽 극단에서는 너무 온건할 수 있고, 다른 쪽 극단에서는 충분히 온건하지 않을 수도 있다. 극단 사이의 중용을 찾는 것은 그 사이의 다양한 가능성을 즐길 수 있게 해 준다. 그러나 아리스토텔레스가 관찰했듯이 중용은 놓치기 쉽다. 중용은 개인이 아이디어와 관행의 다양성을 객관적으로 이해하고, 비교해서 분류하고 평가할 수 있도록 해 준다. 음악과 교육에서는 이상과 방법론적 극단 사이의 중간 지점을 협상하고, 무엇을 하고 어떻게 할지에 대한 결정을 내리기 위해 아이디어와 실천의 장단점을 고려해야 한다. 모든 좋은 것은 극단으로 치달을 때 악의 가능성을 열 수 있기에 모든 측면의 위험들 사이에서 실용적인 길을 찾는 것은 쉽지 않다. 교사들은 이런 가능성 때문에 그들의 교육 목적과 그들이 교육하는 방법에 대해 신중하게 생각할 필요가 있다. 학생들은 형식적 · 비형식적으로 배우는 것에 대해 비판적으로 사고하는 마음의 습관을 기르는 것이 필요하다.[72] 가능성의 세계를 평가하는 데 중용이 없다면, 개인은 필연적으로 종파주의, 편파주의, 냉소주의에 갇힐 수밖에 없다.

열린 마음의 특성인 수용성은 새로움과 다름을 기꺼이 즐기려는 의지로 표현된다. 사람들 사이의 다름과 음악의 다름을 포용하는 것은 일반적으로 교육으로서 음악 교육의 국제적 관행의 예가 될 수 있다. 음악 교육의 다름과 세계주의에 관한 철학적 저술가들도 음악 교육자들은 사람들이 음악, 세계의 다양한 음악적 관행, 음악 교육에서의 위치를 알게 되는 무수한 방법들을 수용하고 환영하고 육성해야 한다고 주장한다.[73] 이러한 환영은 학생들 배경, 능력, 태도와 무관하게 교사들의 학생들에 대한 사랑과 수용에 깃들어 있다.[74] 이것은 또한 음악 교육과정에 전 세계의 음악 전통이 포함되는 것에서도 분명히 나타난다.[75] 새로운 또는 익숙하지 않은 음악에 대한 반응이 어떻든지 교사와 학생들은 처음 접했을 때의 거부감이나 불편함을 바로 결정적으로 받아들이기보다는, 그 음악에 대해 개방적이고 깊게 생각해 보아야 한다. 환대는 다름과 부조화를 축하하는 공간과 시간을 제공하고, 아이디어와 관행을 사려 깊고 신중하게 고려하여, 새로운 가능성이 나타날 수 있게 한다.

열린 마음은 편견, 냉소주의, 독단주의에 반대하는 태도를 가진다. 편견은 과거의 전통을 무비판적으로 따르고 새로운 접근법을 너무 빨리 거부할 때 발생한다. 학습자가 자신의 이전 경험과 지식을 바탕으로 다양하게 다른 가능성을 고려하지 않고 너무 빨리 판단에 도달하면, 숙고와 비판적 사고의 기회를 누리지 못하고 가능성은 차단된다. 학습자들은 자신의 경험이 유효하다는 믿음이 강하기 때문에 자신의 방법과 다른 접근 방식, 방법 및 재료를 폄하고 대안적 가능성을 고려하는 것을 꺼린다. 그들은 심사숙고하며, 비판적 성찰을 실행하기에 너무 성급하고, 입장과 관행을 검증하기보다는 주장을 내세운다. 냉소주의는 정당한 이유가 있는 경우에도 어떤 입장을 고수하려는 의지를 드러내지 않는다. 셰플러가 언급한 것처럼, 이것은 사람이 언젠가 확실히 틀릴 수 있다는 매우 현실적인 가능성에 대한 방어 수단으로 작용한다. 어떤 방식으로든 자신의 입장이 문제가 있는 것으로 드러나는 것보다는 아예 어떤 입장도 취하지 않거나 그 어떤 것도 승인하지 않는 편이 낫다는 것이다. 독단주의는 자신의 생각과 행동에 도전하는 것을 원하지 않음으로써 의심에 대한 방어 수단이 된다. 이러한 폐쇄적인 마음가짐은 셰플러의 관점에서 타인의 반대나 비판을 절대 허용하지 않는 신념과 행위에 대한 엄격한 고수를 불러일으킨다.[76] 냉소주의와 독단주의는 새로움과 다름의 침입에 반하여 자신의 신념과 관행을 보호하는 서로 다른 방식의 수단이 된다. 이런 입장을 초래하는 경직성은 필연적으로 음악적 전통의 유연성을 잃게 하고, 생동감 있는 아이디어를 사멸시키며 아이디어, 행위, 사람들 사이에 장벽을 세우게 한다. 그에 반해 열린 마음은 의심, 다름, 반대를 환영하며 서로 다른 사람들과 그들이 표현하는 음악 문화를 연결하고 융화시키고 또는 결합할 수 있는 가능성을 제공한다.

의심은 열린 마음의 중요한 측면이다. 자신의 오류 가능성과 모든 것을 다 아는 것에 대한 불가능성을 인식함으로써 결정은 불완전하고 미완성된 증거를 기반으로 내려져야 한다는 것을 의미한다. 신념과 관행의 장점에 대한 의심과 불확실성은 아이디어와 관행을 포용하는 데 있어 성급함과 열정을 완화시키고, 심지어 가장 매력적이고 소중한 신념과 활동조차도 뭔가 잘못이 있을 수 있다고 생각하도록 한다. 이는 어떤 믿음에 대해 쉽게 동의하기보다는 의심하고, 규정과 금지 사항의 부정적인 면을 살펴보며, 그것을 뒷받침하는 논리와 증거 자체를 비판함으로써 탐색과 연구로 이어질 수 있다. 과학은 의심에 근거를 두고 있다. 과학은 열린 마음을 유지하고 선입견이나 편견 없이 사고와 실천의 모든 측면을 검토하도록 해야 한다고 주장한다. 교육적 탐구에 대한 과학적 접근에서 의심이 강조되긴 했지만, 방법론적 신념과 정통파가 만들어 온 음악 교육과정 및 교수법과 같은 실제 영역에서는 그렇게 두드러지지 않았다. 의심을 수용하는 것은 레젤스키(Thomas Regelski)가 적절히 표현한 음악 교육의 '맹목적 방법론(methodolatry)'을 부정하는 것이다.[77] 대신, 교사는 교육 상황에서 학생들의 요구를 충족시키는 일시적인 접근법과 절차를 개발해야 한다.

열린 마음은 모호함, 다양성 그리고 다원성이 풍부하기에 음악적 의미를 만들고 실천하는 데 있어서 특히 중요하다. 여기서 음악가와 교사는 음악 악보에 대한 서로 다른 해석을 환영하며, 심지어 그들의 신념과 관행이 도전받는 경우에도 동료와 학생들의 다양한 견해, 소리, 신념 및 세계 음악의 관행을 권장한다. 열린 마음은 음악적 원칙을 확장하고 데텔스(Claire Detels)의 말처럼, 음악적 전통의 '부드러운 경계들'을 넘어서 지루(Henry Giroux)가 표현한 '경계 건널목들'을 장려하는 것이다.[78] 음악적 실천이나 작품 내에서도 음악가, 교사, 학생은 일반적인 악보 읽기나 해석보다는 대안적인 악보 읽기나 해석을 고려한다. 그들의 성찰은 다양한 구성적, 즉흥적 또는 연주 관련 전략의 경로를 열어 준다. 이 때문에 음악 전공 학생과 교사는 많은 다양한 음악적 가능성을 발견하도록 권장된다. 이들의 다양한 해석은 음악적 스케일, 사운드, 시스템, 연주 기법 등에서 무수한 가능성을 낳게 한다.

열린 마음은 또한 젊은이와 노인이 만연한 사회 및 문화적 변화에 대처하고, 이질적인 사람들을 더 잘 이해하고, 다문화 사회의 긴장과 도전에 직면할 때 겸손을 발휘할 수 있도록 한다. 학습자는 건설적으로 자신의 사회와 문화를 비판하고 다른 사람들과 공통점을 찾아 평화를 촉진한다. 열린 마음은 편파주의, 근본주의, 권위주의에 저항하고 비인도적이고 폭력적인 행동에 맞설 수 있는 자신감과 능력을 키운다. 일반 교육과 같이 음악 교육의 중요한 목표는 다양한 세계관을 수용하고 비판하는 태도를 기르는 것이다. 교육을 통해 인식의 확장을 강조하면서, 그린(M. Greene)과 알섭(Randal Allsup)은 교육적 지평을 넓혀 주는 예술과 교육의 역량을 강조한다. 그들은 다른 사람들과 다른 방식으로 세상을 바라보게 되는 특별한 재능, 성향, 경험을 가진 사람들의 창조적 가능성에 중점을 둔다.[79] 음악의 다양한 가능성을 이해할 때, 자신의 관점 및 방법의 한계와 다른 사람들의 능력 및 긍정적인 면을 깨닫게 되면서 겸손해지게 된다. 음악가와 교육자가 음악과 교육적 전통이 교차하고 혼합되며 때로는 충돌할 때 발생하는 불협화음, 긴장감 및 기회들을 포용할 때, 이러한 전통과 이를 실천하는 사람들을 풍부하게 하는 방법으로 이와 같은 문제들을 탐색하고 대처할 수 있다.

열린 마음은 성장과 변화에 적응하는 데 필요한 역동적인 발전과 유연성을 촉진한다. 듀이가 관찰한 바와 같이, 성장은 교육의 중심이다. 성장이 중단되거나 방해되면 그것은 '잘못된 교육'이 된다.[80] 열린 마음은 성장을 촉진하는 해결책을 찾고 발견한다. 교육에 대한 이런 인간적인 접근은 교육의 결정적인 목표로서 정신과 그 발달을 강조한다. 다른 사람들과 그들의 음악, 예술 및 문화적 관행에 대해 더 잘 이해하는 것은 사람들을 서로 연결하고 공감하는 마음이 자랄 수 있는 공간을 제공한다. 정신과 마음이 통합적으로 연결되면 행동도 뒤처지지 않는다. 이것은 민주주의를 위한 교육에서 요구되는 성향, 사고 습관, 감정, 행동의 종류들이다. 아른스틴(Donald Arnstine)이 제시한 것과 같이, 예술은 민주주의적 성향을 교육하는 데에 특히 중요하다.[81] 내가 이해하기로, 예술이 이를 성취할 수 있는 이유는 열린 마음이 예술 학습에서 요구되고 길러지기 때문이다. 그리고 예술이 설득력 있는 교육적 은유가 되는 것은 놀라운 일이 아니다. 공감의 가능성을 여는 데 있어서, 열린 마음은 비인간성, 전쟁 및 폭력이 가득한 세계에서 평화와 평온을 조성할 수도 있다.

그러나 열린 마음은 여전히 한계와 부정적인 면이 있다. 무엇보다도, 입장과 원칙에 대해 충분히 헌신하지 않을 수 있고 입장과 원칙을 옹호할 용기가 부족한 것을 숨길 수 있다. 냉소주의 또는 신념에 대한 거부, 급진적인 상대주의 또는 서로 다른 입장의 장점에 대해 분별하기를 거부하거나 분별하지 못하는 것은 관심을 줄 필요가 있는 다양한 가능성을 감별해 내는 지적 작업을 수행하지 못하게 할 수 있다. 이는 다름과 가능성의 바다에서 방향을 잃을 수 있다. 음악 교육은 깊은 윤리적 과제이기에 교사와 학생은 윤리적으로 중립적일 수 없다.[82] 모든 교육적 행동은 윤리적 약속에 근거한 신념을 반영한다. 연주자의 레퍼토리나 음악 교육과정을 연구할 때 음악가, 교사 또는 교육 정책 입안자의 윤리적 신념을 파악하게 된다.[83] 음악가, 음악 교사 및 학생들이 이러한 약속을 분명하게 인식하는 정도와 관계없이, 이 신념들은 그들의 레퍼토리 선택, 교육적 실천 및 학습 방법과 같은 결정에 암묵적으로 반영된다. 연주자가 음악적 전통에 더 깊이 빠져들수록 실행에 전념해야 할 당위성은 더 커진다. 이러한 헌신은 강한 열정이 되어 현재 상태를 방어하거나 도전할 수 있는 용기를 갖게 한다. 구소련의 현실주의를 헤쳐 나간 쇼스타코비치(Dmitri Shostakovich), 중국 문화 대혁명에서 마오쩌둥(Máo Zédōng)의 선언에 저항하는 클래식 음악가 또는 서양 클래식 음악의 헤게모니에 반대하는 대중음악가와 같이, 폐쇄적 사고에 도전하는 사람들에게는 용감하고 원칙에 입각한 행동이 요구된다.

나는 종종 닫힌 마음의 힘과 열린 마음의 취약성에 놀란다. 폭군과 독재 정권은 억압에 저항하는 힘을 기꺼이 포기하는 사람들로 인해 번창한다. 때로 열린 마음은 문화, 사회, 정치 세력에서 약한 쪽을 차지하는 듯 보인다. 이는 아마도 프레이리의 말처럼, 억압을 당했던 사람들이 '억압자의 모습을 자기 안에 지니고 다니기' 때문일 수 있다.[84] 민주주의는 열린 마음을 통해 번성하고 열린 마음 없이는 시들어 버린다. 민주주의 사회에서, 비록 보통 사람들이 그들의 의사 결정에 지분을 가지고 있고 개인과 집단의 행복을 추구할 수 있지만, 권위주의자들과 권력 있는 개인들은 민주 사회를 지탱하는 열린 사고를 이용하며 좌절시킬 수 있다. 부서지기 쉬운 민주주의와 그와 관련된 열린 마음의 취약성은 열린 마음과 이에 관련된 민주주의를 보호하기 위해 음악가와 교육자의 지속적인 경계, 저항, 공동의 노력을 필요로 한다. 역사 속에서 오래가지 못한 민주주의의 특징은 너무 많은 사람이 이 일을 해낼 배짱이 없다는 것을 시사한다.

열린 마음의 중심에 있는 친절한 환대는 개념적 · 윤리적 한계를 가지고 있다. 나딩스(Nel Noddings)는 모든 사람이나 모든 것을 평등하게 배려할 수는 없다고 주장한다. 어떤 사람과 어떤 것들은 다른 것들보다 더 배려를 받을 가치가 있으며, 개인이 무엇 또는 누구를 돌보는 데 제한을 두지 않으면 제한된 가치를 지닌 보살핌이 분산되어 자신을 소진시킨다.[85] 그녀의 접근 방식을 교육에 적용하면, 다른 교육적 가능성을 열어 주기 위해 일부 교육적 가능성을 닫아야 할 필요성을 강조한다. 그녀의 논점은 일찍이 셰플러가 관찰한 사실과 일치하는데, 인간의 선택은 그들이 다른 가능성을 열 때 필연적으로 어떤 가능성을 닫아 버리게 된다는 함의를 가진다는 것이다.[86] 개인이 한 가지 일을 더 많이 할수록, 사용 가능한 시간, 공간 또는 에너지 때문에 다른 일은 덜할 수밖에 없다. 이러한 선택은 또한 수용적 태도 역시 제한하게 되는데 이는 음악, 문화, 신념 및 관행으로 확대 해석할 수 있다. 우리의 첫 번째 의무가 가족, 종교, 지리, 언어 또는 기타 관계에 따라 가장 가까운 사람들에게 있다고 가정할 때, 모든 교육에서와 마찬가지로 음악에서도 우선순위는 중요한 교과 과정의 고려 사항이다.[87] 이러한 이유로 음악 및 교육 결정은 음악, 가르침, 학습 및 교육의 특정 상황의 배경에 맞게 이루어질 필요가 있다. 음악가와 교육자는 이 작업의 지침이 되는 일반적인 원칙에 동의하는 반면, 음악에서 관점 및 실천의 모호함과 다양성은 개별 음악가, 교사, 학생이 스스로 헌신을 약속할 것을 요구한다. 이러한 관계적이고 상황적인 윤리에 대해 철학자들은 이론적 가능성을 설명하겠지만, 음악가, 교사, 학생들은 그들의 구체적이고 실제적인 상황에서 무엇을 해야 할지 결정해야 한다. 이것은 혼돈의 과정일 수 있지만, 열린 마음을 보존하기 위해 이것이 필요하다. 그 결과는, 플라톤의 동굴 거주자들이 제자리에 사슬로 묶여 벽의 그림자를 바라보았던 것처럼, 좌우 어디에도 시선을 두지 않고 앞만 바라보고 일렬로 전진하는 음악가, 교사, 그리고 학생들이 현실을 탈출하여 만든 음악 교육의 아이디어와 실행의 다채로운 조합이다.[88]

　음악과 교육의 관점에서 '호기심, 상상력, 경이로움, 열린 마음'이라는 모호하고 상호 연관된 가치에 있어 호기심은 지식과 이해를 추구하며 알려진 것의 한계를 탐구하고, 세부 사항에 관한 관심을 전제로 하며, 지나친 궁금증으로서 부정적으로 해석될 수 있다. 상상력은 가능성을 살아 움직이게 하는 강력한 이미지와 개념을 창조하며, 기억과 선견지명이 요구되며, 기대를 불러일으키고, 생각, 느낌, 행동을 결합한 정신과 신체의 총체적인 경험으로, 모호함 위에서 번성하고, 종종 예술적 또는 혁신적 창조물에서 끌어낼 수 있다. 경이로움은 미지의 것, 신비한 것, 형언할 수 없는 것 앞에서 생각에 잠기고 존경을 표한다. 열린 마음은 세상에 대해 알아 가고 존재하는 여러 방식을 환영하며, 그것들을 거부하기 전에 분명한 이성을 가지고 가능성을 검토하고 따져 보는 시간을 가지며, 감정을 내려놓고 다양하게 생각한다. 이러한 모든 가치는 현실에 작용하며 심오한 방법으로 음악 교육의 실천에 영향을 미친다. 그중 하나만을 취한다면, 그 어떤 가치도 충분하지 않다. 그들은 중요한 장점을 보여 주지만, 극단으로 치닫게 되면 잠재적으로 해로울 수 있다. 음악가와 교육자가 경이로움을 느끼고, 호기심을 가지며, 풍부한 상상력과 열린 마음을 가지고 있을 때, 우리 시대의 문화적 · 사회적 과제를 해결하고 학생, 교사, 대중의 구체적인 요구를 충족시키는 접근 방식을 고안할 수 있다. 이러한 지적이고 실질적인 도전은 음악과 교육이 수행되는 여러 다양한 환경 속에서 표현하고 협상해 나갈 수 있는 최고의 지성을 요구한다. 음악과 교육에서 좀 더 일반적으로 이 가치들이 활용된다면 어떤 차이를 만들 수 있을지 궁금하다.

제**9**장

지혜, 이해, 지식, 탁월함

Wisdom, Understanding, Knowledge, and Mastery

이 장에서 초점을 맞추고 있는 4개의 가치 '지혜, 이해, 지식, 탁월함'은 음악 교과를 구성하는 신념 및 실천과 관련이 있다. '호기심, 상상력, 경이로움, 열린 마음'과 마찬가지로, 이들은 주로 마음 및 지성과 관련이 있지만, 광범위하면서 구체적인 특성으로 인해 실존적 의미의 이론적 · 실제적 문제들을 포괄한다. 교육의 중심이 되는 음악적 전통은 한 세대에서 다음 세대로, 각 세대에 걸쳐 형식적 · 비형식적으로 전해진다. 음악적 전통들이 학습자에게 전달되어 내면화되면서, 옹호자들이 논쟁을 벌이는 사상들로 바뀌기도 하고 서로 다른 전통과 접촉하면서 도전받기도 한다. 이와 같이 살아 있는 지혜, 이해, 지식, 전통의 탁월함은 실천가들에 의해 구현되어 왔다. '매우 가치 있는 교과'로서의 교육 자료는 교사와 학생이 개별적 · 집단적으로 접하게 된다.[1] 이 장에서는 이론과 실제 및 주제와 인간 사이의 모호함, '지혜, 이해, 지식, 탁월함'의 다양한 개념에 대해 살펴보고자 한다. 이러한 가치들은 미묘한 차이를 보이며 음악가와 교육자들에게 강점과 약점을 제공한다. 각 가치들의 일반적인 의미에서 시작하여, 서로의 교차점에 유의하면서 각각의 의미를 하나씩 차례대로 풀어 나갈 것이다. 또한 각 가치가 음악과 교육을 위해 무엇을 제공하는지, 왜 그것이 주의 깊게 다루어져야 하는지에 대해 고찰할 것이다.

지혜

지혜(wisdom)라는 단어는 고대 노르웨이와 색슨 시대 이후의 영어에 뿌리를 두고 있다. 영웅 베오울프(Beowulf)는 '지혜' 또는 '삶과 행동에 관련된 문제에 대해 올바르게 판단하는 능력'을 가지고 있었다.[2] '판단의 타당성(soundness of judgement)'과 정의(righteousness)의 관계는 지혜를 '정의, 평등, 공정, 포용'과 같은 가치들과 연결시킨다. 의사결정에서 지적 통찰력은 사전적으로 탄력적 의미를 갖지만, 내가 제시하는 지혜라는 개념에 있어서는 필요조건일 뿐 충분조건은 아니라고 생각한다. 지혜를 판단과 올바름 또는 '옳은 행동'과 연결시키는 것은 이 분석을 시작하는 데 유용한 출발점이다. 지혜는 의사결정과 실행에서 입증된 지적 능력을 말한다. 판단력과 연관시키는 것은 지혜에 평가와 감정(鑑定)의 행위가 필요하다는 것을 시사한다. 블룸(Benjamin Bloom)과 그의 후계자들에게 이러한 연관성은 지식과 이해, 가능성을 평가하고 정보에 근거한 결정을 내리는 능력을 포괄하는 최고 수준의 인식을 반영하는 것이다.[3] 나는 이러한 결정을 느낌과 정서와 함께 총체적으로 보는 것을 선호하지만, '올바름'에 호소한다는 점에서 또한 매우 윤리적이다. 앞서 언급한 바처럼 음악적 · 교육적 결정은 윤리적으로 중립적일 수 없으며, 무엇이 '옳은지'에 대해 깊은 사유를 필요로 한다. 지혜는 무엇이 올바른 믿음과 행동을 구성하는지에 대한 관념에 달려 있다. 이러한 관념은 내재적이고 초월적이며, 개별적으로 형성되면서도 사회적으로 논쟁이 이루어지고, 종교적 및 여타 도덕적 규정 또는 금지에 뿌리를 두고 있다. 역동적으로 구성되는, 이러한 윤리적 서약들은 지혜의 기반으로 인정되어야 한다.[4]

또한 지혜는 '고상하고' '심오한' 지식과 관련된다. '계몽'이나 '학식'과 같은 상위 수준의 학습은 원래, 특히 초기에 사용되었을 때에는 철학, 과학과 같은 분야들을 지칭했다. 또한 '예술에서의 전문성' 같은 '실용적인 지식 또는 이해'를 나타내기도 했다.[5] 비록 이와 같은 실용적 의미는 사라진 것처럼 보이지만, 나는 지혜에서 이러한 의미를 되살리는 것이 필요하다고 생각한다. 이는 이론적 지식에서의 전문성뿐만 아니라 예컨대 음악 연주, 작곡, 즉흥연주, 제작을 위한 실제와도 관련된다. 음악적 실천에서의 예술적인 면과 기술적인 면은 이러한 실제의 개념적 · 이론적 관점들의 전문성과 얽혀 있는 음악적 지혜를 예시한다. 난해하다는 것은 박식한 사고와 실천에서 뚜렷하게 드러나는 지혜의 특성을 의미한다. 지혜는 널리 공유되지 않을 수 있는 주제, 분야, 또는 실천에 관한 지식과 이해에 있어 학습과 전문성을 중요시한다. 이런 식으로 지혜를 유보하는 것은 사고와 실천에서의 예외주의(exceptionalism) 및 우수성을 높이 평가하는 것과 관련된다. 지혜라는 단어의 고대적 의미에서 깨달음이란 어리석음과 우둔함이 가진 어두움과는 반대되는 빛으로, 정신, 마음, 영혼을 채우는 지식의 종류 또는 수준에 대한 은유를 함축한다. 박식하다는 개념이 절대적인 것은 아니다. 보이스-틸먼(June Boyce-Tillman)과 스와닉(Keith Swanwick)이 음악 학습의 순환 이론에서 제시한 것처럼 이론과 실천의 기초적인 수준에서 상위 수준에 이르기까지 다양한 정도의 탁월함을 생각할 수 있다.[6] 탁월함이 역동적인 특성을 지니지만, 이와 같이 진화론적이고 상대적인 지혜관은 교육과정의 모든 지점에서 탁월함의 추구를 가치 있게 여긴다.

화이트헤드(Alfred North Whitehead)는 지혜를 순환적 성격을 가진 지식의 통일 또는 통합으로 간주한다.[7] 지혜는 전체를 구성하는 부분뿐 아니라 전체 자체를 이해하는 '일반화'의 지점에서 발생하는 것이다. 화이트헤드에 따르면, 교육과정 전반에 걸쳐 전체를 직관적으로 파악하는 낭만의 단계는 각 부분이 전체에 통합되는 방법을 체계적으로 파악하는 도구주의의 단계로 이행한 후, 낭만과 도구주의 단계가 합쳐져 맥락화된 전체를 직관적·합리적으로, 상상력을 동원하여 파악하는 일반화의 단계로 나아간다. 화이트헤드에게 교육은 '의무와 경외를 가르친다'는 점에서 '종교적'이며, 하나의 순환 과정이 일반화 또는 지혜에 이르면 또 다른 과정으로 이어진다.[8] 학습자가 부분의 합보다 전체가 더 중요하다는 것을 깨달을 때, 모든 부분은 하나의 통일체로 서로 연결되고 상호 의존적이 된다는 것이다.

화이트헤드의 견해가 매혹적이긴 하지만, 나는 보다 변증법적인 관점에서 지혜를 바라본다. 나에게 부분들이 항상 깔끔하게 들어맞지는 않는다. 어떤 측면들은 잘 맞지 않거나 심지어 다른 것들과 충돌하고, 전체를 구성하는 조각들은 그 자체만의 방식과 정체성을 가지고 있으며, 서로 다른 전체들이 새로운 목표를 구성하기도 한다. 지혜를 변증법적으로 간주하는 데 있어서, 비록 지혜를 얻기 위해 '하나와 다수'를 파악하는 이들을 높이 평가했던 플라톤의 생각에 동의하지만, 나는 이보다 더 나아가,[9] 지혜에 대한 단일한 관점보다는 지혜의 다원성을 받아들이고자 한다. 개인은 여러 가지 방법으로 지식을 접하기 때문에 지혜는 다의성을 가진다.[10] 음악가들의 공동체 안에서도, 예컨대 통합되면서도 분리되고, 일관되면서도 단절된 전체를 형성하기 위해 다양하게 연결되는 많은 측면에 대한 서로 다른 개념들이 존재한다. 음악적 관행에서 지혜를 구성하는 요소에 대한 개념은 공유될 수 있지만, 전문가와 대중은 특정 작곡, 연주, 녹음, 기타 관행의 장점과 음악적 지혜를 소유한 사람에 대해서는 동의하지 않을 수 있다. 지혜를 바라보는 이러한 개인적·공동체적 관점들은 관련 기관, 그룹, 공동체 내에서 논쟁과 승인을 거친 결과이다. 지혜로 인정되는 것은 결국 지혜를 가진 공동체나 전문가 집단에 의해 판단된다. 국제 음악 콩쿠르의 심사위원들은 참가자 개개인의 연주 가치를 평가하고 어떤 것이 최고인지 함께 결정한다. 이와 마찬가지로, 음악 교육 연구자는 연구자의 성과에 대한 집단적 판단에 근거하여 연구 성과의 가치를 평가하고, 상과 연구비를 수여하며, 논문을 발표한다. 그러나 다양한 음악적·학술적 전통을 가진 심사위원들이 연구비의 사용 기준과 목적에 늘 동의하는 것은 아니다. 요컨대, 나는 다양한 전통 안팎의 공론장에서 판단되고 논쟁이 되는 다수의 지혜에 대해 생각하는 것을 좋아한다.

지혜는 심오하게 예술적이고, 감정적이며, 영적이다. 이는 지성이 감정과 감성을 결합하여 마음이 체화되고, 사고, 느낌, 감수성이 밀접하게 연결되어 있다고 보는 총체적 관점이다. 이 명제는 마음을 감각과 영성이 함께하는 느낌의 삶이라고 여기는 랭어(Susanne Langer)의 관점과 일맥상통한다.[11] 특히 예술, 종교, 신화, 의식에는 듀이(John Dewey)가 고조된 강렬함과 체화된 경험의 상태라고 기술한 내면의 삶에 대한 상상적 경험과 표현이 담겨 있다.[12] 매슬로(Abraham Maslow)는 이 상태를 영적 '자아실현'을 향한 최고 수준의 인간적 욕구로 여겼으며, 칙센트미하이(Mihalyi Csikszentmihalyi)는 심리적으로 애쓰지 않아도 되는 '몰입' 상태라고 하였다.[13] 나에게 상상력은 지혜 속에서 판단력을 발휘하게 하고, 삶의 목적과 의미를 부여하며, 마음과 몸, 생각과 행동의 모든 측면을 통합하는 것이다. 우리는 현실 속에서 지혜를 알고 느끼며, 지적으로 헌신하고 실행에 옮긴다. 이는 편안하고 무의식적인 동시에 힘겹게 얻은 것 같기도 하고, 일상적이고 평범하며 단조로운 존재와 구별된 것처럼 보이기도 한다. 생각과 실천에 대한 이러한 깊은 헌신은 목적과 확신을 가지고 사는 삶의 투명성과 진실성에서 명백하게 드러난다. 헌신은 진지할 뿐만 아니라 지금 이 순간을 즐겁게 받아들이고 그 소중함을 다른 사람에게 전파하는 유희적인 측면도 있다.

그중에서도 지혜는 음악적 또는 문화적 전통에서 학자와 실천가 모두가 보여 준 특출함을 중요하게 여긴다. 기교, 스타일, 우아함, 그리고 하워드(Vernon Howard)가 지적한, 생각과 실행을 힘들이지 않고 수행하는 것을 향해 평범한 기대치를 뛰어넘는 것에 대한 강조는 전문가와 대중 모두에게 이상적이고 고무적이다.[14] 지혜는 또한 탁월함을 추구하는 사람의 개인적 희생이 뒤따를 수 있는, 상상력이 풍부한 '탁월함의 이상'에 도달하기 위한 한결같은 노력과 헌신을 가치 있게 여긴다.[15] '많은 사람이 부름을 받았지만 선택된 사람은 적다'는 현실, 즉 상대적으로 소수만이 이 길을 택한다는 사실을 깨닫게 되는 것이다.[16] 예술가, 학자, 전문가 또는 운동선수가 되고자 하는 학습자에게 음악과 교육은 지혜를 얻을 수 있는 변화의 수단을 제공한다. 지혜는 학생들이 비범하고 탁월한 것을 찾기 위해 평범하고 일상적인 것을 넘어서도록 하는 과정에서 중요한 역할을 한다. 지혜는 사회 각계각층에서 볼 수 있지만, 특히 전문 음악가, 학자, 교사로서 성장할 가능성이 높은 음악 영재 교육에서 중요하게 여겨진다.

이렇듯 총체적이고 변증법적이며 다의적인 지혜의 특성은 교육의 중심에 있는 인간 및 사고와 실천의 접점에 있는 그들의 삶을 소중히 여긴다. 음악, 교육, 사회에 대한 인도적 접근의 일부로서, 지혜는 믿음과 실천의 문화적 내재성과 세계 곳곳에 있는 지혜의 다양성을 인정한다. 지혜를 논쟁적이고 역동적인 것으로 생각하면 다른 문화적 영역에서 인간을 움직이게 하는 차이점과 공통점을 인식할 수 있다. 지혜는 인간의 마음, 몸, 영혼이 마치 별개의 독립된 실체라고 여기는 원자론적 관점보다는, 인간이란 살아 있는 존재이며 인간 경험의 모든 측면이 상호 연결되어 있다는 믿음을 전제로 한다. 지혜를 추구하는 교육의 목적은 진실성, 투명성, 빛이다. 중요한 것은, 지혜를 가치로 받아들이는 것이 인간 경험의 대부분이 영적이고 감정적인 것이라는 점이며, 지혜를 추구하는 교육이 눈에 보이는 것과 함께 보이지 않는 것에 관한 것이라는 점을 인식하는 것이다. 이처럼 지혜는 매슬로의 '자아실현' 또는 깊은 만족감, 자신을 가치 있게 여기는 것, 전문가가 되고 진정한 자신이 되었다는 것에서 느끼는 기쁨과 관련된다.

반면, 교육적 가치로서의 지혜는 포용성보다 배타성을 지나치게 강조할 여지가 있다. 지혜의 엄격함은 학생들의 능력과 욕구 범위를 넘어설 수 있고, 이로 인해 우수한 능력을 갖춘 소수의 학생에게만 교육을 제한하는 엘리트주의적 접근을 강조하게 될 수 있다. 예를 들어, 대부분의 기독교 시대에 음악 교육과 전례 음악에 대한 참여는 음악적 재능이 있는 소수의 소년으로 제한되었고, 소녀들과 평범한 재능과 소질을 가진 소년들은 종종 집중적이고 풍부한 음악 교육에서 제외되었다.[17] 미국의 중등학교와 대학 음악 프로그램은 여전히 선발 절차를 통한 앙상블에 초점을 맞추고 있어 음악적 전문성을 갖추지 못한 학생들은 참여할 수 없다.[18] 전통적으로 구어와 구전을 통해 시작된 재즈에서조차, 지혜에 초점을 맞추다 보면 자칫 학문적으로 가르치게 되어 재즈만의 활기나 일상적 삶과 음악 만들기의 상호 연관성을 잃게 될 수 있다.[19] 일반 교육이 포용과 일상 경험에 관심을 두는 시기에, 지혜에 초점을 맞추는 것은 탁월함과 예외성의 기대에 미치지 못하는 사람들을 배제할 수 있고, 실용 및 직업 교육의 목적과 요구에 적합하지 않은 것처럼 보일 수 있다.

특히 지혜를 낮게 평가하는 반지성적 환경이나 권위적인 체제하에서 지혜를 소유하는 것은 위험한 일이 될 수 있다. 민주주의 교육을 옹호하는 사람들은 지혜가 개인의 행복을 창출하고 민주 제도를 유지하는 데 도움이 될 뿐만 아니라 소수에게 제한될 때 발생할 수 있는 반지성주의, 분노, 폭정에 대한 방파제 역할을 하기 때문에 널리 전해지기를 바란다. 그러나 지혜가 요구하는 것이 일반적 경험과 상반되고 동떨어져 있을 때, 지혜를 추구하는 실천가나 전문가에게 초점을 맞추면 많은 사람이 음악 교육의 혜택에서 배제될 가능성이 있다. 지혜를 얻지 못한 다수가 지혜를 얻은 소수를 원망할 수 있다. 어떤 사회에서는 지혜를 가진 사람들이 거부당하거나, 배척당하거나, 심지어 죽음으로 처벌받기도 한다. 소크라테스에 대한 분노가 그의 죽음을 초래한 것처럼, 역사적으로 지식인과 예술가는 억압적인 정치 체제의 표적이 되어 왔으며, 그들이 옹호하는 지혜를 거부하는 사람들에게 가해지는 위협 때문에 박해받고 심지어 죽임을 당했다.

이해

원래 북유럽에서 유래한 단어 이해(understanding)는 'under'와 'standing'의 두 단어를 결합한 것으로, 문자 그대로 '발 아래에 있는 땅'을 의미한다. 이해는 '이해하다'라는 뜻의 명사와 동사로 나타날 수 있다. 명사와 동사, 객체와 행위라는 다의성은 문자적 해석과 비유적 해석을 모두 가능하게 한다. 나는 '발 아래에 있는 땅'을 행위의 근간이 되는 사고에 대한 은유로 생각한다.[20] 사람이 직립자세를 하고 서 있기 위해 필요한, 발 아래 든든하고 실질적인 무언가와 같이, 이해는 어떠한 행위의 기초가 되는 지적 신념의 견고함을 암시한다. 여기에서 말하는 사고의 특성은 실천의 기초가 되는 토대를 구성한다. 이는 행위에 대한 술어이며, 실제로 행해지고 적용되어야 하는 의사결정의 길라잡이가 된다. 한편, 이 단어가 초기에 사용될 때는 '지지하거나 돕다, 받치다'라는 정반대의 의미도 내포하고 있었다.[21] 이러한 방식으로, 실천은 그와 관련된 신념을 지탱하거나, 돕거나, 받쳐 주는 것일 수도 있고, 그 반대일 수도 있다. 누군가 딛고 서 있는 땅과 다른 어떤 것의 아래에 서서 이를 지탱하는 것과 관련된 두 가지 은유의 결합은, 음악적·교육적 신념과 실천의 기초이자 그로부터 흘러나오는 것이기도 하다는 흥미로운 다의성을 암시한다.

이해는 핵심적인 음악적·교육적 수단이자 목적으로써 지적인 힘, 능력과 연관된다. 일반적인 사전적 의미로는 의미 형성, 이해, 추론 및 판단의 지적 능력을 포함하며 지능과 감각의 사용을 필요로 한다. 나는 이것을 이성, 인지, 감정, 그리고 신체적 감각을 포괄하는 총체적인 것으로 본다. 살아 있는 존재의 모든 측면에 관련된 느낌의 삶으로서 마음의 운동은 행동의 방향을 제시하고, 변화를 만들고, 개인의 통제범위 안팎에 있는 것들에 대응할 수 있는 강력한 수단이다.[22] 지적·감정적·감각적 능력의 자연스러운 발달과 보유 정도는 다르지만, 이러한 능력은 생생한 개인적 경험의 중요한 측면이며 사회적·문화적 삶을 공유하는 데 필수적이다. 판단, 이해, 의미 형성, 추론, 감정적·신체적 표현의 측면은 다른 많은 방법들과 더불어 음악적 참여와 형식적·비형식적인 교육을 통해서 배양될 수 있다. 개인적이고 집단적인 힘의 원천으로서 이해의 함양과 표현은 교육적이고 음악적인 신념과 실천의 중심이 되어야 하는 것이다.

비록 이해가 그 자체에 대한 생각으로 이어질 수도 있지만, 종종 다른 것들을 향하기도 한다. 음악과 교육에서 지적·감정적·물리적 힘은 종종 상호 연결되어 이론과 실제에 적용된다. 이해는 주로 이해력 테스트, 의미 형성, 이성, 판단과 같은 지적 과정에 참여하는 사람, 신념, 관행과 관련된다. 음악이나 교육과 같은 실제적인 분야에서의 추상적인 사고는 대개 추상적인 것이 현상 세계에서 구현되는 방식과 관련이 있다. 이러한 이해는 해결되고 확인되거나 비판받고 논쟁될 수 있다. 음악적 이해를 기르기 위해서는 음악적 실천의 근간이 되는 아이디어와 가치, 음악이 만들어지고 이해되는 수단, 작품과 공연을 만드는 음악가들에 대해 관심을 기울여야 한다. 음악적 의식(儀式)과 관행의 중요성을 파악하고, 특정 전통 내의 기대와 규칙의 틀 안에서 그러한 신념 및 관행의 가치를 판단해야 하는 것이다.

또한 이해는 조정과 합의에 도달하거나 '우호적이고 호의적인 관계'에 있는 사람들 간의 관계라는 의미에서 관계적 측면에서 생각할 수 있다.[23] 예를 들어, 두 사람이 결혼을 하거나 사업을 함께하기로 합의할 수 있다(have an understanding). 이해의 개념은 비슷한 사고방식과 특정한 지식을 가진 사람들 간의 인간적 관계, 사람과 사물 사이의 상호 연결성을 내포한다. 이해를 관계적으로 보는 것은 사고방식, 신념, 가치관, 실천을 공유하는 사람들 간의 연결성과 추상적이면서 현상적인 것, 일반적이면서 구체적인 것, 개인적이면서 사회적인 것의 다의성을 인정하는 것이다. 어떤 관행이 어떤 신념을 기반으로 한다는 것과 그 반대도 당연하다는 가정은 이를 공유하는 사람들을 결속시키는 음악 전통의 토대가 된다. 이는 사회와 문화를 형성하는 구성요소이며 집단적 사고와 행동의 결속력이다.

나아가, 명사와 동사로 해석되는 이해는 취지, 의미의 명확성, 아이디어와 실천의 진의를 이해하는 지성을 수반한다. 이는 다양한 언어와 담론 내에서 기호와 상징의 사용을 필요로 한다. 이들은 언어와 담론 내에서의 상징체계를 추상적이면서 구체적으로 이해할 수 있는 지적 도구를 보유하면서 더 깊이 파악된다. 의미를 만드는 유형이자 수단으로서, 이해는 사물의 표면적인 모습을 넘어 사물이 어떻게 작용하고 무엇을 의미하는지를 철두철미하게 파악하는 것이다. 음악적 이해는 작곡, 즉흥연주, 연주 또는 음악 감상 등을 통해 음악을 구성적이고 비판적으로 해석할 수 있는 명제적·절차적 지식의 존재를 시사한다.[24] 이해는 고정적이고 불변적이라기보다는 지적 능력, 성숙함, 경험의 변화에 따라 다의적으로 발전하는 것이다.

이해력 함양의 강점 중 하나는 어느 분야에서든 교육이 심오한 지적이고 사회적인 과업임을 인정한다는 것이다. 교양 있고 품위 있는 사회는 시민들이 건설적·비판적으로 생각하고, 사물의 본질과 사물이 만들어지는 방식을 이해하며, 공적·사적 영역에서 전달되는 아이디어와 실천을 평가·감정(鑑定)하고, 공유된 이해를 바탕으로 개별적·집단적으로 일할 것을 요구한다. 행동은 지적인 원칙에서 비롯되기 때문에, 자기 발밑의 땅을 아는 것은 개인과 집단의 행동과 실천에 대한 확고한 기초를 제공한다. 관련 사실들의 의미를 파악하는 것은 지성을 발휘하고 합리적인 행동 방침을 세우는 기반이 된다. 나에게 이해는 단순히 외부의 압력에 대응하는 것이 아니라 원칙에 따르는 협력적이고 일치된 행동을 할 수 있도록 힘을 실어 주는 것이다. 이해는 음악 전통이 형성, 유지, 변형되는 수단일 뿐만 아니라, 앙상블의 번영과 학교, 대학, 학원, 콘서트홀, 오페라 하우스와 같은 음악 기관들의 생존에도 매우 중요하다.

　이해는 또한 지력이 발휘될 수 있는 교육의 주제나 자료의 중요성을 강조한다. 어떤 주제는 평범하고 피상적으로 보이는 주제보다 더 많은 지적 작용을 필요로 한다. 음악가와 미학자는 때때로 음악적 내용과 방식 또는 표면과 깊이를 구별하면서 음악 작품의 보이는 표면과 그 의미 및 목적의 심오함을 구별한다.[25] 이해를 가치 있게 여기는 음악 교사는 음악이 만들어지고 수용되는 방식과 그 상징적 의미를 풍부하게 파악하는 데 있어 가장 생산적인 음악 및 음악적 측면에 초점을 맞출 것이다.[26] 이러한 접근 방식에서는 음악가들이 심오함이나 지성을 가장하지 않고 신체적·감정적으로 직접 호소하는 대중적이고 접근하기 쉬운 음악보다 정교한 음악적 사고와 실행 체계를 구축해 온 난해하거나 고전적인 전통을 선호할 수 있다. 심지어 고전적인 전통 안에서도, 어떤 음악 작품들은 다른 작품들보다 더 깊은 성찰과 분석을 불러일으킬 수 있다. 음악적 내용과 방식, 표면과 깊이는 문자 그대로 상호 배타적인 대립 쌍으로 생각될 필요가 없으며, 비유적으로 하나가 다른 하나로 녹아드는 양극성 또는 '약한 증후군'으로 간주될 수 있다.[27]

　또한 공통의 이해를 공유하는 사람들 간의 관계적 유대는 공동체 구성원이 공유하는 전제된 사고의 틀과 지성의 사회적 특성을 포함한다.[28] 예를 들어, 공유된 기대와 가정은 음악적 전통을 고수하는 사람들에 의해 나타나며 음악적 관행과 대중을 공고히 하고 공표하는 수단을 구성한다. 음악적 타당성의 각 영역은 특정 음악적 신념과 실천을 촉진하는 데 중요한 사고방식이나 이해 집단을 구성한다.[29] 이런 식으로 이해를 생각하는 것은 음악적 실천에서 분명히 나타나는 의미 형성의 사회적·개인적 특성을 인정하는 것이다.

　나아가, 명사와 동사, 개인과 집단, 문자 그대로의 것과 비유적인 것, 수단과 목적, 형성적인 것과 총괄적인 것 등 이해라는 개념의 탄력성은 특히 다양한 기관과 관심사에 걸쳐 평생학습을 포괄하는 음악 및 교육 분야에 적합해 보인다. 생애주기 전반에 걸친 형식적·비형식적 환경들에서 초등 음악 교육부터 상급 수준의 음악 교육에 이르기까지 구체적인 내용은 다를 수 있다. 그럼에도 불구하고 자신이 서 있는 근거를 찾고 특정 신념 및 실천을 지지하는 주장을 펼치는 것은 개별적·집단적으로 지적 능력과 힘을 개발하는 원동력으로 남아 있다. 이해는 교육 체계 안에 있는 사람들이 자신에게 가장 큰 행복을 가져올 방식을 통해 스스로의 삶을 형성하는 주체로서 살아갈 전망을 제공한다.

그럼에도 불구하고, 음악과 교육의 지적 특성에 대한 강조는 심동적·정서적 차원을 배제하고 자아의 인지적인 면에 과도하게 초점을 맞출 수 있다. 음악을 만들고 받아들이는 지적 차원을 과장하고, 이성적으로 파악되기보다 직관적으로 감지될 수 있는 감정적·신체적·느낌적 측면을 충분히 인식하지 못할 수 있는 것이다. 현재의 반지성적 풍토에서, 나는 이러한 문제가 과장된 것은 아닌지 우려되며, 이해에 대한 지적 강조가 서구 사회들에 만연해 있는 반지성주의를 바로잡는 역할을 할 수 있지 않을까 생각한다.[30] 이성뿐만 아니라 감정과 감각을 포괄하는 이해의 다의성은 이해에 대하여 지나치게 이성적으로 접근하는 방식에 저항하는 데 어느 정도 도움이 될 수 있다. 그러나 음악을 과도하게 지성화하고, 음악을 주로 인지적 목적으로 가르치며, 음악의 느낌과 감각적 매력을 충분히 파악하지 못할 위험성은 인정될 필요가 있을 것이다.

이론을 실천의 기초로 여기는 것은 음악 교육의 실천적 측면과 이론 생성자로서의 실천의 중요성을 간과할 수 있다. 실제적인 결과를 발생시키는 원리들이 강조되는 교육과정에서는 실천이 원리를 생성시킨다는 중요한 사실이 무시될 수 있다.[31] 이러한 현실은 이해를 실천의 주요 생성자가 아니라 실천의 산물로 생각함으로써 이해에 대한 전통적인 개념들을 거꾸로 뒤집는다. 음악사를 읽으면서 느낀 것은 실천이 다양한 방식으로 성문화된 이론보다 앞서는 경우가 많다는 것이다. 스파르샷(Francis Sparshott)과 앨퍼슨(Philip Alperson)에 이어 엘리엇(David Elliott)이 주장한 것처럼 음악의 중심이자 음악이 이해될 필요가 있는 실천 공동체에 초점을 맞추는 것이 더 나은 접근법이라고 주장할 수도 있다.[32] 음악 이론과 실천 사이의 변증법적 관계에 대한 나의 선호는 복잡한 현실 속에서 이론과 실천이 불가피하게 얽혀 있고 이들이 균형 잡힌 음악 교육에 필수적임을 시사한다.[33] 그럼에도, 이해력 함양에 몰두할 때 실천이 줄어들 가능성이 많아지고, 이론과 실천의 중간 지점과 균형감각을 찾는 것이 어려워질 수 있다.

또한 주제와 숙고할 만한 가치가 있는 음악 작품에 집중하는 것은 다른 음악보다 일부 음악에, 특히 학계에서 지적 관심의 대상이 되어 온 음악에 과도한 특권을 줄 수 있다. 나는 학문적 재즈 연구를 지성화하여 고전적인 전통으로 다룰 가능성을 지적해 왔다. 한 곳에서 다른 곳으로, 한 연주자에서 다른 연주자로, 비형식적이고 구전으로 전해지던 재즈 연주의 특이성은 학계의 광범위하고 체계적인 정규 교육 안에서 단순해지고 표준화될 수 있다. 고전 전통에 익숙한 학계에서는 더 난해한 스타일이 육성될 수도 있다. 학계에서의 관행과 같이 재즈는 클럽, 레스토랑, 정원 등의 일반적이고 대중적인 재즈 공연과 분리될 수 있다. 재즈에 대한 정규 교육이 반드시 전통을 파괴한다는 것이 아니라, 재즈에 대한 이해에 초점을 맞추게 되면 일부 재즈 공연이 다른 공연보다 특혜를 받는 문제가 야기될 수 있음을 인정하는 것이다. 대학 공연 프로그램에서 공부할 가치가 있다고 여겨지는 고전 명작에 초점을 맞추는 경우도 마찬가지이다. 음악적 검열관이 연구할 가치가 있다고 결정한 음악 작품들은 규모가 크고 심오하며 연주자와 관객에게 깊은 음악적 요구를 하기 때문에, 이러한 음악에 초점이 맞추어지면 소규모이거나 잘 알려지지 않은 작품은 강조되지 않을 수 있다. 음악적 깊이를 추구할 때, 쉽게 접근할 수 있는 음악은 충분한 가치가 있다고 여겨지지 않을 수 있다. 그로 인해 음악을 깊이 아는 척하지 않지만 자신의 경험과 더 즉각적으로 연결되는 음악을 즐기는 일반적인 청중과 음악적 훈련 및 경험을 바탕으로 연주자와 감상자 모두에게 더 많은 것을 요구하는 난해한 음악을 즐기는 학구적이거나 수준 높은 청중의 사이를 갈라 놓을 수 있다.

지식

지식(knowledge)은 원래 명사와 동사로 생각되었지만, 후자는 사용하지 않게 되었다. 또한 적어도 12세기 이후 영어의 풍부한 역사는 단어 'knowledge'와 'know' 사이, 'knowledge'의 명사형과 동사형 사이에 있는 별도의 어원들을 보여 준다.[34] 지식의 광범위한 사전적 의미는 교육 주제에 관한 중심적인 교육 담론, 교사와 학습자의 참여 방식, 유형, 영역, 수준과 같은 수단에 의한 분석 등으로 인해 복잡해졌다. 비록 지식은 흔히 정적인 것으로 간주되지만, 일부 현대 및 포스트모던 저자들은 사물, 사람, 또는 행동을 알게 되는 과정적이고 역동적인 특성을 강조하고자 노력해 왔으며, 이는 동사로서의 고대적 어원을 더 많이 암시한다. 이 점에서 앨퍼슨, 엘리엇, 스몰

(Christopher Small)과 같은 작가들이 음악의 실천이라는 능동적인 의미에서 생각한 음악이라는 단어와 유사점을 공유한다.[35]

이러한 특징들 중, 지식은 '고백'이라는 의미에서 '무엇인가 인정하거나 소유함'을 내포한다. '인식'에 초점을 맞추는 것은 인지, 특히 전에 마주쳤던 것을 생각해 내는 기억의 적용을 필요로 한다. 사람이나 사물과의 '친숙함' 개인적인 친분, 우정, 친밀감'은 자신의 것으로 내면화되어 있고, 심지어 이를 개인적이고 사적인 방식으로 독특하게 구성된다.[36] 집단적으로 공유될 수 있는 방식에 따라 체계적으로 파악된다 하더라도, 이것은 어느 정도 개인의 배경, 환경, 개인사에 의해 채색된 고유한 관점이라고 할 수 있다. 이런 식으로 지식을 이해하기 위해서는 주제와 이에 관여한 사람이 분리될 수 없다는 명제가 요구된다. 오히려 무언가를 알기 위해서는 신체적·심리적·사회적으로 형성된 유리한 지점에서 아이디어와 실천을 통해 참여해야 한다. 지식은 이해를 공유하지만 중요한 면에서 서로 다를 수 있는 사람들의 다양한 관점을 포괄한다. 지혜나 이해와 마찬가지로, 지식은 매우 개별적이며 개인적이고, 공유적이고 집단적이라는 다의성을 갖는데, 이는 지식 함양에서 매우 중요한 부분이다.

지식은 특히 인식론의 영역에 속하며, 태고부터 인간을 사로잡아 온 중요한 실존적 질문들과 관련하여 플라톤 및 그의 추종자들이 제기한 질문들에 뿌리를 두고 있다. 이는 또한 분류를 통해 자연계에 대한 체계적인 지식을 탐구한 아리스토텔레스에 의해 설명되고, '앎에 의한 지식' '~에 대한 지식' '서술에 의한 지식'이라는 의미로 받아들여진 '과학이나 학문, 예술의 한 갈래'로 여겨진다. 정적인 의미에서, 이는 때때로 '지식 자본'의 축적으로 간주된다. 현대 컴퓨터 어법에서는 수집되고 분류되고 디지털로 검색될 수 있는 정보를 참조하는 것은 '지식 기반'으로 편입된다. 보다 동적이고 과정적으로 생각하면, 그것은 '사실이나 진실의 이해', 인식의 문제, '정신적 각성' '사실의 인지' '사실, 원리, 방법, 학문, 학습, 학식의 체계에 정통'한 '의식(意識)'과 연관된다.[37] 사람들이 자신의 삶과 주변 사물을 이해하는 방식에 대한 인지적 강조는 필연적으로 성찰을 위한 자료를 이루는 생각들과 실천들에 초점을 맞춘다. 예를 들어, 음악에서 철학적 질문들은 음악적 전통과 그 실천에 관한 존재론적·실존적·인식론적·미학적·실용적 질문들을 다룬다. 서양과 동양의 클래식 음악 전통에 대한 사고와 실천은 모두 그들의 추종자들이 규범적이라고 여기는 근본적인 원리, 신념, 가치, 실천의 본체를 예시하고 표현한다. 이 지식은 한 세대에서 다음 세대로 전달되며, 습득을 위해 때로 많은 시간이 필요한 과정이다. 예를 들어, 음악적 인식에 대한 연구는 이러한 음악적 지식을 조명하고 음악적 사고와 실천에 초점을 맞춘다.[38] 그 외 성찰적이고 서술적인 음악적 연구의 예로 재즈의 즉흥연주와 관련된 사고 과정을 고찰한 베를리너(Paul Berliner)의 연구가 있다.[39]

지식은 필연적으로 마음과 중요한 아이디어 및 관행과 관련되어 있지만, 마음은 몸으로 체화된다. 인지, 느낌, 정서, 감각은 전체적이고 성찰적인 방식으로 상호 연관되어 있는 것이다. 특히 작곡, 즉흥연주, 공연, 녹음, 제작, 감상을 통해 다양한 방식으로 알려지고 행해지는 음악의 실천에서 더욱 그렇다. 느낌의 표현으로서 음악과 '내면의 삶에 대한 신화'라는 랭어의 개념은 우리 시대의 예술가와 예술 애호가에게 여전히 유효하다.[40] 엘리엇은 그녀의 이론을 비판하면서도, 자신의 음악 이론에서 정서의 역할을 인정하는 사람들 중 하나이다.[41] 연주자는 특히 자신이 하는 일에 대해 이야기할 때 음악적 사고 안에서 감정의 역할을 잘 알고 있다. 만약 마음이 감각과 느낌을 내포한다면, 지식 역시 이들의 영향을 받아야 한다. 블룸과 그의 후계자들이 인지적·정서적·심동적 영역을 구별한 것은 사고를 구성하는 다양한 과정의 개념적 지표가 될 수 있지만, 실제로는 상호 배타적이라기보다는 약한 증후군이거나 강조점에 불과하다.[42] 따라서 지식이란 우리가 아는 것뿐만 아니라 세상을 알게 되는 모든 방식을 포괄하는 것으로 생각되어야 한다.

예를 들어, 지식에 대한 다양한 철학적 유형에는 다음과 같은 중요한 대비점들이 있다. 명제적 지식과 절차적 지식, 하워드가 음악 교육을 위해 강조한 '대상을 아는 것'과 '방법을 아는 것', 블룸과 그의 후계자들이 제시한 기본적인 이해에서 평가와 감정에 이르는 지식의 '수준' 또는 기초교육과 상급교육, 화이트헤드에 의해 제시된, 지혜를 향한 낭만적 단계에서 도구주의, 일반화에 이르는 지식의 순환, 피닉스(Philip Phenix)에 의해 발전된 교육의 기초로서 지식의 영역, 브루너(Jerome Bruner), 굿맨(Nelson Goodman), 셰플러, 시겔(Harvey Siegel), 그린(Maxine Greene), 스와닉에 의해 연구된 이성(연역, 귀납, 추론), 직관, 상상을 통한 '앎의 방식들' 등이 그 예이다.[43] 이러한 분류법은 교육 문헌에 나타난 지식과 앎에 대한 다양한 분석 방법을 보여 준다.

포스트모던적 교육 담론은 앎과 지식에 관한 모더니즘적 가정에 의문을 제기하고 때로는 뒤집기도 하면서 권력이 개인과 집단의 의미 형성에 영향을 미치는 위험한 방식에 주목해 왔다. 음악 교육 분야 내에서도 연구자들은 인종, 성별, 정치, 사회 정의와 같은 문제들이 음악적 앎과 지식에 미치는 영향을 강조한다. 이들은 무엇이 음악적 앎과 지식으로 통하는지 질문하고, 이들에 포함된 윤리적 중립성에 의문을 제기하며, 종종 인도적인 방향에 반(反)하는 목적을 위해 지식이 구성되고 해체되는 사회적 방식에 초점을 맞추고, 현상 유지에 도전하는 것이 얼마나 어려운 일인지 인식한다.[44] 이 저자들에게 음악 교육의 과제는 자유, 정의, 인간 번영의 이상들에 대하여 당연하게 여기는 가정을 근본적으로 비판하는 것이다. 이는 또한 음악적 앎과 지식을 민주적 목적으로 바꾸어 학습자들이 긍정적인 사회 변화를 위해 개별적 · 집단적 주도자로서의 역할을 수행하도록 힘을 실어 주는 것이다. 이러한 주장의 장점에 동의하지 않는 사람들도 있다. 이들은 음악적 앎이 사회를 변화시킬 수 있는 정도, 음악이 사회 변화를 위해 사용되어야만 하는지에 대해 비판한다.[45] 이와 같이 걱정스럽고 때로는 이데올로기가 주도하는 영역을 탐색하면서, 잘못된 등가성과 환원주의의 오류를 피하고, 음악가와 교사들의 선의의 노력에 대해 비판할 때 주의를 기울이며, 철학의 한계를 인식하고, 내가 알게 된 진실을 말하며, 음악과 교육의 미래 가능성들에 대해 명확하고 희망적인 비전을 제공하려 한다. 이러한 입장은 나를 '역설의 눈' 속으로 밀어넣는데, 여기서 나는 지식을 변형시키는 동시에 보존하고자 한다.[46] 나는 때때로 상반된 주장을 펼치는 통찰력들 사이의 변증법 속에서, 어느 한 입장에 대한 이해도 버리지 않으면서 자신의 진실을 찾으려고 하는 것이다.

지식의 장점 중에서 개념의 다의성과 탄력성은 음악 교육에 대해 이론적 · 실천적으로 생각할 수 있는 생성적 근거를 제공한다. 이론과 실제를 아우르는 분야에서, 지식과 인식의 상호 연계는 음악과 교육의 정적이면서 역동적인 양상들과 전체적이면서 원자적인 측면들을 다룬다. 이러한 지식의 특성은 음악 교육의 변증법적 성격과 음악가 및 교사들이 직면하는 반어적이면서 종종 역설적인 딜레마에 대한 나의 견해와 궤를 같이한다.[47] 지식의 비유적 · 문자적 특성화는 그 자체가 서로 다른 방식들로 이해되는 교육 작업을 개념화하는 데에 적합한 것으로 보인다. 이들은 음악 교육에서 '공통 지점'을 이루는 중심 활동인 음악, 교수, 학습, 지도, 교육과정 및 행정과 일맥상통한다.[48]

또한 지혜와 이해의 가치들과 마찬가지로, 지식을 주제 및 내용에 대한 교사와 학습자의 능동적 참여의 관점에서 생각하는 것은 음악과 교육의 깊은 지적 특성을 강조하는 것이다. 주제에 대한 학습자의 이해와 내면화는 학습이 지극히 개인적인 작업이라는 사실과 지식의 구성 및 해체에 대한 학습자의 적극적인 참여의 중요성에 초점을 맞추고 있다. 이해의 함양은 프레이리(Paulo Freire)의 '은행 예금식' 교육 개념인 정보의 수동적 수용에 반대되는 것이다.[49] 교육과정에 대한 학습자의 적극적인 참여는 다양한 방식으로 자신의 세계를 이해하고 자신이 처한 상황을 변화시키고(바라건대 개선하기 위해) 주체의식을 갖게 되므로 교육과정의 변화가 일어난다. 이러한 교육적 접근법은 학습자가 민주주의에 참여할 준비가 된 시민으로 성장하는 데 도움이 될 수 있는 상상력이 풍부하고 비판적인 사고를 발달시킨다. 또한 학습자가 자신의 행복에 도움이 되는 방식으로 자유롭게 발달하고, 자신의 관점·상황과 다른 사람들을 더 잘 이해하고, 존중하고, 공감할 수 있게 하며, 좋은 사회를 특징짓는 대화, 상호 존중, 예의를 기를 수 있도록 한다. 시민의 입장에서 확립된 사실과 지적 통찰력에 대한 공통의 존중이 있어야 민주주의가 번성하고 권위주의는 패배할 수 있다. 이러한 이유 때문에 공교육은 민주적 거버넌스와 밀접하게 연결되어 있고 그 생존을 위해 필요하다. 마음이 체화된 관점을 지식의 기초로 삼는 것은 민주주의를 유지하는 폭넓고 총체적인 교육을 가능하게 한다. 이는 민주주의가 목적으로 삼아야 하는 사람들의 정신적·영적·감정적·신체적 요구와 열망을 포괄하기 때문이다. 이와 같은 방식으로, 지식은 인도적인 교육과 사회에 기여한다.

내가 언급해 온 다양한 형태의 지식을 인정하는 것은 다양한 '앎의 방식들'이나 사람 및 주제를 알 수 있는 정도에 대한 경험적 증거에 기반을 두고 있다. 예를 들어, 포괄적인 일반 교육과정에서 다루어야 할 다양한 의미 영역에 대한 피닉스의 분류법은 상징적 의미, 경험적 의미, 심미적 의미, 범지성론적 의미, 윤리적 의미, 그리고 공관적 의미를 포괄한다.[50] 이와 같이 폭넓은 주제는 플라톤이 『공화국(Republic)』에서 시민들을 위해 규정한 교육과정의 지평을 반영한다. 이는 또한 20세기 후반에 다양한 형태로 부활한 고대 그리스의 파이데이아 개념과도 공명한다.[51] 이러한 교육과정의 지지자들은 지식을 구성하는 다양한 의미 형성 방법을 수용하며 다재다능한 인재를 개발하기 위하여 폭넓고 총괄적인 교육과정을 계획한다. 예술과 예술이 알려지는 방법을 다루는 철학의 분야와 마찬가지로, 미학은 음악 교육적 사고와 실천의 유일한 근거는 아니지만 중요한 근거를 구성한다.[52] 그러나 피닉스는 각 앎의 방식을 별도의 과목에서 가르쳐야 한다고 주장하지는 않는다.[53] 오히려 그는 서로 다른 과목들이 특정한 의미 영역에 초점을 맞출지라도, 이론적·실제적으로 중복됨을 인정한다. 따라서 미학은 철학, 수학, 과학과 같은 분야에서도 분명하게 나타날 수 있으며 그 안에서 논증의 우아함, 공식의 도출, 실험의 설계가 각각 미적 특성을 가질 수 있다. 이처럼 다의성과 다양성의 관점에서 지식을 생각하는 것은 교육자들이 처한 현실적 상황에 특히 적절해 보인다.

그러나 지식의 단점 중 하나는 지식이 광범위하게 역동적으로 해석되기보다 좁고 정적으로 해석될 수 있다는 것이다. 지식은 되어가기의 과정이라기보다는 하나의 소장품이나 사물로 생각될 수 있다. 비록 마틴(Jane Roland Martin)이 '문화 자본'을 하나의 소장품으로 다루었지만, 이를 진화하는 실재로 보지 않으면 문화 지식의 중요한 측면을 간과하고 그녀의 핵심을 잘못 해석할 수 있다.[54] 우리는 문화적 실재의 단면을 통해 문화를 살펴보고 열거하고 설명할 수 있지만, 시간의 흐름에 따라 문화의 동적인 면을 보게 된다면, 문화가 시대와 공간에 따라 변화하고 발전한다는 것을 알게 될 것이다. 또한 지식을 인지적으로 해석하면서 정서, 감각 및 신체적 작용을 배제하는 것은 지식의 다면적·총체론적 차원을 놓치고 더 큰 전체의 일부분만 보게 할 수 있다. 지혜 및 이해의 수준에 도달하지 못하고 정보의 획득에만 몰두한다면 지식은 근시안적일 수 있다.

또한 지식에 초점을 맞추면 비형식적 교육보다 형식적 교육을 지나치게 강조할 수 있다. 그린(L. Green)은 대중음악가들이 음악을 배우는 방식과 그들이 음악을 알아 가는 과정에서 활용하는 기술 및 수단의 종류를 설명하면서, 이러한 비형식적 접근법이 서양과 동양의 클래식 음악 전승에서 일반적으로 사용되는 전통적이고 형식적인 도제식 접근법과는 다른 중요한 방식임을 보여 준다.[55] 형식적 교육에 초점을 맞추다 보면 전 세계의 클래식 음악 연구에 특권을 부여할 수 있고, 작곡, 즉흥연주, 연주의 정교한 기법 분석보다 즉각적인 기쁨의 원천으로 향유되는 대중적이고 지역적이며, 접근하기 쉬운 음악들이 간과될 수 있다. 이해와 마찬가지로, 고전적 전통은 이러한 음악이 만들어지는 방식을 이해하는 사람들, 감각적 매력뿐만 아니라 지적 의미에 대한 숙고를 즐기는 사람들, 즉 상대적으로 세련된 소수 정예의 연주자 및 청취자의 양성과 박식함을 추구하는 경향이 있다. 클래식 음악은 콘서트홀 및 기타 공연 공간에서, 클래식 공연의 주류와 분리된 소수 정예의 학구적인 작곡가와 청중 안에서 지나치게 지적으로 다루어질 수 있다. 반면에, 지식의 초점이 너무 제한적인 경우, 음악가는 음악의 학문적 측면보다 즉각적이거나 화려한 측면에 더 몰두할 수 있다.

컴퓨터 공학의 틀 안에서 디지털 방식으로 수집되고 전파되는 정보로 지식을 생각하는 것은 그 성격을 잠재적으로 변화시킨다. 디지털로 저장된 정보를 잊어버리는 것이 불가능할 수도 있기 때문에, 결과적으로 발생하는 정보의 무게는 지적 풍경을 혼란스럽게 할 수 있다. 지혜와 이해의 습득에 초점을 맞추지 않고, 지식을 단순한 정보로 생각하면 이를 폄하하고 지식의 다양성과 지식 습득 방법의 풍부함을 놓치게 된다. 다양한 기술을 통한 정보 검색 능력은 인간의 기억을 대체할 수 있으며, 이는 현재 상황과 관련된 새로운 정보를 기억하고 잊어버리고 분류하게 한다. 기존의 이론과 실천이 계속 축적되면 새로 생성된 지식을 위한 공간이 줄어들고 소외될 수 있다. 클래식 음악회의 경우, 오래된 레퍼토리에 초점을 맞추고 새로 작곡된 곡을 내쫓는 경향이 있다. 반면, 새로운 지식의 양이 많아서 오래된 지식을 밀어낼 수도 있다. 디지털로 정보를 검색하면 최근 문헌에 초점을 맞추고, 디지털 검색 매개변수에 포함되지 않는 오래된 자료는 배제될 수 있다. 이는 최근 몇 년 동안 수행된 연구에 초점을 맞춰 이전의 중요하고 획기적인 연구를 간과하는 박사 수준의 연구 문헌 검토에서 확인할 수 있다. 이렇게 되면 음악과 연구에서 역사적 기억과 연구의 맥락이 사라질 수 있다.

학계에서 이론이 실제보다 우선시되는 경우가 많다는 점을 고려할 때, 고등 교육에서 음악가와 교육자 준비에 이론적·명제적 지식이 실용적·절차적 지식보다 강조될 수 있다. 이는 명제적 지식이 이론에 더 밀접하게 연관되고, 특히 학계에서 음악 연주 및 교수법과 관련된 절차적 지식보다 더 많은 비중을 차지할 가능성이 높기 때문이다. 나는 북미의 음악원, 단과 대학, 종합 대학의 음악 프로그램에서 근무하는 내내 이러한 긴장을 보아 왔다. 이러한 기관의 교사와 학생들은 종종 포괄적 음악 교육을 위해 필요한 종류의 지식에 대한 이론적 주장과 실제적 이해관계 사이에서 줄다리기를 한다. 이들은 또한 서로 다른 이해관계 사이에서 균형이나 창조적인 긴장감을 추구해야 한다는 압박감을 느끼기도 한다.

탁월함

원래 프랑스어에서 차용되었고 나중에 명사 'master'로부터 '변형된' 탁월함(mastery)

의 개념은 '권위, 권력, 지배, 우월, 기능'의 개념을 내포하고 있다.[56] 또한 그 어근인 'master'는 '이겨 내다, 지배하다'와 관련된 동사이며, 힘과 기능을 습득하는 데 놓인 장애들을 극복하고 방해물들을 '굴복시키기' 위한 투쟁이 필요함을 시사한다.[57] 탁월함은 동사로서의 음악이 지금은 명사로 생각되는 것과 비슷하다. 이는 주체나 대상 뿐만 아니라 행위들을 지칭한다.[58] 음악 안에서, 스승-제자의 은유는 세계의 음악 전통, 특히 많은 준비와 높은 수준의 기능을 요구하는 클래식 전통에 널리 퍼져 있다.[59] 음악의 대가들은 그들의 지혜, 이해, 지식, 기교로 존경받고 심지어 숭배된다. 학생들은 스승과 같은 생각과 실천을 할 수 있게 되기를 바라며 그들의 제자가 된다. 음악 교육에서 탁월함은 원래 스와닉이 개발하고 보이스-틸먼이 확장한 모형에서 음악적 발달 단계와 같은 개념들을 의미하기도 한다.[60] 음악적·교육적 은유와 모형에 깔린 탁월함에 대한 비유적·문자적 해석의 다의성은 그 의미에 대한 분석을 더욱 복잡하게 한다. 지혜, 이해, 지식과 마찬가지로, 이 단어는 음악과 교육을 연상시키고 음악과 교육에 유용하면서 특성상 문제가 있는 단어이기도 하다.

탁월함은 '지배 또는 예속을 초래하는 승리'를 위해 상대에 대한 우위를 점하고자 분투하는 전투의 남성적 은유에 뿌리를 두고 있다. 또한 이는 지배권이나 통제권을 성취한 후에 '영주, 통제자 또는 지배자가 되는 상태 또는 조건'을 포함한다.[61] 승리 및 최고 지도자의 조건, 우월성을 가리기 위한 수단이자 목적으로서의 탁월함에 대한 다의적 해석이 표면적으로는 성장이 이루어지는 양육 환경으로서의 교육의 작업과 상반되는 것으로 보일 수 있다. 또한 역사적으로 음악가들이 종종 통치자의 시녀로 복무하고, 그들의 변덕에 복종해 왔다는 사실과 상충되는 것처럼 보인다. 비록 이 은유가 처음에는 거슬릴 수 있지만, 더 깊이 들여다보면 전 세계 많은 전통에서 음악적 스타, 천재 또는 거장으로서의 패권을 차지하기 위한 경쟁과 관련이 있다. 나는 이미 하워드의 예술 교육 이론을 예술가가 상상력을 통해 파악하고 달성하고자 하는 상태인 '탁월함의 이상'을 실현하는 문제라고 언급했다. 이 이상은 기교, 우아함, 수월함에 이르게 하는 교수, 연습, 예시 및 성찰을 향한 엄정한 접근 방식을 통해 얻을 수 있다.[62] 예를 들어, 어려운 악절을 배우거나 특정 기법을 익히려고 할 때, 그것에 숙달되거나 더 이상 어려운 것이 아닐 때까지 그 문제와 씨름하는 것이다.

하워드에게 이러한 노력은 감각 지각을 날카롭게 하고 음악에 대한 노하우 또는 절차적 지식에 관련된 기교를 배운다는 점에서 신체적이다. 또한 '그것을 아는 것' 또는 명제적이면서 느껴진 지식의 근간이 되는 개념, 신념, 가치, 태도를 습득한다는 점에서 지적(知的)이다. 음악가 개인이 가진 탁월함의 이상이 일생을 통해 바뀔 수 있는 것과 마찬가지로, 음악 실천가들에 의해 어느 정도 동의를 얻은 대중의 '탁월함의 이상'도, 다른 무언가가 '되어가는' 과정에서 경쟁적·역동적일 수 있다.[63] 사회적 관행의 측면에서 볼 때, 특정 신념, 가치 및 태도를 갖고 있는 음악 실천가와 대중 사이에도 패권을 위한 투쟁이 존재한다. 이러한 투쟁의 승자는 스스로 다른 사람보다 우월한 존재로 간주하고, 투쟁에서 패배한 사람들을 복종시킬 수 있다. 이러한 은유는 역사적·국제적으로 만연한 음악 경연 대회에서 분명하게 드러난다.

탁월함은 또한 개인적 역량 강화의 한 형태이다. 문해력을 교육적 이상으로 옹호하는 사람 중 하나인 프레이리는 문해력 습득을 다른 사람들로부터 억압받아 온 사람들이 자신의 삶을 개선하기 위해 정치적으로 행동할 수 있는 힘을 부여하는 수단으로 간주한다.[64] 이러한 사람들에게 읽고 쓰는 능력은 정치적 권력을 가진 사람들이 사용하는 언어와 지식에 접근하는 것을 가능하게 한다. 자신이 예속된 원인을 명명하고, 삶을 개선하는 데 필요한 지식을 습득하며, 자기통제와 절제력을 기르는 것은 다른 사람과 연대하여 억압자에게 저항하고 극복할 수 있게 한다. 언어와 문학의 기능은 긍정적인 사회 변화의 기초와 수단을 구성한다. 프레이리의 아이디어를 음악과 다른 예술로 확장하면, 이러한 예술에서 사용되는 언어를 습득함으로써 사람들은 그들의 이해 영역 밖에 있는 앎과 존재의 방식에 접근할 권한을 부여받게 되는 것이다. 또한 이들은 예술뿐만 아니라 그것을 만들고 수용하는 사람들의 삶도 변화시킬 수 있다. 예를 들어, 스즈키(Shinichi Suzuki)에게 바이올린을 아름답게 연주하는 기술의 습득과 표현은 다른 사람들이 모르거나 할 수 없는 부분을 알거나 할 수 있게 만들어 줄 뿐만 아니라, 불가능하다고 생각했을지 모르는 일들을 알거나 할 수 있는 '뛰어난 사람'을 만들어 낸다.[65]

탁월함은 개인적·집단적 권한을 부여할 뿐만 아니라, 권위의 원천을 구성한다. 여기에서는 권위(authority)란 다른 사람들의 존경과 숭배를 받는 모범적인 행위나 자신이 맡은 직책 때문에 부여된 권력을 지칭한다. 권위는 규정된 신념과 관행에 대해 복종과 순응을 명령하는 힘을 가지고 있다. 이러한 규범적 기대는 모범을 본받고자 하는 열망이나 외부적 힘, 법률, 규정 등에 의해 강요된 존중에서 비롯된다. 집행될 수도 있고 되지 않을 수도 있는 권위의 모호성은 개인적인 권한 부여가 자칫 다른 사람들의 권한 박탈로 이어질 수 있음을 시사한다. 예를 들어, 해방 교육에서는 개인에게 권한을 부여하는 것이 절대적 선이라는 점을 강조하지만, 권위가 작동할 수 있는 방식의 모호성 때문에 억압적으로 느껴질 수도 있다. 한때는 음악가들을 위한 가치 있는 기준점과 모범을 구성한다는 의미에서 권위적이었던 것이, 모든 음악가의 묵인과 순응을 요구하는 것이 되어 그들의 권한을 박탈하는 원인이 되기도 하였다. 탁월함을 권한 부여의 수단과 목적으로 생각할 때 이러한 다의성을 고려하는 것이 중요하다.

또한 탁월함은 이와 관련된 사물, 사건, 사람을 생각하지 않고는 상상할 수 없다. 탁월함은 기교, 우아함, 스타일에 대한 감각, 하워드가 예술 교육의 전형이라고 부른 명백한 수월성을 통해 특정한 주제, 전통 또는 규칙이 지배하는 시스템과 관련하여 나타난다.[66] '방법을 아는 것'에 대한 수행적·절차적 지식과 '그것을 아는 것' 또는 주제에 대한 이론적 지식은 실제로 중복되어도 이론적으로는 다르다. 음악 작품의 이론적 개념을 빨리 파악하고 어떻게 진행되어야 하는지 이해할 수 있지만, 이러한 비전에 부합하는 연주에 도달하기 위해서는 오랜 연습이 필요할 수 있다. 빛나는 연주로 작품에 생명을 불어넣는 데 수반되는 기술적 및 해석적 어려움을 극복하면, 칙센트미하이가 '몰입', 매슬로가 '자아실현'이라고 명명한, 편안한 느낌과 영적 충만함이라는 최고의 인간적 성취를 경험할 수 있다.[67] 현재의 흐름과 무의식, 완전한 몰두를 경험하는 순간에, 연주는 비범한 존재의 강렬함을 이루는 이성, 상상력, 정신적 집중력, 인내심 및 단련을 통해 보편적이고 영적인 인간의 욕구를 충족시킨다. 듀이에게 이것은 일상적인 경험을 강화하고 이에 의미를 부여하는 '완성된' 경험이다.[68]

내가 알고 있는 음악적 전통에서는, 디테일들을 정확하고 바르게 연주하는 것과 이를 넘어 마치 힘들이지 않고 연주하는 것처럼 보이도록 하는 것에 관심이 있다. 녹음된 대중가요의 트랙을 깔든, 교향곡을 작곡하든, 생활 속 의식에서 즉흥적으로 예술 공연을 하든, 모든 것은 정교하고 정확하게 이루어져야 한다. 연주는 힘들이지 않고 하는 것처럼 보일 수 있지만, 감동적이고 매혹적인 결과를 얻기 위해서는 많은 노력과 희생, 고군분투가 필요하다. 탁월함은 이러한 전통의 규칙, 규범 및 기대치를 의식하고 있는 음악 대중에 의해 인정된다. 많은 작곡가와 같이 거장이 고의로 규칙을 어긴 경우, 무슨 일이 일어나고 있는지 알고 있는 다른 전문가와 대중은 이 사실을 정확하게 이해할 수 있다. 세부적인 것이 제대로 연주될 때, 음악가와 청중 모두 자신을 잊는 가운데 무언가 강렬하게 감동적이고, 강력하며, 영감을 주는 것과 만난다. 음악 경험 속에서 이 연주를 위해 행했거나 행하고 있는 것을 잊어버리고, 존재하는 것과 창조된 것에 몰두하는 순간이 바로 이러한 순간이다.

탁월함이 교육에 기여하는 것 중 하나는 학습의 수단이자 목적으로서의 상상력과 그 표현이 본질적으로 교사와 학생에게 동기를 부여한다는 것이다. 사람이 성취하고자 하는 지혜, 이해, 지식의 끝에 있는 '탁월함의 이상'에 초점을 맞추면, 목표가 보다 명확하고 생생해진다. 마음의 눈으로 목표를 보면 이를 실현하기 위해 필요한 것이 더욱 분명해지면서 이를 위해 행동할 동기를 부여해 주는 것이다. 이렇게 보면, 가르치는 일은 교사의 삶과 실천에서 이상적인 모범을 보여 주고, 학생들은 교사를 본받아 숙달하고자 하는 열망을 통해 배움을 촉진하는 과정이다. 이러한 학습은 수동적으로 받아들여야 하는 외적 지시의 강요보다 매우 개인적이며 또한 특정한 목적을 달성하고자 하는 열망으로 불붙여진 상상력을 통해 이루어진다. 학생들이 자신들의 최초의 비전을 서서히 실현하면서 이는 변화하고 성장하며, 각 비전은 또 다른 도전적인 목적을 향해 더 멀리 나아가고, 학습은 지속적인 되어가기 상태에 놓인다. 학습자의 욕구는 자기 역량 강화 과정을 산출하는 동력이다. 프레이리와 듀이에게 이러한 과정은 학생과 교사를 격려하고 해방시키는 변혁적 과정이며, 그 효과는 더 넓은 사회로 파급된다. 학생들은 교육과정을 통해 성공을 경험하고, 하나의 목표를 달성하고 또 다른 목표로 나아가는 과정에서 다음 목표에 도전할 수 있는 자신감, 용기, 힘을 키울 수 있다.

기교, 수월성과 우아함으로 나타나는 탁월함은 음식, 주거지, 안전과 같이 평범하면서 필수적인 욕구를 초월하고자 하는 인간의 욕망을 충족시켜 주는, 상상력이 풍부하고 영적인 경험이다. 이는 하나의 놀이로써 완전히 매혹적인 기쁨, 들뜸, 강렬함, 목적, 의미, 무의식에서 작용하는 높은 수준의 마음을 보여 준다. 역설적이게도, 나에게 놀이는 자기통제와 자유, 즉 모든 것이 제자리에 있도록 하는 규율로서의 자기통제와 또한 모범적인 연주 순간에 집중을 포기하는 것에서 오는 자유를 동시에 보여 준다. 고대인들에게 놀이는 초자연적인 것에 다가가는 것이었고, 신처럼 되는 것이었으며, 이후 수천 년 동안 철학자들은 놀이를 일반 교육의 중심적 위치에 놓는 데 동의했다. 균형 잡힌 교육과정에는 일반적으로 놀이의 기쁨, 경이로움, 들뜸을 경험하고 기를 수 있는 방법으로서 예술이 포함된다. 예술의 수행적 특성은 탁월함을 명확하게 보여 줄 수 있는 수단을 제공하기 때문에 이러한 정신적 욕구를 충족시킬 수 있다.

탁월함으로 가는 길에 놓인 장애물을 극복하기 위한 투쟁과 전투는 특히 일부 주제와 높은 수준의 실행과 연관된다. 예를 들어, 음악에서 전 세계의 고전적인 전통들은 종종 모범적인 수준의 숙달을 위해 몇 년, 심지어 수십 년을 요구한다. 그러나 탁월함의 교육 모형은 모든 교육 단계에 적용된다. 이 훈련은 평생 음악가로 계속 연습하고 때로 코칭 레슨을 받는 전문가의 삶으로 확장된다. 이들은 솔리스트이자 앙상블 멤버로서 새로운 레퍼토리를 배우고, 자신이 하는 것과 다르게 해석하는 음악가들과 함께 연주해야 한다. 청소년은 흔히 어린 나이에 바이올린 연주자나 피아니스트로서 훈련을 시작하고, 십대 중반에 이미 개인 교습, 연습, 공연을 하며 10년을 보낸다. 경력이 수십 년에 이르는 인기 있는 전문 음악가도 대중의 취향 변화, 새로운 기술, 스타일, 유통 수단의 출현, 청중에게 끊임없이 신선하고 매력적인 음악을 들려줘야 한다는 것으로 인해 어려움을 겪는다. 이러한 고군분투에도 불구하고, 모든 음악가는 자신이 연주하는 음악의 탁월함에서 기쁨을 느낀다. 이들은 자신과 청중들이 경험하는 짜릿한 순간을 통해 확신을 얻고 동기를 부여받는다. 이처럼 탁월함은 공연 예술로서의 음악과 긴밀하게 연관되기 때문에 음악 교육적 가치로 적절하다. 탁월함은 또한 절차적 지식을 수반하고 신체적 기능을 배우는 것이 중요한 여타 과목에서도 적절한 가치로 보다 광범위하게 적용될 수 있다.

그러나 탁월함은 경쟁, 패권을 위한 투쟁, 다른 사람들을 예속시키는 것으로 인해 비교육적이고 비인간적일 수 있다. 이상적인 연주에 도달하기 위해 고군분투하는 것과 패권을 위해 수단과 방법을 가리지 않고 다른 사람을 이기고 승리하려는 것은 별개의 일이다. 훌륭한 성과를 달성하고 이를 자신의 기준으로 간주하는 것과 이것이 다른 사람에게도 기준이라고 주장하는 것은 전혀 다른 문제이다. 그러나 탁월함은 너무 빈번하게 자신의 자아를 만족시키고 다른 사람들에게 권력을 행사하여 권한을 박탈하는 문제를 일으킨다. 고대로부터 음악 경연은 기교를 뽐내고 가장 뛰어난 연주를 한 사람에게 월계관을 주는 수단이면서 수상에 실패한 사람을 낙담시키고 음악적 이상에 대한 편협한 해석을 제도화하는 수단이 되어 왔다. 규범적, 전통적, 또는 정통적 해석과 과감하게 다른 것을 시도하는 음악가는 양극단의 연주를 하는 경향이 있고, 그 결과 경연에서 우승하지 못할 수 있다. 우승하였을 때, 어떤 음악가들은 경쟁자에게 감사하면서 겸손함을 보이는 반면, 다른 음악가들은 자신의 승리에 도취하여 우쭐대고 동료들을 얕잡아 보기도 한다. 어떤 음악가들은 우승하지 못했을 때 두

드러지게 낙담하고 너무 일찍 포기하기도 한다. 과거에 국제 콩쿠르에서 우승하여 학생들을 자신의 스튜디오로 끌어들였을 스승은 특정 작품을 연주하는 모든 학생이 그의 지시를 따르는 '올바른' 방식으로만 연주해야 한다고 주장할 수도 있다. 다른 사람에 대한 이와 같은 예속은 누군가의 성장을 좌절시키고, 저지할 수 있을 뿐 아니라 자신의 성장도 방해하는 해로운 결과를 초래할 수 있다는 점에서 비교육적이다.[69]

종종 탁월함은 엘리트주의와 연관되어, 지역적이고 대중적인 전통의 주류에서 벗어난, 클래식 음악에서 바람직하다고 여기는 특성을 보여 주는 소수 음악가를 선별하여 양성하는 것과 관련된다. 게다가, 대중이 접근하기 어렵고 숙달하는 데 오랜 교육 기간을 필요로 하는 음악적 전통이 일반 교육의 초점이 되면서 학생들의 생활 경험과 관심사에 더 가까운 음악 전통이 배제되는 경우가 많다. 탁월함은 모든 음악의 실천을 안내하는 가치라기보다는, 엘리트 음악에 필요한 신념과 실천의 취득을 인도하는 목표가 될 수 있다. 그렇게 함으로써, 탁월함은 음악 학습을 위해 선택된 학생 집단과 음악 레퍼토리를 제한하고, 폭넓은 음악 학습의 혜택을 받을 많은 학생이 음악을 공부하고, 창작하고, 연주할 수 있는 경험을 박탈한다. 이러한 방식으로 탁월함은 일반 대중에게 폭넓은 혜택을 줄 수 있는 음악적 취향을 기르는 데 실패한다.

탁월함이 권위주의를 조장하면 포용성, 다양성, 인도적 행동, 예의 바름, 사회에서 가장 취약한 사람과 도움이 필요한 사람에 대한 돌봄의 가치를 지향하는 품위 있는 사회의 민주주의가 훼손될 수 있다. 서구에서 이러한 가치들은 편견, 여성 혐오, 동성애 혐오, 타자에 대한 불안, 근본주의 이데올로기 신봉자의 테러에 대한 공포, 언론과 정치적 리더십에 대한 불신, 경제적·정치적 권리 박탈에 대한 분노, 부유하고 힘 있는 사람들의 탐욕, 고삐 풀린 혐오 발언의 무성한 확산을 가능하게 하는 새로운 소셜 미디어의 만연에 의해 공격받고 있다. 정보 교환 및 경제의 세계화와 과다한 소셜 미디어의 독성은 서구 사회에서 폭력적인 반응을 촉발했고, 20세기에 전 세계를 휩쓴 비극적인 세계 전쟁 이후 민주적 가치를 옹호해 온 팍스 아메리카나를 뒤흔들었다. 이 글을 쓰는 순간에도, 권위주의는 증가하는 중이고, 이러한 전개가 바로 음악 교육이 정확하게 그 반정립, 즉 자유, 상호 존중, 정중함, 포용성의 민주적 가치를 지지해야 하는 이유이다. 우드퍼드(Paul Woodford)가 음악 교육에서 비판적 사고와 권위주의에 대한 저항력 함양을 촉구하고, 알섭이 전통적인 스승-제자 교육이라는 은유의 틀 속에 가둬 두기보다는 다양성, 다원성, 다양한 가능성을 중시하는 '열린' 음악 교육

접근법을 옹호한 것은 바로 이런 정신에 입각한 것이다.[70]

'지혜, 이해, 지식, 탁월함'의 중첩된 가치는 다의적이며 음악과 교육에서 지성의 중요성과 관련된다. 각 가치는 지나치게 강조되거나 덜 강조되거나 비인간적인 목적을 위해 사용될 경우 선 또는 악이 될 가능성이 있다. 빛과 계몽의 은유에 기반을 둔 지혜는 정서와 감각 및 지적 능력을 포함한다는 점에서 역동적·총체적이다. 이해는 지지와 힘의 은유에 기반한다. 관계적 용어로 해석하자면 이는 의미화, 즉 이론이나 실제와 관련된 상징체계를 파악하는 것과 관련이 있다. 지식은 소유권의 은유에서 도출되며 또한 음악과 교육을 구성하는 신념과 실천에 대한 이해와 용인이라는 인식론적 측면과 관련된다. 탁월함은 전투, 투쟁, 정복의 남성적 은유와 연관이 있다. 이것은 이론적이고 실제적인 문제, 권위와 권력에 대한 논점, 올바른 실천에 관한 것이다. 특정 음악 학습자의 필요에 맞게 현명한 결정을 내리는 것은 중요한 음악적·교육적 책임이며, 많은 것이 음악가와 교육자가 무엇을 선택하느냐에 달려 있다. 이러한 가치들은 일반적으로 적용될 수 있지만, 하나의 가치만으로는 온전하지 않으며, 각각 서로 다른 강조점과 실제적 효과를 가지고 있다. 일반성의 높은 수준에서 구성된, 이들은 특정 상황의 맥락에서 구체화된다. 많은 것은 그것들이 구체적인 교육적 상황에서 어떻게 해석되는가에 달려 있다. 이러한 분석을 숙고해 보면 일반적인 원리를 실천에 적용할 때의 선택성, 가능성의 불완전성, 최선의 의도에서 비롯될 수 있는 예상치 못한 결과들을 알 수 있다.

제10장

정의, 평등, 공정, 포용

Justice, Equality, Fairness, and Inclusion

'정의, 평등, 공정, 포용'은 현대 교육 문헌에서 중요한 위치를 차지하고 있다. 정의, 평등, 포용의 세 가지 가치들은 영미권의 문화 철학, 교육 철학, 음악 교육 철학으로부터 상당한 관심을 받아 왔다. 듀이(John Dewey), 피터스(R. S. Peters), 마틴(Jane Roland Martin), 프레이리(Paulo Freire), 벤하비브(Seyla Benhabib), 그리고 누스바움(Martha Nussbaum)은 민주주의 사회와 인도적 교육에 기여하는 방법들을 탐구했다. 음악 교육에서 베네딕트(Cathy Benedict), 슈미트(Patrick Schmidt), 스프루스(Gary Spruce), 우드퍼드(Paul Woodford)와 그의 동료들, 알섭(Randall Allsup)과 그의 동료들, 젤리슨(Judith Jellison)과 같은 저자들은 정의, 평등, 포용의 측면들을 고찰했으며, 공정은 이보다 덜 다루었다.[1]

'정의, 평등, 포용'에 도전장을 던지고, 특히 공정의 권리를 촉진하면서, 나는 '정의, 평등, 공정, 포용'의 가치들이 음악적 문화화와 교차하는 철학적 기초를 파헤치려 한다.[2] 나의 초점은 주로 이러한 가치들이 무엇을 의미하는지, 음악과 교육에서 이러한 가치가 어떠한 예시가 될 수 있는지, 그리고 음악적·교육적 신념들과 실제들에 대한 이들의 이점과 약점은 어떤 것일 수 있는가에 맞춰진다. 실제로는 이들이 교차하지만 논리적으로는 구분되기에 정의부터 시작하여 각각 차례로 검토했다.

정의

'정의(justice)'에 대해 생각하는 방법 중 하나는 이 단어를 대중을 위해 입법되고 시행되는 구속력 있는 일련의 규칙의 법적 개념들과 연관시키는 것이다. 엄밀히 말하면, '정의'는 특정한 시간과 장소에서 발생하는 특정한 규칙에 근거하여 예측되고, 이 규칙들은 그들이 받아들여지는 사회의 신념들과 실행들을 반영한다. 사람들은 정의롭거나 의롭기를 열망할 수 있지만 이 단어들이 의미하는 것에 대한 구체적인 개념은 사회적 전통 및 관행과 밀접한 관계가 있다. 개발된 규칙들은 정의를 결정하는 데 그들의 관점들이 중요한 사람들과 보이지 않고, 주변화되며, 정의가 실현될 것으로 추정되는 사람들의 한계를 넘어선 사람들에게 의존한다. 엄격한 법적 의미에서 정의는 이러한 규칙들에 따라 할당되는데, 이것 역시 사회적 구조물이다. 다른 사회 관습과 마찬가지로 정의에 대한 특정 개념은 시간과 장소에 따라 계속해서 논쟁되고 발전되는 과정에 있다.

법률은 준수해야 한다는 전제를 수반한다. 준수하지 않는 경우 처벌이 가해지며, 이러한 법의 징벌적 성격은 법이 변경될 수 있는 경우 외에는 거의 완화되지 않는다. 헤이모넌(Marja Heimonen)은 유럽 대륙과 영미의 대조되는 법적인 전통과 음악 교육에 대한 이들의 함의를 풀어낸다.[3] 그녀는 법률들의 본성 및 관습법처럼 선례에 따르거나, 대륙법처럼 규정에 따르는 것 같은 이들의 구성 수단들로 하여금 교육이 수행되는 매우 다른 맥락을 어떻게 제공하는지를 보여 준다. 디킨스(Charles Dickens)는 그의 작품 『올리버 트위스트(Oliver Twist)』의 등장인물 미스터 범블(Mr. Bumble)로 하여금 법이 구체적 규정과 금지 또는 의도하지 않은 결과들에 둔감한 '고집쟁이'나 '천치'일 수 있다는 것을 관찰하게 했다.[4] 그럼에도 불구하고, 법은 법을 만들고 실행하는 사람들과 법에 의해 사는 사람들의 관점에서, 어떤 행동들과 특정한 처방과 금지에서 벗어난 신념 및 관행에서의 이탈에 가해지는 처벌을 조정하고 지도하는 것이 필요한 사회적·문화적 측면에 대한 합리적이고 신중한 접근 방식을 구성한다.

나는 정의를 규칙에 얽매인 행위로 보는 이러한 법률 존중주의적 관점을 넘어서서 정의가 의미하는 것이 무엇인가를 추구하는 상상력이 풍부한 이상을 추구해 보려 한다. 여기서, 나는 이러한 이상들 자체와 개인과 사회의 정의에 대해 더 폭넓게 생각하고자 한다. 한 인간의 지혜 탐구와 개인적 가치와 존엄성의 중요성에 대한 계몽적인 입장은 정의를 향한 개인의 요구들을 촉진한다. 사람들은 한 집단의 구성원이라는 이유만이 아니라 개인의 가치와 존엄성 때문에도 정의를 요구할 권리가 있다. 모든 사람에게 정의가 구현되게 하려는 최근의 움직임은 전통적으로 정의의 권리를 가진 사람들로부터 특정 집단들이 배제됐음을 인식하고 있다. 그들의 지지자들은 '사회적 정의' 및 소외된 계층이나 사회 집단에 대한 충분한 인정을 추구한다. 그들에게 있어서 정의는 개인뿐만 아니라 권리를 박탈당했거나, 소외당했거나, 충분한 사회 참여로부터 배제된 사회 집단들에서도 구현되어야 한다. 시민 평등권, 여성권, 동성애권을 주장하는 사람들은 개인 정의뿐만 아니라 사회 정의의 옹호자들에 속한다.[5]

'정의롭다'는 것은 무엇을 의미하는가? 나는 의로움, 즉 '도덕적으로 옳은 일을 하는 것'에서 시작하려 한다. 정의의 실천적 불가능성을 말하는 데리다(Jacques Derrida)는 이러한 이상을 놓지 못하고 한편으로는 결정과 행동에 대한 상반된 의무와 다른 한편으로는 행동과 오류 가능성을 유보하는 측면에서 문제의 틀을 잡으려 했다.[6] '정의'와 동의어인 '의로움'은 오래되고 친숙한 개념이다. 그러나 '의로움'은 어떻게 결정되는가? 일반적으로 도덕적으로 옳다고 여겨지는 것들은 이성이나 계시에 호소함으로써 정당화된다. 때때로 '정의(just)'라고도 쓰는 오래된 옛 프랑스어 '주스트(joust)'는 승자와 패자가 존재하는 교전과 경쟁의 개념을 의미한다.[7] 정당화의 과정은 도덕적으로 옳은 것은 옳지 않은 것과 명백하게 구분되며 특정한 근거들 위에서 방어된다는 의미에서 승자와 패자의 교전과 경쟁이라는 이러한 모순적 은유에 압축되어 있다. 모든 것이 이러한 방어에 달려 있다. 심지어 초자연적인 계시에 대한 주장도 종종 이성에 대한 호소에 의해 시험받는다. 따라서 예컨대, 모세가 말한 성경 십계명도 무례함, 절도, 살인 같은 것들의 비인간성에 대한 논쟁으로 정당화된다.

우리 시대에 정의는 종종 어떤 하나를 들고 다른 것과 비교하여 부족한지를 알아내는 일련의 척도로 묘사된다. 상대적인 무게에 대한 이러한 은유는, 예컨대 옳거나 그름과 같은 다른 관점에서 한 가지를 다른 것과 비교하여 평가하는 수단들이 존재함을 시사한다. 어떤 이론적이고 규범적인 규정이나 금지와 대조하여 자신의 행위를 측정하고, 이러한 용어로 평가할 수 있을 뿐만 아니라, 바로 그 규칙 자체가 논쟁의 대상이 되고, 비판적으로 검토되며, 논쟁이나 증거의 무게에 의해 정당화되거나 반박될 수 있다. 법에서 이러한 논쟁은, 예를 들어 검찰과 피고의 변호인들이 상대방의 주장과 증거의 결함을 보여 주고 또한 서로의 증인을 신문하고 반대 신문함에 따라 종종 전투의 형태를 취한다. 일련의 척도를 생각하는 것은 복잡하고 경쟁적이며 상충되거나 서로 다른 이해관계들 사이의 균형이라는 생각을 촉발한다. 정의의 결정들은 종종 고려해야 할 다양한 관점에 의해 복잡해진다. 정의는 옳고 그름이나 또는 흑과 백뿐만 아니라 회색의 음영들 안에서도 빚어진다. 때로는 선과 악 사이에서뿐만 아니라 더 크고 작은 선들과 더 크고 더 작은 악들 사이에서도 결정이 내려져야 한다. 한 행동이 어떤 이에게 미치는 선(good)은 그 행동으로 인해 다른 이에게 발생할 수 있는 악의 가능성과 비교되어야 한다. 실제로 이러한 복잡성들은 일련의 이해관계와 다른 것들을 일련의 척도를 사용할 때처럼 신중하게 판단하고 균형을 잡음으로써 해결된다.

정의의 규범적 성격은 그것의 규칙들과 법률들이 보편적으로 적용된다는 것을 시사한다. 예를 들어, 미국 독립 선언의 입안자들은 정의가 모든 자유인에게 적용되고 정의와 그에 대한 권리에서의 선험적인 가정에 기초하는 자연법에 근거한다고 추정했다.[8] 자유인(주로 백인) 남성에게만 적용되는 이러한 제한적인 보편성의 개념은 나중에 노예, 소수 민족, 유색인종, 여성으로 확장되었다. 더 나중에, 자연법의 주장은 자연 세계의 모든 생명체에 적용되었고, '생명'의 개념은 지구와 그 너머의 우주를 포함하는 것으로 더욱더 폭넓게 해석되었다.[9] 근대 보편성의 개념은 칸트(Immanuel Kant) 같은 사상가들이 제의한 계몽주의 사상에 뿌리를 두고 있는데, 그는 다수의 사람이 한 사람의 판단에 동의할 것이라고 단정했다.[10] 마찬가지로, 이러한 가정은 보편적 유효성을 가진다고 추정한 그가 '상식(sensus communis)'이라고 부른 것을 낳게 되었다. 현재는 칸트의 단일한 보편적 개념들에 대한 추정에 문제가 있음이 고통스러울 만큼 분명하다. 그 자신의 관점은 특정 사회적·문화적 환경 내에서 특권층과 교육을 받은 사람의 것이었다. 칸트의 인간 본성에 대한 통찰의 깊이를 밝히려는 벌린(Isaiah Berlin)의 노력에도 불구하고, 우리 시대에는 우리의 견해가 다양한 사회적 지위와 관점들에 의해 형성되는 방식들을 더 의식한다.[11] 사회의 '다양성과 다원성'에 대한 그린(Maxine Greene)의 설득력 있는 개념들은 획일적이고 보편적인 정의의 개념들의 문제적 성격을 환기한다. 정의의 다의성을 인정하면서도 나는 정의를 비유적이고 문자적이며, 개인적이고 사회적으로, 상대적이고 일반적인 방법들뿐만 아니라 미묘하고 구체적으로 모호하고, 절제되며, 불확실하게 해석하는 것을 선호한다. 나에게 정의의 추구는 때때로 빠져나가기 어려운 양극성과 변증법을 실제로 떠올리게 한다.

정의의 여러 장점 중에는 음악적 전달과 변형의 촉진이 있다. 확립된 일련의 규칙에 대한 정의의 의존은 음악과 교육이 변해 가는 과정에도 불구하고 전통적인 기대에 의존하는 문화적 관행으로서 그들의 사회적·제도적 성격을 강조한다. 연속성과 전통을 강조함으로써 정의는 이러한 관행의 안정성에 기여한다. 실제로 주어진 이론이나 실천을 뒷받침하는 규칙 체계들을 손에 넣는 것은 때때로 정중하게 협상하기 위해 이성과 상상력에 의존하는 번잡스러운 과정이다. 교육 내에서, 비록 교사가 정의에 대한 자신의 비전을 전할 자격이 있다고 느낄지라도, 학생들은 이러한 당연시된 가정들과 물려받은 지혜를 비판적으로 해체하며 교사들에게 도전할 수 있다. 교사와 학생의 정의에 대한 인식의 불협화 가능성은 규칙 체계들이 의문시되면서 그들 간의 갈등을 초래할 수 있다. 품위 있는 사회에서는 불가피한 의견 불일치와 갈등들을 예의 바르게 협상하는 법을 배우는 것이 장려된다. 이러한 대화는 음악적이고 교육적인 관습들이 이들을 만들고 수용하는 사람들과 스스로를 음악적이고 교육적인 특정한 방식으로 표현할 권리와 정의를 요구할 권리를 가진 사람들을 상징하기 때문에 매우 중요하다.[12] 마틴은 음악을 한 세대에서 다음 세대로 전달 및 변형할 가치가 있는 중요한 인적 자원을 구성하는 문화적 부(富)의 측면들 중 하나로 생각한다.[13] 비록 언뜻 보기에 문화 자본의 축적에 대한 그녀의 은유는 역동적이기보다 정적으로 보일 수도 있지만, 이는 문화의 다른 측면들 가운데 음악이 이루어 낸 자원의 가치와 미래를 위해 이를 보존하고 강화하는 것의 중요성을 강조한다. 누구의 음악과 어떤 측면들에서 보존과 변형이 필요한지, 이를 어떻게 수행해야 할지, 음악가들과 그들의 창작물들이 어떻게 보호될 수 있을지에 대한 고려사항들은 문화 정책 입안자들에게 중요한 음악적 고려사항들이다.[14] 음악과 교육에 관심이 있는 사람들과의 대화를 통해 도달한 결정들은 필연적으로 불확정적이며 변경될 수 있다.

정의는 음악과 교육을 도덕적 행동의 형태들로 생각하기 때문에 음악적이고 교육적인 일을 존중하고 의미를 부여한다. 성실성, 투명성, 그리고 원칙에 따른 행동의 개념은 인간이 자부심과 존엄성을 가지며 존중받을 가치가 있다는 생각에 근거한다. 옳음과 선함에 대한 다른 개념들에도 불구하고, 올바르게 행동하는 교사와 학생들은 그들과 관계된 규칙들이 옳음과 선함이라는 속성들의 명령을 수반한다고 정당하게 가정한다. 교사와 학생의 행동 강령들은 적절하거나 '옳은' 행동에 대한 기대를 정의하며 또한 실존적 의미와 진실성의 원천이다. 셰플러(Israel Scheffler)의 '규칙' 교육 모델은 교사들이 어떻게 그들의 일에 바르게 접근할 수 있는지를 보여 주는 하나의 표명이다.[15] 여기서, 교사들은 다양한 접근법의 상대적인 선과 악들을 평가하고 균형 잡는 데 이성을 발휘한다. 이들은 자신들에게 의존할 수 있는 사회구성원들을 대신하여 올바른 방식을 파악하고 교사들이 살고 개선하기를 열망하는 '저택들'과 학생들 사이의 중개자 역할을 한다.[16] 셰플러에게 이 저택들은 논쟁 대상이 아니었다. '저택들'은 선을 상징하고, 학생의 유익을 우선시하는 교사들은 학생들도 저택들 안에 거하기를 갈망한다. 이는 교사가 학생을 선으로 이끄는 교육과 음악에 대한 열망이 담긴 견해이다. 비록 사람들이 항상 정의롭게 행동하는 것은 아니지만 그들은 선에 대한 자신의 생각이 무엇이든 간에 이를 향하는 방식들로 삶을 살려고 할 수는 있다. 비록 정의가 현상 세계에서 완전히 실현될 수는 없지만 살아온 상황들에서 정의가 부여하는 실존적 의미들 때문에 이는 충분히 노력할 가치가 있다. 깊이 내재된 불의의 본질과 정의 구현의 실제적 어려움에도 불구하고 정의 추구는 인간성을 가치 있게 여기며 이것이 제일 잘 되기를 바란다.

때로 상반된 이해관계를 저울질하고 조정해야 하는 상황 속에서, 음악과 교육에 관해 정의의 틀 안에서 생각하면, 최소한 현재로서는 인간을 존중하는 협업, 공동체, 그리고 우연을 중시하고 인간이 중심이 되는 음악 및 교육과정을 장려하게 된다. 학생과 교사 모두를 제약하는 특정 규칙을 중심으로 조직된 사회 체계로 해석되는 민주적인 교실을 강조한 듀이는 명령으로 지배하는 독재자 교사와 교사들의 변덕에 의해 휘둘리는 힘없는 학생들이라는 개념들에 이의를 제기한다.[17] 듀이는 교사와 학생들이 협력하여 고안한 교실 공동체를 위한 규칙 체계들이 모든 참여자에게 힘을 주고 더 넓은 사회의 민주적 통치를 미리 보여 준다고 보았다. 이성은 이러한 규칙들을 설계하고 해석하며 교사들과 학생들의 행동을 이러한 규칙들과 연관하여 저울질하는 주요한 수단을 제공한다. 모든 참여자에게는 아닐지라도 일부 참가자들에게 규칙들, 이들의 해석, 또는 불공정이라는 결함들이 명백해지면서 규칙은 때때로 교실에서 '마상 창시합' 방식으로 경쟁한다. 교육은 도덕적인 일이기 때문에, 정의에는 특히 모든 사람이 얽매이는 것에 동의한 규칙들을 논의하고, 또한 이러한 상황에 대해 무엇을 해야 하는지에 대한 결정을 내려야만 할 때는 예의와 대화가 필요하다.

정의는 학습자와 주제 사이에 역동적이고 비판적인 참여를 요구한다. 당연하게 여겼던 가정들이 도전받고, 특권적인 전통 지식은 이전에 소외되거나 억압된 연구에서 배제되었을 수 있는 지식에 재집중하기 위해 대체된다.[18] 또한 그 주제는 집단 기억에서 역사적으로 지워지거나 거의 가치가 없는 것으로 폄하된다. 정의가 전통의 연속성에 기여하지만 이러한 교육과정의 변혁적 비전은 역설적으로 변화의 필요성을 강조한다.[19] 중요한 것은 과거와 현재에 실천을 이끌어 온 규칙들이 주목받지 못했거나 숨겨져 왔던 불의들을 드러낼 것을 염두에 두고 심문받는다는 것이다. 어떤 과목을 알게 되면서 자신의 의미들을 만드는 학습자와 주제의 상호 관계에 관해 교육과정을 실존적으로 해석하는 것은 교육의 초점을 옮겨 놓는다. 한 세대에서 다음 세대로 지식의 축적물을 전달하는 것보다는 학습자가 학습 대상에 건설적이고 비판적으로 참여하고 또 자신의 것으로 만들어 자신들만큼이나 그 대상을 집단적으로 변형시키는 의미 산출의 역동적 상호작용이 존재한다.[20]

정의는 또한 교육적이든 음악적이든 사회 시스템이 원활하게 돌아가도록 하는데, 이 시스템은 가능한 한 돌발 상황에 대처하고 규칙과 절차를 공정하고 체계적으로 적용한다. 예를 들어, 교육에서 교사, 학생, 학부모와 또는 보호자, 관리자 및 일반 대중은 시스템의 규칙들과 기대치들을 준수하는 데 동의한다. 이 시스템을 민주적으로 생각하는 것은 모두가 그들의 통치에 대해 발언권을 가지고 있고 모두가 다른 사람들에게 책임이 있다는 것을 시사한다. 예를 들어, 교사와 행정관은 공공의 이익을 위해 행동하며 그들의 행동은 윤리적이고 전문적이어야 한다. 그들은 젊은이들을 위해 부모의 자리에서 역할을 하며 젊은이들의 이익을 옹호하고 보호할 것으로 기대받는다. 이들에게는 학생들보다 더 나은 경험, 지식, 그리고 힘이 있기에 그들이 윤리적이고, 재치 있고, 현명하게 행동하도록 보장하기 위한 견제와 균형 시스템이 필요하다. 학생들은 또한 윤리적 행동 기준을 준수해야 한다. 예를 들어, 학계에서 그들은 자기 작품을 스스로 썼다는 주장에 정직해야 하고 교사, 동료 학생 및 지원 직원들과의 관계에서 예의 바르고 전문적으로 행동해야 한다. 이러한 합의된 규칙을 준수하지 않으면 무죄, 제재, 또는 조직체로부터의 제명이라는 결과를 초래할 수 있는 징계 심사 및 조치 시스템이 촉발된다.

가치로서 정의에는 여러 결점이 나타난다. 이들 중에 시스템 내 예상치 못한 사건들은 놀라움을 자아낸다. 합리성과 전지성(omniscience)에 대한 바람에도 불구하고,

행정적으로 고안된 해결책들이 항상 적절하거나 기대되는 결과를 낳는 것은 아니다. 의로운 행위가 항상 효과를 나타내는 것도 아니다. 보편성의 가정은 이론적으로 그리고 실질적으로 문제가 있다. 정의가 행해지고 구현되려면, 그 권한 내에 있는 사람들은 그것이 놓인 원칙과 그러한 원칙이 삶에 적용되는 방식들에 동의해야 한다. 현상 세계에서 사람들은 무엇이 정의를 구성하는지 항상 동의하는 것은 아니며, 정의의 내재적인 사회적 본질을 고려하면서 절대적이기보다는 상대적으로 보지 않고는 이를 이해하기 어렵다.[21] 정의의 역동적 본성과 그것의 경쟁적 특성은 '무엇이 공정이냐'라는 개념이 시간에 따라 바뀜을 뜻한다. 보수 세력은 전통을 보존하기를 원하고 진보 세력은 변혁을 추구하여 이 사회적 투쟁은 절대 끝나지 않을 것으로 보인다. 주류 밖에 있을 때 정의를 추구하는 것은 무력한 위치에 놓이게 하고, 포함되기 위한 투쟁을 달성하기 더욱 어렵게 만든다. 너무나도 자주, 교사들은 소외되거나 박탈당했거나 자신들이 그랬다고 믿는 상황에서 정의를 위한 투쟁에 휩쓸린다. 사회 기득권층의 정의에 대한 개념은 실질적으로 그 권한에서 소외되거나, 배제되거나, 권리를 박탈당한 사람들에게는 부당하다. 정의의 주변이나 외부 사람들에 의한 정의를 위한 투쟁은, 정의의 다른 개념을 만들어 내려는 노력을 촉진하고 몰아가서 권력을 잃을 수도 있는 기득권층을 불안하게 만든다. 우리 시대에는 보다 최근에 정의에 관한 주장을 얻어 낸 다른 사람들을 불리하게 만들지라도, 정의의 시계를 더 큰 권력과 통제력을 가졌던 더 예전의 시대로 후퇴시키려 했다.

주창자들이 공정한 것으로 간주하는 시스템들을 내세우면서 하는 전지성의 가정은 인간의 불완전성과 인간 행동의 의도치 않은 결과들에 직면하여 필연적으로 무너진다. 정의를 추구하거나 정의를 위해 행동하는 것은 음악가 교사들이 악을 바로잡고, 정의에 도달하는 노하우를 가지고 있으며, 비록 최선의 의도가 있더라도, 그 과정에서 상대적으로 무력해진 다른 사람들에게 자신들의 정의관을 강요한다는 것을 가정한다. 일리치(Ivan Illich)에게 이러한 교사는 '목사, 예언자, 사제로 서임 받은 교황의 왕관 같은 보이지 않는 3중 왕관'을 쓰고 있다.[22] 정의의 추정적 성격은 복잡하고 미묘하며 지저분한 현상 세계에서 종종 엉뚱하게 빗나가며, 그 규정은 결코 인간의 경험과 자연 세계의 전 영역을 포괄하는 것 같지 않다. 자연계에서 정의는 어떤 의미에서 불가능한 이상인 황금 양털이 되는데, 왜냐하면 사람들에게는 부정을 확인하고 바로잡아 정의를 성취하는 데 필요한 지식과 실천이 부족하기 때문이다. 누군가는 자신이 무엇을 해야 할지 안다고 생각하여 안다는 듯 행동할 수 있지만, 이 사람도 종종 틀린다. 실러(Friedrich Schiller)는 다른 이들을 위해 행동하려는 유혹을 받을 때는 이들을 실제 있는 그대로 생각해야 하며, 다른 이들에게 영감을 주려고 할 때는 이들이 어떤 사람이 될 수 있는지 생각해야 한다면서 사람들에게 겸손을 촉구하는 중요한 점을 포착한다.[23] 실러의 견해는 역사적으로 사람들은 항상 자신이 할 수 있다고 바라거나 그래야 한다고 생각하는 대로 행동하지 않는다는 점을 강조하기 위해 벌린이 불러낸 칸트의 '인간성의 뒤틀린 목재' 은유와 일치한다.[24] 대신, 불완전성 및 반대 개념인 불의 없이 정의를 생각하는 것이 불가능한 현실이 있다. 악행을 뿌리 뽑고 정의가 이기는 임무를 수행하는 것은 잘못된 것을 진단할 수 있을 뿐만 아니라 잘못된 것을 바로잡고 올바른 행동을 지향할 수 있다는 것을 가정한다. 진단은 과제의 첫 번째 부분일 뿐이다. 문제를 해결할 수 있는 적절하고 효과적인 방법을 만드는 것은 훨씬 더 어렵다. 교정 전략을 고안하는 것은 악을 올바르게 평가하고 그것을 바로잡기 위한 해결책을 구축하는 데 있어 지혜, 분별력, 그리고 심지어 전지성을 전제로 한다. 따라서 적어도 절대적 관점에서 정의는 언제나 손이 닿지 않는 이상처럼 보인다.

평등

평등(equality)을 대등한 가치에 관한 판단들과 연관 지어 생각하는 것은 동등성의 수학적 계산에 기반이 있다. 인간 문제에서 '평등'에 대한 평가는 이론적이고 실제적이다. 처음에는 우선 동등성이 기초할 것으로 추정되는 이론적 근거를 명확히 한 후에, 이 이론적 추상성이 현상 세계에서 증명되는 정도를 추산할 필요가 있다. 수학과 인간사의 세계에서 문제는 상응하지 않으며 인간의 신념과 행동에 적용될 때 평등의 개념은 문자 자체에 충실하기보다는 불가피하게 비유적이다. 그렇지만 평등의 수학적 기반은 인간 사이의 평등에 대한 보다 모호한 개념 뒤에 은유의 방식으로 잠복해 있다.

정의와 마찬가지로, 인간 문제에서 평등에 관한 생각은 모든 인간이 가치가 있다는 명제에 뿌리를 두고 있다. 이러한 가치 있다는 감각은 종종 종교적이고 신화적인 전통 안에서 해석된다. 예를 들어, 유대-기독교 전통 내에서 사람들의 가치는 그들이 하나님의 형상으로 창조되었고 자연계의 다른 생명체들보다 우월하다는 신학적 신념에서 비롯된다.[25] 지각 있는 존재들은 그들의 존재를 숙고하고 삶의 다양한 측면을 비판적으로 검토할 수 있는 의식과 이성을 가지고 있다. 민감하게 발달된 사회적 감수성을 가지고 그들은 자신들이 사회적 환경에 어떻게 적응하는지 파악하며, 다른 사람들에게 존경받거나 복종할 때를 인식한다. 대부분의 인류 역사에서 사람들은 종종 출생으로 결정되는 상이한 지위 및 존중과 일치하는 사회적 질서 안에서 자신의 위치를 기꺼이 받아들여 왔다. 역사를 통해 기록된 순간들, 특히 모든 인간의 가치와 개인의 이성과 지성의 중요성을 제시하는 사상에 영향을 받은 서구 계몽주의 이후로, 이러한 전통적인 사물의 질서는 도전을 받아 왔고 일반인들은 특권을 더 누렸던 사람들과의 평등과 그들을 무력하고 불평등하게 만들었던 사회 시스템을 전복시키기 위해 힘을 모아 노력해 왔다.[26]

인간의 행위에 적용될 때 **평등**이라는 단어는 모호한 개념이다. 이러한 모호성은 사회적 지위와 부, 성별, 성적 지향, 지능, 민족성, 언어, 종교적 · 정치적 소속, 나이, 피부색 등 인간을 정의하는 특성들의 과잉으로부터 발생한다. 평등은 '다른 사람들과 동등한 존엄성, 지위 또는 특권을 갖는 조건'과 '그들과 동등한 상황에 있다는 사실' '권력, 능력, 성취 또는 우수성에서 동등하다'라는 생각, '기회의 평등 또는 계급, 인종, 종교, 성과 같은 사회적 요소들과 관계없이 자신이 선택한 영역에서 성공을 추구할 동등한 기회와 권리'의 개념, 그리고 '공정, 공정성, 평등성'의 개념 같은 여러 의미를 내포한다.[27] 평등하려면 적어도 수학적인 면에서는 이 모든 조건이 충족되어야 할 필요가 있다. 그러나 현실에서 사람들은 일상적으로 다른 타인들을 차별하고 편견들로 인해 그들 사이의 많은 차이에도 불구하고, 모든 사람이 동등한 위치에 있고 동일한 존엄성과 존경을 받으며 동일한 지위, 권력과 성공의 기회를 누린다는 것을 보장하기 어렵다. 인간의 본성은 그대로이고, 사람들은 다수의 방식으로 존재하기 때문에 어떤 사람들은 불가피하게 다른 사람들보다 더 많은 특권을 누린다. 오웰(George Orwell)의 "모든 동물은 평등하지만 어떤 동물들은 다른 동물들보다 더 평등하다."라는 『동물농장(Animal Farm)』의 헛간 벽에 걸린 계명에 대한 기민한 관찰은 최고의 의도와 모든 사람이 평등할 수 있으리라는 희망에도 불구하고, 현상 세계에서는 이 가치에 도달할 수 없을 것처럼 보인다는 현실을 포착한다.[28]

이러한 다양한 통상적 사전의 정의들에서 평등이 설명되는 서로 다른 방식들에 주목하면, 이는 사람들이 다양한 측면에서 자기 자신을 발견하는 '조건' 또는 어떤 상황을 상정한다. 이는 일차원적 특성이 아니라, 한 사람이 살아가는 현실과 나타내는 증상들이 복잡하게 상호 연관된 하나의 증후군이다. 또한 평등은 우연 또는 기회로 묘사되는데 이는 무언가 매력적이고, 희망적이며, 열망적이고, 자극적이지만 아직 실현되지 않은 어떤 것이다. 이러한 관점에서 평등은 인지적인 특성이 있다. 나아가, 평등은 모든 사람에게 주어진 권리 또는 그것이 충족될 것을 요구하는 기대로 해석된다. 이렇듯 이 단어의 강한 의미는 조건의 개념과 행동을 요구하는 윤리적 의무를 창출하기 위한 인식의 개념을 결합시킨다. 강한 의미에서의 평등이 지난 세기 동안 다양한 정치적 인권 운동에 활력을 불어넣었지만, 실제로 조건적이고 열망적인 견해들이 교육적이고 음악적인 기대를 세우는 데 지배적이었는데, 이는 이들이 덜 급진적이고 정책 입안자들과 대중들의 변화를 덜 요구하기 때문이었다.

　정의와 마찬가지로, 평등은 그 논리적 반대말인 불평등과 비교할 때 명백하다. 평등에 관한 주장은 종종 불평등의 과도함에 상반되는 것으로, 그 반대말이 없이는 평등을 상상하기 어려울 정도이다. 이러한 변증법적 시각은 우위를 위한 투쟁과 또한 경쟁이 되고 생성되는 과정에서 역동적인 개념으로서의 평등(및 불평등) 개념을 암시한다. 현상 세계에서 평등의 개념은 사회적으로 해석되며 정치적 사안이다. 정의와 마찬가지로, 평등의 개념은 어떤 의미로든 현상 세계에서 빚어진 어지러운 구조이며, 특히 사회 주류에서 벗어난 사람들에게는 도달할 수 없는 이상인 동시에 영감의 원천을 이룬다. 탄압받거나 억압받는 사람들은 자신들의 특권을 고수하고, 그들의 신념과 행동 때문에 불의와 불평등의 지속을 보장하려는 권력자들로부터의 저항에 직면한다.

　평등의 음악적 · 교육학적 기여 중에는 그것이 누구나 자아실현과 행복의 심리적 이익들을 나누는 것을 가능하게 한다는 것이 있다. 매슬로(Abraham Maslow)는 자아실현이 지성과 감성의 절정을 보여 주며, 모든 사람의 인간적 욕구를 최고도로 충족시키기 때문에 교육의 목표가 될 필요가 있다고 보았다.[29] 매슬로에게 그러한 절정 체험을 달성하는 것은 인간이 할 수 있는 가장 완전하고, 가장 높고, 가장 깊고, 가장 풍부한 지식을 구성한다. 이 경험은 영적이고 감각적이며 초월적이고 내재적이며, 하나 됨과 지혜를 추구하는 열망과 현실을 포함한다. 자아실현을 위해서는 기술들과 사실들의 습득을 초월하는 교육적 접근이 필요하고, 이들이 중요하기는 하지만 주어진 전통의 전문가들에 의해 명백해진 지혜의 탐구와 절차들의 탁월함에 초점을 맞추는 것이 요구된다. 비슷한 맥락에서 보이스-틸먼(June Boyce-Tillman)은 행복을 '정신적·물질적 이익이 교육과정에 참여한 모든 이들에게 흘러가는 조건'으로 생각한다.[30] 사람들을 소중하고도 동등한 가치를 지닌 것으로 여기려면 모든 사람이 자아실현에 참여하는 음악적·교육적 경험들을 확보하는 것이 필요하다.

교사와 학생들을 동료 학습자들로, 그리고 교사를 학생들의 리더로 생각하는 것은 음악과 교육에 대해 인도적인 접근을 하는 것이다. 이러한 목적을 위해 프레이리는 특히 가난하고 문맹인 사람들이 자신들을 억압했던 사람들과 평등을 얻을 수 있도록 힘을 주기 위해 고안된 급진적이고, 성글며, 자유로운 교수법을 예견한다. 프레이리의 맥을 이어 그린(M. Greene)은 사람이 존경받고 가치 있는 구성원이 되는 공동체 없이는, 다른 현실을 상상하는 것이 불가능할 수 있다고 주장한다.[31] 모든 인간은 살아가면서 존엄과 존경을 받을 가치가 있으며, 지금보다 더 성취하기를 열망할 수 있고, 그들의 희망과 꿈을 실현하는 것을 가로막는 외적인 것은 아무것도 없으며, 더 특권적이고 강력한 타인에게 동등한 대우를 받을 권리가 있다는 생각들은 인간의 행복과 자아실현에 기여하는 인도적인 원칙들이다. 이 작가들처럼 강력한 인권의식 안에서 평등을 생각하는 것은 자신이 무력하다고 믿는 사람들에게 상황이 어떻게 다를 수 있는지 상상하고 자신의 신념에 따라 행동할 권한을 부여한다.

평등을 수용하는 것은 또한 특정 연구 영역이나 과목에서 배제되었던 사람들과 이전에 교육 정책 입안자와 대중에 의해 그 가치가 의심스럽거나 덜 중요하다고 여겨졌던 사람들을 대신하여 사회적 약자 우대 정책을 제안한다. 공정한 경쟁의 장이 없으므로 제도적으로 불이익을 받아 온 사람들을 옹호하고 특별한 관심을 기울이며, 학생들과 교과목들을 포함할 수 있는 새로운 수단들을 개발하고 포용을 위한 전통적인 기준을 넘어서기 위해 사회적 약자 우대 정책이 필요하다. 서로 다른 타인이나 특정 학습 과목에 대한 편견에 직면하고, 학생들이 구체적으로 공부할 과목들과 학업 수단들을 선택할 기회를 열어 주는 것이 필요하다. 교육적인 사회적 약자 우대 정책은 누가 봐도 보람 있고 본질적으로 가치 있다고 생각하는 주제와 씨름할 수 있는 권한을 학생들과 교사들에게 부여한다는 점에서 명백히 상상력이 풍부하고 개방적이다.[32]

평등은 모든 사람이 다른 사람들과 동등한 대우를 받고 성공할 수 있는 동일한 기회를 보장하고 입증하는 책임과 평가의 의무를 수반한다. 또한 모든 사람이 동일한 접근 방법과 기회를 제공받고 교육의 모든 이로운 점을 누릴 수 있다는 것을 보여 주는 교육과정의 투명성을 요구한다. 이러한 관점에서, 책임과 평가는 시스템 불평등을 수정하고 개선하는 데 도움이 될 수 있다. 학교 시스템이 모든 참가자에게 공평하게 제공되고 있다는 것을 증명하는 것이 중요한 것처럼, 교사는 모든 학생이 동등한 대우를 받고 있으며 교육이 학생들이 성공할 수 있도록 하는 쪽으로 향하고 있음을 보여 줄 수 있다. 많은 음악적·교육적 혜택이 영적이고 시야에서 숨겨져 있어서 책임과 평가의 측정치들은 단순한 지표들일 뿐이다. 그러나 포트폴리오든 또는 다른 주관적인 기준이든 측정이 가능한 한, 이는 불평등이나 그 위에서 평등의 추정이 이루어질 수 있는 측정 기준점들에 대한 중요한 교정책을 제공한다.

그러나 평등의 폐단 중에는 적어도 실질적으로 말하자면, 모든 측면에서 불가능할 정도로 높은 평등 기준에 직면했을 때 음악적·교육적 평등을 옹호하는 사람들은 기회의 평등이라는 개념 혹은 모든 사람이 자신의 열망을 실현할 권리와 능력을 갖춰야 한다는 생각으로 후퇴하려는 유혹을 받을 수 있다는 점이 있다. 이러한 의욕적인 견해는 사람들이 그들의 열망을 실현하는 것을 방해하는 장벽이 제거되더라도, 상상력은 편견들에 둘러싸여 그 열망들이 심각하게 제한될 수도 있다는 사실을 고려하지 않는다. 다른 사람들은 그들의 상상력이 가능성을 향해 열려 있고 그들의 열망이 무한해 보이기에 같은 기회들을 활용할 수 있을지도 모른다. 편견들은 사회의 구조 자체에 제도화되어 있다. 이들은 개인적으로나 집단으로 너무 깊이 내재하고 있어 상황이 어떻게 다를 수 있는지 상상하거나 다른 사람들에게 동기 부여가 될 수 있는 희망과 꿈을 열망하는 것이 어렵다. 상상력의 힘과 사회적으로 부과된 제한이 이에 가하는 영향의 수준이 강하기 때문에 기회의 평등은 실제로 실현되기 어렵다. 비록 교사로서 자신의 학생들을 동등하게 대하고 싶어도 그 자신과 학생들의 편견들이 이를 실제로 달성하기가 불가능하지는 않더라도 매우 어려운 일로 만든다. 또한 측정, 정량화, 또는 평가가 더 어렵거나, 더 난해하거나, 주류에서 더 멀리 떨어지거나 하는 측면들은 옆으로 밀려날 수 있다. 또한 학생들과 특정 학습 과목들을 연결하는 데 사용될 수 있었을 자원들이 시험 준비를 위해 학생들을 가르치는 데로 전용되거나 평가의 요구와 비용에 의해 시간 및 여타 자원들이 소비될 수 있다. 이전에 더 낮은 가치를 부여받았던 측면에 관여하는 것은 또한 지금까지 중심이었던 문제들을 대체하여 현상 유지에 기득권을 가진 사람들로부터의 저항을 초래한다.

법 앞의 평등이라는 생각들은 모든 사람이 그들의 다양성에도 불구하고 동일한 법적 보호들과 권리들을 가지고 있다는 명제 안에서 정의의 개념들과 평등에 대한 개념들을 연결한다. 또한 이 개념은 달성할 수 없지는 않더라도 어려운 이상임이 드러났다. 예를 들어, 모든 사람은 법의 보호들이 명기되어 있는 한, 공정한 재판과 법의 보호를 받을 권리를 가질 수 있다. 사회에 만연한 사회적 편견들에도 불구하고, 모든 사람은 동등한 지위를 가지거나 사법 당국 앞에 출두하거나 회부된 다른 사람들과 대등한 입장에 있다고 추정될 수 있다. 많은 것이 제정된 법들과 모든 사람을 특징짓는 명백한 차이들에도 불구하고 모든 인간을 동등한 가치로 여기려는 원칙들을 어느 정도 구현하느냐에 달려 있다. 남성, 백인, 특정 종교 계열 또는 언어에 대한 특권을 부여하는 법이 제정될 때 다른 사람들, 즉 여성, 유색인종, 다른 종교의 구성원, 그리고 법이 특권을 준 언어들과 다른 언어들을 사용하는 사람들은 법 앞에서 동등하게 대우받기를 기대할 수 없다. 만약 그들이 부자라면 그들은 열정적인 변호를 할 수 있을 것이다. 만일 그들이 가난하다면 그들을 대리하기 위해 임명된 변호사는 부자의 변호사와 같은 수준이 아닐 것이고 변호에 착수하기 위한 자원이 더 적을 것이다. 따라서 법 앞의 평등에는 문제가 있고 또한 실제로 실현되기 어렵다.

모든 참여자가 널리 상응하는 목적들을 달성할 동등한 기회들과 수단들을 가질 수 있도록 시스템 전반에 걸쳐 자원의 공평한 분배를 추구하다 보면 조직 및 행정상의 문제들이 발생한다. 평등을 추구하려면 평등을 평가할 기준과 방법들을 결정해야 한다. 이 경우 교육 정책 입안자들은 시스템의 인적 및 여타 자원들의 관리에 대해 데이터 중심적이고 합리적인 접근을 택할 가능성이 크다. 이러한 수단들을 통해, 그들은 교사, 학생, 부모, 보호자, 교육 위원회, 인증기관, 그리고 더욱 광범위한 대중에게 책임감을 보여 주기를 바란다. 그러나 실제로는 이것이 우려스러운 과업이다. 어떤 의미의 평등이든 측정하게 될 수준의 평가와 관련해서 문제들이 발생한다. 평등을 평가하는 문제는 인간이 불평등해질 수 있는 많은 방식과 교육적·음악적 평등뿐만 아니라 불평등의 일부 효과가 보이지 않는 것 때문에 발생한다. 사회 시스템에서 평등을 측정하는 것을 어렵게 만드는 요소들에는 사회 시스템의 역동성과 복잡성, 사회적 사건의 분, 시간, 일, 주, 월, 년 단위로 측정되는 짧은 시간 척도들, 인과 관계를 확실히 확정하는 문제, 사람들의 행동이 그들의 신념, 가치관, 태도와 정확히 일치하지 않는다는 사실, 그들의 사회 집단 내 또는 사회 집단 외부에서의 위치가 그들이 관찰할 수 있거나 관찰할 수 없는 것에 영향을 미친다는 사실들이 포함된다. 아무리 정교한 기구라도 다소 제한적이고 심지어 투박하기에, 잘해야 이들이 측정하려는 현상의 지표들일 확률이 높다. 가장 엄밀한 의미에서 평등은 그것이 나타나고 그렇지 않은 정도들과 방식들에 대한 정확한 추정들에 의존한다. 또한 실제로 이러한 추정들은 아직도 달성하기 어렵다.

음악적 평등에 대해 생각하는 것은 음악들의 상대적 가치를 인정하고 이들을 다양한 이유로 연구하고 연습할 가치가 있다고 간주할 것을 요구한다. 음악들은 다양한 방식으로 나타나며, 그 효과가 항상 분명하지는 않기 때문에 음악적 전통들과 이들을 예시하는 실천들의 가치를 평가하는 것은 특히 어렵다. 음악적 편견들은 각각의 음악적 관행을 뒷받침하는 다양한 음악적 가치뿐만 아니라 이들이 사회에서 기능하는 것 덕분에 그러한 음악들의 것이 된 가치들로부터 발생하는데, 이러한 의미들을 그린(Lucy Green)은 음악에 '내재된'과 반대되는 '설명된'이라는 용어로 부른다.[33] 그녀의 작품을 읽어 보면, 그린은 이러한 이원(二元)체를 이분법적으로 보지 않고, 두 이론적 극단 사이의 어딘가에서 하나가 다른 것과 섞이는 '약한 증후군'으로 보는 것을 알 수 있다. 일단 더 넓은 미학적, 특히 음악적 관심사들의 일부로서 음악의 사회적 가치에 대한 문을 열게 되면 편견들은 낡은 생각의 일부로 받아들여져야만 한다. 모든 음악의 무수한 표명을 이러저러한 점에서 동등한 가치가 있는 것들로 채택하는 비교적이고 평등주의적인 음악적 관점의 탐구에서는, 이러한 편견들을 극복하기가 어렵다. 예를 들어, 서양 음악의 인종차별적인 본성, 흑인보다 백인에 대한 더 높은 사회적 선호도, 흑인과 관련된 음악들보다 백인과 관련된 음악들에 대한 더 높은 가치평가를 제거하는 것은 도전적인 일이다. 음악적 평등과 더 일반적으로 문화적 평등을 추구하는 데 있어 중요하고 어려운 문제는 또한 가치평가가 이루어질 기반을 결정(정당화하고 경쟁)하는 것이다. 실제로, 이것이 때로는 걱정스러운 과업이지만 음악가들과 교육자들은 어떤 음악적 신념들과 관행들이 자신들의 특정 목적들을 위해 다른 것들보다 더 중요하고 정당화될 수 있다고 자주 결심한다.

너무나도 자주, 평등은 언어, 성별, 나이, 인종과 같은 면에서 사람들 간의 뚜렷한 차이를 안 보이게 만드는 색맹과 능력주의와 같은 방식으로 생각되어 왔다. 이러한 개념은 평등주의적이고 포괄적인 것으로 생각되지만, 이러한 차이들에 자신의 정체성이 묶여 있는 사람들을 비하하는 결과를 초래할 수 있으며 그 차이들을 인식, 주목 및 존중하지 못함으로써 각각 특징지어지는 사람을 가치가 덜한 것으로 취급하게 된다. 이에 어떤 사람들은 **형평성**(equity)이라는 단어를 사용하는 것을 선호할 수 있는데, 이는 '수용, 회복, 보상'을 제안하는 '공정성, 공명정대함, 공평한 거래'의 생각들과 연관되기 때문이다.[34] 형평성은 평등을 관찰하기보다 이를 회복하기를 추구한다. 이는 다른 사람들, 접근법, 사고방식 또는 관행들 사이의 조정을 추구하거나, 명백한 불평등을 고치거나, 다른 사람들을 공정하게 대함으로써 불평등을 바로잡으려고 시도한다. 비가시성, 불평등, 사회적 불공정을 근절하는 것에서 더 나아감으로써 형평성은 더욱 변혁적인 목적이 있다.[35] 그런 의미에서 이는 다음에 설명할 공정성의 가치에 더 가까워 보인다.

공정

공정(fairness)이라는 단어에는 심미적이고 여성적인 울림이 있다. 여성의 '아름다움'과 '안색, 피부, 머리카락 색깔의 가벼움', 쾌적하고, 좋거나, '비, 바람이 없는 날씨'와 같은 서로 다른 특성을 표현하기 위해 다양하게 사용됐다. 공정성의 유동성, 투명성, 온화함에서 드러나는 가벼움과 차분함은 그 반대인 추악함의 거침, 불쾌함, 어두움과 대비된다. 여기서 나는 **공정**을 '정직, 즉 공명정대함, 형평성, 정의로움 및 공정한 거래'와 같은 특성들을 담아내기 위해 사용하는데, 이는 내가 가벼움과 여성성의 프리즘을 통해 은유적으로 보는 것이다.[36] 이 단어를 내세우면서 나는 또한 나의 호주인의 뿌리와 '페어 고(fair go)'의 신화로 돌아간다.[37] 이 가치는 가혹한 물리적 환경에서 살아남기 위해 종종 서로에게 의존해야 하는 백인 호주인의 정신에 깊이 뿌리박고 있다. 이는 공정의 중요성과 모든 사람이 성공할 기회를 가질 수 있도록 상황의 모든 국면을 고려하고 또한 정직하고 공평하게 다른 사람들을 대하는 평등주의적 신념을 의미한다. 시스템을 조작하여 어떤 이들에게 다른 이들보다 특권을 주거나 다른 사람들을 오도하거나 속이는 것이 아니라 '페어 고'라는 개념은 누군가가 다른 사람들과 거래하는 데 있어 성실성, 정직, 공평, 신뢰, 투명성을 요구한다.

교육학적 관점에서 공정에 대해 생각하는 것은 상황을 지배하는 규칙 체계가 투명하고 어떤 이들을 선호하거나 다른 이들에게는 불이익을 주지 않음을 시사한다.[38] 모든 참여자는 자신의 행동에 대한 책임이 있으며 서로를 공평무사하게 대할 것으로 기대된다. 서로 다른 신념과 습관은 상황에 대한 서로 다른, 그리고 때로는 상충하는 시각을 통해 해결 방법을 찾기 위해 저울질되고 비판적으로 검토된다. 교육 상황에서의 대인관계는 특정 상황에서 무엇을 해야 하는지에 대한 모든 참가자의 명확한 기대에서 발생하는 매끄러움과 거침없음에 근거한다. 교육 규칙들도 특히 공정성에 대해 당연하게 받아들여 온 개념들을 명백하게 불공정하고 심지어 조악하다고 간주하고, 또한 현재의 규칙들을 대체하는 체계적인 변화를 요구하는 사람들이 이의를 제기할 때 수시로 재검토할 필요가 있다. 게다가, 공정에 대한 주장은 정책 입안자들이 불편부당하고 공평무사한 조직 시스템을 투명하게 만들고 유지할 것을 요구한다. 조직이 운영하는 규칙과 절차는 개인들이나 단체들에 특별한 호의를 베푸는 일 없이 분명하게 명시되고 시행될 필요가 있다. 관리자는 최소한의 불확실성, 중단, 갈등 및 혼란만이 있는 원활한 시스템을 구축하고자 한다. 이 시스템을 가동하면 그 안에 있는 모든 사람의 기대와 역할이 명확해져서 리더가 다소 눈에 띄지 않게 될 것이라는 희망이 있다. 그렇게 되면 조직의 모든 의사결정을 세밀하게 관리하는 대신, 시스템이 원활하게 작동하지 못하게 하는 문제들을 해결하는 데 행정적 노력과 시간이 투입될 수 있다.

　공정 안에 함축된 투명성의 개념은 어떤 상황에 관련된 모든 측면을 명확하게 이해하고 평가할 수 있으며, 결정에 필요한 모든 사항이 공개되고, 생각들과 실천들이 일관되며, 의도적으로 눈에서 감춰지거나, 얼버무리거나, 불투명하거나, 오도되는 것은 아무것도 없음을 시사한다. 신념과 행동이 투명한 사람은 청렴하다고 여겨진다. 즉, 그들은 다른 사람들이 완전히 일관되고 명확하다고 쉽게 인식할 수 있는 사고, 목적, 행동의 완전성과 통일성을 보여 준다. 비유적으로, 그들의 믿음과 행동에는 밝음과, 심지어 빛남이 있다. 다른 사람들이 이들과 거래할 때 그들은 누구와 거래하고 있는지 알고 숨겨진 흐름이나 불의의 폭풍들에 대한 두려움 없이 상호작용할 수 있다. 이와 같은 투명성은 사회 시스템의 작동에도 적용된다. 공정은 시스템이 어떻게 작동하는지 명확하게 이해하고 그 규칙이 모든 사람에게 공평하게 적용된다는 것을 시사한다. 권력의 지위에 있는 사람들은 그들이 책임지는 대중에게 그 권력 행사에 대해 해명해야 하고 그들의 행동은 명확하게 판별될 수 있다.

　그 반대인 불공정 또한 인정하지 않고는 공정을 상상하기 어렵다. 여기서 불투명성, 모호함, 불쾌감의 개념은 공정의 투명성, 명확성, 그리고 매력과 반대된다. 이러한 공정의 미적 특성은 이를 여느 예술처럼 어느 정도 보기 나름으로 만든다. 한 사람에게 아름다운 것이 다른 사람에게는 추할 수도 있다. 공정함의 매력, 빛남, 순결, 밝음과 불결의 불공정함, 어둠, 흑암, 침울함의 암묵적 갈등은 암흑에 맞서 빛과 순결에 특권을 주며 또한 인종적 관점을 반영한다. '페어 고'에 대한 호주 신화의 뿌리는 토착적이라기보다는 식민지적이다. 최초의 식민지 개척자들 중 많은 수가 종종 사소한 범죄 때문에 기결수로 이송되었다. 그들은 자신들의 곤경에 대해 불공정함과, 또한 자신들의 다른 사람들과의 모든 거래에서 공정의 필요성을 느꼈다. 그들이 낯선 환경에 표류하면서 이러한 공정의 개념은 호주 정신에 근본적인 가치로 뿌리내렸다. 원주민들은 자신들의 세계를 적대적인 것으로 보지 않았고 그 안에서 살았다. 자연계가 위협적이어서 길들이고 정복할 필요가 있다고 보았던 것은 백인들이었다. 백인 호주인들에게 '페어 고'로 여길 수 있었던 것이 원주민에게는 불결하게 보였다. 실제로, 유색인종의 존엄성을 되찾기 위한 프로젝트는 불공정함, 어둠, 그리고 흑암의 미학적 가치를 탈환하고 공정성과 반대되는 불결함의 가치를 내세우는 것을 수반했다.

공정의 잠재적 기여 중의 하나는 결정이 합리적이고 냉정하게 이루어진다는 것이다. 이는 개인의 판단력이 감정적 애착이나 혐오로 흐려지지 않음을 의미한다. 랭어(Susanne Langer)는 예술에 대한 판단을 내리는 수단으로 '심리적 거리 두기'라는 개념을 사용한다.[39] 이러한 냉정함은 느끼고 행해지는 인간 삶의 측면들에 대처하는 이성의 힘에 대한 칸트의 신념에 뿌리를 두고 있다. 랭어에게 예술, 종교, 신화, 그리고 꿈은 일반적인 담론으로 압축되는 것을 거부하는 정신적인 삶의 대부분을 표현한다. 감정과 이성은 인지적 감정으로든 감정적 인지로든 밀접하게 연결되어 있으므로, 자제력을 발휘하고 현상으로부터 거리를 두는 것은 이 영역을 잘 처리하는 심리 과정이 된다.[40] 공정은 실질적인 의사결정의 복잡성과 사람의 대인관계에서 사고와 행동의 투명성을 이루는 것의 어려움을 강조한다. 이는 보다 크고 작은 선과 악을 반영하는 현상 세계에서 타협이 필요한 경우이다. 이성은 살아가는 세상에서 때때로 다루기 어려운 문제들에 대해 생각하고 해결해 나가는 수단들을 구성한다. 이성을 발휘하면서 교사들은 다양하고 때로는 상충하는 관심사들, 압력들 그리고 가능성을 저울질하려고 한다. 나아갈 실질적인 길들을 찾으면서 이들은 의견 일치뿐만 아니라 의견 불일치 점들과도 타협하고 파악할 필요가 있을 수도 있다. 그들의 접근법은 잠정적일 수 있으며 현상 세계에서 그들의 행동의 영향으로부터 생겨나는 불확실성은 때때로 그들의 목표들과 방법들에 대한 재고(再考)를 요구할 수 있다.

공정은 또한 개인의 청렴성, 목표와 방법의 투명성을 강조하는 교육적 접근법과 때로는 문제가 많고 혼란스럽고 어지러운 현실을 다루고, 합리적이고 냉정하게 문제를 저울질하는 차분한 태도를 시사한다. 학습에 적용될 때 공정은 절차와 목표가 투명하고 학생의 수행과 관련된 모든 것이 과정 전과 중간에 명확하게 이해된다는 것을 의미한다. 교사와 학생들이 주제에 접근하는 복잡성과 그것을 판단하는 데 사용되는 이질적인 가치들의 가능성과 맞붙어 싸우면서 그들은 다양한 관점을 평가하고 설명하는 냉정한 접근 방식을 개발할 필요가 있다. 교육적인 상황에서 그들 자신의 성실성과 정직성은 신뢰받으며, 부정행위와 다른 형태의 학문적인 부정직함은 처벌받아야만 하는 중한 죄로 간주한다. 공정의 틀 안에서 해석되는 교육과정은 학생들이 다양한 학습 과목을 알도록 투명해야 하며, 주제는 학생들에 의해 상호작용적인 과정에서 구성된다. 공부하게 될 자료는 학생들이 어떤 주제에 대한 공공 지식에 접근하고 그 주제의 전문가와 실무자들의 지혜를 습득한다는 의미에서 냉정하게, 심지어 객관적으로 접근된다. 그렇게 함으로써 다양한 관점, 전통들, 이해관계들의 경쟁적이고 상충되는 주장들은 이성의 행사를 통해 공평무사하게 다루어진다.

너무나도 자주 특정 개인들과 집단들에게 유리하게 조작되는 음악 시스템들의 현실은 이러한 시스템들이 투명해지고 참여를 원하는 모든 사람들이 접근할 수 있도록 공정성의 가치를 요구한다. 이미 언급했듯이 인종차별주의는 도처에 도사리고 있고 서구 제도는 흑인보다 백인을 더 선호한다. 음악적 공정의 개념들은 때로는 상충되고 경쟁적이며 다른 이해관계들과 전통들을 판단하는 데 타협이 필요하게 될 것을 시사한다. 더 작은 악과 더 큰 선 사이에서 선택해야 할 때 공정이 손에 닿지 않을 수도 있다. 음악적 공정은 소외되거나 배척당한 사람들과 집단들의 존재와 서로 다른 이해관계들을 조화시키는 어려움을 인정하고 존중한다. 예를 들어, 게일(Pete Gale)은 그의 도심 교실들에서 DJ 마이크와 턴테이블을 가지고 수업을 진행하면서 다음에는 누구를 부를 것인지 결정하는 일련의 실용적이고 교육학적인 문제들과 씨름한다.[41]

공정성의 폐단 중에는 이것의 기반이 되는 냉정의 가설이 잘못된 접근이라고 주장하는 사람들과, 이성의 우월성에 대한 계몽주의적 개념에 뿌리를 둔 의사결정의 개념들에 저항하는 사람들에 의해 비난을 받아 온 것이 있다.[42] 순수하게 이성에 근거한 판단보다는, 무엇을 해야 할지 결정할 때 문제가 되는 현상과 거리 두기보다는, 친밀해지기 위해 열정과 욕망을 자신의 일부로서 포용하고 설명한다.[43] 이러한 관점에서 인간들에 대한 전체론적 관점은 '심리적 거리 두기'가 열정적 판단의 본질에 반하는 것이기 때문에 잘못된 조언일 뿐만 아니라 달성하기 불가능함을 시사한다. 여성의 의사결정은 종종 상황을 따르고 의도적으로 감정을 고려해야 한다. 계몽주의 작가들이 찬양하는 냉정한 이성은 여성이 세상을 보는 방식과 상충한다.[44] 이러한 관점에서 호주의 '페어 고'를 생각하는 것은 투명성과 공평함을 위해 판단을 내리는 데 동정심보다는 냉담함을 전제로 하는 상당히 남성적인 세계관을 시사한다.

공정과 불공정 사이의 긴장들은 실제로 이들에 대해 무엇을 해야 하는지, 어떻게 그들의 경쟁적인 이해관계들의 균형을 잡을 것인지 하는 문제들을 제기한다. 예를 들어, 교육을 공정의 관점에서 생각하는 것은 소수자들과 여성들이 세상을 보는 방식과 대조되는 상당히 민족중심적이고 남성적인 관점으로 판명될 수 있다. 백인과 대조되는 흑인 미학과 같은 다른 미학들을 제시함으로써 훅스(bell hooks)는 공정에 대한 기득권층의 견해들을 심문하고 교사들이 여성들과 소수자들의 관점들을 위하여 이들을 넘어서야 한다고 제안하는 사람들 가운데 속한다.[45] 학습의 인종차별화된 기반 및 깊이 새겨진 사고와 실천의 습관들로부터 흘러나오는 편견들 그리고 주제에 대한 민족중심적이고 계급주의적인 관점들은 교사와 학생들이 극복하기가 어렵다. 또한 여성과 소녀들은 학습에 대한 남성적인 접근으로 보이는 상황에서 스스로가 '외부인' '간섭자' 그리고 '이민자'임을 발견할 수도 있다.[46] 인종차별, 민족중심주의, 동성애 혐오, 계급주의, 성차별주의 등 사람들 사이의 많은 장벽을 극복하는 것은 공정하기를 열망하는 학습에서 굴하지 않는 목표로 남아 있다. 그러나 특정인들, 신념들, 관행들에 반하는 교육 정책 입안자들, 대중들, 교사들, 학생들 및 현상 유지에 기득권을 가진 사람들의 편견들을 극복하기는 여전히 어렵다.

비록 침착함, 냉정함, 이성이 이러한 복잡성들을 뚫고 나가는 데 도움이 될 수는 있지만 공정을 달성하기 위해서는 다수의 가능성들과 관점들을 판단할 필요가 있다. 이것을 포괄적으로 행하기 위해서는 인간에게는 부족한 자질인 전지성이 필요할 것이다. 이러한 현실은 궁극적으로 공정에 미치지 못하게 한다. 그럼에도 불구하고, 다양성, 심지어 넘쳐나는 각도들과 고려사항들을 인정하면서 목표가 정확한 결정이나 '하나의 올바른 방법'을 달성하는 것일 필요는 없다. 공정은 이해관계들, 사람들 또는 고려사항들에 대한 특혜적인 취급을 회피하면서 서로 다른 이해관계들을 저울질하고, 이를 모두 고려한 해결책을 모색하는 문제로 더 모호하게 해석될 수 있다. 이는 문화적 다양성의 범위와 표상된 관점들의 다양성과 차이점들에 대해 고려하기를 바라기 때문에 폭넓은 관점이다. 이 목표를 달성한다는 것은 아마도 모든 실행이 타협의 일부이고 틀릴 수 있으며 근시안적일 수밖에 없다는 것을 의미할 것이다. 나는 이것이 현상 세계의 어두움을 받아들이지만 가능한 한 냉정한 이성의 밝은 빛이 빛나기를 희망하는 상황의 매우 실용적이고 실제적인 관점이라는 것을 인정한다. 무엇이 공정할 것인지에 대한 결정에 도달할 때 서로 다르고 때로는 경쟁적이고 상충하는 이해관계를 고려하려 할 수 있다. 그러나 모든 것은 가능성과 넓은 시야로 사고하는 한 사람의 능력 및 이성이 어떤 신념들과 행동들에 도달하고 실제에 적용되어야 하는지 판단하는 근거를 제공한다는 한 사람의 확신에 달려 있다. 실제로, 또한 누군가의 최선의 의도에도 불구하고, 공정은 서로 다른 가능성들과 관점들을 협상하고 결정 지점에 도달하는 어려움을 충분히 인식하지 못할 수 있다.

포용

근본적으로 '포용(inclusion)'의 특성은 모호하다. 일반적으로 명사와 동사로, '어떤 것이나 누군가를 포함하는 행위' 또는 '포함되는 사실이나 조건'으로 해석된다. 동사는 '둘러싸다' 또는 '각 부분을 전체의 일부분으로 통합하다'를 의미한다. 미국에서 포용은 '인종, 성별, 종교, 나이, 능력 등과 관계없이 활동, 시스템, 조직 또는 과정에 모든 사람을 포함하는 행동, 관행 또는 정책'을 의미한다. 교육 내에서 그것은 구체적으로 '모든 학생, 특히 장애가 있거나 학습 장애가 있는 학생들이 그들의 특별한 요구를 지원받으면서 주류 교육에 참여할 수 있도록 하는 행위, 관행 또는 사실'을 가리킨다.[47] 포괄적이고 모든 것을 포용하는 특성은 '배제' 또는 '빼버림'과 대조적인 '받아들임'에 초점이 있음을 시사한다. 편견을 피하는 측면에서의 해석과 이전에 사회의 주류에서 소외되었던 사람들과 집단을 아우르는 광범위한 관련성은 이 사중주에서 포용을 정의, 평등, 그리고 공정과 직접 연결한다. 나는 여기서 포용을 성별, 종교, 정치, 인종, 민족, 언어, 피부색, 나이, 지적 능력, 다른 신체적 능력 또는 사회 계급과 관계없이 그들을 갈라놓는 수많은 차이 속에서 모든 사람을 포괄하는 사고, 언어, 행동의 의미로 사용한다.[48] 이 글에서 포용에 대해 생각함에 있어서 지면의 제약이 내 생각을 전개하고 사회 정의와 음악 교육의 포용성을 다룬 모든 작가에게 포괄적으로 목소리를 주는 것을 배제하기 때문에 특히 걱정된다. 내 참고문헌들의 선택적이고 때로는 범주적인 특징은 누군가의 의도는 아닐지라도 포용에 관한 이야기 자체가 어떻게 배타적일 수 있는지를 보여 준다. 이러한 딜레마는 음악 교육 사상과 실천에 있어서 포용 실현의 어려움을 예증한다.

미국 공교육에서의 포용의 가치는 그 자체 관리에 대중의 참여라는 민주주의적 이상에 근거한다. 포용은 듀이와 리드(Herbert Read)와 같은 교육 철학자들과 예술가들에 의해 촉진된다. 그들은 모든 시민은 공공선에 관한 의사결정에 집단으로 참여할 필요가 있으므로 이를 영리하게 하도록 교육받을 필요가 있다고 보았다. 교육은 듀이에게 있어서 명백하게 과학적이고 예술적이며 리드에게 있어서는 필연적으로 예술적이다.[49] 두 작가는 모두 플라톤(Plato)의 예술과 과학의 포용으로부터 공통 교육의 구성요소에 대한 자신들의 단서를 얻는다.[50] 시민의 정의가 부유하고 자유로운 사람들의 작은 그룹들에서 최근에는 나이, 사회 계급, 경제적 부, 성별, 성적 지향, 종교적 또는 정치적 소속, 언어 또는 피부색과 관계없이 대부분의 성인으로 확대되면서 이상으로서의 포용이라는 생각은 시민에 대한 더 넓은 개념을 받아들이기 위해 확장되었다. 교육적 사고와 실천에서 이 가치는 누가 의무 교육의 범위 안에 포함되어야 하는지와 누가 교육을 받을 수 있는지에 대해 영향을 미쳤다. 다양한 신체적·인지적·정서적 조건의 서로 다른 장애가 있는 아이들은 이제 가능한 경우, 일반 교육 안에서 주류가 되었다. 그들이 인간 차이의 범위 내에서 어디에 속하는지와 상관없이 모든 사람을 교육의 범위 내에 포함하는 이상은 공적으로 지원되는 교육의 중심 관심사가 되었다.

공정과 관련된 심리적 거리 두기와 대조적인 개념으로서 포용은 연구 대상들에 대한 친밀함과 근접성의 정신에서 번창한다.[51] 이성적 판단의 문제라기보다 이 정신적 친밀감은 또한 자신과 비슷하든 다르든 상대방에 대한 감정을 의미한다. 예를 들어, 가족이라는 은유를 통해 포용은 그 안에 있는 다른 사람들을 품기 위해 원을 확장하기를 원한다. 그것은 가족 구성원이 서로에게 바라는 사랑, 교제, 애정 및 상호 존중을 끌어내어 그 감정을 냉정하지 않고 열정적으로 더 넓은 공동체로 확장하고자 한다. 포용은 사회 조직과 기관, 그리고 사회의 제한적인 경계를 영원히 밀어붙인다. 그것은 현재에 만족할 수 없으며 우주와 마찬가지로 지속적이고 역동적인 확장 상태에 있다. 결코 만족하거나 완전하지 않기에 점점 더 포용적으로 되어 가는 지속적 상태에 있다. 사회적 장벽에 도전하고 허무는 과정에서 그것은 집단, 제도, 사회를 파괴하고 변형시키며 재구성할 수 있다.

모든 형태의 인지적 감정과 감정적 인지의 함의는 포용에 관한 연구, 실천, 평가를 과학적 기획이기보다는 더욱 예술적인 것으로 만든다.[52] 초월성과 대비되는 내재성은 사회 집단 안에서 측정하기 어려운 일종의 지식과 사회적 참여를 시사한다. 포용은 개인주의적 가치보다 더 공동체적인 가치이다. 한 사람은 한 집단의 구성원으로 인정되며 자신의 개성만큼이나 그룹의 구성원으로서 가치가 있다. 예술, 신화, 의식, 종교는 느끼는 지식을 구현하는 데 지적이고 명제적으로 파악한 것보다 특히 적절한 방법들을 제공한다.

포용의 장점 중에는 더 넓은 자연계와 우주 안에서 사람들에 대한 인간적인 관점을 제공한다는 것이 있다. 이는 정부의 민주적 기관들을 위한 기반을 제공하고, 개인과 사회 문제들에 대해 온정적인 접근을 취하며 더 넓은 세계관을 찾는 역동적인 '되어 가기' 과정을 이룬다. 더 최근의 정치적이고 법적인 참여라는 점에서 볼 때, 포용은 너무 많은 생각과 실천의 제약을 극복하려고 노력한다. 포용은 또한 정의, 평등, 공정의 이익들과 공명하는 방식으로 생각들을 실질적으로 변형시킨다.

음악을 포용적으로 생각하는 것은 권리가 박탈된 전통들을 주류에 통합하는 작업에서 동정심과 공감의 역할을 포함한다. 이러한 포용으로 인해 초점이 지금까지 배제되거나 소외되었던 다른 음악적 전통들에 대한 것들로 대체될 가능성, 심지어 희망이 있다. 음악적 전통들은 공정성의 냉정함이나 정신적 거리감보다는 친밀감에 대한 욕구로 접근된다. 사람들은 가능한 한 이러한 음악의 전문가들이나 열성적인 지지자들의 경험을 느끼기 바란다. 음악에 대한 이러한 관점은 가능한 한 그들의 지지자들이 경험하는 방식에 가깝게 음악들이 행해지고 받아들여져야 한다는 의미에서 또한 유효하다. 음악은 다른 예술, 종교, 가족 전통, 통치, 상업적 관심사 같은 문화의 다른 측면들과 밀접하게 관련되어 있으므로 음악을 맥락적으로 이해할 필요가 있다. 포용의 끝은 없고 그 경계는 끊임없이 확장되고 있어서 음악에 대한 이러한 관점은 하나의 음악적 전통과 관행이 다른 것들과 교차하여 때로는 새로운 전통과 실천을 만들며, 때로는 다른 것들과 분리된 채로 남아 있는 역동적인 성격을 가진다. 새로운 음악을 배우는 사람들의 음악적 지평들 또한 음악이 만들어지고 받아들여지는, 역동적이고 살아 있는 특성을 취하도록 바깥으로 뻗어 가고 있다. 포용에 대한 이러한 강조는 특정 음악과 동일시되는 사람들에게 존엄성을 부여하는 인도적인 관점이기도 하다. 중요한 것은, 음악, 더 넓게는 문화의 생명력과 활기찬 특성이 그것을 만들고 받는 사람들에게 반향을 일으키며, 음악은 삶의 다른 측면들과 불가분의 관계가 된다는 것이다.

　포용은 교수에 대해 포괄적인 관점을 취하고 문화화를 중요한 교육 수단이자 목적으로 생각한다. 이와 같은 폭넓은 관점은 주제에 대한 명제적이고 절차적인 지식을 전달하는 것뿐만 아니라 삶을 살아가는 방식들도 수반한다. 그것은 가르치는 것을 문화와 삶의 다른 측면들과 필수적으로 관련된 것으로 보는 것을 의미한다. 교사들은 개인적이고 상호 관계적인 측면들의 성장을 위한 여건을 마련하는 데 초점을 맞춘다. 때때로 이를 하는 것은 선생님들과 그들의 학생들이 특정한 방법과 방향으로 발전할 수 있도록 약간의 배타성이 필요할 수 있다. 이것은 구현되면서 실용적이며, 반성적이면서 이론적인 교수의 과정적이고 역동적인 관점이다. 중요한 것은 교사들이 교육 공동체를 넓히고 다른 타인들을 교육과정에 끌어들이는 것에 관심이 있기 때문에 그들은 자신들의 일에 냉정하기보다는 온정적으로 접근한다는 것이다. 그들은 특히 주류 밖에 내버려 둘 수도 있었던 다양한 지적 · 감정적 · 신체적 도전에 직면한 학생들에게 가까이 다가가려고 한다.

　포용적인 학습 환경은 학습자들이 충분히 소개받고 다른 사람들에게 공손하며 외로운 학습자들에게 어떻게 자신들이 그러한 공동체에서 있는 것과 다를 수 있을지 상상할 수 없는 공동체의 역할을 강조한다.[53] '실천 공동체'들은 명제적 지식뿐만 아니라 절차적 지식을 강조하고 한 세대에서 다음 세대로 지혜를 선택적으로 전달할 뿐만 아니라 그 관행을 변화시키려고 한다. 학습자가 교육 상황에 자유롭게 드나들 수 있도록 허용하는 투과성 경계를 만나는 것은 놀라운 일이 아니다.[54] 이러한 경우, 학생들은 교육적 학벌이나 과거 성과 때문에 너무 일찍 배제될 것이 아니라, 그 일을 할 수 있다는 것을 스스로 증명할 책임이 있다. 교육에 대한 이러한 개방적인 접근은 교육 상황의 경계가 더 단단하고 접근성이 덜 용이한 경우보다 학생의 적성과 능력에 더 큰 차이를 초래할 가능성이 있다. 더욱이, 학습은 냉정하기보다는 열정적일 가능성이 크며, 교육 상황에 대한 정서적 반응은 무엇이 어떻게 학습되는지에 대해 중요한 역할을 한다. 여기서는 이론보다는 실천이 강조되고, 단지 이루어진 것에 대한 명제적 지식만을 배우기보다는 '하는 것'이 교육의 중심이 된다.

점점 넓어지는 동료 학습자 공동체의 경계는 느슨해진다. 사회의 주류에 통합되기 위한 도덕적 · 법적 권리를 주장하는 딱딱한 의미에서 포용은 소수자들과 서로 다른 타인들에 대한 편견과 싸우고, 또한 모두를 교육 상황으로 데려오기를 추구하면서 그들을 위해 긍정적으로 행동한다. 포용의 공감과 연민에 대한 의존은 교육 상황의 경계 안팎에 있는 사람들의 협력과 상호 지원을 존중한다. 교육에서 배제되거나 주변부에 있는 사람들은 그 중심으로 초대되며, 이전에 특권을 갖거나 특별한 대우를 누렸던 사람들을 대체할 수도 있다. 이러한 움직임은 더는 특혜를 누리지 못하고 이제 그들의 차례를 기다려야 하는 사람들이나 특권이 덜한 사람들로부터 저항받을 수 있다. 이 공동체의 경계를 매우 너그럽게 그림으로써, 더 넓은 범위의 학생들과 선생님들이 이제 함께 일할 수 있다. 이러한 현실은 교육 상황에서 참가자들 간의 상호작용을 복잡하게 만들고 이러한 복잡성들을 예의 바르게 협상하는 것은 타인에 대한 관대함, 애정, 공감에 의존한다.

포용적인 교육과정은 학문 분야의 경계들만큼이나 이러한 주제를 알게 된 이들의 지평들을 넓히는 역동적인 과정으로 해석된다. 다수의 관점이나 일반 대중 가운데 복수의 이해관계들을 강조하는데, 이 교육과정의 설계자들은 서로 다른 타자들과 공감하고 가까이 다가감으로써 이견과 합의를 통해 방법을 모색한다. 포용은 감정을 지적 작용의 중심에 놓을 자리를 만들며 또한 고삐 풀린 이성과 냉정에 도전한다. 포용은 행해지고 또한 욥이 '감정적 인지'라고 부르는 종교, 예술, 신화, 의례의 방식으로 감정을 생각하는 것뿐만 아니라 셰플러가 '인지적 감정'이라고 부르는 감정을 이성에 기생하는 것으로 간주하는 앎의 방식들을 받아들인다. [55]

포용은 교육 정책 입안자들의 초점이 구성원들의 감정뿐만 아니라 정신에 호소하여 조직을 이끄는 데 있음을 시사한다. 그 조직은 가족의 은유에 뿌리를 두고 있으며 애정의 결속과 공유된 관심과 목표를 중심으로 팀을 만들기 위해 노력한다. 이것은 친밀함, 공유, 소외되거나 회원에서 제외되었을 수 있을 이질적인 배경을 가진 사람들을 조직 안으로 데려오는 것, 그리고 모든 구성원에게 조직을 소유할 수 있는 권한을 부여하는 것을 가치 있게 여기는 리더십에 대한 비형식적 접근법이다. 교육 정책 입안자들은 여성과 소수자들을 리더십 팀에 포함하고 특정 학교에 다닐 기회가 없었을지도 모르는 학생들을 환영한다. 이들은 지속적인 교육 프로그램 같은 서비스를 제공하고 지역 전문가들이 교육 프로그램에 참여하도록 초대하기 위해 그들의 학교가 위치한 지역사회로 손을 뻗친다. 더욱이, 평생 학습은 교육의 원대한 사업을 구성하기 때문에 협업은 가정, 종교, 국가, 예술 및 문화기관, 상업과 같은 형식 및 비형식 교육을 육성하는 기관 간의 경계를 모호하게 한다.

포용의 폐단 중에는 가치로서의 포용이 그 반대어인 배제 없이는 상상하기 어렵다는 것이 있다. 포용은 민주적 참여를 위한 시민 교육에 유용한 가치이지만, 교육의 필수적인 부분은 배제 또는 특정 지식이나 기술이 없는 사람들을 그것을 가진 사람들과 분리하는 가치와 관련이 있다. 다른 전문가들 사이에서 교사, 의사, 회계사, 변호사, 그리고 성직자들을 인증하는 목적은 그러한 선을 긋고 필요한 지식과 기술이 없는 사람들이 그것을 소유한 것처럼 행동하지 못하도록 하는 것이다. 특히 의학에서 입학과 수행성적을 높은 기준으로 설정함으로써 일부를 제외하는 것은 생명을 구하는 데 도움이 될 수 있다. 오직 높은 수준의 의학 지식을 가진 사람들만이 그들의 기술이나 기능의 달인들로서의 활동을 허가받게 된다. 다른 분야들에서는 업무상 과실의 영향들이 직접적으로 생명을 위협하는 정도는 아니지만 다른 방식들로 해로울 수 있다는 것이다. 중세 시대부터 동업조합들은 입증된 전문성을 가진 사람들을 제외한 모든 이들을 직업 활동으로부터 배제했다. 예컨대, 음악 동업단체들에서 필요한 음악 기술을 가진 사람들은 생계를 유지할 수 있었고, 외부로부터 구성원들을 보호하는 일종의 독점권을 제공했다. 오늘날의 음악가 교사들은 또한 음악 공연에 배제가 가치가 있는 것처럼 행동한다. 이들이 뛰어난 연주단을 만들고자 원한다면 학생들을 대상으로 단원 오디션을 실시하여 필요한 전문지식이나 관심이 없는 학생들을 못 들어오게 할 수 있다.

교육적 가치로서의 포용의 개념은 성장의 은유에 기초한다. 여기서 교사는 토양을 경작하고 식물이 성숙할 때까지 자라도록 돌보는 정원사이다. 듀이와 몬테소리(Maria Montessori)처럼, 스즈키(Shinichi Suzuki)는 중요한 교육적 초점은 학생이 처한 이러한 환경이 되어야 한다고 제안한다.[56] 이것이 좋을 수도 있고 선생님들은 모든 학생이 발전할 수 있도록 도우려고 하지만 성장은 경작의 다른 측면, 즉 잡초를 뽑고 일부 식물을 정원에서 제외할 필요성에 대해 충분히 인식하지 못한다. 다른 곳에서 이 비유에 대해 언급한 것처럼, 정원사들은 시간이 지남에 따라 다양한 종류의 잡초와 식물을 배제하는 것이 점점 더 중요함을 깨닫는다.[57] 정원사가 정원을 특정한 비전에 맞는 형태가 되기를 바라거나, 식물들이 번성할 공간을 갖게 되려면 특히 그렇다. 학생들의 성장을 증진하는 것은 필연적으로 어떤 것들을 배제할 것을 요구한다. 셰플러는 인간의 잠재력을 실현하기 위해서는 일부 측면들의 개발을 배제하고 다른 측면들의 개발이 요구되는 선택들이 필요하다고 말한다.[58] 이러한 관점에서 고삐 풀린 포용은 다른 것들의 개발을 배제함으로써 특정한 방식으로 성장을 허용하고 장려할 수 있는 부류의 선택을 하지 않음으로써 잠재적으로 손해를 끼칠 수 있다. 또한 보이스–틸먼이 지적한 바와 같이 서구 사회에서 예술적, 신화적, 종교적 그리고 의식적 앎의 방법들이 복속되어 있다는 사실은 이들이 명제적인 담론과 이성에 의존하는 앎의 방식과 동등하게 강력하다고 보는 것을 어렵게 만든다.[59] 게다가, 특정 주제들이나 방법들의 포용에 대해 석연치 않은 주장에 이의를 제기하거나, 어떤 주제와 교육적 접근법들이 포함되어야 하는지에 대한 합의에 대해 비판적 관심이 불충분할 수 있다.[60]

　　배제 개념에 결정적인 것은 누가 배제를 수행하는 데 책임이 있으며 이 작업이 어떻게 수행되어야 하는가 하는 질문이다. 포용의 가치에 대한 보다 최근의 많은 문헌은 개인들이 특정한 방식으로 발전하는 데 방해가 되는 체계적인 요소들을 인식하고 있다.[61] 셰플러는 존이 피아노를 배우는 것을 막는 신체적이거나 환경에 관한 외부적 요인들이 없고, 또한 본인이나 부모, 부모를 대신해 그를 돌보는 후견인들에게 피아노를 배우는 것에 대한 선택권이 있다는 가정으로 인간의 잠재력에 관한 질문을 해결하였다.[62] 만약 그의 성별 때문이거나, 그의 부모가 그에게 연습하거나 레슨를 받을 수 있는 악기를 사 줄 돈이 부족하거나, 그의 손이 작아서 그가 특정한 피아노 레퍼토리를 연주할 수 없는 그 자신의 신체 구조 때문에 피아노를 배우지 못한다면, 그는 피아노를 배울 수 있는 잠재력을 실현하지 못할 수 있다. 비록 그가 이러한 요소들에 의해 방해받지 않더라도 그가 연주하는 법을 배우고 싶어 하는가 하는 추가적인 고려사항이 있다. 셰플러는 최종 결정이 스스로의(또는 진심으로 그가 잘되기를 바라는 사람들에게 속하는) 결정이 되기를 기대한다. 그가 이러한 지점에 이를 수 있기를! 너무나도 자주 외부 요인들이 개입하여 이 문제에 대한 자신의 선택권을 행사하기도 전에 피아노를 배우는 것으로부터 그를 배제한다.[63]

배제와 함께 포용을 바라보는 것은, 어떤 사람들은 포함하고 다른 사람들은 제외하는 기타 측면 중에서도 내부와 외부, 개인과 타인을 정의하는 식별 가능한 경계의 존재라는 경계성의 개념을 요구한다. 포용은 이러한 경계와 한계의 존재 때문에 중요하다. 내면과 외면, 그리고 자아와 타인을 분리하는 이러한 데카르트적 세계관은 모든 것이 상호 연결되고 포함된다고 믿고 사물 사이의 딱딱한 표면들의 정적인 현실보다는 이질적인 요소들 사이의 매끄럽고 역동적인 흐름을 선호하는 들뢰즈(Gilles Deleuze)와 가타리(Felix Guattari)와 같은 저자들로부터 비난을 받는다.[64] 이러한 통찰들의 중요성에도 불구하고, 현상 세계에서 한계, 경계, 그리고 이분법은 불가피한 삶의 현실이다. 들뢰즈와 가타리도 그들에서 탈출하는 데 성공하지 못했다. 그들의 분석은 이진법들로 가득 차 있다.[65] 음악과 교육이 경계들로 둘러싸여 있음에도 불구하고, 포용은 인간의 잠재력을 실현하는 길에 장애물들을 이루는 것들에 도전하고, 확장하고, 초월하고, 심지어 파괴하는 역할을 한다.

'정의, 평등, 공정, 포용'을 생각하면서 '정의'는 은유적으로 전투와 일련의 척도로 규칙에 얽매인 행동이라는 면에서 법적으로 정의롭고, 올바르고, 도덕적으로 옳다는 것이 무엇을 의미하는지의 관점에서 해석될 수 있다. '평등'은 수학적 동등성의 은유를 바탕으로 상응하는 가치의 추정이라는 관점에서 이해되며 인류의 귀중함에 대한 가정을 전제로 한다. '공정'은 정직, 평온, 그리고 은유적으로 가벼움과 여성성 및 '페어 고'의 백인 호주인 신화로 생각되는 온화함을 일깨운다. '포용'은 에워싸고 둘러싸고 전체를 통합하는 아이디어들을 함축한다. 이러한 가치들은 여러 속성을 공유하며 다른 측면들에서는 두드러지게 서로 다르다. 각각 불의, 불평등, 불공정, 배제라는 그들의 반대말과 함께 보이는 모호한 구성들이기에 실질적으로 이들에 도달하는 것은 불가능해 보인다. 이들의 은유에 뿌리내림은 그들에게 특유의 맛을 주며 또한 이들은 다양한 관점에서 상상력이 풍부하고 감정적으로 알려진다. 어느 정도 시행되면서 그들과 관련된 기술들은 독특한 속성들을 지니며 현상 세계 안에서 협상하기 위해서는 예술성과 기술이 필요하다. 그들이 필연적으로 교차할 때 실제적으로는 조화와 시너지가 반드시 나타나지는 않으며 그들은 다른 방향들을 가리키고 대안적 접근을 제시하며 그들의 모호성이 증폭되기만 하면서 긴장들, 불연속성들, 양립할 수 없는 차이들을 불러일으킨다. 그들의 기여에도 불구하고 그들은 양날의 검을 상징한다.

그러나 이는 음악적이고 교육적인 사고와 실천의 소재이다. 쉬운 해결책이 없는 상황에서 무엇을 해야 하는지 결정하는 데 어려움이 있음에도 불구하고, 음악가들과 교육자들은 이러한 모호성을 세상에 알리고 그들이 제기하는 질문들을 사랑하는 법을 배울 필요가 있다.

제11장

공통점, 공명, 적용, 결정
Commonalities, Resonances, Applications, and Decisions

나는 이 연구를 이끌어 온 질문들, 즉 음악과 교육을 특징 짓는 가치들이 무엇이며, 그 가치들이 기여하는 부분과 부정적인 부분은 무엇인지, 그리고 실제 적용은 어떤지에 대한 질문들로 이 글을 시작하려 한다. 이전 장들에서 나는 음악과 교육이 이론적이고 실제적인 상호 관계를 가지고 있다는 시각을 바탕으로 서로 밀접하면서도 구별되는 가치 사중주들을 아홉 회에 걸쳐 제시했다. 모든 경우에 음악가, 교사, 학생들은 자신이 처한 다양한 음악적 · 교육학적 상황 안에서 이러한 가치들을 어떻게 해석하고 반응하며 적용할지에 대한 고민에 빠져 있을 것이 분명하다. 이 책의 마무리에 이르러 이러한 질문들로 되돌아가 이전 장들을 보다 넓은 관점에서 바라보면서 이러한 분석의 의미를 깊이 생각해 보고, 특히 나의 접근 방식이 음악 교육 이론뿐 아니라 실제에 어떻게 적용될 수 있는지를 숙고하고자 한다. 다양한 가치의 공통적인 기반을 찾아가면서, 나는 짝지어진 가치들 사이의 공통적인 특징들이 무엇인지, 이러한 가치들이 이론적으로 음악과 교육에 어떻게 공명하는지, 음악가와 교사가 직면한 실제 어려움에 어떻게 적용되는지, 그리고 나의 접근법이 음악 교육에 무엇을 제공하는지에 관심을 두었다. 음악과 교육은 실제적인 활동이기 때문에, 이러한 가치들에 대한 생각이 유용하다는 증거는 행동으로 증명된다. 나는 음악과 교육에 관심 있는 사람들이 가치들에 대한 각자의 다양한 관점을 가지고 자신들의 구체적이며 다양한 음악적 · 교육적 상황과 공명할 것이라 생각한다. 나는 가치들과 그 의미들에 대한 내 생각을 설명해 왔고, 이제 자신만의 결론을 내려 이 가치들을 실제에 적용할 방법을 결정하는 것은 다른 이들에게 달려 있다.

이 가치들의 공통적 특징은 무엇인가

내가 검토했던 가치들의 공통점 중 하나는 모든 가치가 다의적(多義的) 의미를 가지고 있다는 것이다. 이 가치들은 우리가 살아가고 사랑받는 것의 기반을 이루는 이성적이고(지성적이고) 감정적이며(느껴지며) 체화된(감각적인) 신념들이다. 가치들이 지닌 다의성로 인해 비유적 해석이나 문자적 해석이 가능하고 미묘한 차이에 주목하게 된다. 나는 다양한 은유에 기반하여 가치를 논의함으로써 가치들의 다양한 해석과 미묘한 차이들을 보여 주고자 했다. 예를 들어, 정의를 마상시합이나 경기의 은유로, 또는 사물의 무게를 재는 저울의 은유로 살펴보았는데, 이를 통해 하나의 가치로서 정의가 지닌 특성, 음악적 및 교육적 목적, 정의가 구현되는 방법에 대한 다양한 관점을 제시하였다. 정의의 개념은 정의를 어느 정도까지 문자적·비유적으로 해석하는가에 따라 달라진다. 예컨대, 다른 글에서 나는 각기 다른 상황과 관점에 따른 복수의 정의 개념들이 있으며, 현상 세계에서 완벽하게 성취될 수 있는 유일한 정의는 없다고 시사했다.[1] 하나로 묶인 가치들(예컨대, '정의, 평등, 공정, 포용')은 서로 다른 특징들을 갖고 있으면서도 가치들 간에 중복되는 점이 있다. 현실적으로 말하자면 가치들은 하나가 다른 것과 뒤섞이는 부드러운 경계를 가진 듯 보인다.[2] 실무자들에게는, 각각의 가치를 명확하고 권위 있게 정의하고, 집단행동의 기초가 되는 해석에 동의하며, 적절한 필수 행동을 결정하는 것이 어려울 수 있다. 슈왑(Joseph Schwab)은 이러한 도전을 교육과정의 주요한 어려움이라고 보았으며(나 또한 이를 음악 교육의 모든 측면에서 볼 수 있는 특징이라고 생각한다.), 신념이 실천을 낳고 결국은 신념을 다시 불러일으키는 골치 아프고 뒤엉킨 영역이라고 설명한다.[3] 다의성은 음악적이고 교육적인 '다양성 및 다원성'의 전망을 열어 준다.[4] 음악이고 교육적인 다의성은 상상력과 비판적 사고를 촉진하여 음악 교사들과 학생들이 음악을 배우는 특정 상황에서 가치들을 이해하고 적용하는 창의적인 방법들을 찾을 수 있도록 돕는다.[5]

모든 가치는 양(陽)과 음(陰)의 가능성을 지닌 양날의 검이다. 아리스토텔레스처럼 나도 모든 경우에 각 가치들을 지나치게 받아들여 생기는 최악의 가능성을 피하면서 그중 최상의 가능성을 받아들이고자 한다. 나의 작업은 필연적으로 긴장과 역설을 지닌 채로 '이것과 저것을 함께' 다루게 되는 어려움에 빠질 것이고, 사방에서 비판을 받게 될 수 있다.[6] 내 목표는 음악 및 교육 정책 입안자와 모든 관련자가 책임감을 갖고 어려운 길을 찾을 뿐만 아니라 최선의 의도들에서 생겨날 수 있는 해악을 피하고 이러한 가치들을 개별 상황에 어떻게 적용할지 알아내는 것이다. 이것이 내가 평생 동안 직면해 온 교육과 음악 상황의 현실이다. 이러한 지성적인 입장은 매우 흥분되는 일이며, 이미 진행 중인 다양한 상황에서 일어나는 다루기 힘든 문제들을 해결하기 위해 지성과 상상력을 필요로 한다. 내가 언급해 온 가치들은 지혜가 양극단의 중간에 있다는 전제를 보여 주고 일깨워 주는 역할을 한다. 즉, 극단으로 치닫는 가치는 독이 될 수 있고, 선한 것이 악한 것을 구성하거나 악한 것이 선한 것이 될 수도 있다. 음악가이자 교육가로서의 나의 도전은 음악적·교육적 선으로서의 가치들을 받아들이고 극단적으로 받아들일 때 생겨날 악을 피하도록 하는 것이다. 가치는 그것이 생겨난 사회적이고 개인적인 뿌리를 가지고 있기 때문에 결국 어떤 상황이나 관계에 따라 변할 수 있다. 나딩스(Nel Noddings)가 보살핌의 가치에 대하여 주장하는 내용에서도 이런 특징을 볼 수 있다.[7] 모든 상황에 들어맞는 단 하나의 결정적인 해결책은 없다. 나 자신의 도덕적·영적 신념들도 물론 중요한 역할을 한다. 이러한 개인적 신념들도 사회적 뿌리를 가지고 있지만, 가치들을 적용하려 할 때 내 자신이 처한 상황에만 전적으로 의존하지는 않는다. 변증법의 방식으로 현상 세계에서 내가 해야 할 일을 판단하게 되면, 내 가치가 다른 사람들의 가치와 어떻게 관련되어 있는지, 그리고 음악적·교육적 상황에서 내 신념이 어떻게 실행되어야 하는지에 대한 시급한 의문이 제기된다.

가치들을 이해하고 그 의미를 파악하여 현상 세계에 적용하는 데 있어 분석, 해체, 회복하는 작업은 달성된 해결책만큼이나 중요하다. 여정은 목적지만큼이나 중요하기 때문이다. 나는 가치들이 주로 교정적이고 영감을 주며 의욕적인 특성에 도움이 된다는 것을 증명했다. 되어가기의 역동적 과정 속에서 가치들은 신념과 실천이 잘못 받아들여지거나 변화가 필요한 곳을 밝히는 데는 유용하지만, 칸트(Immanuel Kant)의 은유로 표현하자면 '뒤틀린 목재'로 이루어져 오류에 빠지기 쉬운 사람들은 결국 이런 가치들을 얻을 수 없을지도 모른다.[8] 가치들은 이에 영향을 받는 신념과 실천의 공동체 내에서 논쟁, 옹호, 비판되고 있다. 데리다(Jacques Derrida)의 정의에 대한 생각에서 이런 예를 볼 수 있는데, 그는 우리가 정의를 너무나 바라지만 궁극적으로 그것에 도달할 수는 없다고 보고 정의를 통한, 정의를 향한 투쟁의 중요성을 강조했다. 그의 통찰은 정의를 수단이면서도 목적인 것으로 파악하는 데 매우 유용하다.[9] 이런 생각은 수단과 목적 간의 상호 관계 원리를 인식했던 교육 철학자 듀이(John Dewey)에게서도 찾을 수 있다.[10] 음악가, 교사, 학생들은 정의가 음악을 경험하거나 가르침과 배움이 일어나는 교실 및 다른 장소들에 어떻게 적용될 수 있는지에 대해 비판적·생산적으로 성찰하면서 정의의 작업을 수행한다.[11] 내가 논의해 온 모든 가치는 역동적이며, 음악 및 교육 공동체 안에서 숙고되고 논쟁되며, 일정 부분 동의하여 적용되는 등 되어가기의 과정 안에 있다.

가치들은 개별적이면서도 공동체적인 특성을 갖고 있어, 민주 사회에서 그 의미와 적용에 대해 협의하기 위한 수단으로 대화를 필요로 한다. 벤하비브(Seyla Benhabib)는 사회의 품위를 유지하며 평화적이고 공평하게 문제를 해결하려 할 때 대화가 실패하게 되면 법과 규제가 강화된다고 설득력 있게 주장한다.[12] 부패, 반지성주의, 근본주의, 부족주의, 급진주의 세력이 만연한 양극화되고 불평등한 사회에서는 품위를 추구하는 민주적인 대화가 더욱 어렵다. 공공장소가 줄어들면서, 많은 사람은 다른 사람들과 대화를 나누거나 공공장소에서 합의를 이루며, 품위 있고 인도적인 사회의 특징적인 가치에 부합되는 공동선을 위해 협력적으로 행동하지 못하거나 꺼리게 되었다. 음악가들과 교육자들이 이 모든 폐단을 바로잡을 수는 없겠지만, 음악 교육 정책 입안자들이 대화를 위한 음악적·교육적 공간을 만들어 간다면 이런 모습이 더 큰 사회에 필요한 대화 장소로서 좋은 본보기가 될 수 있을 것이다.

대화는 지성, 신의, 비판적 사고, 상상력을 필요로 한다. 고대부터 철학자들은 교육의 주요한 과제로서 지적 능력의 개발을 중요하게 다루어 왔다.[13] 예를 들어, 듀이는 예술과 교육이 가치 있게 여겨지고 시민들이 비판적이고 창의적으로 판단하고 생각할 수 있는 발달된 능력을 가질 때에만 민주주의가 살아남을 수 있다고 생각했다.[14] 우드퍼드(Paul Woodford) 역시 지적 발달과 비판적 사고가 민주적 음악 교육에 중요하다고 주장한다.[15] 반지성주의가 만연해진다면 다른 신념들과 가치들을 지닌 사람들과 존중하고 공감하며 대화하는 능력의 붕괴를 가져오게 될 것이다. 가치들은 자연스럽게 서로 경쟁하기 때문에 가족, 종교, 정치, 상업 또는 음악 직업 등 음악과 교육이 수행되는 모든 제도 안에서 지성적인 초점을 맞추는 것이 필요하다.[16] 그린 (Maxine Greene)은 예의 바르고 정직하며 솔직하고 지적인, 서로의 말에 공감하고 기꺼이 들으려는 사람들의 공동체 없이는 상황이 현재보다 더 나아지지 않을 것이며 사람들과 함께 효과적으로 일하는 것이 불가능하다고 주장한다. 그린에게 자유를 위한 투쟁은 공동체의 대화를 통해 가장 잘 실현될 수 있다.[17] 교육적 평등, 자유, 정의, 그리고 포용적이고 인간적인 사회를 추구하는 학자들도 그린에게 동의하고 있다.[18] 이전 장들에서 나는 가치들을 경쟁시키고 집단행동의 기초라 할 수 있는 공유된 관점에 도달하기 위해서 대화라는 평화로운 방법이 중요함을 강조했다. 이를 위해서는 정신의 삶을 필요로 하고 강조하는 음악적이고 교육적인 변화가 요구된다.[19]

가치들은 현상 세계에서 다양하게 적용될 수 있다. 음악 및 교육 정책 입안자들, 그리고 음악과 교육에 관련되거나 투자하려는 사람들, 또는 매우 어린아이들 대신 그들에게 가장 이익이 되는 결정을 하려는 사람들은 이론과 실제 사이의 불연속성을 넘어 자신들이 처한 특정 상황에 이 가치들을 어떻게 적용할지 결정해야 한다. 또한 어떤 가치를 언제, 어디서, 어떻게 특정 상황에 적용할 것인지를 물어볼 필요가 있다. 이러한 질문을 던지려면 음악 및 교육 작업에 관련된 모든 사람이 의미 있는 선택을 하고 개인적이고 집단적인 헌신을 기반으로 음악 및 교육 프로그램을 수행할 수 있는 제도와 권한을 가지고 있어야 한다. 하나의 치수가 모두에게 맞지는 않는다. 교사와 학생의 선택이 다르다는 생각을 음악 교육 상황들에 적용한 나의 초기 이론적 연구는 모든 사람이 스스로 결정할 수 있는 권한이 부여된 곳에서 가장 생산적인 음악 참여, 교수 및 학습이 발생한다는 주장을 뒷받침한다. 이러한 상황들은 인도적인 음악과 교육에 가장 크게 도움이 된다.[20] 음악과 교육의 변화는 체계적으로 이루어져야 하기 때문에 결의에 찬 다수 구성원의 일치된 노력 없이는 변화를 만들어 내기가 어렵다.[21] 세부적인 것보다 보편적인 것에 호소한다면 지켜야 할 음악적·교육적 가치들과 이들을 실제로 적용할 방법에 대한 합의를 찾는 것이 보다 쉬울 수 있다. 그러나 일반적인 원칙에 대한 합의가 있더라도 세부 사항을 둘러싼 긴장을 조정하기 위해서는 시스템 내에서 개인의 주체성과 다름을 인정하는 유연성이 필요하다.

나는 이러한 가치들이 음악, 교수, 학습, 교육, 교육과정, 행정 등 음악 교육의 모든 측면을 포괄한다고 주장해 왔다.[22] 전체적으로 볼 때, 가치들을 실제로 적용하기 위해서는 그것들을 해석하여 우선순위를 정하고 특정 상황에 적용할 수 있는 지성이 필요하다. 나는 이성보다는 지성이라는 용어를 선호하는데, 더 개방적인 용어이기도 하고 가치와 그 적용에 있어 전인적 참여를 불러내기 때문이다. 브레슬러(Liora Bresler)가 '아는 몸(knowing bodies)'과 '움직이는 마음(moving minds)'이라고 칭한 훈련은 음악과 교육 작업에 있어 핵심적이며, 오늘날 사회에 만연한 반지성주의 및 음악과 교육에 퍼진 비인간적인 모습에 직접적인 도전이 되고 있다.[23] 이 책에서 논의해 온 가치들과 그 실현 가능성을 이해하려면, 음악과 교육 상황에 대한 깊은 성찰, 음악과 교육에 대한 인도적 헌신, 신념과 실제가 조화된 투명성과 청렴성, 이성(추론, 귀납, 유추적 사고)의 적용, 가능성에 대한 창의적인 접근, 음악 및 교육 작업에 대한 열정적이고 숭고한 참여, 모든 감각을 사용하여 음악 및 교육적 어려움 파악하기 등을 할 수 있는 지적인 자질이 요구된다. 모든 의욕적인 음악가와 교사는 이러한 성향들을 개발할 필요가 있으며, 모든 학생에게도 양성되어야 한다. 음악과 교육의 중심에 사람을 두는 윤리적이고 심미적인 신념은 행복한 삶을 영위하고, 인도적인 음악과 교육을 유지하며, 문화를 풍요롭게 하고, 품위 있는 사회를 개발하는 데 있어 매우 중요하다.

이 가치들은 이론적으로 어떻게 적용되는가

내가 설명해 왔던 가치들을 이론적으로 적용할 때 고려할 사항 세 가지를 살펴보고자 한다. 첫째, 이 가치들은 삶의 다양한 시기에 걸쳐 다르게 적용될 수 있다. 에릭슨 부부(Erik and Joan Erikson)의 연구는 음악 교육이 중점을 두고 있는 학령기 시절뿐 아니라 삶의 여정 전체를 포괄하는 사고방식을 보여 주고 있다. 나는 『음악 교육을 찾아서(In Search of Music Education)』에서 유치원, 초등학교, 중등학교의 학령기에만 초점을 맞추고 있는 음악 교육의 협소함을 비판하였다.[24] 나의 연구 기간 전반에 걸쳐 유치원 혹은 영유아 교육, 고등 교육, 지역사회 음악, 음악 치료, 노인 음악 교육이 음악가, 학생, 교사를 양성하는 과정에 점차 고려되고 있음에 대해 고맙게 여긴다. 그러나 여전히 교사 양성 과정과 음악 교육 간행물에서 일반적으로 이해되는 음악 교육은 주로 초등과 중등 교육에 초점을 맞추고 있다. 공립 초등학교와 중등학교에서의 학령기는 매우 중요하며, 그 기간 동안 제공되는 기회를 최대한 활용할 수 있도록 하고 또한 모든 어린이와 청소년이 교육을 받을 수 있도록 보장하는 것은 반드시 필요하다.

그러나 우리의 시야를 넓히면 전 생애에 걸친 음악적 · 교육적 사고와 실천의 가능성
이 열린다. 정규 교육을 받기 전 태아기 및 어린 시절에도, 정규 교육 이후 직장을 다
닐 때나 노년에 이르러서도, 음악적이고 교육적인 경험을 할 충분한 기회들이 있다.
우리는 이 모든 가능성을 최대한 활용해야 한다. 에릭슨 부부는 인생을 서로 상이한
가치와 목적을 보여 주는 아홉 단계로 구분한다. 그들의 연구는 인생의 각 지점에서
갖게 되는 음악적 · 교육적 경험이 일생에 걸쳐 적용 가능한 다양한 강조점 및 가치들
과 일치해야 함을 보여 주고 있다. 예를 들어, 조안 에릭슨(Joan Erikson)은 인생의 8단
계를 정립한 이후 90세가 되었을 때 다음 단계인 노년초월(gerotranscendence) 단계를
추가하였는데, 삶의 마지막을 향하여 가는 이 단계에서는 위로, 용기, 균형, 포용, 희
망, 지혜 등을 특히 중요한 가치로 여긴다. 조안은 우리가 인생을 기쁨과 성장의 연속
체로만 생각하려고 하지만 종종 그렇지 않음을 받아들여야 한다고 주장한다. 고령자
와 노인 음악 교육은 퇴임한 후에 혹은 노년기 동안 변화하는 삶의 현실에 대하여, 그
리고 직접적으로 그것들을 다루는 다양한 목적과 방법에 대하여 관심을 기울여야 한
다. 삶의 시작 단계에서의 끝없는 삶, 개방성, 가능성 같은 비전이 삶의 끝 단계나 중
간의 모든 단계에도 동일하다고 생각하는 것은 잘못이다. 그보다는 노년기에 접어들
었을 때 나타나는 삶을 잘 마무리하고자 하는 욕구, 경험에 대한 성찰의 욕구를 다루
어야 한다. 이 시점에서 요구되는 가치와 적용 방법에 대해 음악 교육의 원로들, 심리
학과 노인학 분야의 학자들, 노인 음악 교육의 경험이 있는 전문가들과 함께하는 진
솔한 논의가 필요하다. 이러한 대화는 급증하는 노인 인구의 요구, 관심, 가치를 충족
시키기 위한 계획을 세우는 데 도움이 될 것이다. 또한 삶의 모든 다른 단계의 사람들
이나 그들을 돌보는 사람들과의 대화를 고려해 볼 수 있다.

둘째, 이러한 가치들은 음악 교육에 적용되는 교육의 다양한 개념에 따라 다르게
적용될 수 있다. 나는 교육의 다양한 개념 중 학교 교육, 훈련, 교수법, 도제교육, 교
육, 사회화, 토착화에 대하여 기술했었다.[25] 음악 교육의 구체적인 목적을 특별한 전
문적 음악인을 준비하는 것에 둘 것인지 대중이 음악을 알도록 하는 데 둘 것인지에
따라 각기 다른 가치들이 우세할 것이다. 음악가로서의 삶의 방식을 배우고 있는지,
아니면 음악을 자신의 생생한 경험 안에 포함시키고 있는지에 따라 그 가치들의 특징
이 더 중요할 수도 덜 중요할 수도 있다. 예를 들어, '예술성, 취향, 기능, 스타일'이나
'신의, 끈기, 인내, 충성'을 함양하는 것은 음악가를 양성하는 데 중요한 가치가 될 수

있고, '호기심, 상상력, 경이로움, 열린 마음'이나 '기쁨, 행복, 즐거움, 축하'는 청중 육성과 일반 교육에서 큰 역할을 할 수 있다. 물론 이 모든 가치는 교육 전반에 존재하겠지만, 각 교육 목적의 강조점에 따라 가치들의 전반적 윤곽이 크게 달라질 것이다. 예를 들어, 누군가는 청중이 '예술성, 취향, 기능, 스타일'에 대한 감상과 '신의, 끈기, 인내, 충성'의 자질을 갖추도록 준비시키는 데 중점을 둘 것이고, 다른 누군가는 음악가들이 '기쁨, 행복, 즐거움, 축하'와 더불어 '호기심, 상상력, 경이로움, 열린 마음'의 가치를 소중하게 여길 수 있도록 노력할 것이다. 이렇게 각 입장에 선 사람들의 역할과 생활방식이 다르다는 사실, 그리고 음악가들은 자신의 전문 분야인 음악적 전통에 흠뻑 잠겨야 하는 반면, 청중들은 그들이 즐기는 모든 음악을 다루기 위해 시간을 소모하지 않고도 다양한 전통을 맛볼 수 있는 시간적 혜택을 누린다는 사실은 어떤 가치를 우선시하고 어떤 가치를 덜 중요하게 볼 것인지를 결정할 때 실제적으로 중요하게 고려되는 사항이다. 엘리엇(David Elliott), 실버맨(Marissa Silverman), 보먼(Wayne Bowman)과 그 동료들은 일반 음악 교육의 중요한 목적으로 '예술적 시민'을 양성하는 것을 제안한다. 그러나 음악가와 교육자들이 이러한 목적에 모두 동의하더라도, '예술성, 취향, 스타일, 기능'을 어떻게 촉진시킬 것인지, 그리고 '예술성, 취향, 스타일, 기능' 중 무엇에 더 초점을 맞추어 지도할 것인지는 교사와 학생이 속한 특정 교육 상황에 따라 다를 수 있다.[26]

셋째, 음악과 교육이 수행되는 사회적 제도들과 문화적 환경, 그리고 음악에 대한 개인적·사회적 참여의 특성은 이러한 가치들의 성격, 상대적 중요성, 실제적 적용 등에 상당한 영향을 미칠 수 있다. 나는 『음악 교육을 찾아서(In Search of Music Education)』에서 가족, 종교, 정치, 상업, 음악 직업 등 음악 교육에 관련된 제도들 각각은 특정 신념, 실천, 가치들과 연관되어 있음에 대해 썼다.[27] 예를 들어, 가족은 '사랑, 우정, 욕망, 헌신'의 가치들과 연관될 수 있고, 종교는 '숭앙, 겸손, 경외, 영성'의 가치들로 특징지을 수 있으며, 정치는 '정의, 평등, 공정, 포용'과 관련될 수 있고, 상업은 '품위, 평정, 절제, 규율'의 가치들을 내세울 수 있으며, 음악 직업은 '예술성, 취향, 기능, 스타일'을 강조한다고 생각할 수 있다. 이 모든 가치가 각 제도마다 중요할 수 있지만, 각 제도의 특정한 존재 이유 및 정신과 공명하는 가치들은 다를 수 있다는 것을 시사하고 있다. 음악과 교육에 대해 폭넓게 생각할 때 일부 가치들을 보다 앞세우는 제도들의 자연스러운 성향을 고려해야 한다. 또한 특정 가치들을 다시 활성화하면 이러한 제도들이 변화될 수도 있다.[28] 예컨대, '지혜, 이해, 지식, 탁월함'에 지나치게 초점을 맞추고 있는 음악 교육에 '기쁨, 행복, 즐거움, 축하'의 가치가 수용될 때 생길 잠재적 영향력을 생각해 볼 수 있다. 나딩스, 그린(Lucy Green), 알섭(Randall Allsup)은 이러한 영향으로 인해 교육과 음악 교육의 특징이 더 큰 행복, 포용, 비형식성, 열린 마음 쪽으로 변화하는 데 도움이 되기를 희망한다.[29] 사회 제도들을 보다 넓은 문화권에 배치시켜 생각하는 것은 복잡한 가능성을 만들며, 가치들과 관련 문화적 실천과의 이질성을 초래하게 한다. 그러나 나는 이러한 문화적 풍요의 진정한 분출에 직면하여, 그 가능성들을 길들이고 좁히려 하기보다는 그 결과로 생겨난 풍부함과 다양성을 반기고 그 모든 특수함 안에 내재된 음악적 삶의 기쁨을 축하하는 것을 선호한다. 이 견해는 음악과 교육 현상의 본성에 대한 나의 변증법적 견해와 일치하는 것이며, 이는 어떤 전통들 안에서 특정 경우들의 정당성이나 적합성을 주장하면서도 다양성과 차이를 촉진하는 입장이다.

이 가치들은 음악가와 교사의 실제 상황에 어떻게 적용되는가

이제 음악가와 교사가 리허설, 수업, 레슨, 그리고 음악을 가르치고 배우고 참여하는 모든 상황에서 무엇을 해야 할지 결정할 때 어떻게 가치들을 충분히 고려할 수 있는지에 관한 중요한 사안으로 넘어가자. 나는 내 자신의 음악, 교수, 학습에 대한 경험에서 이런 문제를 해결하는 데 자기성찰적 사고방식을 실천하는 것이 도움이 된다는 것을 알게 되었다. 이는 어떤 뜻인가? 현실적으로 말하자면, 자기성찰은 내가 틀릴 수도 있다는 생각, 즉 이 일을 생각하고 실행하는 더 나은 방법을 찾을 수 있으며, 끊임없이 내 아이디어와 실천을 따져 보고 개선된 방식으로 생각하고 행동해야 한다는 생각에 마음을 여는 것을 의미한다. 이것은 쇤(Donald Schön)이 언급한 일종의 '행위 중 성찰'로서, 내가 하고 있는 일에 앞서 생각할 시간을 가질 여유가 없더라도 즉석에서 즉흥적으로 행동하고 생각해야 함을 뜻한다.[30] 수업, 학기, 연주회 시즌, 외부 위촉, 프로젝트로부터의 휴가나 휴식 같이 자신을 성찰할 수 있는 여가 시간들이 있을 수 있다. 행위 후에 성찰하는 이런 기회들은 나의 목적들과 방식들을 숙고하고, 내가 과거에 했던 일을 평가하며, 상상력을 발휘하여 실행 계획을 세우도록 한다. 그러나 나는 계획한 것과 다르게 레슨, 리허설, 학기, 시즌, 위임된 작업을 수행해야 함을 자주 발견하곤 한다. 음악, 교수, 학습, 지도, 교육과정, 행정 등 음악과 교육의 모든 측면의 모든 결정은 실질적인 어려움을 만들어 낸다. 여기서 나는 음악가와 교사들이 고민할 만한 질문 중 몇 가지를 펼쳐 놓겠다.

우선, 기관이나 조직, 고객들과 제휴할지 혹은 남을지를 결정해야 하는 어려움에 대해 이야기하고자 한다. 음악 지도와 관련된 고용을 수락하거나 계약을 하려는 시점에서 함께 일하게 될 기관이나 조직, 사람들의 가치들이 나의 가치들과 일치하는지 고려하는 것이 중요하다. 이것은 자신의 업무에 대한 행정적 혹은 조직적 상황, 제어할 수 있는 측면, 행동의 자유 제한 등과 관련된 중요한 결정이다. 각기 다른 책임, 관심, 우선순위를 갖고 있는 사람들로 구성된 조직에서 완벽하게 맞는 것을 찾기란 어려운 일이다. 현실적으로 말해서, 다른 사람들과 함께 일할 때는 수용과 타협이 필요하다. 음악가와 교사에게는 무수히 많은 선택이 열려 있다. 예를 들어, 개인 레슨실을 열거나, 기업에서 일하거나, 음악부 장관으로 일하거나, 학교 위원회나 교육부에서 직책을 맡거나, 지역학교나 사립학교에서 가르치거나, 심포니 오케스트라에서 연주하거나, 군악대에서 들어가거나, 국방부 또는 외무부에서 음악 교사로 일하거나, 음악 관련 교육용 컴퓨터 프로그램을 개발하거나, 공연 예술을 지휘하거나, 음악 기업가가 되는 등의 일들을 선택할 수 있다. 각각의 선택은 음악 활동, 교육 및 학습에 대한 일부 자유를 가지고 일부 제한 사항을 수용해야 하는 묶여진 틀을 지닌다. '허용 구간'은 자신의 가치들이 직장이나 고객의 가치들과 불일치하는 것, 그리고 학생들, 연주목록, 지도 방법, 음악적 기대 등을 선택할 자유가 어디까지 허용되고 제한되는지를 의미한다.[31] 자신이 통제할 수 있는 범위의 것들을 바꿨을 때 그 만족감으로 인해 그 직위가 자신에게 완벽하게 맞지 않더라도 계속 남아 있게 된다. 그러나 이러한 변화가 충분치 않고 자신의 허용 구간을 넘어서게 되는 경우, 그 직위를 유지하는 것이 불편하고 스트레스를 받으며 자신과 가족의 건강과 안녕에 해로울 수 있기 때문에 자신의 상황을 비판적으로 검토할 필요가 있다.

내가 처음 가르치기 시작했을 때 나는 내 가치들과 내가 속해 있는 단체의 가치들 간의 시너지의 중요성을 파악하지 못했다. 원하는 것을 할 수 있는 자유가 거의 없는 직책을 맡게 되었고, 그러한 자유의 결핍으로 인해 짜증이 났다. 나의 가치들과 내가 가입하려는 조직의 가치들이 잘 들어맞아야 한다는 것을 깨달은 것은 나중의 일로,

초반에는 거의 알지 못했다. 내가 속한 조직도 시간이 지남에 따라 변해 갔다. 예를 들어, 젊은 교사 시절에 들어갔던 다소 여유로운 학문 세계는 오늘날의 매우 정신없이 바쁘고 착취적이며 물질적이고 기업 중심적인 사업으로 발전했다.[32] 종합대학이나 대학 공동체에서 기득권을 가진 교수진에게 안정감을 가져다주는 평생 한직의 위치에 있을 수 있는 종신교수 임용이 사라지기 시작했고, 많은 교수진이 덜 안정적인 조건의 임용, 시간 강사, 영리 목적의 온라인 기관에 임의 고용으로 채용되었다. 이런 일이 발생하면서 종신 교수들이 수행하던 작업은 이전보다 적은 수의 교수들이 맡게 되었는데, 그들은 연구 및 창의적 작업에 대해서 전과 동일한 기대를 받으면서도 교육과 업무량은 증가하게 되었다. 행정 및 인사이동 역시 내가 일했던 상황과 환경에 영향을 미쳤다. 상황은 때로는 호전되고 순탄했지만, 또한 악화되기도 하였다. 경제적인 불가피함과 개인적인 환경으로 인해 보다 쾌적한 상황들로 만들기는 불가능하거나 어려웠고, 내가 나의 가치들에 충실하려면 그 체제를 뒤엎을 필요가 있었다.

나는 결정적인 순간마다 내가 일했던 상황을 되돌아보며 다음과 같은 질문들을 던졌다. 과거에 음악가이자 교사로서의 내 일을 하면서 받아들였던 제약들을 여전히 받아들일 수 있는가? 이 직책을 유지하기 위해 교육과 음악 활동을 변경할 수 있는가, 아니면 다른 곳으로 가야 하는가? 이 직책에서 행복을 찾으려면 무엇이 필요한가? 내가 일하는 조직이나 사람들의 가치들과 내 가치들이 더 잘 맞도록 하려면 어디로 갈 수 있는가? 내 가치들을 재고해야 하는가? 내 시야를 이전의 한계를 넘어 넓혀야 하는가, 다른 곳으로 가서 다른 일을 해야 하는가? 내 가족을 혼란케 하거나 전에는 고려하지 않았던 직책을 취하는 데 얼마의 비용이 드는가? 다른 직책을 위해 나 자신을 재훈련할 필요가 있는가, 만일 그렇다면 어떻게 이를 이룰 수 있는가? 이런저런 질문들에 대한 답에 도달하기 위해서는 내가 헌신해 왔던 가치들에 대해서, 그리고 내가 다 알지 못하는 불완전하고 역동적인 상황에서 생겨날 수 있는 가치들을 실현할 수 있는 실질적 가능성에 대해서 성찰하는 것이 필요했다.

인간 본성에서 기인한 어려움도 있다. 우리는 이러저러하게 행동해야 한다고 믿고 있음에도 불구하고, 때로는 그렇게 하지 않는다. 음악과 교육에 관련된 모든 사람에게 역량을 부여하는 것만으로는 충분하지 않으며, 있는 것과 마땅히 있어야 하는 것은 같지 않다. 자신이 해야 한다고 믿는 것을 따르다가 비판과 보복을 당할 위험에 처할 수도 있다. 특히 경제적 어려움에 처했을 경우, 생계를 유지하려는 욕구는 비록 이것이 자신의 신념을 굽히는 것을 의미한다고 하더라도 남들과는 차별되게 일을 하려는 욕구를 압도할 수 있다. 학생들은 다른 사람의 압력이나 유혹적인 매력에 의해 이런저런 내용을 이런저런 사람과 공부하는 것에 전념하지 못할 수 있다. 파머(Parker Palmer)는 우리의 인간성에 대해 고찰하면서 두려움과 용기의 결핍을 교사들의 삶과 업무의 보편적인 문제로 간주하였다.[33]

조직 내 권력자로부터 소외될 위험, 동료로부터의 거절이나 지위 상실에 대한 두려움 등은 서로 다른 방식으로 생각하고 행동하는 사람들을 효과적으로 표준화되게 하며 길들이고 진정시킨다. 나는 여러 해에 걸쳐 내 속을 뒤집어 놓는 음악가, 행정가, 교사, 학생들의 행동을 목격해 왔다. 그것은 학대, 위협, 괴롭힘, 무시, 소외라는 악이었다. 누군가의 가치들은 자신이 누구인지를 드러내는 것이며, 사람은 자신이 보유한 가치들을 있는 그대로 보여 주기에 그 순간들은 매우 고통스러웠다. 나는 학문의 자유에는 값비싼 대가가 따른다는 것을 알게 되었다. 유해한 정책과 행동을 따르는 것보다 저항하는 것이 훨씬 어렵고, 특히 소수 집단에 속한 경우에는 더욱 그렇다. 때로는 음악을 만들고 가르치고 배우는 제도 안팎의 압력을 견디고 자신의 가치에 따라 행동하기 위해 공동의 노력이 필요하다. 음악가들과 교사들 사이에 결속이 부족하고 두려움을 갖고 있으며 저항할 용기가 없다면, 동의할 수 없는 정책을 뒤집을 수도 없고 자신의 삶의 가치에 따라 일을 할 수도 없다면, 자신의 통제 안에서 그러한 것들을 바꾸려고 노력하거나 다른 기회들을 찾아야 한다. 어려운 상황을 이겨 내는 것이 가능할 때도 있고 그렇지 않을 때도 있다. 비록 자신의 신념대로 행동할 수 없고 오류가능성, 두려움, 용기 부족이라는 인간적 어려움에 처해 있더라도, 미래에는 더 잘할 수 있다는 희망을 위안으로 삼을 수 있다. 이런 이유로 실러(Friedrich Schiller)는 예술가와 교사들에게 "사람들에게 영향을 미치게 될 때는 그들이 마땅히 되어야 하는 모습으로 생각하라. 그들을 위해 행동하려 할 때는 그들이 현재 처해 있는 모습으로 생각하라."라고 말하고 있다.[34]

또한 음악가와 교사는 음악 레퍼토리와 주제를 선택하는 어려움에 처한다. 이러한 선택을 할 때 사람은 자신에게 소중한 가치들을 특정 상황에 맞게 적용한다. 지도, 교수 · 학습, 음악 창작과 감상의 과정들이 이러한 결정들에 달려 있다.[35] 그러나 많은 음악가와 교사들은 주어진 시간을 채우기 위해 교육과정을 구성할 뿐, 실제 활동들의 표피 밑을 파고들어 다음과 같은 질문을 던지기를 꺼려 한다. 이 교육과정은 내가 가치 있게 여기는 것에 대해 무엇을 말하고 있는가? 내가 메워야 할 틈새들, 바로잡아야 할 불균형은 무엇인가? 내 레퍼토리 선택과 주제를 비판적으로 검토할 때 나타나는 놀라움은 무엇인가? 이 레퍼토리를 연주하고 노래하며 이 주제를 가르치고 배우는 것이 나와 내 학생들에게 즐거운가? 우리는 이 레퍼토리와 주제를 소중히 여기는가? 이것들이 우리에게 필수적이고 살아 있는가? 우리가 함께하기 때문에 음악적·교육적으로 성장하는가? 우리는 자신을 더 확장시킬 수 있는가? 지금과 가까운 미래에 우리가 경험하고 알 필요가 있는 것은 무엇인가? 명백히 내 자신의 가치들이 이러한 질문들을 이끌어 낸다. 다른 가치관을 가진 사람들은 음악을 경험하고 가르치고 배우는 상황들과 관련하여 다른 질문들을 할 것이다.

레퍼토리와 주제를 자신의 가치관들의 관점에서 비판적이고 건설적으로 다루려면 성찰적 사고 능력이 필요하다. 이러한 능력은 우연히 생기는 것으로 보기엔 너무나도 중요한 문제로, 음악 및 교사 양성 프로그램에서 계발되어야 한다. 이것이 어떻게 이루어질 수 있을까? 한 가지 방법은 교육과정 사례 연구를 활용하고 흥미로운 문제들을 설정하는 것이다. 예컨대, 여기서 교사와 학생들은 제한된 조건 아래 자신이 선택한 앙상블이나 학급의 특정한 레퍼토리의 프로그램을 계획하고, 자신들이 만든 계획과 이러한 레퍼토리가 자신의 가치들을 어떻게 반영하고 있는지 비판적으로 생각할 수 있다. 또는 자신이 가장 전념하는 가치들로 시작하여 이를 보여 주고 육성하는 레퍼토리의 프로그램을 개발할 수도 있다. 그들은 음악과 교육에 대해 윤리적으로 생각하는 경험에서 배운 점에 대해 성찰적으로 글을 쓰고, 다르게 할 수 있었던 것에 대해 숙고해 보며, 자신의 관점들을 서로 공유할 수 있다. 또는 예술, 연극, 무용, 영화 등의 여타 형식을 통해 다른 양상의 반응들을 창출해 낼 수도 있다. 가치와 레퍼토리 간의 모호성에도 불구하고, 이와 같은 문제 중심 연습과정은 교사와 학생들이 레퍼토리나 다른 주제에 대해 계획하기, 교수·학습하기, 리허설하기, 즉흥연주나 연주하기, 작곡하기, 제작하기, 홍보하기, 감상하기, 레퍼토리 선택에 대한 옹호하기 등을 고려할 때 중요한 방법이 될 수 있다.

자신의 가치들에 대한 개념이 재고되어야 한다는 사실을 깨닫게 되는 어려움도 있다. 가치들은 충분하지 않거나 거부되어야 할 수 있고, 너무 협소하거나 불명확하게 해석되었을 수도 있으며, 주어진 상황에서 전면에 나타나거나 배경이 되어야 할 수도 있다. 나는 종종 내가 즉각적으로 반응해야 하는 음악 활동들과 교수·학습에서 이런 발견들을 했다. 내가 처음 가르치기 시작했을 때 내가 태어난 나라 호주에서는 백호주의(白濠主義) 이민정책을 시행했는데, 우리에게 (백인들이 들어오기 전 수천 년 동안 번영했던 문화를 누렸던) 원주민들은 낯설고 관심 밖에 있었으며, 내 의식 주변에 존재할 뿐이었다. 나는 아직 인종, 민족중심주의, 이민, 식민지 경험에 대한 문제들을 깨닫고 파헤쳐 본 적이 없었다. 훗날 내가 캐나다로, 그리고 미국으로 이민을 가서 매우 다른 배경을 가진 학생들을 가르치는 것은, 특히 이러한 순간들에 완전히 준비되지 않은 나에게 종종 도전이 되었다. 가장 극적인 일 중 하나는 석사과정 학생이었던 내가 미국에 도착하여 학생들 대부분이 흑인인 도시 학교에서 시간제 대체 음악 교사로 임명되었을 때였다. 인종적 불안이 높았던 그 시기에 학교에서 보낸 첫날을 나는 결코 잊을 수 없다. 복도에는 무장한 경비원이 서 있었고, 물리적 시설과 장비는 열악한 제3세계 국가 수준이었으며, 교과서나 악기 대신에 방치된 조율되지 않은 업라이트 피아노 한 대와 무언가를 가르치거나 배우기 전에 설득부터 해야 하는 적대적인 아이들만이 보였다. 이 아이들을 만나면서 나는 내가 그들에 대해 아는 것이 거의 없으며, 오히려 그들이 그들 자신과 음악, 교육에 대해 나에게 많이 가르쳐 줘야 함을 깨달았다. 나는 당장 행동할 필요가 있었고, 그러면서 성찰해야 했지만, 이렇듯 낯선 상황에서 나의 음악적 · 교육적 가치들을 급히 재구성해야 했을 때 나는 무엇을 했을까? 음악과 교육에 대한 내 관점은 변해야 했고, 내 가치는 넓어져야 했으며, 이 아이들과 교감할 수 있는 방법을 찾으려면 정직, 결단, 용기, 사랑, 포용 같은 가치에 의존할 필요가 있었다. 그날의 학습 내용을 다루는 것보다 학생들과 친해지는 것이 더 중요했다. 나는 내 안으로 손을 뻗어 내가 갖고 있었는지 몰랐던 비축품들을 끌어내야 했다. 내 가치들이 너무 협소하고, 잘못 해석되었으며, 또는 내 교육 상황과 일치하지 않는다는 것을 깨달은 모든 순간마다 이런 방식으로 행동해 왔다.

내가 직면한 딜레마를 해결하고 학생들과 통하는 다리를 놓으려면 내 가치들을 다르게, 또 비판적으로 재고하고, 제대로 작동할지 확신할 수 없는 가능성들을 상상하며, 위험하고 때로는 규칙을 위반해 가면서, 내 지식의 경계에서 살아야 함을 발견했다. 학생, 동료, 사회에 도움이 되는 방식으로 상황을 좋게 바꾸려면 그렇게 할 용기와 위험을 감수하려는 의지가 필요하다. 여행이나 다양한 문화적 경험을 할 수 있는 기회들은 나의 감수성을 넓혀 주고, 음악적 · 교육적 이해를 확장하며, 내 가치들을 재형성하도록 하였기에, 모든 교사와 학생에게 그런 경험들을 추천한다. 그럼에도 불구하고, 지금도 나는 온라인상의 상업적 박사학위 교육의 요구에 직면하여 박사 교육을 받을 기회를 갖지 못한 많은 여성과 소수 민족 학생들이 논문을 쓰고 이에 대해 논의할 수 있도록 돕고자 노력하고 있다. 이러한 딜레마에 빠진 음악가와 교사들이 어떻게 자신의 가치들을 재구성, 재정렬, 확장할 것인지 찾아내고 자신이 처한 상황에서 그저 최선을 다하는 것은 각자에게 달려 있다.

변화하는 시대는 자신의 가치들을 다시 생각해 볼 기회를 제공한다. 인종적 및 사회적 불안의 시기에 코자(Julia Koza)는 역사적으로 음악 교육 분야를 오염시켜 온 백인 권력 관계들과 백인 우월주의 사이의 관계를 명확히 밝힌다.[36] 그녀가 제시한 시쇼어(Carl Seashore) 외 여러 학자가 우생학 및 백인 우월주의 이데올로기와 긴밀한 관계를 맺고 있다는 사실은 불편하지만 설득력이 있는데, 이러한 이데올로기가 지난 세기와 21세기에 걸쳐 미국 음악 교육에 영향을 끼쳐 왔다는 것은 견디기가 힘들다. 마찬가지로 혼란스러운 것은, 음악적 능력과 지능 같은 것으로 사람들을 분류하여 범주화하고 테스트하는 심리적 · 교육적 움직임들이 과도한 음악 경쟁과 더불어 미국 음악 교육의 주된 사고와 실천을 형성해 나가고 있다는 점이다. 코자의 보고서는 백인성과 가부장제의 촉진이 서구의 음악 교육과 공모하고 있음을 말해 준다. 그래도 코자는 보다 좋고 평등하며 포용적인 세상을 꿈꾸며 산다. 그녀는 자신이 처한 상황의 진실을 직시하고 변화를 결심할 때에야 비로소 변화가 온다는 것을 깨달았다. 그녀의 글은 나의 백인성에 대한 겸손함의 중요성, 내가 권위 있게 가르칠 수 있고 가르쳐야 하는 것의 한계를 깨닫게 하였고, 각각의 사람들이 다른 이들의 부족한 부분을 채우고 모든 사람이 완전히 인간적이고 동등한 가치를 지닌 것으로 평가되고 포함되기 위해 다양한 인종적 · 문화적 · 음악적 관점과 음악 교육에서의 전문성이 필요함을 나에게 상기시켰다.

크루즈(Adam Kruse)의 연구에서는 대부분 유색인종 학생들로 구성된 학급에서 잘 알지 못하는 분야인 힙합을 가르치려 했던 한 백인 음악 교사의 마음에 울림을 주는 이야기를 들려준다. 학생들 눈에 비친 그 교사는 "자신이 무엇을 하고 있는지 모르고 있었다."[37] 모든 학생은 자신들에 대해 알고 관심을 가지고 있으면서도 가르치는 주제에 대해 전문적이고 지식이 풍부한 교사를 만날 권리가 있다. 교사가 자신이 가르칠 주제를 이해하는 것은 학생들에 대한 배려의 표현인 것이다.[38] 이러한 측면에서 최선을 다하려고 애썼던 이 교사의 심정이 어땠을지 짐작이 간다. 연구의 결과는 긍정적으로, 교사의 배려와 학생들의 선의와 관대함을 보여 준다. 그러나 나는 이 이야기의 또 다른 측면을 보고자 한다. 내 마음의 눈에는, 유색인종 학생들의 삶과 가르치는 음악을 밀접하게 이해하면서 학생들이 즉각적인 경험을 넘어서 음악의 세계에 그들의 마음과 정신을 열기를 바라는 음악가 교사가 보인다. 그는 때로는 자신이 지닌 지식의 끝에서 위험하게 서 있기도 하지만, 학생들에게 문화적 감수성과 풍부한 음악성을 전달하며 그들이 존경할 수 있는 능력을 지니고 있다고 인정받을 것이다. 이 때 학생들은 "선생님은 선생님이 무얼 하고 있는지 알고 있어요."라고 인정하며 말할 것이다. 유색인종만이 유색인종 학생들에게 진정성 있고 신중하게 힙합을 가르칠 수 있는 게 아니다. "백인이 블루스를 연주할 수 있는가?"라는 카(David Carr)의 질문에 대하여 마두라(Patrice Madura)는 청중이 블루스 전문가의 녹음을 들을 때 블루스 연주자의 피부색을 구별할 수 없다고 말한다.[39] 그녀는 모든 음악가로서의 교사가 자신이 가르치고 친밀하게 알고 있는 음악에 흠뻑 젖어 있는 것이 중요하다고 여긴다. 그래야만 이 유색인종 학생들이 진정으로 소중하게 여겨지고 최고의 음악 교육을 받을 가치가 있다고 말할 수 있다. 나는 이런 변화를 보아 왔고, 모든 학생이 그러한 음악 교육을 경험하기를 간절히 바란다.

　인종 및 사회 정의를 위한 운동은 이러한 가치를 행동으로 옮기는 방법에 대한 대화를 필요로 한다. 다양한 인종, 여성, 성별과 능력이 다른 사람, 재산 없는 사람들, 이방인, 이민자들로 이루어진 음악가, 교사, 학생들의 목소리는 음악과 교육의 온전한 참여자들로 환영받아야 한다. 백인 남성 가부장제는 사라지기 어렵다. 오랫동안 여성들은 남성보다 열등한 존재로 간주된다는 것이 어떤 의미인지 알고 있었다. 여성들은 남자의 물건으로 취급될 때의 노예화와 폭력을 알고 있다. 미국에서는 흑인 남성이 백인 여성보다 먼저 선거권을 행사했고, 모든 피부색의 여성들이 아직도 자신들의 몸에 대한 정부 및 종교 기관의 엄격한 통제를 받고 있다. 그들이 자신의 신체를 통제할 권리, 남성과의 평등을 보장받는 것은 아직 헌법에 명시되어 있지 않다. 인종과 성별 같은 속성들의 간교차성(intersectionality)은 억압받는 사람들을 위한 모든 배경의 사람들의 연대를 요구한다. 나는 인종 및 사회 정의를 위한 운동과 연대하지만, 모든 사람을 대표할 해결책들을 알고 만들고 있다고 생각하지 않는다. 나와는 배경과 관점이 다른 사람들의 말을 듣고 배워야 할 의무가 있다. 내가 그들도 거기 살고 싶어 하리라는 생각으로 그들을 대신해 음악 교육의 집을 설계하고 지어서는 안 되며, 설계하고 짓는 데 모두가 온전한 참여자가 되어야 한다. 권력을 가지고 있는 사람들에게는 여성, 다양한 인종, 성별과 능력이 다른 사람, 이민자, 낯선 사람을 위한 공간을 만들기 위해 한 걸음 물러나는 것이 어려운 일이며, 다른 사람의 이익이 자신의 이익보다 앞서 있을 때는 더욱 그렇다. 아또(Akosua Addo)가 주장하듯이 지식의 구축에는 조직적인 권력 문제가 영향을 끼치며, 이는 상황을 개선하는 데 방해가 된다.[40] 지금의 음악 교육 현실을 바꾸려면 음악과 교육의 힘을 재분배할 필요가 있으며, 역사가 보여 주듯 현상 유지를 선호하는 사람들의 저항이 뒤따를 것이다. 이러한 대화는 다양한 배경, 문화, 언어를 가진 사람들 간의 이해와 신뢰, 친밀감의 다리를 구축할 필요가 있기 때문에 도전적이다. 분명 모두가 수용하기에는 어려운 일들이 있을 것이고, 모든 참가자의 겸손, 관대함, 절충, 공감이 필요하다. 그럼에도 불구하고, 다른 사람들에 비해 덜 가치 있고 더 없어도 되는 것으로 취급받았던 사람들과의 대화는 치유와 온전함의 매개체가 될 수 있다. 우리의 다양성 속에서 음악 교육의 일을 보다 효과적이고 인간적으로 함께 성취할 수 있으며, 또한 보다 정중하고 포용적인 사회로 가는 길을 제시할 수도 있다.

　음악과 교육에서 선한 방향으로 긍정적 변화를 이끌어 내고자 하는 것은 가치들을 행동으로 옮기는 중요한 결정점이 된다. 음악 교사가 '선을 향한 개인 및 집단 행동을 위한 공간'을 만들고 '문화와 사회를 개선하기 위한 역량'을 기르는 것은 중요하다.[41] 이러한 역량은 무엇일까? 욥(Iris Yob)은 교육자가 변화를 가져오기 위해 필요한 일련의 중요한 역량을 제시했는데, 특히 학술성과 체계적 사고와 성찰, 적용과 옹호와 협력과 정치적 참여, 윤리와 책임과 용기 등에 주목한다.[42] 자신의 상황을 더 나은 방향으로 변화시키려면 자신의 업무를 이끌어 가는 가치들뿐만 아니라 자신이 구상하는 변화를 만들기 위해 집단적으로 협력할 수 있는 실질적인 방법에 대해 생각하는 것이 중요하다. 훅스(bell hooks)는 '자매애(sisterhood)' 또는 동료 교사와의 결속의 중요성에 대해 설득력 있는 주장을 제시하고 있는데, 그녀의 조언은 음악가들에게도 울림을 준다.[43] 나는 이러한 역량들을 보유하여 모든 참여자에게 영감을 불어넣고, 비인간성 속에서 인간성의 섬을 만들어 내어 좋지 않은 상황을 변화시킬 수 있는 동료들을 존경한다. 그들의 모습을 통해 우리는 어려운 상황을 회피하지 않고 다른 사람들과의 협력을 통해 그 상황을 어떻게 회복할 수 있을지 묻는 것이 중요하다는 것을 알 수 있다. 중요한 것은 어떻게 하면 내가 속한 제도나 사회에서 변화를 실행할 수 있는 역량을 가진 사람들을 더 잘 양성할 수 있는가이다.

이 가치들은 음악 교육에 무엇을 제공하는가

이제 개인적인 짧은 글로 이 책을 마무리하려는데, 그 이유는 음악과 교육 업무에 대해 숙고하고 개인적인 결정을 내릴 책임은 이에 관여하고 있는 모든 사람에게 있기 때문이다. 나는 모든 음악 교육자가 받아들이고 따라야 할 규범적인 가치들의 목록을 만들고자 한 것이 아니라, 내가 헌신하고 있으며 다른 사람들도 고려할 만한 가치들의 목록을 제안한다. 내가 논의해 왔던 가치들이 혹시 간과했거나 지나쳤던 다른 가치들로 보강되기를 바라며, 이러한 분석이 현실 세계에서 이루어지는 모든 음악적 · 교육적 행동에 앞서 수반되어야 하는 성찰을 보여 줄 수 있길 바란다.

내가 기술해 온 가치들은 학생, 교사, 음악가로서의 나의 사유, 존재, 행동을 인도하고 지속적으로 형성하는 북극성을 집단적으로 구성하는 가치들이다. 바랐던 만큼 모든 가치를 실천하며 살지는 못했지만, 이 가치들은 나에게 영감을 주었으며 의미의 원천이었다. 가족, 친구들, 동료들, 동기들의 삶과 업무, 그리고 음악가, 철학자, 교사들의 글에서 이 가치들의 모범을 볼 때 나는 이전보다 더 잘하려고 분발한다. 내가 속해 있는 공동체에서 이전에 알고는 있었지만 잊고 있었던 가치들을 다시 상기하게 되기도 하고, 전에는 미처 생각해 본 적 없는 가치들을 알게 되기도 한다. 또한 인생의 여정에서 예전의 학생들이 내 스승이 될 때도 나의 견해를 다시 검토하게 된다. 이러한 공동체들은 격려와 우정의 근원이며, 상상력에 날개를 달고 희망을 키울 수 있는 곳이다. 다양한 가치에 전념하며 음악과 음악 교육에 참여하는 사람들을 보면 각각의 사람들이 더 큰 진리의 일부를 보고 있음을 깨닫고 겸손해진다. 자신의 오류를 인정하는 것은 날 겸손하게 만들지만, 그것이 용기 있게 내 진리를 찾는 것을 방해해선 안 된다. 그래도 역시 내가 놓친 것을 파악할 수 있는 다른 이들과의 동반이 필요하다.

이 가치들은 내가 선이라고 생각하는 것들이 극단으로 갈 수 있고 악이라고 생각하는 것들에도 결점을 보완해 주는 특성이 있다는 것을 보여 준다. 가치들을 판단하고 적용하려면 자신이 관심을 갖고 따르고자 하는 모든 생각과 실천에 대한 신중함, 열린 마음, 비판적 사고가 요구된다. 실행한 것들을 그 기초를 이루는 가치들에 비추어 살펴보는 것은 특히 어려운 과정이다. 이론과 실행의 공동체들에서 동기는 종종 보이지 않으며, 인간성에는 결함이 있기에, 성급한 판단을 하지 않는 것이 중요하다. 글로 쓴 문장들이 다의적일 수 있듯이, 실제에 적용되는 가치들의 목록들도 마찬가지이다. 철학적으로 설명하는 것은 필연적으로 실천 작업을 그것의 원문으로 삼게 되지만, 이러한 임무를 수행할 때 일어나고 있는 일을 잘못 이해하고, 잘못 해석하며, 지나치게 단순화할 위험성이 있다. 예를 들어, 스몰(Christopher Small)은 서양 클래식 전통의 콘서트홀과 오케스트라 연주회 분석을 통해서 음악적 의식(儀式)에 대한 특정한 윤리적 관점을 입증하고 있다. 스몰은 음악가들을 그들이 (의식하지 않고 있으나) 연루되어 있는 더 큰 사회적 과정의 연기자들로 묘사한다. 그는 이러한 공연에 대해 깊은 존경심, 영성, 심지어 경외심을 갖고 있는 음악가들의 관점을 반영하지 않고, 음악가들의 동기와는 다른 입장에서 이 공연들을 비인간적이고 사회적으로 배타적인 것으로 설명한다.[44] 천사나 신이 되어 전체 그림을 파악할 수 있다면 어떨까? 누군가는 매우 유익하면서도 큰 결함이 있는 제도와 장소를 볼 것이고, 그 결과로 나타나는 그 사회의 그림은 스몰이 그린 것보다 훨씬 더 복잡할 것이다. 시야가 한정되었다는 측면은 있지만 스몰의 관점은 고려할 만한 가치가 있으며, 그림을 필연적으로 복잡하게 만들 다른 관점들 또한 포함할 필요가 있다.

내가 헌신하는 가치들이 극단으로 치달아 악이 될 수 있고 또한 악으로 간주되는 것들도 회복될 수 있다는 가능성을 고려할 때, 모든 생각과 실천에 대해 신중함, 열린 마음, 상상력, 모든 아이디어에 대한 비판적 사고 같은 지적 특성들이 나에게 필요하다. 드워킨(Ronald Dworkin)은 평등을 '최고의 미덕'으로 간주한다.[45] 나도 평등이 중요하다는 데 동의하지만, 어느 한 가치의 우월성보다는 가족, 종교, 정치, 경제 및 음악 기관의 규정들과 금지 사항들 간의 상충되고 경쟁되는 주장들을 가늠할 수 있는 지성의 필요성에 더 관심을 갖고 있다. 음악적·교육적 사고와 실천의 기초가 되어야 하는 가치들에 대해 생각하는 것은 철학적 논쟁과 경험적 증거에 의존한다. 셰플러(Israel Scheffler)는 가치를 판단하고 적용하는 데 필요한 지적 특성을 이성의 행사라고 보았는데, 이성이 교육에서 중심적인 역할을 한다는 그의 말은 옳다.[46] 그렇지만 이미 언급했듯이, 나는 지능에 대한 보다 넓은 시각과, 체화된 마음 및 '아는 몸', 중요한 윤리적 질문들로 고심해야 하는 전인(全人)을 선호한다.[47] 중요한 윤리적 질문이란 다음과 같은 것들이다. 가치 있는 것이란 무엇인가? 나는 어떤 가치에 전념하고 있는가? 최선을 추구하고 최악을 피하기 위해 내가 처한 상황에서 어떻게 헌신을 다할 수 있는가? 만약 실수하게 된다면 어떻게 되는가? 사고와 실천의 예기치 못한 결과를 감안한다면, 나는 이러한 질문에 매우 주의를 기울여 지적 열정을 가지고 접근해야 한다. 내 결정은 필연적으로 우연적이다. 그렇지만 역설적으로 결정의 순간에 이르렀으니 나도 성실하고 담대하게 행동할 수밖에 없다. 그렇게 하지 않는 것은 인도적인 음악과 교육에 전념하는 음악가, 교육가로서의 윤리적 책임을 포기하는 것이다. 의심의 여지없이 내가 실수하게 될 때, 내 생각과 실천의 방향을 바꿀 겸손이 필요하다.

음악과 교육으로의 적용에 있어서 이론과 실천 간의 긴장과 다의성을 인정하는 것은 가치들이 실제로 적용되는 방법에 대한 문제를 탐색하고 현상 세계에서 작동하는 방법을 알아내는 데 도움이 된다. 음악과 교육은 널리 퍼진 사회적 사업들이기 때문에 매우 관대하고 포용적인 공동체에서도 비판과 불일치의 가능성이 커진다. 우리의 헌신은 살아 있고 심지어 사랑받기에, 감정적 가치를 지닌 충돌이 일어나기도 하고 쉽게 개인적 문제가 될 수도 있다. 때로 질문들이 우리가 가장 소중하게 헌신하는 것들을 공격할 때, 또는 우리의 일이 오해받거나 훼손될 때, 또는 우리의 동기가 의심받을 때, 그 질문들을 흔쾌히 받아들이기는 힘들다. 앞서 언급했던 들뢰즈(Gilles Deleuze)의 매끈한 표면들에 대한 은유는 이론과 실제에서 가치들의 상호 관계를 이해하는 데 유용하다. 이론과 실제는 서로 뒤섞여 있어 이를 분리하는 것은 사실상 불가능하게 보인다.[48] 들뢰즈의 줄무늬 표면들에 대한 은유는 가치들이 실제를 통해 입증되는 특징적이고 주관적인 신념들이라는 사실을 강조하고 있다. 가치들을 잘못 귀속시키거나 잘못 적용할 가능성으로 인해 불일치와 갈등이 생길 수 있다. 이 혼란스러운 영역에서 사회와 문화를 더 올바른 시민성과 인간성의 방향으로 변화시키기 위해서는 겸손과 신중함의 지혜가 필요하다.[49]

이 연구를 이끌어 가는 질문들에 대해 총체적인 관점을 취하면, 이 가치들의 공통점이 무엇인지, 가치들이 음악 및 교육과 이론적으로 어떻게 공명하는지, 음악가와 교사가 직면하는 실제 어려움에 어떻게 적용되는지, 그리고 음악 교육에 무엇을 제시하고 있는지가 분명해진다. 이 책 전체를 통해 나는 음악과 교육의 이러한 가치들과 가능성들을 명확히 하려고 노력했다. 이 작업은 미완성이며, 이제 다른 사람들이 이 가치들과 또 다른 가치들을 더욱 개념화하고 비판하며 실천에 적용할 책임을 가지고 있다. 어떤 가치도 충분치 않으며 폐단이 없지 않겠지만, 가치들은 음악가와 교육자가 폭풍 속에서나 평온할 때나 한결같이 보다 인도적이고 예의 바른 사회를 향해 항해할 수 있도록 만든다. 어떤 가치들을 옹호할 것인지, 왜 그리고 어떻게 가치들을 해석하고 음악과 교육이 진행되는 모든 상황에 적용할 것인지 결정하는 것은 음악과 교육, 그리고 그것이 속한 사회와 문화의 미래에 있어 그 무엇보다 중요할 수 있다. 이 임무는 결코 끝나지 않는다. 모든 세대의 음악가들과 교육자들은 이 가치들을 새롭게 다시 생각할 것을 도전받고 있다.

이 글을 마치면서 나는 아직 남은 질문들과 또한 놀라움의 중요성에 대해 생각해 보고자 한다. 나는 이 책에서 논의된 가치들이 이전에 『음악 교육의 그림들(Pictures of Music Education)』에서 설명한 은유적 모델이나 모듈식 은유와 공명하거나 일치하는가가 궁금하다.[1] 이 이미지에는 상점과 소비, 마을과 공동체, 예술가와 도제, 혁명과 위반, 공장과 생산, 정원과 성장, 치료사와 치유, 법원과 규칙, 해변과 에너지, 가정과 비형식성, 안내와 교육학, 웹과 연결성에서 구상된 음악 교육이 포함되어 있다. 내가 앞선 가치의 사중주 장들을 계획할 때 이 그림들을 염두에 둔 것은 아니지만, 글을 쓰다 보니 연관성들이 떠올랐다. 나는 이러한 가치들과 직접 연관되어 보이는 그림 간의 공명을 간략히 그려 내고, 다른 그림들과도 연관될 수 있는 가치들의 미묘한 차이들을 지적하며, 앞으로 주목해야 할 문제들을 제기하려 한다.

제2장에서 살펴본 '예술성, 취향, 기능, 스타일'은 전 세계의 클래식과 토착 음악 전통에 공통적으로 나타나는 예술가와 도제의 그림들을 바로 연상시킨다.[2] 이러한 가치들을 예술적 지식과 그 실제에 적용할 수 있다. 이미 언급했듯이, 내가 알고 있는 모든 음악 전통들에서는, 여러 가지 방법과 정도의 차이는 있지만 주창자, 지지자, 대중들이 한결같이 이러한 가치들의 좋은 예를 보여 준다는 것을 알고 있다. 또한 이러한 가치들은 음악 교육의 안내와 교수법의 그림들에도 적용될 수 있으며, 교육 철학자들은 이러한 가치들이 음악과 다른 예술을 넘어선 지식의 형태들에 훨씬 더 광범위하게 적용되어야 한다고 제안하였다.[3] 예를 들어, 피닉스(Philip Phenix)는 미적 영역을 일반 교육에서 다루어야 할 영역들의 포괄적 목록 중 하나로 보고 있으며, 하워드(Vernon Howard)는 예술이 엄연히 학습을 위한 은유이며 교육과정에 주입되어야 한다고 믿는다.[4] 예술과 과학은 또한 중복되는데, 그 예로는 대중적으로 유리 꽃이라고 알려진, 하버드 자연사 박물관 세공품 컬렉션에 전시된 학술 연구를 위해 정교하

게 제작되고 식물학적으로도 정밀하게 만들어진 블라슈카(Blaschka) 유리 식물 모형을 들 수 있다.[5] 중요한 것은 이러한 가치가 종종 위반이나 혁명적 그림들과 관련된다는 점이다.[6] 도전하고, 때로는 뒤집으며, 아니면 전통적 신념들과 실천들을 위반하고, 새로운 예술적 신념들과 실천들을 구축하면서, 예술가들은 현 상황을 무너뜨리고 또한 예술뿐만 아니라 사회와 문화에 혁명을 촉진한다. 아탈리(Jacques Attali)와 같은 작가들이 오랫동안 예술을 사회 변화를 예언하는 것으로 여겼을 정도로, 사회 변화를 초래하는 예술의 힘은 강력하다.[7]

제3장에서 살펴본 '숭앙, 겸손, 경외, 영성'은 특히 치료사-치유의 그림과 관련된 것처럼 보인다.[8] 치유와 웰빙에 대한 총체적 접근법과 마음, 몸, 정신의 측면에 중점을 둔 이 그림들은 신화, 의식, 종교, 예술과 연관된 보이지 않는 이점들과 종종 연관된다. 이것은 랭어(Susanne Langer)가 명제적 담론을 초월하는 인간 의사소통의 일부를 표현하기 위해 감정의 표현과 표상적 또는 수행적 상징들을 사용하여 묘사한 영적 세계이다.[9] 종교가 이러한 가치를 육성하는 한, 음악과 교육은 마음, 몸, 영혼의 치유를 강조하고 특히 이러한 가치를 함양할 가능성이 있는 종교적 맥락들을 수행한다. 이 사중주의 가치들은 또한 학생들이 선생님을 존경하고, 선생님 앞에서 겸손을 표하고, 선생님의 뛰어난 능력에 경외감을 느끼며, 그들의 전통의 실천이 영적인 경험을 구성하는 예술가-도제 그림들 속의 세속적인 맥락에서 음악 교육의 특징일 수 있다.[10]

나는 제4장에 진술한 '품위, 평정, 절제, 규율'이 특히 공장-생산 그림들과 관련이 있다고 생각한다.[11] 처리 과정과 그에 관련된 사람들의 의례적 절차, 제품 생성의 합리적인 (심지어 감정 없는) 계획 및 실행, 가능한 한 개인으로부터 독립되도록 설계된 시스템 설계에 나타나는 제한 사항, 그리고 이 시스템이 고장나거나 그렇지 않으면 구식이 될 때까지 이 시스템을 고수하는 규율은 공장-생산 그림의 합리성과 특히 잘 들어맞는다. 이 가치들은 또한 교사와 학생 상호작용에서 격식을 강조하는 법원-규칙의 특징과, 공장-생산을 반영하고 재정적 이익을 위해 기업체의 테두리 안에서 수행되는 웹-연결성의 특징이 될 수도 있다.[12]

제5장에서 분석한 '사랑, 우정, 욕망, 헌신'은 특히 몬테소리(Maria Montessori)의 어린이집과 마틴(Jane Roland Martin)의 스쿨홈에 적절하게 포착된 가정-비형식성 그림들을 상기시킨다.[13] 이러한 가치들은 해변-에너지 그림과 연관될 수 있는데, 친구와 가족이 모여 서로 즐거움을 나누고, 뜻이 같은 사람들과 교감하며, 교사와 학생이 서

로 학습 주제들을 선택하고, 모두가 놀이에 참여하는 그런 곳이다.[14] 참여자들이 서로에 대해 그리고 학습 주제에 대해 느끼는 매력과 공감은 가정과 비형식적 공간에서 음악과 교육을 묶는 접착제가 된다.[15] 해변과 에너지의 경우, 상호 매력과 놀이는 참가자들이 충동과 욕구를 행동으로 옮기도록 활력을 불어넣어 준다. '사랑, 우정, 욕망, 헌신'은 음악 교육에 있는 가정−비형식성과 해변−에너지의 기초적인 은유와 특정한 음악, 교수, 학습, 교육, 교육과정 및 행정적 특성과 관련하여 이 그림들에서 다르게 나타날 수 있다.

제6장에 진술된 '기쁨, 행복, 즐거움, 축하'는 특히 해변과 에너지 그림과 관련되지만, 가정과 비형식성에도 적용된다.[16] 이러한 가치는 놀이의 존재 이유이며 해변−에너지로 해석되는 음악 교육을 촉진하고 활성화한다. 교수와 학습에 대한 긍정적 강화는 사람들이 음악을 알고 또 하는 데 필요한 에너지를 쓰도록 동기를 부여하는 데 가장 효과적인 것으로 추정된다. 이러한 가치는 그렇지 않았다면 무미건조하거나 지루했을 삶을 환히 밝히고 또한 삶에 의미와 충만한 삶을 살고자 하는 욕구를 부여한다. 이러한 가치들은 가정과 비형식성에도 채워지기를 바란다. '기쁨, 행복, 즐거움, 축하'가 없다면, 애초에 사람들이 왜 가정을 이루고 유지하려 할는지 상상하기 어렵다. 유감스럽게도 항상 그런 것은 아니다. 그러나 사람은 가정들과 가정−비형식성 그림들이 비록 해변과 에너지 그림들에 나타날 수 있는 것과는 다른 방식들로라도 여전히 '기쁨, 행복, 즐거움, 축하'의 표현들로 특징지어지기를 바란다.

나는 제7장에서 설명한 '신의, 끈기, 인내, 충성'을 특히 정원과 성장 그림들과 부분적으로 연관지어 생각한다.[17] 아마도 이 연관성은 내가 수십 년 동안 살았던 정원에 대한 애착에 깊이 뿌리내렸을 것이다. 특히 듀이(John Dewey)와 스즈키(Shinichi Suzuki)가 설명하는 것 같은 성장은 좋은 계절과 나쁜 계절을 겪으며 노력을 유지하는 충실함과 끈기, 식물들이 그 자신의 꽃과 열매를 맺고 성숙하게 자랄 때까지 기다리는 인내, 그리고 아름다운 정원을 가지려면 자신의 정원의 모든 식물을 돌보고, 다듬고, 재배치하거나, 번성할 모든 기회를 주는 충성심을 요구한다.[18] 이러한 가치들은 음악적 전통에 대한 신의, 연습에 대한 끈기, 점진적으로 음악가가 되기 위한 인내, 자신의 교사들과 동료들에 대한 충성심을 담아낸 예술가−도제 그림에 다소 다르게 적용될 수 있다.

제8장에서 논의된 '호기심, 상상력, 경이로움, 열린 마음'의 가치가 적용되는 그림

에는 웹-연결성이 포함되며 아마도 일부 사람들에게는 놀랍게도 '상점-소비와 공장-생산'이 포함될 것이다.[19] 이는 소비자들의 호응을 얻기 위해 경쟁하는 엔터테인먼트와 체험 공간으로 탈바꿈하는 '포스트 쇼핑몰' 시대에는 더욱 그러하다.[20] 교육에 대한 온라인 접근의 민주적 가능성을 통해 탈학교의 가능성을 예견한 일리치(Ivan Illich)는 이러한 가치를 모든 교육의 불꽃이자 모두를 위한 교육의 촉진 수단으로 본다.[21] 웹과 그와 관련된 연결성 모델은 개인적 호기심, 상상력 유발, 경이로움 촉발, 그리고 열린 마음을 기르는 데 의존한다. 만일 음악 교육에 사람들을 끌어들인다는 관점에서 상점-소비 그림을 생각해 본다면, 이러한 가치들은 잠재된 소비자들의 호기심, 상상력, 경이로움 및 열린 마음을 촉발하기 위해 교육 제품들을 포장하는 것에서 명확하게 드러날 것이다. 물론 이러한 가치들은 웹-연결성 그림들에서와는 다르게 강조되고 적용될 것이다. 예를 들어, 웹-연결성은 개인의 주체성, 적극성 및 욕구에 의존하지만, 상점-소비 요소로 볼 수도 있다. 비록 웹이 점차 기업 전략을 사용하여 상품들과 서비스들을 생산하고 이들을 구매하도록 사람들을 끌어들이면서 이러한 강조점들이 현실에서 흐려질 수 있지만, 웹-연결성, 상점-소비, 공장-생산의 그림들은 개념적으로는 구분되지만, 실제로는 서로 상호 연관될 수 있다.

제9장에서 분석한 '지혜, 이해, 지식, 탁월함'은 교육이 나아갈 영역과 이러한 지적 자질을 습득하고자 하는 학생의 과제를 알고 있으며, 예전에 이 길을 걸어온 현명한 음악가이자 교사에 바탕을 둔 안내와 교육학 그림들에 즉시 적용될 수 있는 것 같다.[22] 학문 분야에 대한 '지혜, 이해, 지식, 탁월함'의 습득을 강조하는 것은 학생들이 스스로 전문가가 되기 위해 집중적인 기간 동안 한 분야의 전문가와 함께 기꺼이 공부해야 한다는 예술가-도제 그림을 떠올리게 한다. '지혜, 이해, 지식, 탁월함'은 특히 안내-교육의 지적 초점과 예술가-도제의 실용적이고 예술적인 초점에 따라 다르게 전개될 수 있다. 그러나 명제적 지식과 절차적 지식에 관련된 각각의 그림들 세트마다 모두 명백히 겹치는 부분이 있고, 기악 음악 교사들은 자신들이 예술가를 키우는 일을 종종 교수법의 형태로 언급한다.

제10장에서 기술한 '정의, 평등, 공정, 포용'은 음악 교육의 법원-규칙 그림과 직접적으로 관련이 있다.[23] 내가 바탕으로 삼은 정의에 대한 철학적 개념들, 특히 롤스(John Rawls), 센(Amartya Sen), 데리다(Jacques Derrida)의 개념들은 격식과 규칙에 얽매인 행동을 강조하는 음악 교육에 대한 법원-규칙 접근 방식에 적합한 건설적, 해

체적, 규칙 지향적 함축들을 담고 있다.[24] 드워킨(Ronald Dworkin)과 앨런(Danielle Allen)이 제안한 것과 같은 평등 개념도, 비록 이들 역시 마을–공동체 그림들과 이어질 수도 있지만, 마찬가지로 법원–규칙 그림과 공명한다.[25] 공정, 특히 롤스가 내세운 생각은 정의와 서로 연결되어 있으며 법원–규칙 그림과 일치하겠지만, 마을–공동체의 그림과도 그럴 수 있을 것이다.[26] 포용, 특히 드워킨과 앨런이 법률적·정치적으로 생각한 포용은, 법원–규칙의 특색을 이루는 동시에 또한 마을–공동체를 예시하리라고 기대할 수 있을 것이다.[27] 이 사중주에 대해 이들이 또한 법원–규칙을 어느 정도 예시할 가능성이 높지만, 이러한 가치들은 예컨대 마을–공동체의 그림들과 같은 다른 그림들을 특징짓기도 한다.

가치들의 사중주들과 음악 교육의 은유적 모델들 또는 모듈식 은유들 사이의 이러한 상호연관성들은 내가 논의한 가치들의 모호성이 다양한 음악 교육 그림들에 적용될 때 어떻게 더욱 증폭되는지를 보여 준다. 모호성은 모호성을 낳는다. 이것이 음악과 교육의 작업을 복잡하게 만드는 실상이다. 비록 나는 음악가와 교육자가 자신들의 가치들을 깊이 생각하고 이들을 자신이 처한 실제 상황들과 연관시키는 방법들에 대해 제안하지만, 질문들은 늘어나고 곤경들은 더욱 위험해진다.

내가 지적했듯 이 글에서 다룬 가치들이 이들에 적용될 수 있음에도 불구하고, 마을과 공동체, 혁명과 위반, 상점과 소비에 대한 나의 예전 그림들에 대해 각별히 또한 직접 말하는 가치 사중주들을 내가 배제했음을 깨닫고 놀랐다. 이 그림들은 각각 협력과 상호성, 반대와 저항, 유혹과 선택과 같은 가치들과 관련될 것으로 추측할 수 있다. 이 연구에서 다루지 않았지만 협력과 상호성은 음악 교육에서 긍정적으로 해석된 가치들 중 하나이다. 반대와 저항, 유혹과 선택은 상호성과 협력에 전념하는 음악가와 교육자들에 의해 너무나 쉽게 무시될 수 있다. 위반과 배제처럼 부정적 가치를 지닐 수 있는 다른 것들도 이 분석 안에 잠복해 있지만 대체로 그 주변에 있다.[28] 이러한 가치들은 음악 교육에서 악(惡)으로 생각될 수 있지만, 회복으로도 해석될 수 있다.[29] 나의 천성적인 낙관주의를 고려하면, 교육적 선(善)으로 받아들여져 음악과 교육에 널리 사용되고 있거나, 잊고 있어서 다시 주목할 필요가 있는 가치들로 시작하는 것이 합리적이라고 생각되었다. 그러나 종종 악으로 여겨지지만 음악적·교육적으로 도움이 될 수 있는 것을 검토하는 것도 중요하다. 지면 부족으로 이에 대해서는 나중에 쓰도록 하겠다.

음악적 가치들과 교육적 가치들 사이의 모호성, 그리고 음악을 교육의 은유 및 교육을 음악의 은유로 해석할 가능성 등은 이 책의 범위를 넘어선 미해결 과제이다.[30] 이와 같은 잠재적으로 혁신적인 생각들은 음악, 교육, 그리고 음악 교육에 대한 전통적인 개념들에 도전하고 음악적 및 교육적 가치들에 관한 모호성들을 발생시킨다.[31] 또한 음악과 교육이 서로에 대한 은유로 간주될 때 음악과 교육에 대한 문자적 사고뿐만 아니라 비유적 사고에 대한 포상이 있다. 이 책에 함축되어 있기는 하지만, 이러한 생각들을 체계적으로 검토하는 임무는 이 책을 넘어선 과업으로 남아 있다.

개인적으로 가장 중요한 가치들이 너무 가까이 있어서 보지 못하는 경우일 수도 있다. 예컨대, 나는 자신의 신념들과 행동들이 올바른지, 그리고 이들을 버리거나 유지할 필요가 있는지를 비판적으로 자문하는 자기성찰의 가치에 대해 생각한다. 나는 앞선 장들 전체와 특히 제11장에서 현실적 어려움들에 대한 가치의 적용을 약술하면서 다양한 사중주를 어떻게 탐색해 나갈지를 결정하는 수단들로 이러한 가치에 의존하였다. 또한 내가 제1장에서 독자에게 묻고 이 책에서 내내 다룬 관용의 가치가 있다. 관용이라 함은 상대방에게 최상의 것을 기대하고, 그들을 최고로 보는 열린 마음, 환대, 우정을 의미한다. 그 중요성에도 불구하고 이 글에는 자기성찰이나 관용이 드러나지 않는다. 이러한 깨달음에 도달하는 것은 어떤 가치들을 드러내기 위해 음악적·교육적 실천들을 발굴하다 보면, 사각지대에 부딪힐 수도 있다는 사실을 보여 준다. 어떤 가치들은 눈에 잘 띄지만, 나에게 있어서 자기성찰과 관용처럼 잘 보이지 않을 수도 있다. 이들을 발견하는 것은 놀라움이 될 수 있다. 일단 이들이 드러나면, 이들에 질문하는 일이 남는다. 이 현실은 놀라움, 배우기 위한 글쓰기, 그리고 볼 수 없는 것을 보고, 들을 수 없는 것을 듣고, 그러지 않았다면 할 생각조차 못했던 행동을 하는 사람들의 공동체 내에서 이를 행하는 중요성을 강조한다.[32] 나는 내 스승이 되어 온 너그러운 마음의 독자들과 내가 함께 여행하는 특권을 누렸던 질문을 사랑하고 지혜를 찾는 사람들의 공동체에 엄청난 빚을 지고 있다.

후주

제1장. 문화, 인간성, 변화, 가치

1. Alfred North Whitehead, *The Aims of Education and Other Essays* (1929; repr., New York: Free Press, 1967).

2. Estelle R. Jorgensen, *In Search of Music Education* (Bloomington: Indiana University Press, 1997).

3. Vernon A. Howard, *Learning by All Means: Lessons from the Arts: A Study in the Philosophy of Education* (New York: Peter Lang, 1992)는 이 가능성을 파악하는 사람 중 하나이다.

4. Jorgensen, *In Search of Music Education*; Estelle R. Jorgensen, *Transforming Music Education* (Bloomington: Indiana University Press, 2003), *The Art of Teaching Music* (Bloomington: Indiana University Press, 2008), and *Pictures of Music Education* (Bloomington: Indiana University Press, 2011). Stephen L. Carter, *Civility: Manners, Morals, and the Etiquette of Democracy* (New York: Basic Books, 1998)는 민주적인 대화와 사회를 지속시키기 위하여 정중함의 필요성을 쓴다.

5. Philip Alperson, ed., *Worlds of Music: New Directions for the Philosophy of Music* (University Park, PA: Penn State University Press, 1998); Julian Johnson, *Who Needs Classical Music? Cultural Choice and Musical Value* (New York: Oxford University Press, 2002); Liz Garnet, *The British Barbershopper: A Study in Socio-Musical Values* (Aldershot, UK: Ashgate, 2005); Keith Moore Chapin and Lawrence Kramer, eds., *Musical Meaning and Human Values* (New York: Fordham University Press, 2009); Jerrold Levinson, *Musical Concerns: Essays in Philosophy of Music* (Oxford: Oxford University Press, 2015); Jayson Beaster-Jones, *Music Commodities, Markets, and Values: Music as Merchandise* (New York: Routledge, 2016).

6. homas A. Regelski, "Ethical Dimensions of School-Based Music Education," in *The Oxford Handbook of Philosophy in Music Education*, ed. Wayne D. Bowman and Ana Lucia Frega (New York: Oxford University Press, 2012), 284-304; Paul Woodford, *Democracy and Music Education: Liberalism, Ethics, and the Politics of Practice* (Bloomington and

Indianapolis: Indiana University Press, 2005); Robert Walker, *Music Education: Cultural Values, Social Change and Innovation* (Springfield, IL: Charles C. Thomas, 2007); Randall Everett Allsup and Heidi Westerlund, "Methods and Situational Ethics in Music Education," *Action, Criticism, and Theory for Music Education* 11, no. 1 (2012, March): 124-148, http://act.maydaygroup.org/articles/AllsupWesterlund11_1.pdf; Elizabeth Gould, "Feminist Imperative(s) in Music Education: Philosophy, Theory, or What Matters Most," *Educational Philosophy and Theory* 43, no. 2 (2011): 130-147, https://doi.org/10.1111/j.1469-5812.2008.00424.x; Hildegard C. Froehlich, *Sociology for Music Teachers: Perspectives for Practice* (New York: Routledge, 2016); David J. Elliott, Marissa Silverman, and Wayne D. Bowman, eds., *Artistic Citizenship: Artistry, Social Responsibility, and Ethical Praxis* (New York: Oxford University Press, 2016).

7. 다음의 예를 참고하시오. David Carr, "Moral Values and the Arts in Environmental Education: Towards an Ethics of Aesthetic Appreciation," *Journal of Philosophy in Education* 38, no. 2 (2004): 221-239, https://doi.org/10.1111/j.0309-8249.2004.00377.x; Joe Winston, *Beauty and Education* (New York: Routledge, 2010); Donald S. Blumenfeld-Jones, *Ethics, Aesthetics, and Education: A Levinasian Approach* (New York: Palgrave McMillan, 2016).

8. John Richmond, "Ethics and the Philosophy of Music Education," *Journal of Aesthetic Education* 30, no. 3 (Autumn 1996): 3-22, https://doi.org/10.2307/3333319 공립학교들에서 음악의 역할 속에서 문화적 긴장에 관한 토론은 다음을 참고하시오. J. Scott Goble, *What's So Important about Music Education?* (New York: Routledge, 2010), 특히 1장.

9. Thomas Byrne Edsall, *The Age of Austerity: How Scarcity Will Remake American Politics* (New York: Doubleday, 2012).

10. 다음의 예를 참고하시오. Robert D. Putnam and David E. Campbell, *American Grace: How Religion Divides and Unites Us* (New York: Simon and Schuster, 2012); Paul Maltby, *Christian Fundamentalism and the Culture of Disenchantment* (Charlottesville: University of Virginia Press, 2013); Darara Timotewos Gubo, *Blasphemy and Defamation of Religions in a Polarized World: How Religious Fundamentalism Is Challenging Fundamental Human Rights* (Lanham, MD: Rowan and Littlefield, 2014).

11. 예를 들어, 매덕스(Fiona Maddocks와 같은 기자들은, "The Future of the Arts: The Classical Music World Has Been Transfigured," *Guardian*, June 21, 2020, https://www.theguardian.com/music/2020/jun/21/the-future-of-the-arts-the-classical-music-world-has-been-transfigured, COVID-19 팬데믹이 클래식 음악계에 미친 영향을 기록하였다. 음악 교육자들은 음악 교수와 학습에 관한 대화 및 음악 연주와 원격 교육에 사용되는 테크놀로지를 재고하기 위하여 'COVID-19 시대의 대학 음악 레슨' 그리고 '온라인 교육을 만드는 음악 교육자들'과

같은 페이스북 그룹들을 만들었다.

12. June Boyce Tillman, *Constructing Musical Healing: The Wounds That Sing* (London: Jessica Kingsley, 2000).

13. Friedrich Schiller, *On the Aesthetic Education of Man, in a Series of Letters*, ed. and trans. Elizabeth M. Wilkinson and L. A. Willoughby (Oxford: Clarendon, 1967), ninth letter, 61.

14. Herbert Read, *Education through Art*, 3rd edition (New York: Pantheon Books, 1956).

15. Jacques Maritain, *The Responsibility of the Artist* (New York: Charles Scribner's Sons, 1960). 나에게 예술가의 의무에 관한 마리탱의 조언을 상기시켜 준 보그단에게 고마움을 표한다.

16. Hannah Arendt, *The Origins of Totalitarianism*, 새로운 호와 더해진 서문들(1968; repr., Boston: Houghton, Mifflin, Harcourt, c. 1994).

17. Aristotle, *Nicomachean Ethics*, trans. and ed. Roger Crisp (Cambridge: Cambridge University Press, 2000), book 2, para. 1109b, 36. James Legge, *The Chinese Classics (Confucian Analects)* (London, 1861; Project Gutenberg, 2005), book 1, VI, "Yung Yeh," para. 27, https://www.gutenberg.org/ebooks/3330: "The Master said, 'Perfect is the virtue which is according to the Constant Mean!'" 아무것도 과하게 취하지 않는다는 고대의 생각은 그리스 신화에 나타난다. 이카루스의 아버지 다이달로스는 이카루스가 크레타에서 비행할 수 있도록 깃털과 밀랍으로 날개를 만들어 주었다. 다이달로스는 아들에게 너무 높지도 너무 낮지도 않게 비행할 것을 지시하였지만, 안타깝게도 이카루스는 태양에 너무 가까이 날아 밀랍이 녹아서 그의 이름을 딴 바다에 떨어졌다.

18. 나는 이 비유를 제안해 준 랜달 알섭에게 고마움을 표한다.

19. Deanne Bogdan, "Dissociation/Reintegration of Literary/Musical Sensibility," in *Humane Music Education for the Common Good*, ed. Iris M. Yob and Estelle R. Jorgensen (Bloomington: Indiana University Press, 2020), 232–247.

20. Maxine Greene, *Releasing the Imagination: Essays on Education, the Arts, and Social Change* (San Francisco: Jossey-Bass, 1995), 43. 이 혁신적인 접근법은 나의 이전 문헌 *Transforming Music Education* (Bloomington: Indiana University Press, 2003)과 일치한다.

21. 보그단은 나의 *In Search of Music Education*, *Philosophy of Music Education Review* 6, no. 1 (Spring 1998): 71-73을 논평하며 이 구절을 사용한다.

22. Øivind Varkøy, Frederik Pio, Hanne Fossum, Eva Georgii-Hemming, and Christian Rolle, "Perspectives on Uniformity, Sameness, and Homogeneity, and Proclamations of Pluralism, Diversity, and Heterogeneity," *Philosophy of Music Education Review* 25, no. 1 (Spring 2017): 4-99, https://www.jstor.org/stable/10.2979/philmusieducrevi.25.issue-1.

23. Claude Lévi-Strauss, *The Raw and the Cooked: Mythologiques*, vol. 1, trans. John and Doreen Wieghtman (1969; repr., Chicago: University of Chicago Press, 1983).

24. Northrop Frye, *The Educated Imagination* (1963; repr., Toronto: House of Anansi, 1993)

25. Deanne Bogdan, *Re-educating the Imagination: Towards a Poetics, Politics, and Pedagogy of Literary Engagement* (Portsmouth, NH: Boynton/Cook-Heinemann, 1992).

26. 예술에서 문화와 교육의 관계에 관한 철학적 토론을 위하여 다음을 참고하시오. Ralph A. Smith, ed., *Culture and the Arts in Education: Critical Essays on Shaping Human Experience* (New York: Teachers College Press, 2006).

27. Jorgensen, *In Search of Music Education*, 23-29.

28. Werner Jaeger, *Paideia: The Ideals of Greek Culture*, 3 vols., trans. Gilbert Highet (New York: Oxford University Press, 1939, 1943, 1944). 독일 학문의 기념이 될 만한 이 작품의 번역본은 전쟁의 시기에 뉴욕시에서 출판되었다. 이 성과는 이 어려운 시기에 고전학과 국제주의에 대한 학문적 헌신을 나타낸다.

29. John Dewey는 교육(education)이라는 단어를 문화(culture)로 바꾸는 것을 고려하였다. 문화에 관한 그의 문헌 중 다음을 참고하시오. *Art as Experience* (1934; repr., New York: Paragon Books, 1979). 그의 추종자들은 이러한 문화와 교육 사이의 긴밀한 연관성을 John Dewey Society 학술지의 제목,『*Education and Culture*』로 포착한다.

30. 이러한 교육의 개념들에 관하여 다음을 참고하시오. Jorgensen, *In Search of Music Education*, 1장.

31. Lévi-Strauss, *The Raw and the Cooked*.

32. 메소포타미아 예배 의식의 복잡함은 잘 확립되어 있다. 다음의 예를 참고하시오. Henry George Farmer, "The Music of Ancient Mesopotamia," in *The New Oxford History of Music, Vol. 1: Ancient and Oriental Music*, ed. Egon Wellesz (London: Oxford University Press, 1957), 228-254. 보다 최근 문헌의 개요를 읽으려면 Grove Music Online에서 저자 Anne Kilmer와 Sam Mirelman의 "Mesopotamia" 검색, 2021년 2월 22일 접속, https://doi.org/10.1093/gmo/9781561592630.article.18485.

33. Donald Arnstine, *Democracy and the Arts of Schooling* (Albany: State University of New York Press, 1995).

34. Neil Postman, *Technopoly: The Surrender of Culture to Technology* (New York: Vintage Books, 1992).

35. Arnstine, *Democracy and the Arts of Schooling*; Howard, *Learning by All Means*; and June Boyce-Tillman, *Constructing Musical Healing: The Wounds That Sing* (London: Jessica Kingsley, 2000).

36. Harry S. Broudy, *Enlightened Cherishing: An Essay on Aesthetic Education* (Urbana: University of Illinois Press, 1994); Philip H. Phenix, *Realms of Meaning: A Philosophy of the Curriculum for General Education* (1964; repr., Ventura, CA: Ventura County Superintendent of Schools Office, 1986); Howard, *Learning by All Means*; James Fowler, *Strong Arts, Strong Schools: The Promising Potential and Shortsighted Disregard of the*

Arts in American Schooling (New York: Oxford University Press, 1996); Ralph A. Smith, Culture and the Arts in Education: Critical Essays on Shaping Human Experience (New York: Teachers College Press, 2006), 그리고 그의 편집된 모음집, Aesthetics and Problems of Education: Readings in the Philosophy of Education (Urbana and Chicago: University of Illinois Press, 1971); Maxine Greene, Releasing the Imagination: Essays on Education, the Arts, and Social Change (San Francisco: Jossey-Bass, 1995) 그리고 그녀의 Variations on a Blue Guitar: The Lincoln Center Institute Lectures on Aesthetic Education (New York: Teachers College Press, 2001).

37. Herbert Read, Education through Art (London: Faber and Faber, 1943).

38. Jorgensen, Pictures of Music Education.

39. Peter Kivy, "Music and Liberal Education," 그리고 John Shepherd, "Music and the Last Intellectuals," in The Philosopher, Teacher, Musician: Contemporary Perspectives on Music Education, ed. Estelle R. Jorgensen (Urbana: University of Illinois Press, 1993), 79-93, 95-114.

40. Börje Stålhammar, ed., Musical Identities and Music Education (Aachen, Germany: Shaker, 2006); Lucy Green, ed., Learning, Teaching, and Musical Identity: Voices across Cultures (Bloomington and Indianapolis: Indiana University Press, 2011).

41. Martha C. Nussbaum, Cultivating Humanity: A Classical Defense of Reform in Liberal Education (Cambridge, MA: Harvard University Press, 1997)은 인본주의적 교육을 증명하기 위하여 고전학을 활용한다.

42. Friedrich Schiller, On the Aesthetic Education of Man in a Series of Letters, trans. Elizabeth M. Wilkinson and L. A. Willoughby (1967; repr., Oxford: Clarendon, 1986). John Dewey 가 Democracy and Education: An Introduction to the Philosophy of Education (1916; repr., New York: Free Press, 1966)에서 환경과 상호작용하는 '살아 있는 유기체(live organism)'에 대하여 말할 때, 비록 여기서 그치지 않지만 이러한 인류의 물리적인 관점을 불러일으킨다.

43. William Golding, Lord of the Flies (London: Faber and Faber, 1954).

44. Maxine Greene, The Dialectic of Freedom (New York: Teachers College Press, 1988).

45. Amy Gutmann과 Dennis Thompson은 Democracy and Disagreement (Cambridge, MA: Belknap Press of Harvard University Press, 1996)을 통하여 정치에서 도덕적 갈등들이 불가피하며, 이러한 갈등들을 해결하기 위하여 '숙의 민주주의(deliberative democracy)'를 조언한다.

46. R. S. Peters, Ethics and Education (London: George Allen and Unwin, 1966)과 그의 Moral Development and Moral Education (London: George Allen and Unwin, 1981); David Carr, Professionalism and Ethics in Teaching (London and New York: Taylor and Francis, 1999); David Carr and J. W. Steutel, eds., Virtue Ethics and Moral Education (London and New

York: Routledge, 1999).

47. Regelski, "Ethical Dimensions of School-Based Music Education."

48. Carol Gilligan, *In a Different Voice: Psychological Theory and Women's Development* (Cambridge, MA: Harvard University Press, 1982); Nel Noddings, *Caring: A Feminine Approach to Ethics and Moral Education* (Berkeley: University of California Press, 1984)와 그녀의 *Critical Lessons: What Our Schools Should Teach* (Cambridge: Cambridge University Press, 2006); Raimond Gaita, *A Common Humanity: Thinking about Love and Truth and Justice* (London and New York: Routledge, 2014).

49. Carr, *Professionalism and Ethics in Teaching*; Carr and Steutel, eds., *Virtue Ethics and Moral Education*.

50. Israel Scheffler, *In Praise of the Cognitive Emotions and Other Essays on the Philosophy of Education* (New York: Routledge, Chapman and Hall, 1991); Iris M. Yob, "The Cognitive Emotions and Emotional Cognitions," *Studies in Philosophy and Education* 16, no. 1-2 (1997): 43-57, https://doi.org/10.1023/A:1004990702983.

51. Vernon A. Howard, *Artistry: The Work of Artists* (Indianapolis, IN: Hackett, 1982).

52. 예를 들어, Elliot W. Eisner, *Cognition and Curriculum Reconsidered*, 2nd ed. (New York: Teachers College Press, 1994); Doris Sommer, *Bilingual Aesthetics: A New Sentimental Education* (Durham, NC: Duke University Press, 2004); Thomas A. Regelski and J. Terry Gates, eds., *Music Education for Changing Times: Guiding Visions for Practice* (Dordrecht, Netherlands: Springer, 2009); Gayatri Chakravorty Spivak, *An Aesthetic Education in the Era of Globalization* (Cambridge, MA: Harvard University Press, 2012); Donald S. Blumenfeld-Jones, *Curriculum and the Aesthetic Life: Hermeneutics, Body, Democracy, and Ethics in Curriculum Theory and Practice* (New York: Peter Lang, 2012).

53. Estelle R. Jorgensen, "William Channing Woodbridge's Lecture 'On Vocal Music as a Branch of Common Education' Revisited," *Studies in Music* (University of Western Australia) 18 (1984): 1-32. Reprinted in *Visions of Music Education* 14 (June 2009), http://www-usr.rider.edu/~vrme/v14n1/vision/woodbridge.pdf.

54. 음악 교육의 역사에 관한 다음을 참고하시오. Michael L. Mark and Charles L. Gary, *A History of American Music Education*, 3rd ed. (Lanham, MD: Rowman and Littlefield Education, 2007); James A. Keene, *A History of Music Education in the United States*, 2nd ed. (Centennial, CO: Glenridge, 2009); Michael Mark and Patrice Madura, *Contemporary Music Education*, 4th ed. (Boston: Schirmer, 2014).

55. 음악을 만들고 받아들이는 변증법에 관하여 다음을 참고하시오. Jorgensen, *In Search of Music Education*, 83-87.

56. Estelle R. Jorgensen, "Engineering Change in Music Education: A Model of the Political

Process Underlying the Boston School Music Movement (1829-1838)," *Journal of Research in Music Education* 31 (1983): 67-75, https://doi.org/10.2307/3345111.

57. Jorgensen, *In Search of Music Education*.

58. Jorgensen, *Transforming Music Education*.

59. Gilles Deleuze and Felix Guattari, *A Thousand Plateaus: Capitalism and Schizophrenia*, trans. Brian Massumi (Minneapolis and London: University of Minnesota Press, 1987).

60. Howard, *Artistry*, 6장.

61. Estelle R. Jorgensen, "On the Development of a Theory of Musical Instruction," *Psychology of Music* 8 (1980): 25-30, https://doi.org/10.1177/030573568082003에서 나는 음악 교육적 방법을 통하여 음악 교육에 관하여 생각하기 위해 음악, 교수와 학습, 교육과정, 교육, 행정 등을 서술하였고, Jorgensen, *Pictures of Music Education*에서 이 접근법을 묘사하였다.

62. Henry A. Giroux, *Border Crossings: Cultural Workers and the Politics of Education* (1992; repr., New York and London: Routledge, 1993)은 문화 정책에 참여하는 모든 사람을 문화 노동자(cultural workers)라고 표현한다. 이 용어는 자신을 엄격하게 교육자나 교사로 생각하지 않는 정치인 및 다른 사람들을 포함한다. 지루(Giroux)의 관점은 비록 학교의 경계들과 형식적인 일반 교육에서 계속될지라도, 광범위한 정부와 기관들의 교육과정에 관한 나의 관점과 일치한다.

제2장. 예술성, 취향, 기능, 스타일

1. Vernon A. Howard, *Learning by All Means: Lessons from the Arts: A Study in the Philosophy of Education* (New York: Peter Lang, 1992).

2. Werner Jaeger, *Paideia: The Ideals of Greek Culture*, 3 vols., trans. Gilbert Highet (New York: Oxford University Press, 1939, 1943, 1944).

3. John Dewey, *Art as Experience* (1934; repr., New York: Paragon Books, 1979).

4. 예술, 문화 및 교육에 대해서는 다음을 참고하시오. Donald Arnstine, *Democracy and the Arts of Schooling* (Albany: State University of New York Press, 1995); Seyla Benhabib, *The Claims of Culture: Equality and Diversity in the Global Era* (Princeton, NJ: Princeton University Press, 2002); Harry S. Broudy, *Enlightened Cherishing: An Essay on Aesthetic Education* (Urbana and Chicago: University of Illinois Press, 1994); Maxine Greene, *Releasing the Imagination: Essays on Education, the Arts, and Social Change* (San Francisco: Jossey-Bass, 1995); Maxine Greene, *Variations on a Blue Guitar: The Lincoln Center Institute Lectures on Aesthetic Education* (New York: Teachers College Press, 2001); Jane Roland Martin, *Cultural Miseducation: In Search of a Democratic Solution* (New York: Teachers College Press, 2002); Jane Roland Martin, *School Was Our Life: Remembering Progressive Education* (Bloomington: Indiana University Press, 2018); Martha C. Nussbaum,

Cultivating Humanity: A Classical Defense of Reform in Liberal Education (Cambridge, MA: Harvard University Press, 1997); Martha C. Nussbaum, *Poetic Justice: The Literary Imagination and Public Life* (Boston: Beacon, 1995); Herbert Read, *Education through Art* (London: Faber and Faber, 1943).

5. Plato, *The Republic of Plato*, trans. Francis Macdonald Cornford (1941; repr., Oxford: Oxford University Press, 1942); Aristotle, *Aristotle's Poetics*, trans. George Whalley, eds. John Baxter and Patrick Atherton (Montreal, PQ: McGill-Queen's University Press, 1997); Friedrich Schiller, *On the Aesthetic Education of Man in a Series of Letters*, trans. Elizabeth M. Wilkinson and L. A. Willoughby (1967; repr., Oxford: Clarendon, 1986); Dewey, *Art as Experience*.

6. Vernon A. Howard, *Artistry: The Work of Artists* (Indianapolis, IN: Hackett, 1982); Vernon A. Howard, *Charm and Speed: Virtuosity in the Performing Arts* (New York: Peter Lang, 2008); Bennett Reimer, *A Philosophy of Music Education: Advancing the Vision*, 3rd edition (Upper Saddle River, NJ: Prentice-Hall, 2003); David J. Elliott and Marissa Silverman, *Music Matters: A Philosophy of Music Education*, 2nd edition (New York: Oxford University Press, 2014); Wayne D. Bowman and Ana Lucia Frega, eds., *The Oxford Handbook of Philosophy in Music Education* (New York: Oxford University Press, 2012).

7. 제도와 음악 교육에 대해서는 다음을 참고하시오. Estelle R. Jorgensen, *In Search of Music Education* (Urbana: University of Illinois Press, 1997), 2장.

8. OED 온라인에서 "Artist, 명사" 검색, 2018년 10월 17일 접속, https://www.oed.com/view/Entry/11237; 온라인 어원사전에서 "Artist" 검색, 2018년 10월 17일 접속, https://www.etymonline.com/word/artist.

9. Nan Cooke Carpenter, *Music in the Medieval and Renaissance Universities* (Norman: University of Oklahoma Press, 1958), 특히 3장.

10. OED 온라인에서 "artist, 명사" 검색.

11. OED 온라인에서 "Artistry, 명사" 검색, 2018년 10월 17일 접속, https://www.oed.com//view/Entry/11246

12. Estelle R. Jorgensen, "'This-with-That': A Dialectical Approach to Teaching for Musical Imagination," *Journal of Aesthetic Education* 40, no. 4 (Winter 2006): 1-20, https://doi.org/10.1353/jae.2006.0035.

13. Howard, *Artistry*, 6장.

14. 다음의 논문들을 참고하시오. Aaron Copland, *Music and Imagination* (Cambridge, MA: Harvard University Press, 1980); Susanne K. Langer, *Feeling and Form: A Theory of Art Developed from Philosophy in a New Key* (London: Routledge, 1953); Northrop Frye, *The Educated Imagination* (1963; repr., Toronto: House of Anansi, 1993).

15. Philip Alperson, *What Is Music? An Introduction to the Philosophy of Music* (1987; University Park: Pennsylvania State University Press, 1994); Elliott and Silverman, *Music Matters*; David J. Elliott, ed., *Praxial Music Education: Reflections and Dialogues* (New York: Oxford University Press, 2005).

16. David J. Elliott, Marissa Silverman, and Wayne D. Bowman, eds., *Artistic Citizenship: Artistry, Social Responsibility, and Ethical Praxis* (New York: Oxford University Press, 2016).

17. David Ward-Steinman, "On Composing: Doing It, Teaching It, Living It," *Philosophy of Music Education Review* 19, no. 1 (Spring 2011): 5-23, https://www.jstor.org/stable/10.2979/philmusieducrevi.19.1.fm, 이 논문은 작곡가가 좋은 작품 속의 사소한 부분을 반드시 올바르게 만들고자 하는, 그 사실 자체가 매우 중요함을 알려 주는 글이다. 이 논문을 상기해 준 욥(Iris M. Yob)에게 감사의 마음을 전하고자 한다.

18. 음악 만들기와 음악 수용 사이의 변증법에 대해서는 다음의 논문을 참고하시오. Jorgensen, *In Search of Music Education*, 83-87.

19. 즉흥연주에 대한 광범위하고 학제적인 비판적 관점은 다음을 참고하시오. *The Oxford Handbook of Critical Improvisation Studies*, vol. 1, ed. George Lewis and Benjamin Piekut (New York: Oxford University Press, 2016).

20. 음악과 사회 계층의 관계는 다음을 참고하시오. Derek B. Scott, ed., *Music, Culture, and Society: A Reader* (2000; repr., New York: Oxford University Press, 2002), part 3. 또한 음악과 권력의 관계는 다음을 참고하시오. Jacques Attali, *Noise: The Political Economy of Music*, trans. Brian Massumi (Minneapolis: University of Minnesota Press, 1985).

21. 이는 20세기 음악학 및 민족음악학 연구에 잘 기록되어 있다. 예를 들어, 다음을 참고하시오. Karl Geiringer and Irene Geiringer, *The Bach Family: Seven Generations of Creative Genius* (New York: Oxford University Press, 1954); Christoph Wolff, *The New Grove Bach Family* (New York: W. W. Norton, 1983); George Martin, *The Dambrosch Dynasty: America's First Family of Music* (Boston: Houghton Mifflin, 1983); Daniel M. Neuman, *The Life of Music in North India: The Organization of an Artistic Tradition* (Detroit: Wayne State University Press, 1980).

22. 미국 음악가 연맹과 배우 평등 협회의 현재의 어려움에 대해서는 다음을 참고하시오. Rachel Shane, "Resurgence or Deterioration? The State of Cultural Unions in the 21st Century," *Journal of Arts Management, Law and Society* 43, no. 3 (2013): 139-152, https://doi.org/10.1080/10632921.2013.817364.

23. Donald Francis Tovey, *Essays in Musical Analysis*, 6 vols. (London: Oxford University Press, Humphrey Milford, 1935-1939).

24. Thomas A. Regelski, "The Aristotelian Bases for Praxis for Music and Music Education," *Philosophy of Music Education Review* 6, no. 1 (Spring 1998): 22-59, https://www.jstor.

org/stable/40327113.

25. 다음의 예를 참고하시오. J. Scott Goble, "Perspectives on Practice: A Pragmatic Comparison of the Praxial Philosophies of David Elliott and Thomas Regelski," *Philosophy of Music Education Review* 11, no. 1 (Spring 2003): 23-44, https://www.jstor.org/stable/40327196.

26. Doreen Rao, "Craft, Singing Craft, and Musical Experience: A Philosophical Study with Implications for Vocal Music Education as Aesthetic Education" (PhD diss., Northwestern University, 1988), 노래하는 기교는 음악적 예술성의 기본 구성요소이며, 더 넓은 미적 교육의 일부이다. 음악 교육에 대한 그녀의 연주 기반 접근은 엘리엇과 실버만의 『Music Matters』에 앞서 제시되었다.

27. Johan Huizinga, *Homo Ludens: A Study of the Play-element in Culture* (1950; repr., Boston: Beacon, 1955); Armand D'Angour, "Plato and Play: Taking Play Seriously," *American Journal of Play* 5, no. 3 (Spring 2013): 293-307, https://www.journalofplay.org/sites/www.journalofplay.org/files/pdf-articles/5-3-article-plato-and-play.pdf.

28. 세실리아 성인을 위한 음악적 찬가, 국가, 찬송가 및 기타 음악 작품에도 불구하고, 여성들의 음악에 대한 기여는 대부분 클래식 음악의 정통 및 그 역사에서 무시되거나 주변화되었다. 편집된 저작물인 Susan C. Cook and Judy S. Tsou, *Cecilia Reclaimed: Feminist Perspectives on Gender and Music* (Urbana: University of Illinois Press, 1994)는 여성의 공헌이 서양음악에서 중심적인 위치를 차지할 자격이 있음을 인정하고자 한다.

29. 영성, 음악, 음악 교육에 관한 저술가들 사이에서 다음을 참고하시오. June Boyce-Tillman, "Towards an Ecology of Music Education," *Philosophy of Music Education Review* 12, no. 2 (2004): 102-125, https://www.jstor.org/stable/40327232; June Boyce-Tillman, *Experiencing Music—Restoring the Spiritual: Music as Well-Being* (Bern, Switzerland: Peter Lang, 2016) 및 June Boyce-Tillman, ed., *Spirituality and Music Education: Perspectives from Three Continents* (Oxford: Peter Lang, 2017); Iris M. Yob, "If We Knew What Spirituality Was, We Would Teach for It," *Music Educators Journal* 98, no. 2 (December 2011): 41-47, https://doi.org/10.1177/0027432111425959; Iris M. Yob, "Why Is Music a Language of Spirituality?" *Philosophy of Music Education Review* 18, no. 2 (Fall 2010): 145-151, https://doi.org/10.2979/pme.2010.18.2.145; Liora Bresler, ed., *International Handbook of Research in Arts Education* (Dordrecht, Netherlands: Springer, 2007), section 13: "Spirituality."

30. Neuman, *Life of Music in North India*, 2장.

31. 음악과 무아지경에 관한 연구는 다음을 참고하시오. Gilbert Rouget, *Music and Trance: A Theory of the Relations between Music and Possession*, trans. Brunhilde Biebuyk with the author (Chicago: University of Chicago Press, 1985). 또한 희생의 복제로서의 음악의 개념에 대해서는 Attali, *Noise*, 특히 2장을 참고하시오.

32. Estelle R. Jorgensen, "Another Perspective: The Joyous Composer," *Music Educators Journal* 102, no. 3 (March 2016): 71-74, https://doi.org/10.1177/0027432115621864.

33. 방법에 대해서는 다음을 참고하시오. Howard, *Artistry*, 3장.

34. 다음을 참고하시오. Israel Scheffler, *In Praise of the Cognitive Emotions and Other Essays on the Philosophy of Education* (New York: Routledge, Chapman and Hall, 1991), 3장. 그리고 지식과 기능에 관한 다음의 글도 도움이 될 것이다. Scheffler, *Conditions of Knowledge: An Introduction to Epistemology and Education* (Chicago: University of Chicago Press, 1965) 5장.

35. 다음을 참고하시오. Susanne K. Langer, *Philosophy in a New Key: A Study in the Symbolism of Reason, Rite, and Art*, 3rd edition (Cambridge, MA: Harvard University Press, 1957); Susanne K. Langer, *Feeling and Form: A Theory of Art Developed from Philosophy in a New Key* (London: Routledge, 1953); Susanne K. Langer, *Mind: An Essay on Human Feeling*, 3 vols. (Baltimore: Johns Hopkins Press, 1967, 1972, 1982).

36. 랭어의 아이디어를 검토하려면 *Philosophy of Music Education Review* 1, no. 1 (spring 1993), https://www.jstor.org/stable/i40013909의 특별한 이슈를 참고하시오.

37. Philip H. Phenix, *Realms of Meaning: A Philosophy of the Curriculum for General Education* (1964; repr., Ventura, CA: Ventura County Superintendent of Schools Office, 1986)의 "The Third Realm: Esthetics."

38. Nelson Goodman, *Ways of Worldmaking* (Indianapolis, IN: Hackett, 1978).

39. Lucy Green, *How Popular Musicians Learn: A Way Ahead for Music Education* (2002; repr., Abingdon, UK, and New York: Routledge, 2016).

40. 다음을 참고하시오. Hilary Hahn, "What Did You Bring to Play for Me Today? The Concertos-and Lessons-I Learned from My Two Greatest Teachers," *Slate*, 2015년 7월 19일 접속, https://slate.com/culture/2015/07/violinist-hilary-hahn-on-her-two-greatest-teachers-and-on-the-mozart-and-vieuxtemps-concertos-they-taught-her.html.

41. Scheffler, *In Praise of the Cognitive Emotions*, 3장.

42. OED 온라인에서 "Taste, 첫 번째 명사적 정의" 검색, 2018년 10월 24일 접속, https://www.oed.com/view/Entry/198050?

43. OED 온라인에서 "Taste, 동사" 검색, 2018년 10월 24일 접속, https://www.oed.com/view/Entry/198052.

44. Max Van Manen, *The Tact of Teaching: The Meaning of Pedagogical Thoughtfulness* (Albany: State University of New York Press, 1991).

45. 놀라움의 역할과 불가피성에 대해서는 다음을 참고하시오. Scheffler, *In Praise of the Cognitive Emotions*, 12-15, 35-36.

46. Randall Everett Allsup, *Remixing the Classroom: Toward an Open Philosophy of Music*

Education (Bloomington: Indiana University Press, 2016).

47. Maxine Greene, *The Dialectic of Freedom* (New York: Teachers College Press, 1988), 4장.

48. John Dewey, *Experience and Education* (1938; repr., New York: Collier Books, 1963).

49. 다음의 예를 참고하시오. Percy A. Scholes, *Music, the Child, and the Masterpiece: A Comprehensive Handbook of Aims and Methods in All That Is Usually Called "Musical Appreciation"* (London: Oxford University Press, Humphrey Milford, 1935).

50. 다음의 글들을 참고하시오. Alexandra Kertz-Welzel, "'Two Souls, Alas, Reside Within My Breast': Reflections on German and American Music Education Regarding the Internationalization of Music Education," *Philosophy of Music Education Review* 21, no. 1 (Spring 2013): 52–65, https://doi.org/10.2979/philmusieducrevi.21.1.52; Leonard Tan, "Response to Alexandra Kertz-Welzel's "Two Souls, Alas, Reside within My Breast": Reflections on German and American Music Education Regarding the Internationalization of Music Education," *Philosophy of Music Education Review* 23, no. 1 (Spring 2015): 113–117, https://doi.org/10.2979/philmusieducrevi.23.1.113.

51. Immanuel Kant, *Critique of Judgment*, trans. James Creed Meredith (1952; repr., Oxford: Clarendon, 1982), part 1, §§5–8, 50–57.

52. Jorgensen, *In Search of Music Education,* 2장.

53. 음악적 취향의 심리적 · 사회적 뿌리를 탐구하기 위한 독창적인 연구 중에서 나는 Paul R. Farnsworth, *Musical Taste: Its Measurement and Cultural Nature* (Stanford, CA: Stanford University Press, 1950)의 연구를 생각한다.

54. 자아실현은 최적의 경험에서 분명히 나타난다. 다음을 참고하시오. Abraham H. Maslow, "Music Education and Peak Experience," *Music Educators Journal* 54, no. 6. (February 1968), 72+, 171, https://doi.org/10.2307/3391274 및 그의 *The Farther Reaches of Human Nature* (1971; repr., Harmondsworth, UK: Penguin, 1976), 3장.

55. Bernarr Rainbow and Gordon Cox, *Music in Educational Thought and Practice: A Survey from 800BC* (Woodbridge, Suffolk, UK: Boydell, 2006), 19.

56. 다음을 참고하시오. Plato, *Republic*, §§401d–403c, 100–102; §§509d–511e, 236–248; §§ 535a–541b, 268–276.

57. Zoltán Kodály, *The Selected Writings of Zoltán Kodály*, ed. Ferenc Bónis, trans. Lili Halápy and Fred Macnicol (London: Boosey and Hawkes, 1974), 140. 또한 코다이는 "내재적 가치가 있는 예술만이 어린이에게 적합하다! 다른 모든 것은 해롭다."(p. 122)라고 주장하였다.

58. James A. Keene, *A History of Music Education in the United States*, 2nd ed. (Centennial, CO: Glenridge, 2009).

59. 예를 들어, Ann Margaret Daniel, "Violins and Fiddles: Roots Reigns at Boston's Conservatories," *The Journal of Roots Music: No Depression*, February 26, 2015, at

https://www.nodepression.com/violins-and-fiddles-roots-music-reigns-at-bostons-conservatories/; Nathaniel J. Olson, "The Institutionalization of Fiddling in Higher Education: Three Cases" (EdD diss., Columbia University, 2014)를 참고하시오. 이 논문을 얻는 데 도움을 준 알섭(Randall Allsup)에게 감사드린다.

60. 다음을 참고하시오. Sean Steel, "The Birth of Dionysian Education (The Spirit of Music)?: Part 1," *Philosophy of Music Education Review* 22, no. 1 (Spring 2014): 38-60, https://doi.org/10.2979/philmusieducrevi.22.1.38; Sean Steel, "The Birth of Dionysian Education (The Spirit of Music)?: Part 2," *Philosophy of Music Education Review* 23, no. 1 (Spring 2015): 67-81, https://doi.org/10.2979/philmusieducrevi.23.1.67.

61. Judith Vander, *Songprints: The Musical Experience of Five Shoshone Women* (Urbana: University of Illinois Press, 1996).

62. OED 온라인에서 "Skill, 첫 번째 명사적 정의" 검색, 2018년 10월 29일 접속, https://www.oed.com/view/Entry/180865.

63. OED 온라인에서 "Skill, 첫 번째 동사적 정의" 검색, 2018년 10월 29일 접속, https://www.oed.com/view/Entry/180867.

64. Scheffler, *In Praise of the Cognitive Emotions*, 3장.

65. Scholes, *Music, the Child, and the Masterpiece*, 99.

66. 학습자의 곤경에 대해서는 Howard, *Artistry*, 특히 2장.

67. Mary J. Reichling, "Images of Imagination," *Journal of Research in Music Education* 38, no. 4 (1990): 282-293, https://doi.org/10.2307/3345225.

68. 느낌에 대해서는 다음을 참고하시오. Langer, *Philosophy in a New Key, her Feeling and Form;* Langer, *Mind*.

69. 지혜에 관해서는 다음을 참고하시오. Alfred North Whitehead, *The Aims of Education and Other Essays* (1929; repr., New York: Free Press, 1967), 30. 화이트헤드는 지식의 적용과 지식을 숙달하고 전달하는 힘을 강조한다.

70. Rainbow and Cox, *Music in Educational Thought and Practice*, 1장.

71. '시연 효과'에 대해서는 Estelle R. Jorgensen, "Engineering Change in Music Education: A Model of the Political Process Underlying the Boston School Music Movement (1829-1838)," *Journal of Research in Music Education* 31 (1983): 67-75, https://doi.org/10.2307/3345111.

72. Estelle R. Jorgensen, "William Channing Woodbridge's Lecture 'On Vocal Music as a Branch of Common Education' Revisited," *Studies in Music* (University of Western Australia) 18 (1984): 1-32. *Visions of Music Education* 14, no. 1 (June 2009) http://www-usr.rider.edu/~vrme/v14n1/vision/woodbridge.pdf에서 재인쇄되었다.

73. 음악 만들기와 수용하기의 변증법에 대해서는 다음을 참고하시오. Jorgensen, *In Search of Music Education*, 83-87.

74. '예술과 공예의 비범주적 구분'에 관해서는 다음을 참고하시오. Howard, *Artistry*, 24와 1장.

75. OED 온라인에서 "Style, 명사" 검색, 2018년 10월 30일 접속, https://www.oed.com/view/Entry/192315?

76. OED 온라인에서 "Style, 동사" 검색, 2018년 10월 30일 접속, https://www.oed.com/view/Entry/192316?

77. 실천 공동체 개념은 Jean Lave and Etienne Wenger, *Situated Learning: Legitimate Peripheral Participation* (Cambridge: Cambridge University Press, 1991)에 의해 계발되었으며, 이후 Etienne Wenger의 *Communities of Practice: Learning, Meaning, and Identity* (Cambridge: Cambridge University Press, 1998)에서 개정되었다.

78. Jorgensen, *In Search of Music Education*, 2장.

79. Kant, *Critique of Judgment*, part 1, §§5-8, 50-57. 나는 이러한 스타일의 특성을 스타일과 취향의 중첩된 특징 중 하나로 본다.

80. 예를 들어, 다음을 참고하시오. *Scholes, Music, the Child, and the Masterpiece*.

81. 구체화된 생명의 상징은 Langer, *Philosophy in a New Key*, 153, 205, 240, 246, 251을 참조하고, 일반화에 대해서는 Whitehead, *Aims of Education*, 36, 37을 참고하시오. 화이트헤드는 "교육은 개인을 삶의 예술에 대한 이해로 안내하는 것이며, 여기서 삶의 예술이란 실제 환경에 직면한 생명체의 다양한 활동의 가장 완전한 성취를 의미한다."(39)라고 말했다.

82. Whitehead, *Aims of Education*, 12.

83. Phenix, *Realms of Meaning*, The Third Realm-Esthetics, 139-185.

84. Kodály, The Selected Writings of Zoltán Kodály, 140.

제3장. 숭앙, 겸손, 경외, 영성

1. 다음의 예를 참고하시오. David Carr and John Haldane, *Spirituality, Philosophy and Education* (London: Routledge Falmer, 2003); Iris V. Cully, *Education for Spiritual Growth* (San Francisco: Harper and Row, 1984); Michael Patrick Lynch, "Teaching Humility in an Age of Arrogance,"*The Chronicle of Higher Education*, June 5, 2017, https://www.chronicle.com/article/teaching-humility-in-an-age-of-arrogance/; Michael Patrick Lynch, *The Internet of Us: Knowing More and Understanding Less in the Age of Big Data* (New York: Liveright Publishing Corp, 2016); Parker J. Palmer, *The Active Life: A Spirituality of Work, Creativity, and Caring* (San Francisco: Jossey- Bass, 1990); Kirk J. Schneider, *Rediscovery of Awe: Splendor, Mystery, and the Fluid Center of Life* (St. Paul, MN: Paragon House, 2004); Paul Woodruff, *Reverence: Renewing a Forgotten Virtue* (Oxford: Oxford University Press, 2001).

2. 다음의 예를 참고하시오. June Boyce-Tillman, *Spirituality and Music Education: Perspectives from Three Continents* (Oxford: Peter Lang, 2017); June Boyce-Tillman,

Experiencing Music-Restoring the Spiritual: Music as Well-Being (Bern, Switzerland: Peter Lang, 2016); Karin Hendricks and June Boyce-Tillman, *Queering Freedom: Music, Identity, and Spirituality* (Oxford: Peter Lang, 2018).

3. OED 온라인에서 "Reverence, 명사" 검색, 2017년 11월 22일 접속, https://www.oed.com/view/Entry/164755?; OED 온라인에서 "Reverence, 동사" 검색, 2017년 11월 22일 접속, https://www.oed.com/view/Entry/164756?.

4. Jacques Attali, *Noise: The Political Economy of Music*, trans. Brian Massumi (Minneapolis: University of Minnesota Press, 1985), 4, describes music as originating as a "simulacrum" "ritual murder" 또는 "sacrifice."를 보시오.

5. 존경(veneration)은 다음에서 묘사되었다. Christopher Small, *The Meanings of Performing and Listening* (Hanover, NH: Wesleyan University Press, University Press of New England, 1998).

6. 북인도 전통 리야즈에 관해서는 다음을 참고하시오. Daniel M. Neuman, *The Life of Music in North India: The Organization of an Artistic Tradition* (Detroit: Wayne State University Press, 1980), 2장; Regula Qureshi, *Grove Music* 온라인에서 "India, subcontinent of," 검색 2021년 3월 1일 접속, https://doi.org/10.1093/gmo/9781561592630.article.43272.

7. David Buckley and John Shepherd, "Stardom," *Continuum Encyclopedia of Popular Music of the World*, vol. 1, Media, Industry, and Society, ed. John Shepherd, David Horn, Dave Laing, Paul Oliver, and Peter Wicke (New York: Continuum, 2003), 366-369; Alexis Patridis, "Streaming In: The New Wave of Pop Stars Created by YouTube," *Guardian*, February 20, 2014, https://www.theguardian.com/music/2014/feb/20/ward-alvord-days-boyce-avenue-youtube-pop-stars; John Shepherd and Kyle Devine, *The Routledge Reader on the Sociology of Music* (New York: Routledge, 2015), 274-275; Mathieu Deflem, *Lady Gaga and the Sociology of Fame: The Rise of a Pop Star in an Age of Celebrity* (New York: Palgrave Macmillan, 2017).

8. 심리적 거리 두기에 대해 다음을 참고하시오. Susanne K. Langer, *Philosophy in a New Key: A Study in the Symbolism of Reason, Rite, and Art*, 3rd edition (Cambridge, MA: Harvard University Press, 1957), 222-223.

9. 인지 감정에 대해 다음을 참고하시오. Israel Scheffler, *In Praise of the Cognitive Emotions and Other Essays on the Philosophy of Education* (New York: Routledge, Chapman and Hall, 1991), 감정 인지(the emotional cognitions)에 대해 다음을 참고하시오. Iris M. Yob, "The Cognitive Emotions and Emotional Cognitions," *Studies in Philosophy and Education* 16, no. 1-2 (1997):43-57, https://doi.org/10.1023/A:1004990702983.

10. 음악 역할에 대해 다음을 참고하시오. Lucy Green, *Music on Deaf Ears: Musical Meaning, Ideology and Education* (Manchester, UK: Manchester University Press, 1988).

11. 예술 중에서 음악을 만들기와 수용하기에 대해서는 다음을 참고하시오. Estelle R. Jorgensen, *In Search of Music Education* (Urbana: University of Illinois Press, 1997), 83-87.

12. Iris M. Yob, "School and Sacred Time," paper presented at Tenth International Society for Philosophy of Music Education Conference, Frankfurt, Germany, 2015, 그리고 "School as Sacred Space," paper presented at Reasons of the Heart Conference, Edinburgh, Scotland, September.

13. Parker J. Palmer, *Courage to Teach: Exploring the Inner Landscape of a Teacher's Life* (San Francisco: Jossey-Bass, 1998); Maxine Greene, *The Dialectic of Freedom* (New York: Teachers College Press, 1988).

14. 가이드와 교육학 그림에 대해 다음을 참고하시오. Estelle R. Jorgensen, *Pictures of Music Education* (Bloomington: Indiana University Press, 2011), 12장.

15. John Dewey, *Art as Experience* (1934; repr. New York: Paragon Books, 1979), 3장.

16. 예를 들어, 다음을 참고하시오. Abraham H. Maslow, "Music Education and Peak Experience," *Music Educators Journal* 54, no. 6 (February 1968), 72+, 171, https://doi.org/10.2307/3391274 Abraham H. Maslow, *The Farther Reaches of Human Nature* (1971; repr., Harmondsworth, UK: Penguin, 1976), 12장, "Education and Peak Experiences".

17. 체화된 교수와 학습에 대해 다음을 참고하시오. Liora Bresler, ed., *Knowing Bodies, Moving Minds: Towards Embodied Teaching and Learning* (New York: Springer, 2004).

18. Susanne K. Langer, *Philosophy in a New Key*, 4장.

19. 음악 교육의 디오니소스적 철학에 대해 다음을 참고하시오. Sean Steel, "The Birth of Dionysian Education (The Spirit of Music)?: Part 1," *Philosophy of Music Education Review* 22, no. 1 (Spring 2014): 38-60, https://doi.org/10.2979/philmusieducrevi.22.1.38; Sean Steel, "The Birth of Dionysian Education (The Spirit of Music)?: Part 2," *Philosophy of Music Education Review* 23, no. 1 (Spring 2015): 67-81, https://doi.org/10.2979/philmusieducrevi.23.1.67.

20. 교육에 대한 자동온도조절에 대해서는 다음을 참고하시오. Neil Postman, *Teaching as a Conserving Activity* (New York: Dell, 1979), 1장.

21. 앎의 방식에 대해 다음의 예를 참고하시오. June Boyce-Tillman, *Constructing Musical Healing: The Wounds That Sing* (London: Jessica Kingsley, 2000), 1장; June Boyce-Tillman, "Towards an Ecology of Music Education," *Philosophy of Music Education Review* 12, no. 2 (2004): 102-125.

22. 음악 교육 사상에 있어서의 식민지화의 횡포에 대해 다음을 참고하시오. Deborah Bradley, "Good for What? Good for Whom?: Decolonizing Music Education Philosophies," in *The Oxford Handbook of Philosophy in Music Education*, ed. Wayne D. Bowman and Ana Lucia Frega (New York: Oxford University Press, 2012), 409-433.

23. Ivan Illich, *Deschooling Society* (1971; repr., London and New York: Marion Boyars, 2004), 31.

24. Paulo Freire, *Pedagogy of the Oppressed*, New Revised 20th Anniversary Edition, trans. Myra Bergman Ramos (New York: Continuum, 1993), 2장.

25. OED 온라인에서 "Humility, 명사" 검색, 2017년 11월 12일 접속, https://www.oed.com/view/Entry/89375?.

26. Johann Heinrich Pestalozzi, *Evening Hour of the Hermit* and *Leonard and Gertrude* in *Three Thousand Years of Educational Wisdom: Selections from Great Documents*, 2nd edition, ed. Robert Ulich (Cambridge, MA: Harvard University Press, 1954), 480-507의 발췌본을 참조하시오.

27. 예를 들어, 우드브리지의 a Congregationalist minister, emphasizes Christian virtues as the values that should exemplify vocal music instruction in elementary or "common" schools와 Estelle R. Jorgensen, "William Channing Woodbridge's Lecture 'On Vocal Music as a Branch of Common Education' Revisited," *Studies in Music* (University of Western Australia) 18 (1984): 1-32. Reprinted in *Visions of Music Education* 14, no. 1 (June 2009), http://www-usr.rider.edu/~vrme/v14n1/vision/woodbridge.pdf.

28. Baldesar Castiglione, *The Book of the Courtier*, trans. George Bull (1967; repr., Harmondsworth, UK: Penguin, 1976); Judith Tick, "Passed Away Is the Piano Girl: Changes in American Musical Life, 1870-1900," in *Women Making Music: The Western Art Tradition, 1150-1950*, ed. Jane Bowers and Judith Tick (Urbana: University of Illinois Press, 1986), 325-348.

29. OED 온라인에서 "Humility, 명사"를 참고하시오. 또한 David Hume, *A Treatise on Human Nature: A Critical Edition*, ed. David Fate Norton 그리고 Mary J. Norton, vol. 1: Texts (Oxford: Clarendon, 2007), 특히 Book 2: Of the Passions, Part 1: Of Pride and Humility를 참고하시오.

30. Mircea Eliade, *The Myth of the Eternal Return or, Cosmos and History*, trans. Willard R. Trask (1954; repr., Princeton, NJ: Princeton University Press, 1974)를 참고하시오. 또한 Mircea Eliade, *Symbolism, the Sacred, and the Arts*, ed. Diane Apostolos-Cappadona (New York: Crossroad, 1988)를 참고하시오.

31. Vernon A. Howard, *Artistry: The Work of Artists* (Indianapolis, IN: Hackett, 1982), 특히 6장, "Practice and the Vision of Mastery."

32. Aaron Copland, *Music and Imagination* (Cambridge, MA: Harvard University Press, 1980), 53-55.

33. Aristotle, *Nicomachean Ethics*, trans. and ed. Roger Crisp (Cambridge: Cambridge University Press, 2000), book 2, para. 1109b, p. 36.

34. OED 온라인에서 "Meekness, 명사" 검색, 2017년 11월 12일 접속, https://www.oed.com/view/Entry/115837?.

35. Max Van Manen, *The Tact of Teaching: The Meaning of Pedagogical Thoughtfulness* (Albany: State University of New York Press, 1991).

36. Nel Noddings, *Caring: A Feminine Approach to Ethics and Moral Education* (Berkeley: University of California Press, 1984).

37. 교육에서 대화의 영향력에 대해 다음을 참고하시오. Freire, *Pedagogy of the oppressed*, 3장; Maxine Greene, *Variations on a Blue Guitar: The Lincoln Center Institute Lectures on Aesthetic Education* (New York: Teachers College Press, 2001), 104-109; Palmer, *Courage to Teach*, 특히 4장, 5장 그리고 6장. 또한 다음을 참고하시오. David Bohm, *On Dialogue*, ed. Lee Nichol (London and New York: Routledge, 1996).

38. Vernon A. Howard, *Charm and Speed: Virtuosity in the Performing Arts* (New York: Peter Lang, 2008).

39. Mihaly Csikszentmihalyi, *Flow: The Psychology of Optimal Experience* (New York: Harper and Row, 1990). 흥미롭게도, Schneider, *Rediscovery of Awe* 에서 최적의 경험을 견고하고 정적인 것보다는 유동적이고 동적인 것으로 간주한다.

40. OED 온라인에서 "Grace, 명사" 검색, 2017년 11월 12일 접속, https://www.oed.com/view/Entry/80373?; OED 온라인에서 "Grace, 동사" 검색, 2017년 11월 12일 접속, https://www.oed.com/view/Entry/80374?.

41. Isaiah Berlin, *The Crooked Timber of Humanity: Chapters in the History of Ideas*, ed. Hardy Henry (Princeton, NJ: Princeton University Press, 1990)를 참고하십시오.

42. Scheffler, *In Praise of the Cognitive Emotions*, 13-15에서 놀라움에 대한 방어책으로 회의주의, 속기 쉬움, 그리고 교조주의를 논의한다.

43. Ellen Koskoff, "The Sound of a Woman's Voice: Gender and Music in a New York Hasidic Community," in *Women and Music in Cross Cultural Perspective*, ed. Ellen Koskoff, (1987; repr., Urbana: University of Illinois Press, 1989), 213-223.

44. 프레이리(Freire), *Pedagogy of the Oppressed*, 특히 4장.

45. OED 온라인에서 "Awe, 명사의 첫 번째 정의" 검색, 2017년 11월 12일 접속, https://www.oed.com/view/Entry/13911?을 참고하시오.

46. Iris M. Yob, "If We Knew What Spirituality Was, We Would Teach for It," *Music Educators Journal* 98, no. 2 (December 2011): 41-47, https://doi.org/10.1177/0027432111425959.

47. Mark St. Germain, *Freud's Last Session*, suggested by *The Question of God* by Dr. Armand M. Nicholi Jr., acting edition (New York: Dramatists Play Service, c.2010).

48. Rudolf Otto, *The Idea of the Holy: An Inquiry into the Non-rational Factor in the Idea of the Divine and Its Relation to the Rational*, trans. John W. Harvey, 2nd ed. (Oxford: Oxford

University Press, 1950), 특히 4장.

49. Dianna T. Kenny, *The Psychology of Music Performance Anxiety* (Oxford: Oxford University Press, 2011).

50. Dewey, *Art as Experience*, 35.

51. Estelle R. Jorgensen, "On Excellence in Music Education," *McGill Journal of Education* 15, no. 1(1980): 94-103, https://mje.mcgill.ca/article/view/7313/5252.

52. Bob Simon, "Music in the Heart of the Congo," *60 Minutes*, CBS, April 8, 2012, https://www.cbsnews.com/news/music-in-the-heart-of-the-congo.

53. Bennett Reimer, "The Experience of Profundity in Music," *Journal of Aesthetic Education* 29, no. 4 (Winter 1995): 1-21, https://doi.org/10.2307/3333288. Philip Fisher, *Wonder, the Rainbow, and the Aesthetics of Rare Experiences* (Cambridge, MA: Harvard University Press, 1998), 1장, links wonder (for him, the beginning of philosophy) and the sublime.

54. 음악의 각성이론에 대해 다음을 참고하시오. Stephen Davies, *Musical Meaning and Expression* (Ithaca, NY: Cornell University Press, 1994); Peter Kivy, *Sound Sentiment: An Essay on the Musical Emotions, Including the Complete Text of The Corded Shell* (Philadelphia: Temple University Press, 1989)와 *Introduction to a Philosophy of Music* (Oxford: Clarendon, 2002).

55. Matthew Fox, ed., *Hildegard of Bingen's Book of Divine Works with Letters and Songs* (Santa Fe, NM: Bear and Co., 1987), 348은 "feather … carried on the wind."에 대한 은유를 떠오르게 한다. 또한 크리스토퍼 페이지(Christopher Page) 감독과 엠마 커크비(Emma Kirkby)가 함께한 고딕 보이스(Gothic Voices), *Hildegard von Bingen: Feather on the Breath of God* (Hyperion, 1983), CDA 66039를 참고하시오. 숨결의 음악에 대한 은유는 인도 고전 음악에서 '탈라'의 개념을 불러일으킨다. Lewis Rowell, *Thinking about Music: An Introduction to the Philosophy of Music* (Amherst: University of Massachusetts Press, 1983), 208-209를 참고하시오.

56. "Music in the Heart of the Congo.".

57. Scheffler, *In Praise of the Cognitive Emotions;* Yob, "The Cognitive Emotions and Emotional Cognitions."

58. 음악 이미지를 인식하는 가상의 시간 또는 심적인 시간에 대해 다음을 참고하시오. Susanne K. Langer, *Feeling and Form: A Theory of Art Developed from Philosophy in a New Key* (London: Routledge, 1953), 특히 7장; Susanne K. Langer, *Philosophy in a New Key.*

59. Schneider, *Rediscovery of Awe*, 특히 2장과 5장.

60. Zoltán Kodály, *The Selected Writings of Zoltán Kodály*, ed. Ferenc Bónis, trans. Lili Halápy and Fred Macnicol (London: Boosey and Hawkes, 1974), 120, 122, 125.

61. Kenny, *Psychology of Music Performance Anxiety.*

62. OED 온라인에서 "Spirituality, 명사" 검색, 2017년 11월 12일 접속, https://www.oed.com/view/Entry/186904?.

63. 예를 들어, Sequentia's recording of Hildegard of Bingen, *Ordo Virtutum* (Freiburg, Breisgau, Germany: BMG Entertainment, 1998)은 Deutsche Harmonia Mundi label, 05472 773942로 mp3, 오디오 CD, 레코드 녹음으로 제공된다.

64. Kivy, *Sound Sentiment*; Deanne Bogdan, "The Shiver-Shimmer Factor: Music Spirituality, Emotion, and Education,"*Philosophy of Music Education Review* 18, no. 2(Fall 2010): 111-129, https://doi.org/10.2979/pme.2010.18.2.111, 그리고 "Musical Spirituality: Reflections on Identity and the Ethics of Embodied Aesthetic Experience in/and the Academy," *Journal of Aesthetic Education* 37, no. 2 (Summer 2003): 80-98, https://doi.org/10.2307/3527457를 참고하시오.

65. 음악과 예술에서의 상상력과 생명력의 생동감에 관하여 Susanne K. Langer, *Problems of Art: Ten Philosophical Lectures* (New York: Charles Scribner's Sons, 1957). 또한 Susanne K. Langer, *Philosophy in a New Key*; Susanne K. Langer, *Feeling and Form*를 참고하시오. 인지의 요소로서의 상상력의 역할은 *Mind: An Essay on Human Feeling*, 3 vols. (Baltimore: Johns Hopkins Press, 1967, 1972, 1982)에도 상세히 설명되어 있다.

66. 듣기에 대한 작곡가들의 관점은 다음의 예를 참고하시오. Copland, *Music and Imagination*; Roger Sessions, *The Musical Experience of Composer, Performer, Listener* (New York: Atheneum, 1962). 음악 감상을 맥락화하고 임상 환경뿐만 아니라 자연 환경에서도 연구할 필요가 있다고 주장하는 Nicholas Cook, *Music, Imagination, and Culture* (Oxford: Oxford University Press, 1990); Adrian C. North and David J. Hargreaves, "Experimental Aesthetics and Everyday Music Listening," in *The Social Psychology of Music*, David J. Hargreaves and Adrian C. North, eds. (New York: Oxford University Press, 1997), 84-103를 참고하시오.

67. Yob, "If We Knew What Spirituality Was, We Would Teach for It." 또한 Iris M. Yob, "Images of Spirituality: Traditional and Contemporary," in Carr and Haldane, eds., *Spirituality, Philosophy and Education*, 112-126을 참고하시오.

68. 다음의 예를 참고하시오. Small, *Musicking*, 특히 the prelude.

69. 상상력에 대해서 다음의 예를 참고하시오. Mary J. Reichling, "Images of Imagination," *Journal of Research in Music Education* 38, no. 4 (1990): 282-293, https://doi.org/10.2307/3345225.

70. Donald Schn, *Educating the Reflective Practitioner: Toward a New Design for Teaching and Learning in the Professions* (San Francisco: Jossey-Bass, 1987), 2장.

71. Langer, *Feeling and Form*, 121.

72. Langer, *Philosophy in a New Key*, 241.

73. David Carr, "Music, Spirituality, and Education," *Journal of Aesthetic Education* 42, no. 1

(Spring2008): 16-29, https://www.jstor.org/stable/25160263.

74. 영성의 정의에 대해 다음의 예를 참고하시오. Carr and Holdane, eds., *Spirituality, Philosophy and Education*, 특히 15장. on definitions of spirituality.

75. 캐릭터 형성에 대한 음악의 힘은 플라톤(Plato), *The Republic of Plato*, trans. Francis Macdonald Cornford (1941; repr., Oxford: Oxford University Press, 1942), 특히 books 3과 10을 보시오.

76. Kodály, *The Selected Writings of Zoltán Kodály*.

77. Shinichi Suzuki, *Nurtured by Love: A New Approach to Education*, trans. Waltraud Suzuki (New York: Exposition, 1969).

78. Leonard Tan, "Towards a Transcultural Philosophy of Music Education" (PhD diss., Indiana University, 2012).

79. 균형 또는 항상성의 중요성에 대해 다음을 참고하시오. Postman, *Teaching as a Conserving Activity*, 23.

80. Illich, *Deschooling Society*, *24*, observes that this bifurcation creates a situation where "education becomes unworldly and the world becomes on educational."

81. 다음을 참고하시오. Steel, "The Birth of Dionysian Education (The Spirit of Music)?" parts 1 and 2.

82. Friedrich Schiller, *On the Aesthetic Education of Man in a Series of Letters*, ed. and trans. Elizabeth M. Wilkinson and L. A. Willoughby (Oxford: Oxford University Press, 1967).

제4장. 품위, 평정, 절제, 규율

1. 음악 교육에서 비형식성을 주장하고 열정을 보듬는 음악 교육자들 중에서, Sean Steel, "The Birth of Dionysian Education (The Spirit of Music)?: Part 1," *Philosophy of Music Education Review* 22, no. 1 (Spring 2014): 38-60, https://doi.org/10.2979/philmusieducrevi.22.1.38, 포기, 열정, 감각, 비형식성을 음악 및 교육 경험의 중심에 둔다. Randall Everett Allsup, *Remixing the Classroom: Toward an Open Philosophy of Music Education* (Bloomington: Indiana University Press, 2016) 전문가의 역할을 거부하고 음악 교육에 대해 보다 개방적이고 평등한 접근을 선호한다. Lucy Green, *How Popular Musicians Learn: A Way Ahead for Music Education* (2002; repr., Abingdon, UK, and New York: Routledge, 2016) 음악 교육에서 비형식성과 대중문화의 중요성을 지지한다.

2. OED 온라인에서 "Dignity, 명사" 검색, 2018년 3월 2일 접속, https://www.oed.com/view/Entry/52653?.

3. Friedrich Schiller, *On the Aesthetic Education of Man in a Series of Letters*, Elizabeth M. edited and translated by Wilkinson and L. A. Willoughby (Oxford: Oxford University Press, 1967); Johann Heinrich Pestalozzi, *Leonard와 Gertrude,* 그리고 *Evening Hour of the Hermit*

in Three Thousand Years of Educational Wisdom: Selections from Great Documents, 2nd edition, ed. Robert Ulich (Cambridge, MA: Harvard University Press, 1954), 440-507에서 발췌.

4. 성향에 관해서는 다음을 참고하시오. Donald Arnstine, *Democracy and the Arts of Schooling*(Albany: State University of New York Press, 1995).

5. Irving Goffman, *The Presentation of Self in Everyday Life* (1959; repr., New York: Anchor Books, 1990).

6. Howard Gardner, *Frames of Mind: The Theory of Multiple Intelligences*, 2nd paper edition, 10th anniversary edition (New York: Basic Books, 2011).

7. John Dewey, *Experience and Education* (1938; repr., New York: Collier Books, 1963), 4장과 5장.

8. 20세기 영미권의 자기통제와 규율에 관한 교육 철학자 중에서 John Dewey, *Democracy and Education: An Introduction to the Philosophy of Education* ([1916]; repr., New York, Free Press, 1966), 그리고 그의 *Art as Experience* (1934; repr., New York: Paragon Books, 1979); R. S. Peters, *Ethics and Education* (London: George Allen and Unwin, 1966); Israel Scheffler, *Reason and Teaching* (1973; repr., Indianapolis, IN: Bobbs-Merrill, 1973)을 참고하시오. 품위, 규율 및 자기통제의 이상은 음악 교육에 대한 고대 중국의 사상 또한 좋은 예이다. Leonard Tan, "Towards a Transcultural Philosophy of Music Education" (PhD diss., Indiana University, 2012); C. Victor Fung, *A Way of Music Education: Classic Chinese Wisdoms* (New York: Oxford University Press, 2018)를 참고하시오.

9. 품위 있는 사람들과 사회에 관한 생각에 대하여 다음을 참고하시오. John Rawls, *The Law of Peoples with The Idea of Public Reason Revisited* (Cambridge, MA: Harvard University Press, 1999).

10. Iris M. Yob, "School as Sacred Space," 2004년 9월, 스코틀랜드 에든버러 Reasons of the Heart Conference, 논문 발표, "School and Sacred Time," 2015년 6월, 독일 프랑크푸르트, Tenth International Society for Philosophy of Music Education Conference, 논문 발표.

11. Scheffler, *Reason and Teaching*, 80.

12. Paulo Freire, *Pedagogy of the Oppressed*, New Revised 20th Anniversary Edition, trans. Myra Bergman Ramos (New York: Continuum, 1993).

13. Estelle R. Jorgensen, "Music and International Relations," in *Culture and International Relations*, ed. Jongsuk Chay (New York: Praeger, 1990), 56-71을 참고하시오. 선전과 권력의 사용으로서의 음악에 관하여 다음을 참고하시오. Jacques Attali's classic *Noise: The Political Economy of Music*, trans. Brian Massumi (Minneapolis: University of Minnesota Press, 1985).

14. David Hebert and Alexandra Kertz-Welzel, eds., *Patriotism and Nationalism in Music*

Education (Farnum, Surrey, UK: Ashgate, 2012), 특히 2장: Alexandra Kertz-Welzel, "Lesson Learned? In Search of Patriotism and Nationalism in the German Music Education Curriculum." 음악 교육과 파시즘에 관하여 다음을 참고하시오. Deborah Bradley, "Oh, That Magic Feeling! Multicultural Human Subjectivity, Community, and Fascism's Footprints," *Philosophy of Music Education Review* 17, no. 1 (Spring 2009): 56-74, https://www.jstor.org/stable/40327310.

15. Brenda Brenner는 인디애나주 블루밍턴에서 열린 자신의 Fairview 프로젝트에서 부모와 조부모를 아이들만큼 교육하는 콘서트의 기회를 제공한다. Fairview 프로젝트에 관하여 다음을 참고하시오. https://intranet.music.indiana.edu/precollege/year-round/fairview-violin-project/; Brenda Brenner, "Reflecting on the Rationales for String Study in Schools," *Philosophy of Music Education Review* 18, no. 1 (Spring 2010): 45-64, https://doi.org/10.2979/pme.2010.18.1.45.

16. OED 온라인에서 "Dispassion, 명사" 검색, 2014년 9월 8일 접속, https://www.oed.com/view/Entry/54938?.

17. OED 온라인에서 "Passion, 명사" 검색, 2014년 9월 8일 접속, https://www.oed.com/view/Entry/138504?.

18. OED 온라인에서 "Passion, 동사" 검색, 2014년 9월 8일 접속, https://www.oed.com/view/Entry/138505?.

19. Epicurus, *The Extant Remains,* trans. Cyril Bailey (Oxford: Oxford University Press, 1926), V. Fragments, 139, https://archive.org/details/EpicurusTheExtantRemainsBaileyOxford1926_201309.

20. Epicurus, *Extant Remains*, I, To Heroditus, 58.

21. Epicurus, *Extant Remains,* V. Fragments, 137.

22. William Temple, "Upon the Gardens of Epicurus; or of Gardening in the Year 1685," in *Sir William Temple upon the Gardens of Epicurus, with other XVIIth Century Garden Essays, Introduction,* eds. Albert Forbes Sieveking, William Temple, Abraham Cowley, Thomas Browne, Andrew Marvel, and John Evelyn (London: Chatto and Windus, 1908), 13-65.

23. Temple, "Upon the Gardens of Epicurus," 19-20.

24. Temple, 20.

25. Albert Sieveking, "Introduction," in William Temple, *Sir William Temple upon the Gardens of Epicurus,* xix.

26. Jean Jacques Rousseau, *Émile,* trans. Barbara Foxley (1911; repr., London: Dent; New York, Dutton, 1972).

27. Estelle R. Jorgensen, "William Channing Woodbridge's Lecture 'On Vocal Music as a Branch of Common Education' Revisited," *Studies in Music* (University of Western Australia) 18

(1984): 1-32. Reprinted with permission in Visions of Music Education 14, no. 1 (June 2009), http://www-usr.rider.edu/~vrme/v14n1/vision/woodbridge.pdf

28. Jorgensen, "William Channing Woodbridge's Lecture."

29. 음악 교육에 대한 정원 은유의 최근 재진술에 관하여 다음을 참고하시오. Hanne Rinholm, "Rethinking the Good, the True, and the Beautiful for Music Education: New Visions from an Old Garden," in *The Road Goes Ever On: Estelle Jorgensen's Legacy in Music Education*, ed. Randall Everett Allsup and Cathy Benedict (London, ON: Western University, December 2019), 253-270, https://doi.org/10.5206/Q1144262.jorgensen.2019.

30. 지각된 다른 교육상의 죄 가운데 게으름의 미덕에 대하여 다음을 참고하시오. Israel Scheffler, "Vice into Virtue: or Seven Deadly Sins of Education Redeemed," in his *In Praise of the Cognitive Emotions and Other Essays on the Philosophy of Education* (New York: Routledge, Chapman and Hall, 1991), 126-139. 음악 교육에 대하여 다음을 참고하시오. Kevin Shorner-Johnson, "Music and the Sin of Sloth: The Gendered Articulation of Worthy Musical Time in Early American Music," Philosophy of Music Education Review 27, no. 1 (Spring 2019): 51-67, https://doi.org/10.2979/philmusieducrevi.27.1.05

31. 듀이는 *Art as Experience*에서 예술적 경험의 수동적이고 '진행되는' 측면을 풀어낸다. 이 원칙은 그의 교육 프로젝트에도 적용된다.

32. Susanne K. Langer, *Philosophy in a New Key: A Study in the Symbolism of Reason, Rite, and Art*, 3rd edition (Cambridge, MA: Harvard University Press, 1957).

33. 예속된 지식에 관하여 다음을 참고하시오. June Boyce-Tillman, "Towards an Ecology of Music Education," Philosophy of Music Education Review 12, no. 2 (2004): 102-125, https://www.jstor.org/stable/40327232; June Boyce-Tillman, *Constructing Musical Healing: The Wounds That Sing* (London: Jessica Kingsley, 2000).

34. Dewey, *Art as Experience*, 62.

35. Scheffler, *In Praise of the Cognitive Emotions*, 1장; Iris M. Yob, "The Cognitive Emotions and Emotional Cognitions," in *Reason and Education: Essays in Honor of Israel Scheffler*, ed. Harvey Siegel (Dordrecht, Netherlands: Kluwer Academic Publishers, 1997), 43-57.

36. 예를 들어, 다음을 참고하시오. Liora Bresler, ed., *Knowing Bodies, Moving Minds: Towards Embodied Teaching and Learning* (New York: Springer, 2004).

37. OED 온라인에서 "Restraint, 명사" 검색, 2014년 9월 19일 접속, https://www.oed.com/view/Entry/164011?

38. Dewey, *Experience and Education*, 4장.

39. Freire, *Pedagogy of the Oppressed*.

40. 예를 들어, 다음을 참고하시오. Maria Montessori, *The Discovery of the Child*, trans. M. Joseph Costelloe (1967; repr., New York: Ballantine Books, 1972); Maria Montessori, *The*

Absorbent Mind (1967; repr., New York: Dell, 1980).

41. Estelle R. Jorgensen, *Transforming Music Education* (Bloomington: Indiana University Press, 2003).

42. OED 온라인에서 "Discipline, 명사" 검색, 2014년 9월 26일 접속, https://www.oed.com/view/Entry/53744?; OED 온라인에서 "Discipline, 동사" 검색, 2014년 9월 26일 접속, https://www.oed.com/view/Entry/53745?.

43. Estelle R. Jorgensen, "Western Classical Music and General Education," *Philosophy of Music Education Review* 11, no. 2 (Fall 2003): 130-140, https://www.jstor.org/stable/40327206; Estelle R. Jorgensen, "To Love or Not to Love (Western Classical Music): That is the Question (for Music Educators," *Philosophy of Music Education Review* 28, no. 2 (Fall 2020): 128-144, https://doi.org/10.2979/philmusieducrevi.28.2.02

44. 수단과 목적에 관하여 다음을 참고하시오. Dewey, *Democracy and Education*, 106, 323, 346-347.

45. Bennett Reimer, "Would Discipline-Based Music Education Make Sense?" *Music Educators Journal* 77, no. 9 (May 1991): 21-28, https://doi.org/10.2307/3398187; Jeffrey Patchen, "Overview of Discipline-Based Music Education," *Music Educators Journal* 83, no. 2 (September 1996): 19-26+, 44, https://doi.org/10.2307/3398961.

46. 음악을 만들고 받아들이는 변증법에 대하여 다음을 참고하시오. Estelle R. Jorgensen, *In Search of Music Education* (Urbana: University of Illinois Press, 1997), 83-87.

47. 재즈의 윤리적 · 미적 차원에 대하여 다음을 참고하시오. "Herbie Hancock | The Ethics of Jazz | 2014 Norton Lectures," lecture by Herbie Hancock, Mahindra Humanities Center, playlist of six videos, last updated March 2, 2020, https://www.youtube.com/playlist?list=PLtxVM47qf VNCuPUKzbGB15-8vbhaeJAZz; Paul F. Berliner, *Thinking in Jazz: The Infinite Art of Improvisation* (Chicago: University of Chicago Press, 1994).

48. '규칙' 모델에 대하여 다음을 참고하시오. Scheffler, *Reason and Teaching,* 76-79.

49. 주제의 구조와 관하여 다음을 참고하시오. Jerome Bruner's classic *The Process of Education* (1960; repr., Cambridge, MA: Harvard University Press, 1977). Bruner 256 Notes TO PAGES 77-78 wrote on behalf of the conferees—scientists, scholars, and educators—gathered at Woods Hole, Massachusetts, in 1959.

50. 이는 일상의 의식을 통해 삶의 질서를 창조하는 예술가들에게 더 일반적으로 해당된다. 예를 들어, Mason Currey, ed., *Daily Rituals: How Artists Work* (New York: Alfred A. Knopf, 2013)는 예술가들이 일하기 위해 그들의 삶을 살아가는 다양한 방식과 평범한 삶의 방해물에서 벗어나 작업에 집중할 수 있는 시간과 공간에 대한 필요를 보여 준다. 버지니아 울프 같은 여성에게는 '자기만의 방' 또는 창작을 위한 성스러운 공간이 필요하다. Virginia Wolff, *A Room of One's Own* (1929; repr., New York: Harcourt Brace Jovanovich, 1991)을 참고하

시오.

51. Joshua Kosman, "Classical Music May Never Be the Same: How Esa-Pekka Salonen Is a Game Changer for SF Symphony," *San Francisco Chronicle,* December 6, 2018, https://datebook.sfchronicle.com/music/with-esa-pekka-salonen-hire-look-for-some-high-impact-innovation-at-sf-symphony는 새 지휘자가 샌프란시스코 오케스트라에 미칠 수 있는 영향에 대해 설명한다.

52. Scheffler, *In Praise of the Cognitive Emotions,* 3장: "Making and Understanding."

53. 연주자의 준비 과정에서 절차적 지식의 힘에 대하여 다음을 참고하시오. Estelle R. Jorgensen, "Face-to-Face and Distance Teaching and Learning in Internationalized Higher Education: Lessons from the Preparation of Professional Musicians," *Journal of Music, Technology & Education* 7, no. 2 (2014): 187-197, https://doi.org/10.1386/jmte.7.2.181_1.

54. Vernon A. Howard, *Artistry: The Work of Artists* (Indianapolis, IN: Hackett, 1982).

55. 교육의 은유로서의 예술에 관하여 다음을 참고하시오. Vernon A. Howard, *Learning by All Means: Lessons from the Arts: A Study in the Philosophy of Education* (New York: Peter Lang, 1992); Jorgensen, "Face-to-face and Distance Teaching and Learning."

56. 미국 소아과 학회의 엉덩이 때리기 금지 권고에도 불구하고, Robert D. Sege and Benjamin S. Siegel, "Effective Discipline to Raise Healthy Children," Council on Child Abuse and Neglect, Committee on Psycho-social Aspects of Child and Family Health, *Pediatrics* (November 2018): e20183112, https://doi.org/10.1542/peds.2018-3112를 참고하시오. 2017년까지만 해도 노스캐롤라이나와 아칸소 학교에서는 체벌이 여전히 행해졌다. Jess Clark, "At Opposite Ends of the State, Two NC Schools Keep Paddling Alive," 2017년 2월 23일 최종 수정, https://www.wunc.org/post/opposite-ends-state-two-nc-schools-keep-paddling-alive#stream/0; Ibby Caputo, "Bid to Eliminate Corporal Punishment in Schools Fails but Another School Discipline Bill Advances," *Arkansas Times,* 2017년 3월 22일, https://www.arktimes.com/arkansas/bid-to-eliminate-corporal-punishment-in-schools-fails/Content?oid=5728358; Jess Clark, "Where Corporal Punishment Is Still Used in Schools, Its Roots Run Deep," *All Things Considered,* NPR, 2017년 4월 12일, 6:00 AM ET, https://www.npr.org/sections/ed/2017/04/12/521944429/where-corporal-punishment-is-still-used-its-roots-go-deep를 참고하시오.

57. 체벌은 유럽 음악 학교에서도 사용되었다. 교회가 1980년에 체벌을 금지했지만, Melissa Eddy는 그녀의 기사 "'Culture of Silence' Abetted Abuse of at Least 547 German Choir Boys, Inquiry Finds," *New York Times,* 2017년 7월 18일, https://www.nytimes.com/2017/07/18/world/europe/germany-sexual-abuse-boys-choir.html에서 1990년대까지 Regensburg Cathedral Choice School에서의 성적 학대의 지속적인 문제를 다루었다.

58. Pestalozzi, *Leonard and Gertrude and Evening Hour of the Hermit.*

59. 존 듀이에 대한 앨리스 듀이의 영향에 관하여 다음을 참고하시오. Nancy Bunge, "Love & Logic," *Philosophy Now*, no. 45, https://philosophynow.org/issues/45/Love_and_Logic 나는 또한 Montessori의 *casa dei bambini*와 Jane Roland Martin의 스쿨홈을 생각한다. 다음을 참고하시오. Montessori, *The Absorbent Mind;* Montessori, *The Discovery of the Child;* Jane Roland Martin, *The Schoolhome: Rethinking Schools for Changing Families* (Cambridge, MA: Harvard University Press, 1992); Jane Roland Martin, *School Was Our Life: Remembering Progressive Education* (Bloomington: Indiana University Press, 2018).

60. Shinichi Suzuki, *Nurtured by Love: A New Approach to Education*, trans. Waltraud Suzuki (New York: Exposition, 1969).

61. Estelle R. Jorgensen, *The Art of Teaching Music* (Bloomington: Indiana University Press, 2008), 89–93; Iris M. Yob and Estelle R. Jorgensen, eds., *Humane Music Education for the Common Good* (Bloomington: Indiana University Press, 2020).

62. Susanne K. Langer, *Problems of Art: Ten Philosophical Lectures* (New York: Charles Scribner's Sons, 1957).

제5장. 사랑, 우정, 욕망, 헌신

1. 나의 관련 논문, Estelle R. Jorgensen, "To Love or Not to Love (Western Classical Music): That Is the Question (for Music Educators)," *Philosophy of Music Education Review 28*, no. 2 (Fall 2020): 128–144, https://doi.org/10.2979/philmusieducrevi.28.2.02는 이 책 제5장의 이전 버전에서 발췌한 내용들을 서양 클래식 음악 중심으로 재구성했다.

2. 예를 들어, 다음을 참고하시오. Wayne Booth, *For the Love of It: Amateuring and Its Rivals* (Chicago: University of Chicago Press, 1999); Johann Heinrich Pestalozzi, excerpts from *The Evening Hour of a Hermit and Leonard and Gertrude*, in *Three Thousand Years of Educational Wisdom: Selections from Great Documents*, 2nd edition, ed.; Robert Ulich (Cambridge, MA: Harvard University Press, 1954), 480–507; Maria Montessori, *The Discovery of the Child*, trans. M. Joseph Costelloe (1967; repr., New York: Ballantine Books, 1972); Maria Montessori, *The Absorbent Mind* (1967; repr., New York: Dell, 1980); Max Van Manen, *The Tact of Teaching: The Meaning of Pedagogical Thoughtfulness* (Albany: State University of New York Press, 1991); Shinichi Suzuki, *Nurtured by Love: A New Approach to Education*, trans. Waltraud Suzuki (New York: Exposition, 1969). 인도적 교육의 자질로서 교육적 화법과 권위의 특질에 대해서는 다음을 참고하시오. Donald Phillip Verene, *The Art of Humane Education* (Ithaca, NY: Cornell University Press, 2002). 동료애에 대해 Stephen L. Carter, *Civility: Manners, Morals, and the Etiquette of Democracy* (New York: Basic Books, 1998)을 참고하는데 동료애에 대한 사랑이 민주적 담론과 사회에 중요한 시민성의 가치의 근간임을 주장한다.

3. 이는 C. S. Lewis, *The Four Loves* (New York: Harcourt, Brace, 1960)에서의 루이스의 입장과 유사한데, 그는 기독교적 관점으로 애정, 우정, 에로틱한 사랑, 신에 대한 사랑이라는 개념에 대해서 논하였다.

4. OED 온라인에서 "Love, 첫 번째 명사적 정의" 검색, 2018년 5월 29일 접속, http://www.oed.com/view/Entry/110566?.

5. OED 온라인에서 "Love, 첫 번째 명사적 정의" 검색

6. 창발의 과학과 양립 가능한 신에 대한 개념에 대해서는 다음을 참고하시오. Nancy Ellen Abrams, *A God That Could Be Real: Spirituality, Science, and the Future of Our Planet* (Boston: Beacon, 2015).

7. 인디애나 대학교 제이콥스 음악대학의 동료 교수인 프레슬러(Menahem Pressler)는 학생들에게 많은 사랑을 받았다. 자신이 가르치고 연주한 음악에 대한 그의 사랑은 전설적이었다. 그는 학생들과 레퍼토리를 세심하게 배려했으며, 피아노 연주 전통에 애정을 갖고 헌신했고, 실내악 연주자이자 솔리스트로서 오랜 연주 경력을 통해 학생들과 자신에 대한 예술적 기대치를 향상시켰다. 이에 대해서는 다음을 참고하시오. William Brown, *Menahem Pressler: Artistry in Piano Teaching* (Bloomington: Indiana University Press, 2008).

8. OED 온라인에서 "Love, 첫 번째 명사적 정의" 검색.

9. Samuel Taylor Coleridge, *Coleridge's Notebooks: A Selection*, ed. Seamus Perry (Oxford: Oxford University Press, 2002), III. 70, (1809). OED 온라인에서 "Love, 첫 번째 명사적 정의" 검색 내용에서도 인용된다.

10. Virginia Woolf, *Between the Acts* (New York: Harcourt, Brace and Co., 1941), 92, OED 온라인 "Love, 첫 번째 명사적 정의" 검색 내용에서도 인용된다. 이 책은 울프의 사망 직후 출판되어 저자에 의해 최종적으로 수정된 원고가 아니다. 마크 허시(Mark Hussey)가 편집한 최신판은 2011년에 케임브리지 대학 출판부에서 출간되었다.

11. OED 온라인에서 "Love, 첫 번째 명사적 정의" 검색, 2021년 3월 4일 접속, https://www.oed.com/view/Entry/110568?.

12. OED 온라인에서 "Love, 첫 번째 명사적 정의" 검색.

13. Nel Noddings, *Caring: A Relational Approach to Ethics and Moral Education*, 2nd edition updated (Berkeley: University of California Press, 2013). 나딩스는 원래 같은 출판사에서 *Caring: A Feminine Approach to Ethics and Moral Education* (1984)라는 다른 제목으로 이 책을 출판했다. 개정판은 이전보다 업데이트되어 포괄적인 내용을 담고 있지만 빠진 내용도 있다.

14. Estelle R. Jorgensen, "On a Choice-Based Instructional Typology in Music," *Journal of Research in Music Education* 29 (1981): 97-102, https://doi.org/10.2307 %2F3345018. 이 문헌에서 나는 교사와 학생 사이의 상호 반감의 논리적 반대보다 상호 매력이 음악 교육에 더 생산적인 기반이라고 가정하고 있다.

15. 예를 들어, 다음을 참고하시오. John Shepherd, *Music as Social Text* (Cambridge, MA: Polity, 1991); Christopher Small, *Musicking: The Meanings of Performing and Listening* (Hanover, NH: Wesleyan University Press, University Press of New England, 1998); Derek B. Scott, ed., *Music, Culture, and Society: A Reader* (2000; repr., New York: Oxford University Press, 2002); Martin Clayton, Trevor Herbert, Richard Middleton, eds., *The Cultural Study of Music: A Critical Introduction* (New York: Routledge, 2003); Tia DeNora, *After Adorno: Rethinking Music Sociology* (Cambridge: Cambridge University Press, 2003); John Shepherd and Kyle Devine, eds., *The Routledge Reader on the Sociology of Music* (London: Routledge, 2015). 음악 만들기와 수용하기의 변증법에 대해서는 다음을 참고하시오. Estelle R. Jorgensen, *In Search of Music Education* (Urbana: University of Illinois Press, 1997), 83-87.

16. 스몰(Small)의 *Musicking*은 서양 클래식 음악의 콘서트홀 의식(儀式)을 비판한다.

17. 나는 이 점에 대해서 다음 문헌에서 명확하게 언급하고 있다. Estelle R. Jorgensen, "Western Classical Music and General Education," *Philosophy of Music Education Review* 11, no. 2 (Fall 2003): 130-140, https://www.jstor.org/stable/40327206; Jorgensen, "To Love or Not to Love"

18. *Itzhak*, Alison Chernick, director. Documentary film (US: Greenwich Entertainment, 2018); *The Music of Strangers: Yo-Yo Ma and the Silk Road Ensemble*, Morgan Neville, director. Documentary film (US: Tremolo Productions, 2016).

19. Alexandra Kertz-Welzel, *Globalizing Music Education: A Framework* (Bloomington: Indiana University Press, 2018).

20. Zoltán Kodály, *The Selected Writings of Zoltán Kodály*, ed. Ferenc Bónis, trans. Lili Halápy and Fred Macnicol (London: Boosey and Hawkes, 1974). 이 문헌의 III장 "On Music Education"에서는 매체 음악이 젊은이들에게 미치는 해로운 영향에 대해 다루고 있다. 코다이는 헝가리 젊은이들의 마음과 정신에 헝가리 민요를 심어 주기 위해 헝가리 민요를 가르쳐야 한다고 주장한다. 그에게 클래식 음악과 민속음악은 서로 밀접한 관련이 있으며 같은 뿌리에서 비롯된 것이다.

21. Suzuki, *Nurtured by Love*, 8, states, "What is man's ultimate direction in life? It is to look for love, truth, virtue, beauty."

22. 사랑의 자기성찰적 성격에 대해서는 다음을 참고하시오. Jorgensen, "To Love or Not to Love," 138. OED 온라인에서 "Love, 첫 번째 명사적 정의" 검색, 2018년 5월 29일 접속.

23. OED 온라인에서 "Friendship, 명사" 검색, 2018년 5월 3일 접속, http://www.oed.com/view/Entry/74661?.

24. OED 온라인에서 "Friendship, 명사와 형용사" 검색, 2018년 5월 3일 접속, http://www.oed.com/view/Entry/74646?.

25. George Herbert, "The Best Mirror Is an Old Friend," in John Bartlett, *Familiar Quotations: A Collection of Passages, Phrases and Proverbs Traced to Their Sources in Ancient and Modern Literature*, 13th and centennial edition (Boston: Little, Brown, and Co., 1955), 234a.

26. Forest Hansen, "In Dialogue: The Principle of Civility in Academic Discourse," *Philosophy of Music Education Review* 19, no. 2 (Fall 2011): 198-200, https://doi.org/10.2979/philmusieducrevi.19.2.198.

27. Jean Jacques Rousseau, *Émile*, trans. Barbara Foxley ([1911]; repr., London: Dent, 1972).

28. bell hooks, *Teaching to Transgress: Education as the Practice of Freedom* (New York: Routledge, 1994).

29. 루소에 대해서는 다음을 참고하시오. Jane Roland Martin, *Reclaiming a Conversation: The Ideal of the Educated Woman* (New Haven, CT: Yale University Press, 1985), 3장. 대학에서의 여성들의 경험에 대해서는 다음을 참고하시오. Jane Roland Martin, *Coming of Age in Academe: Rekindling Women's Hopes and Reforming the Academy* (New York: Routledge, 2000).

30. Randall Everett Allsup, *Remixing the Classroom: Toward an Open Philosophy of Music Education* (Bloomington: Indiana University Press, 2016), 특히 4장.

31. 종교 간 환대의 필요성에 대해서는 다음을 참고하시오. Martin E. Marty, *When Faiths Collide* (Malden, MA: Wiley-Blackwell, 2008); Martin E. Marty, *The One and the Many: America's Struggle for the Common Good* (Cambridge, MA: Harvard University Press, 1997). 음악 교육에서의 환대에 대해서는 다음을 참고하시오. Patrick Schmidt, "Authority and Pedagogy as Framing," *Philosophy of Music Education Review 24*, no 1 (Spring 2016): 8-23, https://doi.org/10.2979/philmusieducrevi.24.1.03.

32. Charlene Morton, "Boom Diddy Boom Boom: Critical Multiculturalism and Music Education," *Philosophy of Music Education Review* 9, no. 1 (Spring 2001): 32-41, https://www.jstor.org/stable/40495451.

33. Kertz-Welzel, *Globalizing Music Education.*

34. Maxine Greene, *The Dialectic of Freedom* (New York: Teachers College Press, 1988); Maxine Greene, *Releasing the Imagination: Essays on Education, the Arts, and Social Change* (San Francisco: Jossey-Bass, 1995); Allsup, *Remixing the Classroom.*

35. Raimond Gaita, *A Common Humanity: Thinking about Love and Truth and Justice* (London and New York: Routledge, 2014).

36. 예를 들어, 다음을 참고하시오. Bennett Reimer, *A Philosophy of Music Education: Advancing the Vision, 3rd edition* (Upper Saddle River, NJ: Prentice-Hall, 2003); David J. Elliott and Marissa Silverman, *Music Matters: A Philosophy of Music Education*, 2nd edition (New York: Oxford University Press, 2014).

37. Isaiah Berlin, *The Crooked Timber of Humanity: Chapters in the History of Ideas*, ed. Hardy Henry (Princeton, NJ: Princeton University Press, 1990). 이 책의 내용은 "인간성이라는 뒤틀린 목재로부터 완전히 곧은 것을 만들어 내는 것은 불가능하다."라는 칸트의 비유를 떠오르게 한다. Immanuel Kant, "Idee zu einer allgemeinen Geschichte in weltbürgerlicher Absicht" (1774), *Kant's gesammelte Schriften*, vol. 8 (Berlin: G. Reimer, 1912), 23.

38. 교육 분야의 페미니스트 장학금에 대해서는 다음의 예를 참고하시오. Madeline R. Grumet, *Bitter Milk: Women and Teaching* (Amherst: University of Massachusetts Press, 1988); Liora Bresler, *Knowing Bodies, Moving Minds: Towards Embodied Teaching and Learning* (New York: Springer, 2004); Marjorie O'Loughlin, *Embodiment and Education: Exploring Creatural Existence* (Dordrecht, Netherlands: Springer, 2006); Anna L. Peterson, *Everyday Ethics and Social Change: The Education of Desire* (New York: Columbia University Press, 2009); Barbara Thayer-Bacon, Lynda Stone, and Katharine M. Specher, eds., *Education Feminism: Classic and Contemporary Readings* (Albany: State University of New York Press, 2013).

39. Bernarr Rainbow and Gordon Cox, *Music in Educational Thought and Practice: A Survey from 800BC* (Woodbridge, Suffolk, UK: Boydell, 2006), 19.

40. 예를 들어, 북인도 음악가들은 누구에게 얼마나 가르칠 것인지를 전통적으로 선택했듯이 (Daniel M. Neuman, *The Life of Music in North India: The Organization of an Artistic Tradition* [Detroit: Wayne State University Press, 1980]), 서양 콘서바토리 교사들은 학생들을 선발하는 오디션을 실시하고 있으며 그것은 많은 부분 학생들의 학습 의지에 달려 있다(Henry Kingsbury, *Music, Talent, and Performance: A Conservatory Cultural System* [Philadelphia: Temple University Press, 1988]; Bruno Nettl, *Heartland Excursions: Ethnomusicological Reflections on Schools of Music* [Urbana: University of Illinois Press, 1995]).

41. 발덴 대학(Walden University)은 현재 역량 기반 교육을 선호하는 대학 중 하나이다. 이에 대해서는 다음을 참고하시오. Walden University, "What Is Competency-Based Education?" 검색, 2018년 5월 4일 접속, https://www.waldenu.edu/experience/tempolearning/resource/whatiscompetencybasededucation. 음악 교육에 대한 역량기반교육 방식은 20세기 후반에 분명해졌다. 예를 들어, Clifford K. Madsen and Cornelia Yarbrough, *Competency-Based Music Education* (Englewood Cliffs, NJ: Prentice-Hall, 1980)을 참고하시오. 교육에 대한 이러한 접근 방식은 기술 습득에 대한 체계적인 접근 방식과 측정 및 평가에 대한 정량적, 심지어 과학적 접근 방식이 가능하다는 점에서 매력적이다.

42. 음악 교육 분야의 페미니스트 작가들의 주장에 대해서는 다음을 참고하시오. Deanne Bogdan, "Pythagoras' Rib or, What Does Music Education Want?" *Philosophy of Music Education Review* 2, no. 2 (Fall 1994): 122-131, https://www.jstor.org/stable/40327078;

Deanne Bogdan, "Situated Sensibilities and the Need for Coherence: Musical Experience Reconsidered," *Philosophy of Music Education Review* 10, no. 2 (Fall 2002): 125–128, https://www.jstor.org/stable/40327186; Deanne Bogdan, "The Shiver-Shimmer Factor: Music Spirituality, Emotion, and Education," *Philosophy of Music Education Review* 18, no. 2 (Fall 2010): 111–129, https://doi.org/10.2979/pme.2010.18.2.111; Eleanor Stubley, "Meditations on the Letter A: The Hand as Nexus between Music and Language," *Philosophy of Music Education Review* 14, no. 1 (Spring 2006): 42–55, https://www.jstor.org/stable/40316828; Julia Eklund Koza, "My Body Had a Mind of Its Own: On Teaching, the Illusion of Control, and the Terrifying Limits of Governmentality (Part 2)," *Philosophy of Music Education Review* 18, no. 1 (Spring 2010): 4–25, https://doi.org/10.2979/pme.2010.18.1.4; Roberta Lamb, "Feminism as Critique in Philosophy of Music Education," *Philosophy of Music Education Review* 2, no. 2 (Fall 1994): 59–74, https://www.jstor.org/stable/40327073; Marie McCarthy, "Gendered Discourse and the Construction of Identity: Toward a Liberated Pedagogy in Music Education," *Journal of Aesthetic Education* 33, no. 4 (Winter 1999): 109–125, https://doi.org/10.2307/3333724; Elizabeth Gould, "Nomadic Turns: Epistemology, Experience, and Women University Band Directors," *Philosophy of Music Education Review* 13, no. 1 (Fall 2005): 147–164, https://www.jstor.org/stable/40495509; Elizabeth Gould, "Women Working in Music Education: The War Machine," *Philosophy of Music Education Review* 17, no. 2 (Fall 2009): 126–143, https://www.jstor.org/stable/40495496. 또한 Allsup, *Remixing the Classroom*, 특히 4장.

43. OED 온라인에서 "Desire, 명사" 검색, 2018년 5월 4일 접속, http://www.oed.com/view/Entry/50880?.

44. OED 온라인에서 "Desire, 동사" 검색, 2018년 5월 4일 접속, http://www.oed.com/view/Entry/50881?.

45. Susanne K. Langer, *Philosophy in a New Key: A Study in the Symbolism of Reason, Rite, and Art*, 3rd edition (Cambridge, MA: Harvard University Press, 1957).

46. Iris M. Yob, "The Cognitive Emotions and Emotional Cognitions," *Studies in Philosophy and Education* 16, no. 1–2 (1997), https://doi.org/10.1023/A:1004990702983; Israel Scheffler, In *Praise of the Cognitive Emotions and Other Essays on the Philosophy of Education* (New York: Routledge, Chapman and Hall, 1991), 3–17.

47. 개인적인 충동과 욕망에 대해서는 다음을 참고하시오. John Dewey, *Experience and Education* (1938; repr., New York: Collier Books, 1963), 70, 71.

48. 음악적 상상력의 본능적이고 원초적인 기초에 대해서는 다음을 참고하시오. Aaron Copland, *Music and Imagination* (Cambridge, MA: Harvard University Press, 1980), 특히 1장.

49. Susan Laird, "Musical Hunger: A Philosophical Testimonial of Miseducation," *Philosophy*

of Music Education Review 17, no. 1 (Spring 2009): 4-21, https://www.jstor.org/stable/40327307.

50. Dewey, *Experience and Education*, 70-71.

51. 완성된 경험에 대해서는 다음을 참고하시오. John Dewey, *Art as Experience* (1934; repr., New York: Paragon Books, 1979); Philip W. Jackson, *John Dewey and the Lessons of Art* (New Haven, CT: Yale University Press, 1998); Herbert Read, *Education through Art* (London: Faber and Faber, 1943).

52. Vernon A. Howard, *Artistry: The Work of Artists* (Indianapolis, IN: Hackett, 1982), 특히 6장.

53. Bresler, ed., *Knowing Bodies, Moving Minds*.

54. Irving Goffman, *The Presentation of Self in Everyday Life* (1959; repr., New York: Anchor Books, 1990).

55. Nel Noddings, *Happiness and Education* (Cambridge: Cambridge University Press, 2003).

56. 의학에 적용되는 '응시'에 대해서 푸코(Foucault)는 환자의 힘을 약화시키는 원자론적이고 객관적인 견해에 대해 비판한다. 그는 응시의 개념을 권력과의 관계나 문화적·사회적으로 자리 잡은 성격을 인식하는 방식에서 재고하고 있다. 이에 대해서는 다음을 참고하시오. Michel Foucault, *The Birth of the Clinic: An Archaeology of Medical Perception*, trans. A. M. Sheridan Smith (1973; repr., New York: Vintage Books, 1994). 푸코의 페미니스트 비평에 대한 연구는 다음을 참고하시오. Monique Deveaux, "Feminism and Empowerment: A Critical Reading of Foucault," *Feminist Studies* 20, no. 2, (Summer 1994): 223-247, https://doi.org/10.2307/3178151. 푸코의 응시 개념을 기반으로 하여 응시에 담긴 성별, 인종, 계급 특성을 드러내고 교사와 학생 간 상호작용에서의 역할을 해체한 연구들은 다음을 참고하시오. Sherene H. Razack, *Looking White People in the Eye: Gender, Race, and Culture in Courtrooms and Classrooms* (1998; repr., Toronto: University of Toronto Press, 2001); Jan Masschelein, "E-ducating the Gaze: The Idea of a Poor Pedagogy," *Ethics and Education* 5, no. 1 (2010): 43-53, https://doi.org/10.1080/17449641003590621.

57. Langer, *Philosophy in a New Key*, 97, 153, 240.

58. 지혜에 대해서는 다음을 참고하시오. Alfred North Whitehead, *The Aims of Education and Other Essays* (1929; repr., New York: Free Press, 1967). 플라톤의 통일성과 다양성에 대한 개념은 이성으로 경험하는 세계와 감각으로 경험하는 세계 사이의 경계 및 동굴에 대한 우화에서 분명하게 드러난다. 이에 대해서는 다음을 참고하시오. Plato, *The Republic*, trans. Robin Waterfield (Oxford; New York: Oxford University Press, 1993), books 6 and 7.

59. Sean Steel, "The Birth of Dionysian Education (The Spirit of Music)?: Part 1," *Philosophy of Music Education Review* 22, no. 1 (Spring 2014): 38-60, https://doi.org/10.2979/philmusieducrevi.22.1.38; Sean Steel, "The Birth of Dionysian Education (The Spirit of Music)?: Part 2," *Philosophy of Music Education Review* 23, no. 1 (Spring 2015): 67-81,

https://doi.org/10.2979/philmusieducrevi.23.1.67.

60. Lucy Green, *Music on Deaf Ears: Musical Meaning, Ideology and Education* (Manchester, UK: Manchester University Press, 1988), 특히 10장.

61. Greene, *Dialectic of Freedom*, 4장.

62. *Så som I himmelen* (*As It Is in Heaven*), directed by Kay Pollak (Sweden: Lorber Films, 2004), https://www.imdb.com/title/tt0382330.

63. Randall J. Stephens, *The Devil's Music: How Christians Inspired, Condemned, and Embraced Rock 'n' Roll* (Cambridge, MA: Harvard University Press, 2018); Nasim Niknafs, "Tehran's Epistemic Heterotopia: Resisting Music Education," *Philosophy of Music Education Review* 26, no. 2 (Fall 2018): 155–175, https://doi.org/10.2979/philmusieducrevi.26.2.04.

64. OED 온라인에서 "Devotion, 명사" 검색, 2018년 5월 4일 접속, http://www.oed.com/view/Entry/51579?.

65. Neuman, *Life of Music in North India*, 45–50.

66. Kingsbury, *Music, Talent, and Performance*; Nettl, *Heartland Excursions*, on studio relationships between teacher and students.

67. Yob, "The Cognitive Emotions and Emotional Cognitions"; Scheffler, *In Praise of the Cognitive Emotions*, 3–17.

68. Lucy Green, *How Popular Musicians Learn: A Way Ahead for Music Education* (2002; repr., Abingdon, UK, and New York: Routledge, 2016).

69. 정신적 집중과 특출함에 대해서는 다음을 참고하시오. Estelle R. Jorgensen, "On Excellence in Music Education," *McGill Journal of Education* 15, no. 1 (1980): 94–103, https://mje.mcgill.ca/article/view/7313/5252.

70. 이는 고대의 '파이데이아'라는 개념에서 분명하게 나타난다. 이에 대해서는 다음을 참고하시오. Werner Jaeger, *Paideia: The Ideals of Greek Culture*, 3 vols., trans. Gilbert Highet (New York: Oxford University Press, 1939, 1943, 1944).

71. Jorgensen, "On a Choice-Based Instructional Typology in Music."

72. Langer, *Philosophy in a New Key*, 1장.

73. Steel, "The Birth of Donysian Education (The Spirit of Music)?," parts 1 and 2.

74. Judith Vander, *Songprints: The Musical Experience of Five Shoshone Women* (Urbana: University of Illinois Press, 1996).

75. Catherine A. Dobris and Rachel D. Davidson, "From Dirty Little Secrets to Prime Time: Values, Metaphors, and Social Change at the 2015 Grammy Awards," *Gender, Education, Music, Society* 8, no. 4 (April 2015): 4–18, https://ojs.library.queensu.ca/index.php/gems/issue/view/534.

6장. 기쁨, 행복, 즐거움, 축하

1. OED 온라인에서 "Joy, 명사" 검색, 2018년 5월 16일 접속, http://www.oed.com/view/Entry/101795?.

2. 페스탈로치는 *Leonard and Gertrude* in *Three Thousand Years of Educational Wisdom: Selections from Great Documents*, 2nd edition, Robert Ulich, ed. (Cambridge, MA: Harvard University Press, 1954), 485-507을 통하여 빈곤층의 가정에서 묘사되는 기쁨을 극찬한다. 그는 이러한 기쁨이 교육에서도 명확하게 나타나야 한다고 주장한다. 또한 가정에 관하여 Maria Montessori, *The Discovery of the Child*, trans. M. Joseph Costelloe (1967; repr. New York: Ballantine Books, 1972), 320, 321는 아이들의 가정을 기쁨이 경험되는 교육적 장소로 상상한다. Jane Roland Martin, *The Schoolhome: Rethinking Schools for Changing Families* (Cambridge, MA: Harvard University Press, 1992)는 가족생활과 학교생활의 교차점을 다룬다. 교육적 수단-목적에 관하여 다음을 참고하시오. John Dewey, *Democracy and Education: An Introduction to the Philosophy of Education* ([1916]; repr., New York: Free Press)와 그의 *Experience and Education* ([1938]; repr., New York: Collier Books, 1963).

3. Susanne K. Langer, *Philosophy in a New Key: A Study in the Symbolism of Reason, Rite, and Art*, 3rd edition (Cambridge, MA: Harvard University Press, 1957).

4. Northrop Frye, *The Educated Imagination* (1963; repr., Toronto: House of Anansi, 1993).

5. 나는 Estelle R. Jorgensen, *The Art of Teaching Music* (Bloomington: Indiana University Press, 2008), 14-15에서 캠벨의 천상의 기쁨을 따르는 개념을 논한다. Joseph Campbell and Bill Moyers, *The Power of Myth*, ed. Betty Sue Flowers (New York: Doubleday, 1988), 120-121.

6. 기쁨의 거장에 관하여 다음을 참고하시오. Leonard Tan, "Towards a Transcultural Philosophy of Music Education" (PhD diss., Indiana University, 2012).

7. Mihaly Csikszentmihalyi, *Flow: The Psychology of Optimal Experience* (New York: Harper and Row, 1990).

8. Israel Scheffler, *In Praise of the Cognitive Emotions and Other Essays on the Philosophy of Education* (New York: Routledge, Chapman and Hall, 1991), 10-11.

9. Bennett Reimer, "The Experience of Profundity in Music," *Journal of Aesthetic Education* 29, no. 4 (Winter 1995): 1-21, https://doi.org/10.2307/3333288은 음악에 깊게 감동받은 다양한 측면에 초점을 맞춘다. 나에게 가장 설득력 있는 것은 음악이 만들어지는 사회적 및 문화적 맥락에 대한 이해뿐만 아니라, 음악적 전통 그 자체에 있다. 내가 중국을 여행하면서, 다양한 오페라 전통을 통하여 그들의 전통과 나의 서구적 오페라 및 음악 경험의 격차를 절실히 깨달았다. 또한 나는 이 서로 다른 전통들 사이의 많은 공통점을 직관적으로 이해했다. 둘 다 연주자들로부터 존경받고 모범이 되며 감정의 표현들이다. 모두 규율 있고, 강렬하며, 신체적인 극적 및 음향적 유발이다.

10. Scheffler, *In Praise of the Cognitive Emotions*; Iris M. Yob, "The Cognitive Emotions and Emotional Cognitions," *Studies in Philosophy and Education* 16, no. 1-2 (1997): 43-57, https://doi.org/10.1023/A:1004990702983.

11. Immanuel Kant, *Critique of Judgment*, trans. James Creed Meredith (1952; repr., Oxford: Clarendon, 1982).

12. 학교 음악에서 작곡, 연주, 감상을 포함한 포괄적인 음악 교육에 관한 생각은 20세기 영미 음악 교육 철학자들에 의해 전달되었다. 예를 들어, 다음을 참고하시오. Bennett Reimer, *A Philosophy of Music Education* (Englewood Cliffs, NJ: Prentice-Hall, 1970); Keith Swanwick, *A Basis for Education* (1979; reprinted, Windsor, Berkshire, UK: NFER-Nelson, 1981); David J. Elliott, *Music Matters: A New Philosophy of Music Education* (New York: Oxford University Press, 1995).

13. '탁월함의 이상(vision of mastery)'에 관하여 다음을 참고하시오. Vernon A. Howard, *Artistry: The Work of Artists* (Indianapolis, IN: Hackett, 1982), 6장.

14. C. S. Lewis, *Surprised by Joy: The Shape of My Early Life* (1955; repr., New York: HarperCollins, 1955).

15. Scheffler, *In Praise of the Cognitive Emotions*, 1장.

16. R. Murray Schafer, *The Thinking Ear: Complete Writings on Music Education* (1986; repr., Toronto: Arcana Publications, 1988).

17. Randall Everett Allsup, *Remixing the Classroom: Toward an Open Philosophy of Music Education* (Bloomington: Indiana University Press, 2016)은 음악 교육에서 개방적인 철학 및 실천을 옹호한다.

18. 이러한 행복에 관한 글은 Estelle R. Jorgensen, "Life, Liberty, and the Pursuit of Happiness: Values for Music Education," *Bulletin of the Council for Research in Music Education* no. 226 (Fall 2020): 66-79, https://doi.org/10.5406/bulcouresmusedu.226.0066에 실려 있다. 미국 독립 선언은 다음을 참고하시오. National Archives, "Declaration of Independence: A Transcription" 검색, 2018년 5월 18일 접속, https://www.archives.gov/founding-docs/declaration-transcript.

19. Danielle Allen, *Our Declaration: A Reading of the Declaration of Independence in Defense of Equality* (New York: W. W. Norton, 2014).

20. Nel Noddings, *Happiness and Education* (Cambridge: Cambridge University Press, 2003).

21. June Boyce-Tillman, "Towards an Ecology of Music Education," *Philosophy of Music Education Review* 12, no. 2 (2004): 102-125, https://www.jstor.org/stable/40327232의 '지식의 예속적인 방법(subjugated ways of knowing)'에 관한 토론에서 푸코의 예속된 지식의 개념을 논한다.

22. OED 온라인에서 "Happiness, 명사" 검색, 2018년 5월 18일 접속, http://www.oed.com/

view/Entry/84070?.

23. Noddings, *Happiness and Education*. 또한 Nel Noddings, *Caring: A Relational Approach to Ethics and Moral Education*, 2nd edition updated (Berkeley: University of California Press, 2013).

24. Noddings, *Happiness and Education*.

25. Noddings, *Happiness and Education*.

26. 비형식성에 관하여 다음을 참고하시오. Lucy Green, *How Popular Musicians Learn: A Way Ahead for Music Education* (2002; repr., Abingdon, UK, and New York: Routledge, 2016). 또한, Estelle R. Jorgensen, "On Informalities in Music Education," in *The Oxford Handbook of Philosophy in Music Education*, ed. Wayne D. Bowman and Ana Lucia Frega (New York: Oxford University Press, 2012), 453-471을 참고하시오.

27. 20세기 중반에 비형식 교육의 요소인 놀이의 개념은 Madeleine Carabo-Cone, *The Playground as Music Teacher: An Introduction to Music through Games* (New York: Harper and Brothers, 1959)에서 정기적으로 형식적 초등 음악 교육으로 나타난다. 또한 다음을 참고하시오. Mary J. Reichling, "Music, Imagination, and Play," *Journal of Aesthetic Education* 31, no. 1 (1997): 41-55, https://doi.org/10.2307/3333470.

28. John Dewey, *Experience and Education* (1938; repr., New York: Collier Books, 1963), 70-71.

29. OED 온라인에서 "Pleasure, 명사" 검색, 2018년 5월 18일 접속, http://www.oed.com/view/Entry/145578?.

30. Kant, *Critique of Judgment*.

31. Langer, *Philosophy in a New Key*; Langer, *Feeling and Form: A Theory of Art Developed from Philosophy in a New Key* (London: Routledge, 1953), 특히 3장.

32. 예를 들어, 이것은 Plato, *The Republic of Plato*, trans. Francis Macdonald Cornford (1941; repr., Oxford: Oxford University Press, 1942), books 3, 6, 7에 있는 사례이다. 플라톤은 오직 Dorian과 Phrygian *harmoniai*만 허용하였다. Grove Music 온라인에서 저자들 Warren J. Anderson과 Thomas J. Mathiesen의 "Plato" 검색, 2021년 2월 2일 접속, https://www.oxfordmusiconline.com/grovemusic/view/10.1093/gmo/9781561592630.001.0001/omo-9781561592630-e-0000021922?.

33. 예를 들어, 다음을 참고하시오. Lucy Green, *Music, Gender, Education* (Cambridge: Cambridge University Press, 1997); contributors to Cathy Benedict, Patrick Schmidt, Gary Spruce, and Paul Woodford, eds., *The Oxford Handbook of Social Justice in Music Education* (New York: Oxford University Press, 2015); Elizabeth Gould, "Companionable Species: A Queer Pedagogy for Music Education," *Bulletin of the Council for Research in Music Education*, no. 197 (Summer 2013): 63-75, https://doi.org/10.5406/bulcouresmusedu.197.0063. 성 정체성과 음악 교사 실천에 관한 실증적 연구를 보려면, 예

를 들어 다음을 참고하시오. Matthew L. Garrett and Fred P. Spano, "An Examination of LGTBQ-inclusive Strategies Used by Practicing Music Teachers," *Music Education Research* 39, no. 1 (2017): 39-56, https://doi.org/10.1177/1321103X17700702.

34. St. Augustine, *Confessions*, book 10, 33장, excerpted in Michael L. Mark, ed., *Music Education Source Readings from Ancient Greece to Today*, 2nd edition (New York: Routledge, 2002), 23-24.

35. Martin Luther, *Preface to Georg Rhau's Symphoniae incundae*, in Mark, ed., *Music Education Source Readings from Ancient Greece to Today*, 32-33.

36. Jean Jacques Rousseau, *Émile*, trans. Barbara Foxley (1911; repr., London: Dent; New York: Dutton, 1972).

37. Sean Steel, "The Birth of Dionysian Education (The Spirit of Music)?: Part 1," *Philosophy of Music Education Review* 22, no. 1 (Spring 2014): 38-60, https://doi.org/10.2979/philmusieducrevi.22.1.38; Sean Steel, "The Birth of Dionysian Education (The Spirit of Music)?: Part 2," *Philosophy of Music Education Review* 23, no. 1 (Spring 2015): 67-81, https://doi.org/10.2979/philmusieducrevi.23.1.67.

38. Friedrich Schiller, *On the Aesthetic Education of Man in a Series of Letters*, trans. Elizabeth M. Wilkinson and L. A. Willoughby (1967; repr., Oxford: Clarendon, 1986).

39. 음악을 만들고 받아들이는 변증법에 대하여 다음을 참고하시오. Estelle R. Jorgensen, *In Search of Music Education* (Urbana: University of Illinois Press, 1997), 83-87.

40. Maxine Greene, *Variations on a Blue Guitar: The Lincoln Center Institute Lectures on Aesthetic Education* (New York: Teachers College Press, 2001), 120.

41. Peter Kivy, *Sound Sentiment: An Essay on the Musical Emotions, Including the Complete Text of The Corded Shell* (Philadelphia: Temple University Press, 1989).

42. 예를 들어, 다음을 참고하시오. Carabo-Cone, *The Playground as Music Teacher*; Reichling, "Music, Imagination, and Play".

43. Alfred North Whitehead, *The Aims of Education and Other Essays* (1929; repr., New York: Free Press, 1967), 1.

44. 지속적인 체벌과 학대에 대해 제4장을 참고하시오. "Dignity, Dispassion, Restraint, Discipline," nn. 56 and 57.

45. Kris Chesky, "Preventing Music-Induced Hearing Loss," *Music Educators Journal* 94, no. 3 (January 2008): 36-41, https://doi.org/10.1177%2F002743210809400308은 미국 국립 산업 안전 보건연구소 기준에서 권장하는 것보다 훨씬 높은 수준의 노출로 인하여 음악 교사와 학생들 사이에 심각한 대중 보건 문제가 발생했다는 점을 지적한다.

46. OED 온라인에서 "Celebration, 명사" 검색, 2018년 5월 18일 접속, http://www.oed.com/view/Entry/29415?.

47. Langer, *Philosophy in a New Key*, 6장에서 성찬을 그녀의 '생명의 상징(life-symbols)' 중 하나로 생각하여 의식의 신성한 뿌리를 끌어낸다.

48. Christopher Small, *Musicking: The Meanings of Performing and Listening* (Hanover, NH: Wesleyan University Press, University Press of New England, 1998)은 콘서트홀 의식과 연관된 의미들을 분석한다.

49. Iris M. Yob, "The Cognitive Emotions and Emotional Cognitions," in *Reason and Education: Essays in Honor of Israel Scheffler*, ed., Harvey Siegel (Dordrecht, Netherlands: Kluwer Academic Publishers, 1997), 43-57.

50. Dewey, *Art as Experience*, 82.

51. Lucy Green, *Music on Deaf Ears: Musical Meaning, Ideology and Education* (Manchester, UK: Manchester University Press, 1988), fig. 1, 138.

52. 음악적 타당성과 관련된 부분은 다음을 참고하시오. Jorgensen, *In Search of Music Education*, 2장.

53. Allsup, *Remixing the Classroom*.

54. Philip Alperson, "Robust Praxialism and the Anti-Aesthetic Turn," *Philosophy of Music Education* Review 18, no. 2 (2010): 171-193, https://doi.org/10.2979/pme.2010.18.2.171.

55. Martin Luther, "Luther on Education: Studies and Methods," in Mark, ed., *Music Education Source Readings from Ancient Greece to Today*, 32.

7장. 신의, 끈기, 인내, 충성

1. 차이점과 음악 교육에 대해서는 다음을 참고하시오. Cathy Benedict, Patrick Schmidt, Gary Spruce, 그리고 Paul Woodford, eds., *The Oxford Handbook of Social Justice in Music Education* (New York: Ox ford University Press, 2015), section II.

2. 음악 교육에서의 변증법에 대해서는 다음을 참고하시오. Estelle R. Jorgensen, *In Search of Music Education* (Urbana: University of Illinois Press, 1997), 3장; Estelle R. Jorgensen, "A Dialectical View of Theory and Practice," *Journal of Research in Music Education* 49, no. 1 (2001): 343-359, https://doi.org/10.2307/3345617.

3. Estelle R . Jorgensen, *Pictures of Music Education* (Bloomington: Indiana University Press, 2011), 4장; Randall Everett Allsup, *Remixing the Classroom: Toward an Open Philosophy of Music Education* (Bloomington: Indiana University Press, 2016).

4. OED 온라인에서 "Fidelity, 명사" 검색, 2018년 5월 29일 접속, http://www.oed.com/view/Entry/69888?.

5. Donald Arnstine, *Democracy and the Arts of Schooling* (Albany: State University of New York Press, 1995), 특히 3장.

6. OED 온라인에서 "Fidelity, 명사" 검색.

7.　Israel Scheffler, *In Praise of the Cognitive Emotions and Other Essays on the Philosophy of Education* (New York: Routledge, Chapman and Hall, 1991), 25. 여기서는 존이 피아노를 연주하기로 결정한 것처럼 인간의 잠재력이 그러한 일을 하기 위한 결정이라는 것을 주목한다. 셰플러는 'Human Nature and Potential'이라는 제목의 이 에세이에서 선택이라는 것은 추구되지 않는 다른 가능성을 배제하기 때문에 '될 수 있는 모든 것'이 되는 것은 불가능하다고 주장한다.

8.　Alfred North Whitehead, *The Aims of Education and Other Essays* (19 2 9; repr., New York: Free Press, 1967).

9.　Scheffler, *In Praise of the Cognitive Emotions*, 1장.

10.　OED 온라인에서 "Fidelity, 명사" 검색.

11.　서양의 콘서바토리에 대해서는 다음을 참고하시오. Bruno Nettl, *Heartland Excursions: Ethnomusicological Reflections on Schools of Music* (Urbana: University of Illinois Press, 1995); Henry Kingsbury, *Music, Talent, and Performance: A Conservatory Cultural System* (1988; Philadelphia: Temple University, 2001).

12.　Daniel M. Neuman, *The Life of Music in North India: The Organization of an Artistic Tradition* (Detroit: Wayne State University Press, 1980).

13.　Iris M. Yob, Linda Crawford, "Conceptual Framework for Mentoring Doctoral Students," *Higher Learning Research Communications* 2, no. 2 (June 2012); 37-50, https://doi.org/10.18870/hlrc.v2i2.66.

14.　첼리스트 요요마(Yo-Yo Ma)가 설립한 실크로드(Silk Road)는 사회 변화에 대한 사명을 사진 비영리 단체이다. 다양한 전통의 음악가들 사이에서 '더 희망적이고 포용적인 세상을 만들기 위해' '근본적인 문화적 협력'을 촉진하고 있다. 다음을 참고하시오. https://www.silkroad.org, 2021년 3월 2일 접속.

15.　Christopher Small, *Musicking: The Meanings of Performing and Listening* (Hanover, NH: Wesleyan University Press, University Press of New England, 1998).

16.　PBS의 Great Performance에서 방송된 빈 필하모닉의 Summer Night Concert 2016에 대해서는 다음을 참고하시오. "Vienna Philharmonic Summer Night Concert 2016: Full Episode," PBS, 2016년 5월 26일 생방송 녹화, https://www.pbs.org/wnet/gperf/vienna-philharmonic-summer-night-concert-2016-concert/5334/. 음악 교육에서의 성차별에 대해서는 다음을 참고하시오. Estelle R. Jorgensen, *Transforming Music Education* (Bloomington: Indiana University Press, 2003), 20-25.

17.　Susanne K. Langer, *Philosophy in a New Key: A Study in the Symbolism of Reason, Rite, and Art*, 3rd edition (Cambridge, MA: Harvard University Press, 1957), 1장; Allsup, *Remixing the Classroom*.

18.　Émile Jaques-Dalcroze, *Rhythm, Music, and Education*, trans. Harold F. Rubinstein (1921;

repr., New York: Arno, 1976), 16. 19. Scheffler, *In Praise of the Cognitive Emotions*, 13, 14.

20. Paul Woodford, *Democracy and Music Education: Liberalism, Ethics, and the Politics of Practice* (Bloomington and Indianapolis: Indiana University Press, 2005).

21. Jorgensen, *Pictures of Music Education*.

22. OED 온라인에서 "Persist, 동사" 검색, 2018년 5월 30일 접속, https://www.oed.com/view/Entry/141465?.

23. OED 온라인에서 "Persistence, 명사" 검색, 2018년 5월 30일 접속, https://www.oed.com/view/Entry/141466?.

24. '탁월함의 이상'에 대해서는 다음을 참고하시오. Vernon A . Howard, *Artistry: The Work of Artists* (Indianapolis, IN: Hackett, 1982), 6장.

25. John Dewey, *Art as Experience* (1934; repr., New York: Paragon Books, 1979).

26. 예를 들어, 다음을 참고하시오. Herbert Read, *Education through Art* (London: Faber and Faber, 1943); Maxine Greene, *The Dialectic of Freedom* (New York: Teachers College Press, 1988); Maxine Greene, *Releasing the Imagination: Essays on Education, the Arts, and Social Change* (San Francisco: Jossey-Bass, 1995); Maxine Greene, *Variations on a Blue Guitar: The Lincoln Center Institute Lectures on Aesthetic Education* (New York: Teachers College Press, 2001); Howard, *Artistry*, his *Learning by All Means: Lessons from the Arts: A Study in the Philosophy of Education* (New York: Peter Lang, 1992); Howard, *Charm and Speed: Virtuosity in the Performing Arts* (New York: Peter Lang, 2008).

27. Leonard B. Meyer, *Emotion and Meaning in Music* (Chicago: University of Chicago Press, 1956).

28. Carl Orff and Gunild Keetman, *Musik für Kinder*, 5 vols. (Mainz, Germany: B. Schott's Söhne, 1950).

29. John Blacking, *How Musical Is Man?* (1973; London: Faber and Faber, 1976).

30. Lucy Green, *How Popular Musicians Learn: A Way Ahead for Music Education* (2002; repr. Abingdon, UK, and New York: Routledge, 2016).

31. 미국의 교육과정 담론의 역사에 대해서는 다음을 참고하시오. William F. Pinar, William M. Reynolds, Patrick Slattery, and Peter M. Taubman, *Understanding Curriculum: An Introduction to the Study of Historical and Contemporary Curriculum Discourses* (New York: Peter Lang, 1995).

32. David B. Tyack and Larry Cuban, *Tinkering toward Utopia: A Century of Public School Reform* (Cambridge, MA: Harvard University Press, 1995).

33. 음악 감상 및 훈련의 타 영역 전이 효과에 대하여 다음을 참고하시오. E. Glenn Schellenberg and Michael W. Weiss, "Music and Cognitive Abilities," in *Psychology of Music*, ed. Diana Deutsch (New York: Elsevier, 2013), 449-550. 이것을 언급해 준 Peter Miksza에게 감사의 마

음을 전한다.

34. 놀람에 대비하기 위하여 교조주의에 대하여 다음을 참고하시오. Scheffler, *In Praise of the Cognitive Emotions*, 13, 14.

35. '근본주의적 상상력'에 대하여 다음을 참고하시오. Randall Everett Allsup, "Hard Times: Philosophy and the Fundamentalist Imagination," *Philosophy of Music Education Review* 13, no. 2 (Fall 2005): 139-142, https://www.jstor.org/stable/40495507.

36. Whitehead, *The Aims of Education*, 3장.

37. 잘못된 교육적 경험에 대하여 다음을 참고하시오. John Dewey, *Experience and Education* (1938; repr., New York: Collier Books, 1963), 25.

38. Greene Performing Space에서의 세르게이 바바얀과 다닐 트리포노프 인터뷰, New York, 2015년 11월 9일 Medici-TV에서 생방송 방영.

39. OED 온라인에서 "Patience, 첫 번째 명사적 정의" 검색, 2018년 5월 31일 접속. https://www.oed.com/view/Entry/138816?.

40. Maggie Berg and Barbara K. Seeber, *The Slow Professor: Challenging the Culture of Speed in the Academy* (Toronto: University of Toronto Press, 2016).

41. Jane Roland Martin, *School Was Our Life: Remembering Progressive Education* (Bloomington: Indiana University Press, 2018); Nel Noddings, *Happiness and Education* (Cambridge: Cambridge University Press, 2003).

42. OED 온라인에서 "Patience, 첫 번째 명사적 정의" 검색.

43. OED 온라인에서 "Patience, 첫 번째 명사적 정의" 검색.

44. OED 온라인에서 "Patience, 첫 번째 명사적 정의" 검색.

45. OED 온라인에서 "Patience, 첫 번째 명사적 정의" 검색.

46. Howard, *Charm and Speed*; Howard, *Artistry, and his Learning by All Means*.

47. "The Self-fulfilling Prophecy," *Antioch Review* 8 (1948): 193-210, https://doi.org/10.2307/4609267. 이 글에서 널리 받아들여진 머튼의 자기충족적 예언 개념은, 다음의 글에서 발전된 것이다. John M. Darley and Russell H. Fazio, "Expectancy Confirmation Processes A rising in the Social Interaction Sequence," *American Psychologist* 35, no. 10 (1980): 867-881, https://doi.org/10.1037/0003-066X.35.10.867. 음악 교육에서의 실증적 연구는 부모의 지지와 학생의 음악적 성공 사이의 기대 효과를 보여 주었다. 예를 들어, Gary Macpherson, "The Role of Parents in Children's Musical Development," *Psychology of Music* 37, no. 1 (2009): 91-110, https://doi.org/10.1177/0305735607086049. [이러한 참고문헌에 주목하게 해 준 믹서(Peter Miksza)에게 감사의 마음을 전한다.] 교사의 기대는 음악의 다른 측면들과 연결되어 있다. 다음을 참고하시오. Peter D. MacIntyre, Gillian K. Potter, and Jillian N. Burns, "The Socio-Educational Model of Music Motivation," *Journal of Research in Music Education* 60, no. 2 (July 2012): 129-144, https://doi.org/10.1177/0022429412444609. 이 글

을 쓰고 있는 시점에, 나는 음악 교사의 기대와 학생의 음악적 연주의 질 간의 가설적 관계를 확정적으로 지지해 주는 실증적 연구를 접하지 못하였다.

48. 교육에서의 자동온도조절 관점에 대해서는 다음을 참고하시오. Neil Postman, *Teaching as a Conserving Activity* (New York: Dell, 1979).

49. Martin, *School Was Our Life*.

50. 과거에 살았고 미래를 내다보는 경험적 연속체라는 맥락에서, 현재의 경험이 갖는 중요성에 대하여 다음을 참고하시오. Dewey, *Experience and Education*, 특히 3장.

51. Jaques-Dalcroze, *Rhythm, Music, and Education*, 특히 2장. 그는 음악이 '불필요한' 것으로 취급된다면 학교에서 제공되지 않는 것이 더 나을 것이라 말하였다. 만약 기존 시간표가 음악에서의 필수적인 수업 시간에 방해가 되는 경우 '방해물을 제거하라.'(168)

52. Martin, *School Was Our Life*, 59.

53. OED 온라인에서 "Loyalty, 명사" 검색, 2018년 5월 31일 접속, http://www.oed.com/view/Entry/110759?.

54. Werner Jaeger, *Paideia: The Ideals of Greek Culture*, trans. Gilbert Highet, 3 vols. (New York: Ox ford University Press, 1943-1945).

55. Parker J. Palmer, *Courage to Teach: Exploring the Inner Landscape of a Teacher's Life* (San Francisco: Jossey-Bass, 1998), 특히 5장.

56. 예를 들어, 이것은 수백 명의 음악가 지망생들이 소수의 결승 진출자 그룹으로 추려지고, 그 중에서 대상과 수석을 차지하게 되는 국제 음악 콩쿠르에서 발생한다. 음악 콩쿠르에서의 사회적 분석에 대해서 다음을 참고하시오. Lisa McCormick, *Performing Civility: International Competitions in Classical Music* (Cambridge: Cambridge University Press, 2015). 또한 피아노 콩쿠르 내의 음모에 대한 내부 폭로에 대하여 다음을 참고하시오. Joseph Horowitz, *The Ivory Trade: Music and the Business of Music at the Van Cliburn International Piano Competition* (New York: Summit Books, 1990).

57. 타인에 대한 애착이 없는 상태에서 상상적 가능성을 파악하는 것이 불가능하지 않을 경우의 어려움에 대하여 다음을 참고하시오. Greene, *The Dialectic of Freedom*, 17.

58. Iris M. Yob, 그녀의 "School as Sacred Space," 2004년 9월 스코틀랜드 에든버러에서 열린 심장학회에서 발표된 논문, 그리고 그녀의 "School and Sacred Time," 2015년 6월 독일 프랑크푸르트에서 열린 제10회 국제 음악 철학학회에서 발표된 논문.

59. 음악 교육에서 '삶의 방식'을 기르고 함양하는 것에 대해서는 다음을 참고하시오. Jorgensen, *In Search of Music Education*; Jorgensen, *The Art of Teaching Music* (Bloomington: Indiana University Press, 2008); Jorgensen, *Pictures of Music Education*.

60. June Boyce-Tillman, "Towards an Ecology of Music Education," *Philosophy of Music Education Review* 12, no. 2 (2004): 102-125, https://www.jstor.org/stable/40327232.

61. Langer, *Philosophy in a New Key*.

62. Iris M. Yob, "If We Knew What Spirituality Was, We Would Teach for It," *Music Educators Journal* 98, no. 2 (December 2011): 41-47, https://doi.org/10.1177/0027432111425959.

63. 상호 존중적 공감에 대해서는 다음을 참고하시오. Estelle R. Jorgensen, "On a Choice-Based Instructional Typology in Music," *Journal of Research in Music Education* 29 (1981): 97-102, https://doi.org/10.2307/3345018.

64. 음악 교육에서 고전적인 미시경제학적 모델링 기법의 활용에 대해서는 다음을 참고하시오. Estelle R. Jorgensen, "An Analysis of Aspects of Type IV Music Instruction in a Teacher-Student Dyad," *The Quarterly Journal of Music Teaching and Learning* 6, no. 1 (1995): 16-31, 허가를 받아 *Visions of Research in Music Education* 16, no. 6 (Autumn 2010), http://www-usr.rider.edu/~vrme/v16n1/volume6/visions/spring3; Jorgensen, "Modeling Aspects of Type IV Music Instructional Triads," *The Bulletin of the Council for Research in Music Education*, no. 137 (1998): 43-56, https://www.jstor.org/stable/40318931; Jorgensen, "On a Choice-Based Instructional Typology in Music," https://doi.org/10.2307/3345018. 이것들의 논리적 가능성 때문에 흥미롭지만, 이 모델링 기술들은 합리성과 완벽한 지식에 대한 비현실적 가정에 근거를 두고 있다. 이들의 결론은 직관적으로 인식되고 일화적 증거에는 맞는 것처럼 보일지 모르지만, 이 교수 모델들은 체계적인 경험적 검토를 필요로 한다.

65. 2015년 3월 1일 미국 쇼팽 재단이 후원하는 실내악 연주회에서 바바얀의 연주를 듣기 위해 욥과 함께 플로리다주 마이애미로 현장 학습을 동행해 준 보그단에게 감사드린다. 트리포노프의 연주에 대한 분석을 위해서는 다음을 참고하시오. Deanne Bogdan, "Incarnating the Shiver-Shimmer Factor: Toward a Dialogical Sublime," *Philosophy of Music Education Review* 28, no. 2 (Fall 2020): 145-167, https://doi.org/10.2979/philmusieducrevi.28.2.03.

제8장. 호기심, 상상력, 경이로움, 열린 마음

1. John Shepherd, "Music and the Last Intellectuals," in *The Philosopher, Teacher, Musician: Contemporary Perspectives on Music Education*, ed. Estelle R. Jorgensen (Urbana: University of Illinois Press, 1993), 95-114.

2. OED 온라인에서 "Curiosity, 명사" 검색, 2018년 6월 8일 접속, https:// www . oed .com/view/Entry/46038?.

3. 다음의 예를 참고하시오. Donald Arnstine, *Democracy and the Arts of Schooling* (Albany: State University of New York Press, 1995), 100-114.

4. 충동을 열정과 교육적 성장으로 바꾸는 것은 교사의 책임에 포함되어 있다. 다음을 참고하시오. John Dewey, *Experience and Education* (1938; repr., New York: Collier Books, 1963), 특히 70-72쪽.

5. Martin Buber, *I and Thou*, trans. Walter Kaufmann (New York: Charles Scribner's Sons, 1970).

6. Percy A. Scholes, *Music, the Child, and the Masterpiece: A Comprehensive Handbook of Aims and Methods in All that is Usually Called 'Musical Appreciation'* (London: Oxford University Press, Humphrey Milford, 1935).

7. 다음의 예를 참고하시오. Bennett Reimer, "Once More with Feeling: Reconciling Discrepant Accounts of Musical Affect," *Philosophy of Music Education Review* 12, no. 1 (Spring 2004): 4-16, https://www.jstor.org/stable/40327216. Vernon A. Howard, *Learning by All Means: Lessons from the Arts: A Study in the Philosophy of Education* (New York: Peter Lang, 1992).

8. 음악의 힘에 대해 다음의 문헌을 참고하시오. Jacques Attali, *Noise: The Political Economy of Music*, trans. Brian Massumi (Minneapolis: University of Minnesota Press, 1985).

9. Henry Kingsbury, *Music, Talent, and Performance: A Conservatory Cultural System* (Philadelphia: Temple University Press, 1988); Bruno Nettl, *Heartland Excursions: Ethnomusicological Reflections on Schools of Music* (Urbana: University of Illinois Press, 1995).

10. Arnstine, *Democracy and the Arts of Schooling*, 100-114. 선생님과 학교가 호기심을 자극하고 부추기는 지적 자극을 제공하는 것의 필요성을 지적한다.

11. Paulo Freire, *Pedagogy of the Oppressed*, New Revised 20th Anniversary Edition, trans. Myra Bergman Ramos (New York: Continuum, 1993), 특히 2장.

12. Maxine Greene, *The Dialectic of Freedom* (New York: Teachers College Press, 1988).

13. Raimond Gaita, *A Common Humanity: Thinking about Love and Truth and Justice* (London and New York: Routledge, 2014).

14. William B. Turner, *A Genealogy of Queer Theory* (Philadelphia: Temple University Press, 2000).

15. Philip Brett, Elizabeth Wood, Gary C. Thomas, eds., *Queering the Pitch: The New Lesbian and Gay Musicology*, 2nd ed. (New York: Routledge, 2006); Doris Leibetseder, *Queer Tracks: Subversive Strategies in Rock and Pop Music*, trans. Rebecca Carbery (2012; revised trans., New York: Routledge, 2016); Judith Ann Peraino, "Listening to the Sirens: Music as Queer Ethical Practice," *GLQ: A Journal of Lesbian and Gay Studies* 9, no. 4 (2003): 433-470, https://doi.org/10.1215/10642684-9-4-433; Judith Ann Peraino, *Listening to the Sirens: Musical Technologies of Queer Identity from Homer to Hedwig* (Berkeley: University of California Press, 2006); Jodie Taylor, *Playing It Queer: Popular Music, Identity and Queer World-Making* (Bern, Switzerland: Peter Lang, 2012); Nelson M. Rodriguez, Wayne J. Martino, Jennifer C. Ingrey, and Edward Brockenbrough, eds., *Critical Concepts in Queer Studies and Education: An International Guide for the Twenty-First Century* (New York: Palgrave Macmillan, 2016); Elizabeth Gould, "Companion-able Species: A Queer

Pedagogy for Music Education," *Bulletin of the Council for Research in Music Education* no. 197 (Summer 2013): 63-75, https://doi.org/10.5406/bulcouresmusedu.197.0063; Elizabeth Gould, "Ecstatic Abundance: Queer Temporalities in LGBTQ Studies and Music Education," *Bulletin of the Council for Research in Music Education* no. 207-208 (Winter/Spring 2016): 123-138, https://doi.org/10.5406/bulcouresmusedu.207-208.0123; Karin Hendricks and June Boyce-Tillman, eds., *Queering Freedom: Music, Identity, and Spirituality* (Oxford: Peter Lang, 2018).

16. Gould, "Companion-able Species," 64, and "Ecstatic Abundance", 123-124.

17. '쉽게 잊히지 않는 특성'을 가진 노래에 대해 다음의 문헌을 참고하시오. Estelle R. Jorgensen, foreword to *School Was Our Life: Remembering Progressive Education*, by Jane Roland Martin (Bloomington: Indiana University Press, 2018), x.

18. David R. Gillham, *City of Women* (New York: Berkley Pub. Group, 2013).

19. 음악가들의 가족사에 대해 다음을 참고하시오. Daniel M. Neuman, *The Life of Music in North India: The Organization of an Artistic Tradition* (Detroit: Wayne State University Press, 1980); Karl Geiringer, *The Bach Family: Seven Generations of Creative Genius* (New York: Oxford University Press, 1954); George Martin, *The Damrosch Dynasty: America's First Family of Music* (Boston: Houghton Mifflin, 1983). 재즈 계보와 음악가들 사이의 지식 전달에서 기억의 역할에 관하여 다음을 참고하시오. Gabriel Solis, *Monk's Music: Thelonius Monk and Jazz History in the Making* (Berkeley: University of California Press, 2007).

20. 음악 협회에 대해 다음을 참고하시오. John Williamson and Martin Cloonan, *Players' Work Time: A History of the British Musicians' Union 1893-2013* (Manchester, UK: Manchester University Press, 2016).

21. 보스턴 학교 음악 운동에 대해 다음을 참고하시오. Estelle R. Jorgensen, "Engineering Change in Music Education: A Model of the Political Process Underlying the Boston School Music Movement (1829-1838)," *Journal of Research in Music Education* 31 (1983): 67-75, https://doi.org/10.2307/3345111; Estelle R. Jorgensen, "William Channing Woodbridge's Lecture 'On Vocal Music as a Branch of Common Education' Revisited," *Studies in Music* (University of Western Australia) 18 (1984): 1-32. Reprinted with permission in *Visions of Music Education* 14, no. 1 (June 2009), http://www-usr.rider.edu/~vrme/v14n1/vision/woodbridge.pdf. 또한 다음을 참고하시오. Émile Jaques-Dalcroze, *Rhythm, Music and Education*, trans. Harold F. Rubinstein (1921; repr., New York: Arno, 1976), 16, 특히 2장.

22. Austin B. Caswell, "Canonicity in Academia: A Music Historian's View," in *Philosopher, Teacher, Musician: Perspectives on Music Education*, ed. Estelle R. Jorgensen (Urbana: University of Illinois Press, 1993), 129-145.

23. 우선순위 원칙에 대해 다음을 참고하시오. Estelle R. Jorgensen, *The Art of Teaching Music*

(Bloomington: Indiana University Press, 2008), 155, 221.

24. OED 온라인에서 "Imagination, 명사" 검색, 2018년 6월 12일 접속, https://www.oed.com/view/Entry/91643?

25. Mary J. Reichling, "Images of Imagination," *Journal of Research in Music Education* 38, no. 4 (1990): 282-293, https://doi.org/10.2307/3345225.

26. OED 온라인에서 "Imagination, 명사"

27. Vernon A. Howard, *Artistry: The Work of Artists* (Indianapolis, IN: Hackett, 1982), 6장.

28. OED 온라인에서 "Imagination, 명사"

29. Susanne K. Langer, *Philosophy in a New Key: A Study in the Symbolism of Reason, Rite, and Art,* 3rd edition (Cambridge, MA: Harvard University Press, 1957); Susanne K. Langer, *Feeling and Form: A Theory of Art Developed from Philosophy in a New Key* (London: Routledge, 1953); Susanne K. Langer, *Problems of Art: Ten Philosophical Lectures* (New York: Charles Scribner's Sons, 1957).

30. OED 온라인에서 "Imagination, 명사"

31. 마음의 중심인 느낌에 대해 다음을 참고하시오. Susanne K. Langer, *Mind: An Essay on Human Feeling*, 3 vols. (Baltimore: Johns Hopkins Press, 1967, 1972, 1982). 인지적 감정 혹은 감정적 인지에 대해 다음을 참고하시오. Israel Scheffler, *In Praise of the Cognitive Emotions and Other Essays on the Philosophy of Education* (New York: Routledge, Chapman and Hall, 1991), 1장; Iris M. Yob, "The Cognitive Emotions and Emotional Cognitions," in *Reason and Education: Essays in Honor of Israel Scheffler*, ed. Harvey Siegel (Dordrecht, Netherlands: Kluwer Academic Publishers, 1997), 43-57.

32. Israel Scheffler, *The Language of Education* (Springfield, IL: Charles C. Thomas, 1960); Israel Scheffler, *Beyond the Letter: A Philosophical Inquiry into Ambiguity, Vagueness and Metaphor in Language* (London: Routledge and Kegan Paul, 1979); Israel Scheffler, *Science and Subjectivity*, 2nd edition (Indianapolis, IN: Hackett, 1982).

33. Maxine Greene, *The Dialectic of Freedom;* Maxine Greene, *Releasing the Imagination: Essays on Education, the Arts, and Social Change* (San Francisco: Jossey-Bass, 1995); Maxine Greene, *Variations on a Blue Guitar: The Lincoln Center Institute Lectures on Aesthetic Education* (New York: Teachers College Press, 2001).

34. OED 온라인에서 "Imagination, 명사"

35. Herbert Read, *Education through Art* (London: Faber and Faber, 1943).

36. Vernon A. Howard, *Learning by All Means: Lessons from the Arts: A Study in the Philosophy of Education* (New York: Peter Lang, 1992).

37. Northrop Frye, *The Educated Imagination* (1963; repr., Toronto: House of Anansi, 1993).

38. Deanne Bogdan, *Re-educating the Imagination: Towards a Poetics, Politics, and Pedagogy*

of Literary Engagement (Portsmouth, NH: Boynton/Cook-Heinemann, 1992).

39. 다음의 예를 참고하시오. Robert W. Mitchell, ed., *Pretending and Imagination in Animals and Children* (Cambridge: Cambridge University Press, 2002). 또한 20세기 초반에 무시되던 만화와 애니메이션들이 그 세기 후반의 애니메이션 및 과학 공상 영화에 대한 급증하는 관심의 기초가 된 것에 대한 검토를 위해 다음을 참고하시오. J. P. Telotte, *Animating the Science Fiction Imagination* (New York: Oxford University Press, 2018). 인공지능이 상상력을 가진다고 생각하는 것에 관하여, 다음을 참고하시오. Igor Aleksander, *How to Build a Mind: Toward Machines with Imaginations* (New York: Columbia University Press, 2001).

40. Greene, *Releasing the Imagination*, 35, 133, 10장

41. 인류세에 대해 다음을 참고하시오. Elizabeth Kolbert, *The Sixth Extinction: An Unnatural History* (New York: Henry Holt, 2014).

42. Abraham H. Maslow, "A Theory of Human Motivation," *Psychological Review* 50 (1943): 370-396, https://doi.org/10.1037/h0054346; Abraham H. Maslow, *Toward a Psychology of Being,* 2nd edition (New York: D. Van Nostrand, 1968); Abraham H. Maslow, *The Farther Reaches of Human Nature* (1971; repr., Harmondsworth, UK: Penguin, 1976).

43. Mihaly Csikszentmihalyi, *Flow: The Psychology of Optimal Experience* (New York: Harper and Row, 1990).

44. 다음의 예를 참고하시오. Johan Huizinga, *Homo Ludens: A Study of the PlayElement in Culture* (1950; repr., Boston: Beacon, 1955); Armand D'Angour, "Plato and Play: Taking Play Seriously," *American Journal of Play* 5, no. 3 (Spring 2013): 293-307, https://www.journalofplay.org/sites/www.journalofplay.org/files/pdf-articles/5-3-article-plato-and-play.pdf.

45. 다음을 확인하시오. Estelle R. Jorgensen, "The Concert Hall and the Web," last modified December 15, 2015, https://www.estellejorgensen.com/blog/the-concert-hall-and-the-web.

46. 기술의 부정적인 면에 대해 다음을 참고하시오. Michael Harris, *The End of Absence: Reclaiming What We've Lost in a World of Constant Connection* (2014; repr., New York: Penguin, 2015).

47. Howard, *Artistry*, 특히 2장.

48. Howard Gardner, *Frames of Mind: The Theory of Multiple Intelligences*, 2nd paper edition, 10th anniversary edition (New York: Basic Books, 2011). 가드너는 이 책 출판 이후 계속해서 그의 이론을 발전시켰다. 그의 이론에 대한 비판은 다음을 참고하시오. Joe L. Kincheloe, ed., *Multiple Intelligences Reconsidered* (New York: Peter Lang, 2004).

49. Philip H. Phenix, *Realms of Meaning: A Philosophy of the Curriculum for General Education* (1964; repr., Ventura, CA: Ventura County Superintendent of Schools Office,

1986); Nelson Goodman, *Ways of Worldmaking* (Indianapolis, IN: Hackett, 1978).

50. 다음의 예를 참고하시오. Carol Gilligan, *In a Different Voice: Psychological Theory and Women's Development* (Cambridge, MA: Harvard University Press, 1982); Jerome Bruner, *Actual Minds, Possible Worlds* (Cambridge, MA: Harvard University Press, 1986); Jerome Bruner, *Acts of Meaning* (Cambridge, MA: Harvard University Press, 1990); Greene, *Dialectic of Freedom*; Greene, *Releasing the Imagination*; Michael Apple, *Ideology and Curriculum*, 2nd edition (New York: Routledge, 1990); Bogdan, *Re-educating the Imagination*; Henry A. Giroux, *Border Crossings: Cultural Workers and the Politics of Education* (1992: repr., New York and London: Routledge, 1993); Henry A. Giroux, *Fugitive Cultures: Race, Violence, and Youth* (New York: Routledge, 1996).

51. Erik H. Erikson with Joan M. Erikson, *The Life Cycle Completed* (New York: W. W. Norton, 1998).

52. John Dewey, *Experience and Education*.

53. Greene, *The Dialectic of Freedom*.

54. OED 온라인에서 "Wonder, 명사" 검색, 2018년 6월 13일 접속, http://www.oed.com/view/Entry/229936?.

55. OED 온라인에서 "Wonder, 명사" 검색, 2018년 6월 13일 접속, http://www.oed.com/view/Entry/229938?.

56. Iris M. Yob, "If We Knew What Spirituality Was, We Would Teach for It," *Music Educators Journal* 98, no. 2 (December 2011): 41–47, https://doi.org/10.1177/0027432111425959

57. William James, *The Varieties of Religious Experience* (Cambridge, MA: Harvard University Press, 1985).

58. David Carr and J. W. Steutel, eds., *Virtue Ethics and Moral Education* (London: Routledge, 1999); David Carr and John Haldane, eds., *Spirituality, Philosophy, and Education* (London and New York: RoutledgeFalmer, 2003); David Carr, "The Significance of Music for the Moral and Spiritual Cultivation of Virtue," *Philosophy of Music Education Review* 14, no. 2 (Fall 2006): 103–117, https://www.jstor.org/stable/40327249; David Carr, "Music, Spirituality, and Education," *Journal of Aesthetic Education* 42, no. 1 (Spring 2008): 16–29, https://www.jstor.org/stable/25160263; Iris M. Yob, "School as Sacred Space," paper presented at Reasons of the Heart Conference, Edinburgh, Scotland, September 2004; Iris M. Yob, "School and Sacred Time," paper presented at Tenth International Society for Philosophy of Music Education Conference, Frankfurt, Germany, June 2015.

59. Howard, *Learning by All Means*.

60. Yob, "If We Knew What Spirituality Was, We Would Teach for It."

61. Deanne Bogdan, "The Shiver-Shimmer Factor: Music Spirituality, Emotion, and Education,"

Philosophy of Music Education Review 18, no. 2 (Fall 2010): 111-129, https://doi.org/10.2979/pme.2010.18.2.111.

62. Scheffler, *In Praise of the Cognitive Emotions*, 1장; Yob, "The Cognitive Emotions and Emotional Cognitions."

63. Howard, *Artistry*, 6장.

64. Shinichi Suzuki, *Nurtured by Love: A New Approach to Education*, trans. Waltraud Suzuki (New York: Exposition, 1969).

65. Israel Scheffler, *Reason and Teaching* (1973; repr., Indianapolis, IN: Bobbs-Merrill, 1973), 80.

66. 자유에 대한 두려움, 놀람에 대한 공포, 그리고 특히 급격한 변화의 시기에 불확실성과 취약성의 참기 힘든 부담에 관해 다음을 참고하시오. Erich Fromm, *Escape from Freedom* (New York: Rinehart, 1941).

67. 체벌에 대해 이 책 제4장 후주 55번과 56번을 참고하시오. 102, 103쪽 참고.

68. 기악 음악 교육에서 두려움의 역할에 대해 다음을 참고하시오. Timothy Lautzenheiser, "The Essential Elements to a Successful Band: The Teacher, the Conductor, the Director, the Leader," in *Teaching Music through Performance in Band*, ed. Richard Miles (Chicago: GIA Publications, 1997), 63; Ken Murakami, "Building a Great Junior High Band" DVD (Hiroshima, Japan: Brain Co., 2006), minute 1:21. I am indebted to Leonard Tan for bringing these references to my attention. 또한 다음을 참고하시오. Randall Allsup and Cathy Benedict, "The Problems of Band: An Inquiry into the Future of Instrumental Music Education," *Philosophy of Music Education Review* 16, no. 2 (Fall 2008): 156-173, https://www.jstor.org/stable/40327299; Leonard Tan, "Towards a Transcultural Philosophy of Music Education" (PhD diss., Indiana University, 2012).

69. 음악의 본질과 표현방식에 대해 다음을 참고하시오. Charles E. Ives, "Essays Before a Sonata," in *Three Classics in the Aesthetic of Music* (1920; repr., New York: Dover, 1962), 103-185. 외적인 측면과 깊이에 대해 다룬 다음의 문헌을 참고하시오. Richard Shusterman, *Surface and Depth: Dialectics of Criticism and Culture* (Ithaca, NY: Cornell University Press, 2002).

70. OED 온라인에서 "Open-mindedness, 명사" 검색, 2018년 6월 14일 접속, http://www.oed.com/view/Entry/259301?; OED 온라인에서 "Open-minded, 형용사" 검색, 2018년 6월 14일 접속, http://www.oed.com/view/Entry/259299?.

71. 미덕이 중용으로서의 가치에 관해 다음의 예를 참고하시오. Aristotle, *Nicomachean Ethics*, trans. and ed.X Roger Crisp (Cambridge: Cambridge University Press, 2000), book 2, para.1106b, 30.

72. 음악 교육에서 비판적 사고에 대해 다음의 예를 참고하시오. Paul Woodford, *Democracy*

and Music Education: Liberalism, Ethics, and the Politics of Practice (Bloomington and Indianapolis: Indiana University Press, 2005).

73. 음악 교육에서 다름과 세계주의에 대한 철학적 논의를 위해 다음의 예를 참고하시오. June Boyce-Tillman, "Music and the Dignity of Difference," *Philosophy of Music Education Review* 20, no. 1 (Spring 2012): 25-44, https://doi.org/10.2979/philmusieducrevi.20.1.25; Patrick Schmidt, "Cosmopolitanism and Policy: A Pedagogical Framework for Global Issues in Music Education," *Arts Education Policy Review* 114, no. 3 (2013): 103-111, https://doi.org/10.1080/10632913.2013.803410; Patrick Schmidt, "A Rabi [sic], an Imam, and a Priest Walk into a Bar . . . Or, What Can Music Education Philosophy Learn from Comparative Cosmopolitanism?" *Philosophy of Music Education Review* 21, no. 1 (Spring 2013): 23-40, https://doi.org/10.2979/philmusieducrevi.21.1.23; Geir Johanssen, "Music Education and the Role of Comparative Studies in a Globalized World," *Philosophy of Music Education Review* 21, no. 1 (Spring 2013): 41-51, https://doi.org/10.2979/philmusieducrevi.21.1.41; Lauren Kapalka Richerme, "Difference and Music Education," in *Music Education*, ed. Clint Randles (New York: Routledge, 2014); 30-42; Lauren Kapalka Richerme, "Uncommon Commonalities: Cosmopolitan Ethics as a Framework for Music Education Analysis," *Arts Education Policy Review* 117 (2016): 87-95, https://doi.org/10.1080/10632913.2015.1047 002; Lauren Kapalka Richerme, "A Feminine and Poststructural Extension of Cosmopolitan Ethics in Music Education," *International Journal of Music Education* 35, no. 3 (2016): 414-424, https://doi.org/10.1177/0255761416667470.

74. 다음의 예를 참고하시오. Suzuki, *Nurtured by Love*; Brenda Brenner, "Reflecting on the Rationales for String Study in Schools," *Philosophy of Music Education Review* 18, no. 1 (Spring 2010): 45-64, https://doi.org/10.2979/pme.2010.18.1.45; Leonard Tan, "Towards a Transcultural Theory of Democracy for Instrumental Music Education," *Philosophy of Music Education Review* 22, no. 1 (Spring 2014): 61-77, https://doi.org/10.2979/philmusieducrevi.22.1.61; Merlin Thompson, "Authenticity, Shinichi Suzuki, and 'Beautiful Tone with Living Soul, Please,'" *Philosophy of Music Education Review* 24, no 2 (Fall 2016): 170-190, https://doi.org/10.2979/philmusieducrevi.24.2.03.

75. 세계 음악에서 이론적이고 실용적인 문제에 참여하고 있는 사람들에 관해서 다음의 예를 참고하시오. Keith Swanwick, *Music, Mind, and Education* (London: Routledge, 1988); Therese Volk, *Music Education and Multiculturalism* (New York: Oxford University Press, 1998); Patricia Shehan Campbell, *Lessons from the World: A Cross-Cultural Guide to Music Teaching and Learning* (New York: Schirmer Books, 1991); Patricia Shehan Campbell, *Music, Education, and Diversity: Bridging Cultures and Communities* (New York: Teachers College Press, 2017); June Boyce-Tillman, "Towards an Ecology of Music Education,"

Philosophy of Music Education Review 12, no. 2 (Fall 2004): 102–125, https://www.jstor. org/stable/40327232; June Boyce-Tillman, "Music and the Dignity of Difference"; Huib Schippers, *Facing the Music: Shaping Music Education from a Global Perspective* (New York: Oxford University Press, 2010).

76. Scheffler, *In Praise of the Cognitive Emotions*, 13.

77. Thomas Regelski, "On 'Methodolatry' and Music Teaching as Critical and Reflective Praxis," *Philosophy of Music Education Review* 10, no. 2 (Fall 2002): 102–123, https://www.jstor. org/stable/40327184.

78. Giroux, *Border Crossings*; Claire Detels, *Soft Boundaries: Re-visioning the Arts and Aesthetics in American Education* (Westport, CT: Bergin and Garvey, 1999).

79. 이러한 교육에 대한 교수 · 학습으로 다음을 참고하시오. Greene, *The Dialectic of Freedom*; Greene, *Releasing the Imagination*; Randall Everett Allsup, *Remixing the Classroom: Toward an Open Philosophy of Music Education* (Bloomington: Indiana University Press, 2016).

80. Dewey, *Experience and Education*.

81. 성향에 대해 다음을 참고하시오. Arnstine, *Democracy and the Arts of Schooling*.

82. R. S. Peters, *Moral Development and Moral Education* (London: George Allen and Unwin, 1981); Carr and Steutel, eds., *Virtue Ethics and Moral Education*.

83. Estelle R. Jorgensen, "The Curriculum Design Process in Music," *College Music Symposium* 28 (1988): 94–105, https://www.jstor.org/stable/40374590.

84. Freire, *Pedagogy of the Oppressed*.

85. 보살핌과 교육적 함의에 대해 다음을 참고하시오. Nel Noddings, *Caring: A Feminine Approach to Ethics and Moral Education* (Berkeley: University of California Press, 1984); Nel Noddings, *The Challenge to Care in Schools: An Alternative Approach to Education* (New York: Teachers College Press, 1992); Nel Noddings, *Educating Moral People: A Caring Alternative to Character Education* (New York: Teachers College Press, 2002).

86. Israel Scheffler, *Of Human Potential: An Essay in the Philosophy of Education* (Boston: Routledge and Kegan Paul, 1985); Israel Scheffler, *In Praise of the Cognitive Emotions*, 2장.

87. 다음의 예를 참고하시오. Joe L. Kincheloe and William Pinar, eds., *Curriculum as Social Psychoanalysis: The Significance of Place* (Albany: State University of New York Press, 1991); Nel Noddings, *Taking Place Seriously in Education* (Ann Arbor, MI: Caddo Gap, 1998), which was the 22nd Garles DeGarmo Lecture of the Society of Professors of Education; David M. Callejo-Pérez, Donna Adair Brealt, and William L. White, *Curriculum as Spaces: Aesthetics, Community and the Politics of Place* (New York: Peter Lang, 2014).

88. Plato, *The Republic of Plato, trans.* Francis Macdonald Cornford (1941; repr., Oxford:

Oxford University Press, 1942), book 7, para. 514-521, 240-249.

제9장. 지혜, 이해, 지식, 탁월함

1. Parker J. Palmer, *Courage to Teach: Exploring the Inner Landscape of a Teacher's Life* (San Francisco: Jossey-Bass, 1998).

2. OED 온라인에서 "Wisdom, 명사" 검색, 2018년 6월 28일 접속, 2018, http://www.oed.com/view/Entry/229491?

3. Lorin W. Anderson, ed., *A Taxonomy of Teaching, Learning, Assessing:A Revision of Bloom's Taxonomy of Educational Objectives*, abridged edition (2001; repr., Upper Saddle River, NJ: Pearson, 2013).

4. 예루살렘 신앙에서 지혜는 종종 신에 귀속되며, 신성한 텍스트를 '지혜 문학'이라고 일컬어진다. 기독교 성경에서 예수님은 "아버지의 지혜"(고전 1:24, 30)로, 유대인 성경에서 전도서와 아가서에 기록된 솔로몬의 글은 지혜 문학으로 언급된다.

5. OED 온라인에서 "Wisdom, 명사" 검색.

6. Keith Swanwick and June Boyce-Tillman, "The Sequence of Musical Development," *British Journal of Music Education* 3, no. 3 (1986): 305-339, https://www.doi.org/10.1017/S0265051700000814; Keith Swanwick, *Music, Mind, and Education* (London: Routledge, 1988), 76. 나선형의 확장에 대해서 다음을 참고하시오. June Boyce-Tillman, *Experiencing Music—Restoring the Spiritual, Music as Wellbeing* (New York: Peter Lang, 2016).

7. Alfred North Whitehead, *The Aims of Education and Other Essays* (1929; repr., New York: Free Press, 1967).

8. Whitehead, *The Aims of Education*, 14.

9. 다음에서 소크라테스는 "자연에서 '하나이자 다수'인 사람을 찾으면, 마치 그가 신인 것처럼 그의 발자국을 따라 걸을 것"이라고 하였다. Plato, *Phaedrus*, trans. Benjamin Jowett (Oxford, 1892; Project Gutenberg, 2008), http://www.gutenberg.org/ebooks/1636. 또한 '하나와 다수'의 문제가 플라톤의 핵심 관심사라고 여긴 Jacob Loewenberg도 Jowett의 번역을 인용하였다. Jacob Loewenberg, "Classic and Romantic Trends in Plato," *Harvard Theological Review* 10, no. 3 (July 1917): 215, https://www.jstor.org/stable/1507077.

10. 언어의 다의성에 대해서는 다음을 참고하시오. Israel Scheffler, *Beyond the Letter: A Philosophical Inquiry into Ambiguity, Vagueness and Metaphor in Language* (London: Routledge and Kegan Paul, 1979).

11. Susanne K. Langer, *Philosophy in a New Key: A Study in the Symbolism of Reason, Rite, and Art*, 3rd edition (Cambridge, MA: Harvard University Press, 1957), 222-223; Susanne K. Langer, *Mind: An Essay on Human Feeling*, 3 vols. (Baltimore: Johns Hopkins Press, 1967, 1972, 1982).

12. John Dewey, *Art as Experience* (1934; repr., New York: Paragon Books, 1979).

13. 자아실현에 대해서는 다음을 참고하시오. Abraham H. Maslow, "A Theory of Human Motivation," Psychological Review 50 (1943): 370–396, https://doi/10.1037/h0054346; Abraham H. Maslow, *Toward a Psychology of Being*, 2nd edition (New York: D. Van Nostrand, 1968); Abraham H. Maslow, *The Farther Reaches of Human Nature* (1971; repr., Harmondsworth, UK: Penguin, 1976). 몰입에 대해서는 다음을 참고하시오. Mihaly Csikszentmihalyi, *Flow: The Psychology of Optimal Experience* (New York: Harper and Row, 1990).

14. 우아함, 스타일, 기교에 대해서는 다음을 참고하시오. Vernon A. Howard, *Charm and Speed: Virtuosity in the Performing Arts* (New York: Peter Lang, 2008).

15. 탁월함의 이상에 대해서는 Vernon A. Howard, *Artistry: The Work of Artists* (Indianapolis, IN: Hackett, 1982), 6장을 참고하시오.

16. Matt. 22:14, KJV.

17. Cynthia S. Hawkins, "Aspects of the Musical Education of Choristers in Church of England Choir Schools" (MA thesis, McGill University, Montreal, Canada, 1985); Bernarr Rainbow with Gordon Cox, *Music in Educational Thought and Practice: A Survey from 800BC* (Woodbridge, Suffolk, UK: Boydell, 2006), 특히 2장과 3장을 참고하시오.

18. Randall Allsup and Cathy Benedict, "The Problems of Band: An Inquiry into the Future of Instrumental Music Education," *Philosophy of Music Education Review* 16, no. 2 (Fall 2008): 156–173. 학교 기악 음악의 초기 역사에 대해서는 다음을 참고하시오. James A. Keene, *A History of Music Education in the United States*, 2nd ed. (Centennial, CO: Glenridge, 2009), chaps. 16 and 17.

19. 학문적 재즈를 역설적인 작업으로 여기는 인류학적 관점에 대해서는 다음을 참고하시오. Eitan Wilf, *School for Cool: The Academic Jazz Program and the Paradox of Institutionalized Creativity* (Chicago: University of Chicago Press, 2014).

20. OED 온라인에서 "Understanding, 명사" 검색, 2018년 6월 28일 접속, http://www.oed.com/view/Entry/212090?.

21. OED 온라인에서 "Understand, 동사" 검색, 2018년 6월 28일 접속, http://www.oed.com/view/Entry/212085?.

22. Langer, *Philosophy in a New Key*; Langer, *Feeling and Form: A Theory of Art Developed from Philosophy in a New Key* (London: Routledge, 1953); Langer, *Mind: An Essay on Human Feeling*.

23. OED 온라인에서 "Understanding, 명사" 검색.

24. Howard, *Artistry*; Israel Scheffler, *In Praise of the Cognitive Emotions and Other Essays on the Philosophy of Education* (New York: Routledge, Chapman and Hall, 1991), 3장.

25. 예를 들어, 음악적 본질과 방식의 구별에 대해서 다음을 참고하시오. Charles E. Ives, "Essays Before a Sonata," in *Three Classics in the Aesthetic of Music* (1920; repr., New York: Dover, 1962). 표면과 깊이의 사유에 대해서 다음을 참고하시오. Richard Shusterman, *Surface and Depth: Dialectics of Criticism and Culture* (Ithaca, NY: Cornell University Press, 2002).

26. 음악을 만들고 수용하는 것의 변증법에 대해서는 다음을 참고하시오. Jorgensen, *In Search of Music Education* (Urbana: University of Illinois Press, 1997), 83-87.

27. 약한 증후군에 대해서는 다음을 참고하시오. Estelle R. Jorgensen, "Four Philosophical Models of the Relation between Theory and Practice," *Philosophy of Music Education Review* 13, no. 1 (Spring 2005): 21-36, https://www.jstor.org/stable/40495465.

28. '전제된 사고의 틀'이라는 용어는 Edward Tiryakian, "Sociology and Existential Phenomenology," in *Phenomenology and the Social Sciences*, I, ed. Maurice Natanson (Evanston, IL: Northwestern University Press, 1973), 199-201에서 정의된다.

29. Jorgensen, *In Search of Music Education*, 2장.

30. 이 아이디어는 Neil Postman, *Teaching as a Conserving Activity* (New York: Dell, 1979)에서 주장한 교육에 대한 자동온도조절 접근을 떠오르게 한다.

31. Estelle R. Jorgensen, "The Curriculum Design Process in Music," *College Music Symposium* 28 (1988): 94-105, https://www.jstor.org/stable/40374590.

32. David J. Elliott, *Music Matters: A New Philosophy of Music Education* (New York: Oxford University Press, 1995); Francis E. Sparshott, *The Theory of the Arts* (Princeton, NJ: Princeton University Press, 1982); Philip Alperson, *What Is Music?: An Introduction to the Philosophy of Music* (1987; University Park: Pennsylvania State University Press, 1994). 또한 Philip Alperson, "What Should One Expect from a Philosophy of Music Education?" *The Journal of Aesthetic Education* 25, no. 3 (Fall 1991): 215-242, https://doi.org/10.2307/3333004; Philip Alperson, "Robust Praxialism and the Anti-Aesthetic Turn," *Philosophy of Music Education Review* 18, no. 2 (2010): 171-193, https://doi.org/10.2979/pme.2010.18.2.171을 참고하시오.

33. 예를 들어, 다음에서 복합적인 음악 교육에 대한 아이디어가 되살아나고 있다. Lauren Kapalka Richerme, Complicating, *Considering, and Connecting Music Education* (Bloomington: Indiana University Press, 2020).

34. OED 온라인에서 "Knowledge, 명사" 검색, 2018년 6월 29일 접속, http://www.oed.com/view/Entry/104170?; OED 온라인에서 "Knowledge, 동사" 검색, 2018년 6월 29일 접속, http://www.oed.com/view/Entry/104171?.

35. Alperson, "What Should One Expect from a Philosophy of Music Education?"; Alperson, "Robust Praxialism"; Elliott, *Music Matters*; Christopher Small, *Musicking: The Meanings of Performing and Listening* (Hanover, NH: Wesleyan University Press, University Press of

New England, 1998).

36. OED 온라인에서 "Knowledge, 명사" 검색.

37. OED 온라인에서 "Knowledge, 명사" 검색.

38. 예를 들어, 음악 지각과 인지에 대한 문헌 연구를 위해서는 다음을 참고하시오. Diana Deutsch, ed., *Psychology of Music*, 3rd ed. (London: Academic Press, 2013).

39. Paul F. Berliner, *Thinking in Jazz: The Infinite Art of Improvisation* (Chicago: University of Chicago Press, 1994).

40. Langer, *Philosophy in a New Key*, 245.

41. David J. Elliott, "Music as Affect," *Philosophy of Music Education Review* 8, no. 2 (Fall 2000): 79-88, https://www.jstor.org/stable/40495437.

42. Lorin W. Anderson, ed., *A Taxonomy of Teaching, Learning, Assessing: A Revision of Bloom's Taxonomy of Educational Objectives*, abridged edition (2001; repr., Upper Saddle River, NJ: Pearson, 2013).

43. 예를 들어, 다음을 참고하시오. Howard, *Artistry*, 49, 67-71; Anderson, ed., *A Taxonomy of Teaching, Learning*; Whitehead, *The Aims of Education*; Philip H. Phenix, *Realms of Meaning: A Philosophy of the Curriculum for General Education* (1964; repr., Ventura, CA: Ventura County Superintendent of Schools Office, 1986); Jerome Bruner, *On Knowing: Essays for the Left Hand* (1962; repr., New York: Atheneum, 1970); Jerome Bruner, *Acts of Meaning* (Cambridge, MA: Harvard University Press, 1990); Nelson Goodman, *Ways of Worldmaking* (Indianapolis, IN: Hackett, 1978); Israel Scheffler, *Conditions of Knowledge: An Introduction to Epistemology and Education* (Chicago, IL: University of Chicago Press, 1965); Harvey Siegel, *Educating Reason: Rationality, Critical Thinking and Education* (London: Routledge, 1990); Maxine Greene, *Releasing the Imagination: Essays on Education, the Arts, and Social Change* (San Francisco: Jossey-Bass, 1995); Keith Swanwick, *Musical Knowledge: Intuition, Analysis and Music Education* (London and New York: Routledge, 1994).

44. 예를 들어, 사회 정의에 대해서 다음을 참고하시오. Cathy Benedict, Patrick Schmidt, Gary Spruce, and Paul Woodford, eds., *The Oxford Handbook of Social Justice in Music Education* (New York: Oxford University Press, 2015); Randall Everett Allsup, ed., "Music Education, Equity and Social Justice," *Music Education Research* 9, no. 2 (July 2007), https://doi.org/10.1080/14613800701424841.

45. Hanne Fossum and Øivind Varkøy, "A Call for Moderation—Between Hubris and Resignation: Music Education for Humane Ends and a Common Good," in *Humane Music Education for the Common Good*, ed. Iris M. Yob and Estelle R. Jorgensen (Bloomington: Indiana University Press, 2020); Sigrid Røyseng and Øivind Varkøy, "What Is Music Good

For? A Dialogue on Technical and Ritual Rationality," ACT. Action, Criticism, and Theory of Music Education 13, no. 1 (2014): 101-125, http://www.act.maydaygroup.org/articles/RøysengVarkøy13 _1.pdf; Alexandra Kertz-Welzel, "The Pied Piper of Hamelin: Adorno on Music Education," *Research Studies in Music Education* 25, no. 1 (2005), http://dx.doi.org/10.1177/1321103X050250010301. 이러한 자료들에 관심을 갖게 한 바코이(Øivind Varkøy)와 케르츠 벨첼(Alexandra Kertz-Welzel)에게 감사를 표한다.

46. Deanne Bogdan, "Book Review: Estelle R. Jorgensen, *In Search of Music Education*. Urbana and Chicago: University of Illinois Press, 1997," *Philosophy of Music Education Review* 6, no. 1 (Spring 1998): 73, https://www.jstor.org/stable/40327115.

47. Jorgensen, *In Search of Music Education*, 3장, 그리고 "A Dialectical View of Theory and Practice."

48. Estelle R. Jorgensen, *Pictures of Music Education* (Bloomington: Indiana University Press, 2011); Joseph J. Schwab, "The Practical: Arts of Eclectic," *The School Review* 79, no. 4 (August 1971): 493-542, https://doi.org/10.1086/442998

49. Paulo Freire, *Pedagogy of the Oppressed*, New Revised 20th Anniversary Edition, trans. Myra Bergman Ramos (New York: Continuum, 1993), 2장.

50. Phenix, *Realms of Meaning*.

51. Plato, *The Republic of Plato*, trans. Francis Macdonald Cornford (1941; repr., Oxford: Oxford University Press, 1942); Werner Jaeger, *Paideia: The Ideals of Greek Culture*, 3 vols., trans. Gilbert Highet (New York: Oxford University Press, 1939, 1943, 1944); Mortimer J. Adler on behalf of the members of the Paideia Group, The Paideia Proposal: An Educational Manifesto (New York: Collier Books, 1982); Mortimer J. Adler, *Paideia Problems and Possibilities: A Consideration of Questions Raised by The Paideia Proposal* (New York: Collier Books, 1983); Mortimer J. Adler, *The Paideia Program: An Educational Syllabus* (New York: Collier Books, 1984).

52. Bennett Reimer, *A Philosophy of Music Education* (Englewood Cliffs, NJ: Prentice-Hall, 1970).

53. Phenix, *Realms of Meaning*, 특히 12~15장 on "Esthetics."

54. Jane Roland Martin, *Cultural Miseducation: In Search of a Democratic Solution* (New York: Teachers College Press, 2002), 특히 1장.

55. Lucy Green, How Popular Musicians Learn: A Way Ahead for Music Education (2002; repr., Abingdon, UK, and New York: Routledge, 2016).

56. OED 온라인에서 "Mastery, 명사" 검색, 2018년 7월 3일 접속, http://www.oed.com/view/Entry/114791?.

57. OED 온라인에서 "Mastery, 동사" 검색, 2018년 7월 3일 접속, http://www.oed.com/view/

Entry/114753?.

58. Elliott, *Music Matters*; Small, *Musicking*

59. Jorgensen, *Pictures of Music Education*, 4장.

60. Keith Swanwick, *Music, Mind, and Education* (London: Routledge, 1988); Boyce-Tillman, *Experiencing Music*

61. OED 온라인에서 "Mastery, 명사" 검색.

62. Howard, *Artistry*; Howard, *Learning by All Means: Lessons from the Arts: A Study in the Philosophy of Education* (New York: Peter Lang, 1992); Howard, *Charm and Speed*.

63. '그것을 아는 것'과 '방법을 아는 것'의 차이에 대해서는 다음을 참고하시오. Howard, Artistry, 49-50. 음악가의 '탁월함의 이상'에 대해서는 다음을 참고하시오. Howard, *Artistry*, 6장. 또한 만들기와 이해하기 사이의 차이에 대해서는 다음을 참고하시오. Scheffer, *In Praise of the Cognitive Emotions*, 3장.

64. Freire, *Pedagogy of the Oppressed*.

65. Shinichi Suzuki, *Nurtured by Love: A New Approach to Education*, trans. Waltraud Suzuki (New York: Exposition, 1969).

66. Howard, *Charm and Speed*.

67. Csikszentmihalyi, *Flow*; Maslow, "A Theory of Human Motivation."

68. Dewey, *Art as Experience*, 특히 3장.

69. 예를 들어, 음악 콩쿠르에 대해서는 다음을 참고하시오. Lisa McCormick, *Performing Civility: International Competitions in Classical Music* (Cambridge: Cambridge University Press, 2015); Joseph Horowitz, *The Ivory Trade: Music and the Business of Music at the Van Cliburn International Piano Competition* (New York: Summit Books, 1990). 음악 연주에서 경쟁의 효과에 대한 연구에 대해서는 다음을 참고하시오. Jacob Eisenberg and William Forde Thompson, "The Effects of Competition on Improvisers' Motivation, Stress, and Creative Performance," *Creativity Research Journal* 23, no. 2 (2011): 129-136, https://doi.org/10.108 0/10400419.2011.571185.

70. Paul Woodford, Democracy and Music Education: Liberalism, Ethics, and the Politics of Practice (Bloomington and Indianapolis: Indiana University Press, 2005); Randall Everett Allsup, *Remixing the Classroom: Toward an Open Philosophy of Music Education* (Bloomington: Indiana University Press, 2016).

제10장. 정의, 평등, 공정, 포용

1. John Dewey, *Democracy and Education: An Introduction to the Philosophy of Education* (1916; repr., New York: Free Press, 1966); R. S. Peters, *Ethics and Education* (London: George Allen and Unwin, 1966); R. S. Peters, *Moral Development and Moral Education*

(London: George Allen and Unwin, 1981); Jane Rolland Martin, *Reclaiming a Conversation: The Ideal of the Educated Woman* (New Haven, CT: Yale University Press, 1985); Paulo Freire, *Pedagogy of the Oppressed,* New Revised 20th Anniversary Edition, trans. Myra Bergman Ramos (New York: Continuum, 1993); Seyla Benhabib, *The Claims of Culture: Equality and Diversity in the Global Era* (Princeton, NJ: Princeton University Press, 2002); Martha C. Nussbaum, *Frontiers of Justice: Disability, Nationality, Species Membership* (Cambridge, MA: Belknap, 2006). 음악 교육에서 사회 정의에 대해서 다음을 참고하시오. Cathy Benedict, Patrick Schmidt, Gary Spruce, and Paul Woodford, eds., *The Oxford Handbook of Social Justice in Music Education* (New York: Oxford University Press, 2015); Randall Everett Allsup, "Music Education, Equity and Social Justice," Music Education Research 9, no. 2 (July 2007), https://doi.org/10.1080/14613800701424841. 음악 교육에서 포용에 관한 자료는 다음을 참고하시오. Judith A. Jellison, "Inclusive Music Classrooms and Programs," in *The Oxford Handbook of Music Education,* vol. 2 (2nd ed.), ed. Gary E. McPherson and Graham F. Welch, *Oxford Handbooks Online* (November 2012), https://doi.org/10.1093/oxfordhb/9780199928019.013.0005; *Including Everyone: Creating Music Classrooms Where All Children Learn* (New York: Oxford University Press, 2015).

2. 사회 정의에 관한 나의 이전 글은 다음을 참조하시오. Estelle R. Jorgensen, "Intersecting Social Justices and Music Education," in *The Oxford Handbook of Social Justice and Music Education*, ed. Cathy Benedict, Patrick Schmidt, Gary Spruce, and Paul Woodford (New York: Oxford University Press, 2015), 7–28.

3. Marja Heimonen, "Music Education and Law: Regulation as an Instrument," *Studia Musica* 17 (Helsinki, FI: Sibelius Academy, 2002); Marja Heimonen, "Justifying the Right to Music Education," *Philosophy of Music Education Review* 14, no. 2 (Fall 2006): 119–141, https://www.jstor.org/stable/40327250.

4. Charles Dickens, *Oliver Twist, Or, the Parish Boy's Progress* (New York, 1909; Project Gutenberg, 2014), 51장, http://www.gutenberg.org/ebooks/46675.

5. 음악 교육에 대하여는 다음을 참고하시오. Cathy Benedict, Patrick Schmidt, Gary Spruce, and Paul Woodford, eds., *The Oxford Handbook of Social Justice in Music Education* (New York: Oxford University Press, 2015).

6. 공정성을 일련의 규칙에 따라 이루어지는 것으로 보는 롤스(John Rawls), *A Theory of Justice,* rev. ed. [Cambridge, MA: Harvard University Press, 1999], 그리고 *Justice as Fairness: A Restatement*, ed. Erin Kelly [Cambridge, MA: Harvard University Press, 2001]와 달리, 데리다(Jacques Derrida)는 법 이상으로서의 정의를 보며, 측정할 수 없으며, 우연적이며, '타자'에 반응하며 희망적인 것으로 보고 있다. 다음을 참고하시오. "Force of Law: The 'Mystical Foundation of Authority,'" trans. Mary Quaintance, in *Acts of Religion, ed. Gil Anidjar*

(London: Routledge, 2002), 230-298. 데리다는 '정의는 해체'(243)라고 말한다. 데리다의 정의를 음악 교육에 적용한 것으로 다음을 참고하시오. Pete Gale, "Derridean Justice and the DJ: A Classroom Impossibility?" *Philosophy of Music Education Review* 20, no. 2 (Fall 2012): 135-153, https://doi.org/10.2979/philmusieducrevi.20.2.135. 그 밖의 자료는 다음을 참고하시오. Amartya Sen, *The Idea of Justice* (Cambridge, MA: Harvard University Press, 2009).

7. just의 어원인 justice가 명사와 동사로 사용되는 사전적 정의에 대해서는 다음 사이트를 참고하시오. OED 온라인에서 "Just, 명사의 첫 번째 정의" 검색, 2017년 8월 30일 접속, http://www.oed.com/view/Entry/339763?; OED 온라인에서 "Joust just, 동사" 검색, 2017년 8월 30일 접속, http://www.oed.com/view/Entry/101755?; OED 온라인에서 "Just, 동사" 검색, 2017년 8월 30일 접속, http://www.oed.com/view/Entry/102191?.

8. 정의와 음악 교육에 관한 더 많은 논의는 다음을 참고하시오. Jorgense, "Intersecting Social Justices and Music Education."

9. 다음의 예를 참고하시오. Martha C. Nussbaum, *Frontiers of Justice: Disability, Nationality, Species Membership* (Cambridge, MA: Belknap, 2006). Nel Noddings, *Caring: A Feminine Approach to Ethics and Moral Education* (Berkeley: University of California Press, 1984)에서는 교육에서 자연 세계의 보다 광범위한 윤리적 요구를 주장한다.

10. Immanuel Kant, *Critique of Judgment,* trans. James Creed Meredith (1952; repr., Oxford: Clarendon, 1982), § 22, 84-85. 또한 취향(taste)을 공감 공동체의 한 형태로 본다는 점에 대해서는 § 20-22, 40, 82-85, 150-154를 참고하시오.

11. Isaiah Berlin, *The Crooked Timber of Humanity: Chapters in the History of Ideas*, ed. Hardy Henry (Princeton, NJ: Princeton University Press, 1990).

12. 음악 만들기와 수용하기의 변증법에 대해서는 다음을 참고하시오. Estelle R. Jorgensen, *In Search of Music Education* (Urbana: University of Illinois Press, 1997), 83-87

13. Jane Roland Martin, *Cultural Miseducation: In Search of a Democratic Solution* (New York: Teachers College Press, 2002), 2장.

14. David Carr, "The Significance of Music for the Promotion of Moral and Spiritual Value," *Philosophy of Music Education Review* 14, no. 2 (Fall 2006): 103-117, https://www.doi.org/10.1353/pme.2007.0001.

15. Israel Scheffler, *Reason and Teaching* (1973; repr., Indianapolis, IN: Bobbs-Merrill, 1973).

16. Scheffler, *Reason and Teaching*, 80.

17. John Dewey, *Experience and Education* (1938; repr., New York: Collier Books, 1963), 4장.

18. 예를 들어, 현대 음악 교육에서 나타나는 이질감의 문제에 대해 생각해 볼 수 있다. Kinh T. Vu and Andre de Quadros, eds., *My Body Was Left on the Street: Music Education and Displacement* [Rotterdam, The Netherlands: Brill | Sense, 2020]). 음악 교육에서 소외

된 목소리에 관해서는 다음을 참고하시오. Estelle R. Jorgensen, "On Mediated Qualitative Scholarship and Marginalized Voices in Music Education," in *Narratives and Reflections in Music Education: Listening to Voices Seldom Heard*, ed. Tawnya D. Smith and Karin S. Hendricks [Cham, Switzerland: Springer, 2020], 193-206; Tawnya D. Smith, "Belonging in Moments: A 'Becoming-Out' Ethnodrama as Told through Spiritual, Social, and Musical Reflections," in *Queering Freedom: Music, Identity, and Spirituality*, ed. Karin S. Hendricks and June Boyce-Tillman [Oxford: Peter Lang, 2018], 263-279; Brent C. Talbot, *Marginalized Voices in Music Education* [New York: Routledge, 2018]); 식민지화에 대해서는 다음을 참고하시오. Lise Vaugeois, "Social Justice and Music Education: Claiming the Space of Music Education as a Site of Post-colonial Contestation," *Action, Criticism and Theory for Music Education* 6, no. 4 [2007]: 163-200, http://act.maydaygroup.org/articles/Vaugeois6_4.pdf; Lise Vaugeois, "White Subjectivities, the Arts, and Power in Colonial Canada: Classical Music as White Property," in *The Palgrave Handbook of Race and the Arts in Education*, ed. Amelia M. Kraehe, Rubén Gaztambide-Fernández, and B. Stephen Carpenter II [New York: Palgrave Macmillan, 2018], 45-67; Guillermo Rosabal-Coto, "'I Did It My Way!' A Case Study of Resistance to Coloniality in Music Learning and Socialization," *Action, Criticism, and Theory for Music Education* [2014], http://act.maydaygroup.org/articles/Rosabal-Coto13_1.pdf; Deborah Bradley, "Good for What, Good for Whom?: Decolonizing Music Education Philosophies," *The Oxford Handbook of Philosophy in Music Education*, ed. Wayne Bowman and Ana Lucía Frega [New York: Oxford, 2012], 409-433; Deborah Bradley, "The Sounds of Silence: Talking Race in Music Education," *Action, Criticism, and Theory for Music Education* 6, no. 4 [2007]: 132-162, http://act.maydaygroup.org/articles/Bradley6_4.pdf; Guillermo Rosabal-Coto, "The Day after Music Education," *Action, Criticism, and Theory for Music Education* 18, no. 3 [September 2019]: 1-24, https://doi.org/10.22176/act18.3.1); racism (Juliet Hess, "Upping the 'Anti-': The Value of an Anti-racist Theoretical Framework in Music Education," *Action, Criticism, and Theory for Music Education* 14, no. 1 [2015]: 66-92, http://act.maydaygroup.org/articles/Hess14_1.pdf); and disability (Deborah VanderLinde Blair and Kimberly A. McCord, eds., *Exceptional Music Pedagogy for Children with Exceptionalities: International Perspectives* [New York: Oxford University Press, 2015] [I am indebted to Warren Churchill for bringing this reference to my attention.]).

19. Hanna M. Nikkanen and Heidi Westerlund, "More Than Just Music: Reconsidering the Educational Value of Music in School Rituals," *Philosophy of Music Education Review* 25, no. 2 (Fall 2017): 112-127, https://doi.org/10.2979/philmusieducrevi.25.2.02에서는 전통을 강화하면서 변화를 시사하는 성과적 의식 사이의 모순을 지적하고 있다.

20. 존재주의와 음악 교육에 관해서는 다음을 참고하시오. Frederik Pio and Øivind

Varkøy, "A Reflection on Musical Experience as Existential Experience: An Ontological Turn," *Philosophy of Music Education Review* 20, no. 2 (Fall 2012): 99–116, https://doiorg/10.2979/philmusieducrevi.20.2.99.

21. Jorgensen, "Intersecting Social Justices and Music Education."

22. Ivan Illich, *Deschooling Society* (1971; repr., London and New York: Marion Boyars, 2004), 31.

23. Friedrich Schiller, *On the Aesthetic Education of Man in a Series of Letters*, Neunter brief/ Ninth letter, trans. Elizabeth M. Wilkinson and L. A. Willoughby (1967; repr., Oxford: Clarendon, 1986), 60, 61.

24. Berlin, *The Crooked Timber of Humanity*, front matter.

25. H. Wheeler Robinson, *The Christian Doctrine of Man*, 3rd ed. (1926; repr., Edinburgh, Scotland: T. & T. Clark, 1974); Erdman Harris, *God's Image and Man's Imagination* (New York: Charles Scribner's Sons, 1959), 10장: "Man's Image and God's."

26. 다음의 예를 참고하시오. Danielle Allen, *Our Declaration: A Reading of the Declaration of Independence in Defense of Equality* (New York: W. W. Norton, 2014)

27. OED 온라인에서 "Equality, 명사" 검색, 2017년 11월 7일 접속, http://www.oed.com/view/Entry/63702?.

28. George Orwell, *Animal Farm*, Classics Library (New Delhi, India: Rupa, 2010), 114.

29. Abraham Maslow, *Religions, Values, and Peak-Experiences* (1964; repr., Harmondsworth, UK: Penguin, 1976).

30. June Boyce-Tillman, *Constructing Musical Healing: The Wounds That Sing* (London: Jessica Kingsley, 2000); June Boyce-Tillman, *Experiencing Music—Restoring the Spiritual: Music as Well-being* (Bern, Switzerland: Peter Lang, 2016).

31. 공동체 책임에 대한 명령적 요구에 관해서는 다음을 참고하시오. Freire, *Pedagogy of the Oppressed*; Maxine Greene, *The Dialectic of Freedom* (New York: Teachers College Press, 1988).

32. Parker J. Palmer, *Courage to Teach: Exploring the Inner Landscape of a Teacher's Life* (San Francisco: Jossey-Bass, 1998), 특히 4장.

33. 본질적이고 구체적으로 정해진 의미에 대해서는 다음을 참고하시오. Lucy Green, *Music on Deaf Ears: Musical Meaning, Ideology and Education* (Manchester, UK: Manchester University Press, 1988), 특히 2장과 3장.

34. OED 온라인에서 "Equity" 검색, 2021년 5월 5일 접속, https://www.oed.com/view/Entry/63838?. 나는 공정과 형평성의 차이를 강조한 알섭과 코자의 공헌에 감사를 표한다.

35. 예를 들어, 다음을 참고하시오. Omionota N. Ukpokodu and P. O. Ojiambo, *Erasing Invisibility, Inequities, and Social Injustice of African Immigrants in the Diaspora and the*

Continent (Newcastle, UK: Cambridge Scholars Publishing, 2017). 아도(Akosua Addo)에게는 욱포코도(Omionota Ukpokodu)와 그의 동료들의 작업에 관심을 갖게 해 준 것에 대해 감사를 표한다.

36. OED 온라인에서 "Fairness, 명사" 검색, 2017년 11월 7일 접속, http://www.oed.com/view/Entry/67729?.

37. 이러한 아이디어는 다른 국가에서도 나타난다. 가령, 미국에서도 no fair라는 단어를 사용한다.

38. 이 분석은 롤스의 『Justice as Fairness』와 공통점을 갖고 있으며, 규칙에 따른 사고와 실천에 중심을 두고 있다. 이 글은 그의 이전 저서인 『A Theory of Justice』를 재고하는 작업이다.

39. 다음을 참고하시오. Susanne K. Langer, *Philosophy in a New Key: A Study in the Symbolism of Reason, Rite, and Art*, 3rd ed. (Cambridge, MA: Harvard University Press, 1957). 이 용어는 블로우가 다음 문헌에서 제안한다. Edward Bullough, "'Psychical Distance' as a Factor in Art and an Aesthetic Principle," *British Journal of Psychology* 5 (1912): 87-117, https://doi.org/10.1111/j.2044-8295.1912.tb00057.x.

40. 인지적 감정에 관해서는 다음을 참고하시오. Israel Scheffler, *In Praise of the Cognitive Emotions and Other Essays on the Philosophy of Education* (New York: Routledge, Chapman and Hall, 1991). 감정적 인지에 관해서는 다음을 참고하시오. Iris M. Yob, "The Cognitive Emotions and Emotional Cognitions," *Studies in Philosophy and Education* 16, no. 1-2 (1997): 43-57, https://doi.org/10.1023/A:1004990702983.

41. Gale, "Derridean Justice and the DJ."

42. 실체가 없는 이성에 대한 비판은 특히 지난 몇 십년간의 페미니스트 문학에서 분명하게 드러난다. 예를 들어, 다음을 참고하시오. Carter Heyward, *Our Passion for Justice: Images of Power, Sexuality, and Liberation* (New York: Pilgrim, 1984); Mary Daly, *Pure Lust: Elemental Feminist Philosophy* (New York: Harper Collins, 1984); Elizabeth Grosz, *Volatile Bodies: Toward a Corporeal Feminism* (Bloomington: Indiana University Press, 1994); Judith Butler, *Gender Trouble: Feminism and the Subversion of Identity* (New York: Routledge, 1990); Judith Butler, *Senses of the Subject* (New York: Fordham, 2015).

43. Eleni Lapidaki, "Towards the Discovery of Contemporary Trust and Intimacy in Higher Music Education," in *Humane Music Education for the Common Good*, ed. Iris M. Yob and Estelle R. Jorgensen (Bloomington: Indiana University Press, 2020).

44. 이 점에 대한 기준이 되는 연구로는 다음을 참고하시오. Carol Gilligan, *In a Different Voice: Psychological Theory and Women's Development* (Cambridge, MA: Harvard University Press, 1982).

45. bell hooks, *Teaching to Transgress: Education as the Practice of Freedom* (New York: Routledge, 1994).

46. Madeline R. Grumet, *Bitter Milk: Women and Teaching* (Amherst: University of

Massachusetts Press, 1988)에서는 '아버지의 집'인 학교에 가는 것에 대한 경험을 언급하고, Jane Roland Martin, *Coming of Age in Academe: Rekindling Women's Hopes and Reforming the Academy* (New York: Routledge, 2000)에서는 이민자와 외부인으로서의 경험을 언급한다.

47. OED 온라인에서 "Inclusion, 명사" 검색, 2017년 11월 7일 접속, http://www.oed.com/view/Entry/93579?; OED 온라인에서 "Include, 동사" 검색, 2017년 11월 7일 접속, http://www.oed.com/view/Entry/93571?; OED 온라인에서 "Inclusive, 명사와 부사" 검색, 2017년 11월 7일 접속, http://www.oed.com/view/Entry/93581?; OED 온라인에서 "Inclusive, adv.," (접속일, 2017년 11월 7일), http://www.oed.com/view/Entry/49995329?.

48. 후주 18번을 참고하시오. 성별에 관해서는 획기적인 L. Green, *Music, Gender, Education* (Cambridge, UK: Cambridge University Press, 1997)를 시작으로 더 다양한 음악 교육 문헌이 많아지고 있다. 다음의 예를 참고하시오. Gregory F. DeNordo et al., "Establishing Identity: LGBT Studies & Music Education–Select Conference Proceedings," *Bulletin of the Council for Research in Music Education* no. 188 (Spring 2011): 9–64, https://www.jstor.org/stable/41162329. 성별과 식민지화의 교차점에 관해서는 다음을 참고하시오. Guillermo Rosabal-Coto, "I Did It My Way!". 원주민성에 대해서는 다음을 참고하시오. Anita Prest and J. Scott Goble, "Language, Music, and Revitalizing Indigeneity: Effecting Cultural Restoration and Ecological Balance via Music Education," *Philosophy of Music Education Review* 29, no. 1 (Spring 2021): 24–46, https://doi.org/10.2979/philmusieducrevi.29.1.03.

49. Dewey, *Democracy and Education*; Dewey, *Art as Experience* (1934; repr., New York: Paragon Books, 1979); Philip W. Jackson, *John Dewey and the Lessons of Art* (New Haven, CT: Yale University Press, 1998); Herbert Read, *Education through Art* (London: Faber and Faber, 1943).

50. Plato, *The Republic of Plato*, trans. Francis Macdonald Cornford (1941; repr., Oxford: Oxford University Press, 1942).

51. Lapidaki, "Towards the Discovery of Contemporary Trust and Intimacy in Higher Music Education."

52. Scheffler, *In Praise of the Cognitive Emotions*; Yob, "The Cognitive Emotions and Emotional Cognitions."

53. Greene, *The Dialectic of Freedom*; Palmer, *Courage to Teach*.

54. Jean Lave, "Situating Learning in Communities of Practice," in *Perspectives on Socially Shared Cognition*, ed. Lauren B. Resnick, John M. Levine, and Stephanie Teasley (Washington, DC: American Psychological Association, 1991), 63–82; Jean Lave and Etienne Wenger, *Situated Learning: Legitimate Peripheral Participation* (Cambridge: Cambridge University Press, 1991); Etienne Wenger, *Communities of Practice: Learning, Meaning, and*

Identity (Cambridge: Cambridge University Press, 1998).

55. Scheffler, *In Praise of the Cognitive Emotions*; Yob, "The Cognitive Emotions and Emotional Cognitions."

56. 성장에 관해 다음을 참고하시오. Shinichi Suzuki, *Nurtured by Love: A New Approach to Education*, trans. Waltraud Suzuki (New York: Exposition, 1969); Maria Montessori, *The Absorbent Mind* (1967; repr., New York: Dell, 1980); Maria Montessori, *From Childhood to Adolescence*, 2nd ed. (New York: Schocken Books, 1973); Dewey, *Democracy and Education* 특히, 4장.

57. Estelle R. Jorgensen, *Pictures of Music Education* (Bloomington: Indiana University Press, 2011).

58. Israel Scheffler, *Of Human Potential: An Essay in the Philosophy of Education* (Boston: Routledge and Kegan Paul, 1985); Israel Scheffler, *Praise of the Cognitive Emotions*, 2장.

59. 푸코(Michel Foucault)의 억압된 지식의 개념을 참조하는 것으로 다음을 참고하시오. June Boyce-Tillman, "Towards an Ecology of Music Education," *Philosophy of Music Education Review* 12, no. 2 (2004): 102-125, https://www.jstor.org/stable/40327232

60. Antia Gonzalez-Ben, "Here Is the Other, Coming/Come In: An Examination of Spain's Contemporary Multicultural Music Education Discourses," *Philosophy of Music Education Review* 26, no. 2 (Fall 2018): 118-138, https://doi.org/10.2979/philmusieducrevi.26.2.02에서는 음악 교육자들이 포용을 강조하면서도 실제로는 배제하는 행위를 할 수 있다는 중요한 점을 제시하고 있다.

61. 교육적 포용에 관한 광범위한 문헌은 특수교육 대상자들의 필요에도 주목하고 있다. Lani Florian, "Inclusion: Special or Inclusive Education: Future Trends," *British Journal of Special Education* 35, no. 4 (December 2008): 202-208, https://doi.org/10.1111/j.1467-8578.2008.00402.x; Yusef Sayed and Crain Soudien, "(Re)Framing Education Exclusion and Inclusion Discourses: Limits and Possibilities," *IDS Bulletin* 34, no. 1 (January 2003): 9-19, https://doi.org/10.1111/j.1759-5436.2003.tb00055.x; Alan Dyson, "Inclusion and Inclusions: Theories and Discourses in Inclusive Education," in *World Yearbook of Education 1999: Inclusive Education*, ed. Harry Daniels and Philip Garner (London and New York: Routledge, 2012). 음악 교육에 대해서는 다음의 예를 참고하시오. Thomas S. Popkewitz and Ruth Gustafson, "Standards of Music Education and the Easily Administered Child/Citizen: The Alchemy of Pedagogy and Inclusion/Exclusion," *Philosophy of Music Education Review* 10, no. 2 (Fall 2002): 80-90, https://www.jstor.org/stable/40327182; Pamela Burnard, Steve Dillon, Gabriel Rusinek, and Eva Saether, "Inclusive Pedagogies in Music Education: A Comparative Study of Music Teachers' Perspectives from Four Countries," *International Journal of Music Education* 26, no. 2 (2008): 109-126, https://doi.

org/10.1177/0255761407088489.

62. Scheffler, *In Praise of the Cognitive Emotions*, 2장.

63. Susan Laird, "Musical Hunger: A Philosophical Testimonial of Miseducation," *Philosophy of Music Education Review* 17, no. 1 (Spring 2009): 4-21, https://www.jstor.org/stable/40327307.

64. Gilles Deleuze and Felix Guattari, *A Thousand Plateaus: Capitalism and Schizophrenia*, trans. Brian Massumi (Minneapolis and London: University of Minnesota Press, 1987).

65. Estelle R. Jorgensen and Iris M. Yob, "Deconstructing Deleuze and Guattari's *A Thousand Plateaus* for Music Education," *The Journal of Aesthetic Education* 47, no. 3 (Fall 2013): 36-55, https://doi.org/10.5406/jaesteduc.47.3.0036.

제11장. 공통점, 공명, 적용, 결정

1. Estelle R. Jorgensen, "Intersecting Social Justices and Music Education," in Cathy Benedict, Patrick Schmidt, Gary Spruce, and Paul Woodford, eds., *The Oxford Handbook of Social Justice in Music Education* (New York: Oxford University Press, 2015), 7-28.

2. Claire Detels, *Soft Boundaries: Re-visioning the Arts and Aesthetics in American Education* (Westport, CT: Bergin and Garvey, 1999); Gilles Deleuze and Felix Guattari, *A Thousand Plateaus: Capitalism and Schizophrenia*, trans., Brian Massumi (Minneapolis and London: University of Minnesota Press, 1987), 492-499, contrast smooth and striated aesthetics.

3. Joseph J. Schwab, "The Practical: Arts of Eclectic," *The School Review* 79, no. 4 (August 1971): 493-542, https://doi.org/10.1086/442998.

4. Maxine Greene, *The Dialectic of Freedom* (New York: Teachers College Press, 1988), 4장, on "multiplicities and pluralities."

5. 슈왑(Schwab)은 '실천적인 것' '절충주의적 예술'이 신념과 실천을 분류하고 결정하며 실행하는 수단이라고 본다.

6. Estelle R. Jorgensen, "'This-with-That': A Dialectical Approach to Teaching for Musical Imagination," *Journal of Aesthetic Education* 40, no. 4 (Winter 2006): 1-20, https://doi.org/10.1353/jae.2006.0035.

7. Nel Noddings, Caring: *A Feminine Approach to Ethics and Moral Education* (Berkeley: University of California Press, 1984).

8. Isaiah Berlin, *The Crooked Timber of Humanity: Chapters in the History of Ideas*, ed. Hardy Henry (Princeton, NJ: Princeton University Press, 1990). 이 문헌의 서문은 "인간성이라는 뒤틀린 목재로부터 완전히 곧은 것을 만들어 내는 것은 불가능하다."라는 칸트의 은유를 인용하고 있다.

9. Jacques Derrida, "Force of Law: The 'Mystical Foundation of Authority,'" trans. Mary

Quaintance, *Acts of Religion*, ed., Gil Anidjar (London: Routledge, 2002), 243에서는 "정의 (定義)는 해체다."가 들어 있다. 이처럼 정의는 해체되는 과정에 있다.

10. John Dewey, *Democracy and Education: An Introduction to the Philosophy of Education* (1916; repr., New York: Free Press, 1966), 106.

11. Juliet Hess, *Music Education for Social Change: Constructing an Activist Music Education* (New York: Routledge, 2019)에서는 성찰과 주도성이 서로 얽혀 있으며 반드시 행동으로 이어진다고 본다.

12. 벤하비브는 법적 구조 내에서 숙의(熟議) 민주주의의 다양성과 평등 문제를 해결하는 방법에 대해 설명하고 있다. Seyla Benhabib, *The Claims of Culture: Equality and Diversity in the Global Era* (Princeton, NJ: Princeton University Press, 2002), 5장.

13. Robert Ulich, ed., *Three Thousand Years of Educational Wisdom: Selections from Great Documents*, 2nd edition (Cambridge, MA: Harvard University Press, 1954).

14. Dewey, *Democracy and Education*.

15. Paul Woodford, *Democracy and Music Education: Liberalism, Ethics, and the Politics of Practice* (Bloomington and Indianapolis: Indiana University Press, 2005).

16. 음악 교육의 주체로서 기관의 역할에 대한 검토는 다음을 참고하시오. Estelle R. Jorgensen, *In Search of Music Education* (Urbana: University of Illinois Press, 1997), 2장.

17. Greene, *The Dialectic of Freedom*, 17.

18. 다음의 예를 참고하시오. Paulo Freire, *Pedagogy of the Oppressed*, New Revised 20th Anniversary Edition, trans. Myra Bergman Ramos (New York: Continuum, 1993); bell hooks, *Teaching to Transgress: Education as the Practice of Freedom* (New York: Routledge, 1994).

19. Estelle R. Jorgensen, *Transforming Music Education* (Bloomington: Indiana University Press, 2003).

20. Estelle R. Jorgensen, "On a Choice-Based Instructional Typology in Music," *Journal of Research in Music Education* 29 (1981): 97–102, https://doi.org/10.2307/3345018; Estelle R. Jorgensen, "An Analysis of Aspects of Type IV Music Instruction in a Teacher-Student Dyad," *The Quarterly Journal of Music Teaching and Learning* 6, no. 1 (1995): 16–31, http://www-usr.rider.edu/~vrme/v16n1/volume6/visions/spring3; Estelle R. Jorgensen, "Modeling Aspects of Type IV Music Instructional Triads," *The Bulletin of the Council for Research in Music Education*, no. 137 (1998): 43–56, https://www.jstor.org/stable/40318931.

21. Jorgensen, *Transforming Music Education*.

22. 음악 교육의 이론적 공통점에 대해서는 다음을 참고하시오. Estelle R. Jorgensen, "On the Development of a Theory of Musical Instruction," *Psychology of Music* 8 (1980): 25–30,

https://doi.org/10.1177/030573568082003.

23. Liora Bresler, *Knowing Bodies, Moving Minds: Towards Embodied Teaching and Learning* (New York: Springer, 2004), prelude

24. Jorgensen, *In Search of Music Education*, 1장.

25. Jorgensen, *In Search of Music Education*; Estelle R. Jorgensen, *Pictures of Music Education* (Bloomington: Indiana University Press, 2011).

26. David J. Elliott, Marissa Silverman, and Wayne D. Bowman, eds., *Artistic Citizenship: Artistry, Social Responsibility, and Ethical Praxis* (New York: Oxford University Press, 2016).

27. Jorgensen, *In Search of Music Education*, 2장.

28. Estelle R. Jorgensen and Iris M. Yob, "Metaphors for a Change," *Journal of Aesthetic Education* 53, no. 2 (Summer 2019): 19–39, https://doi.org/10.5406/jaesteduc.53.2.0019.

29. Nel Noddings, *Happiness and Education* (Cambridge: Cambridge University Press, 2003); Lucy Green, *Music, Informal Learning and the School: A New Classroom Pedagogy* (Aldershot, Hampshire, UK: Ashgate, 2008); Randall Everett Allsup, *Remixing the Classroom: Toward an Open Philosophy of Music Education* (Bloomington: Indiana University Press, 2016).

30. Donald Schön, *Educating the Reflective Practitioner: Toward a New Design for Teaching and Learning in the Professions* (San Francisco: Jossey-Bass, 1987), 2장.

31. Jorgensen, "On a Choice-Based Instructional Typology in Music."

32. Randall Everett Allsup, "The Eclipse of a Higher Education or Problems Preparing Artists in a Mercantile World," *Music Education Research* 17, no. 3 (2015): 251–261, https://doi.org/10.1080/14613808.2015.1057996.

33. Parker J. Palmer, *The Courage to Teach: Exploring the Inner Landscape of a Teacher's Life* (San Francisco: Jossey-Bass, 1998).

34. Friedrich Schiller, *On the Aesthetic Education of Man in a Series of Letters*, ed. and trans. Elizabeth M. Wilkinson and L. A. Willoughby (Oxford: Clarendon, 1967), ninth letter, 61.

35. 음악 만들기와 수용하기의 변증법에 대해서는 다음을 참고하시오. Jorgensen, *In Search of Music Education*, 83-87.

36. Julia Eklund Koza, *"Destined to Fail": Carl Seashore's World of Eugenics, Psychology, Education, and Music* (Ann Arbor: University of Michigan Press, 2021).

37. Adam J. Kruse, "'He Didn't Know What He Was Doin'': Student Perspectives of a White Teacher's Hip-Hop Class," *International Journal of Music Education* 38, no. 2 (May 2020), https://doi.org/10.1177/0255761420924316.

38. Omionota Nelly Ukpokodu, *You Can't Teach Us If You Do Not Know Us and Care About Us: Becoming an Ubuntu, Responsive and Responsible Urban Teacher* (New York: Peter

Lang, 2016).

39. Patrice D. Madura, "A Response to David Carr, 'Can White Men Play the Blues? Music, Learning Theory, and Performance Knowledge,'" *Philosophy of Music Education Review* 9, no. 1 (Spring 2001): 60-62, https://www.jstor.org/stable/40495455; David Carr, "Can White Men Play the Blues? Music, Learning Theory, and Performance Knowledge," *Philosophy of Music Education Review* 9, no. 1 (Spring 2001): 23-31, https://www.jstor.org/stable/40495450.

40. Akosua Addo, "Socio-cultural Power and Music Knowledge Construction," in *On the Sociology of Music Education II: Papers from the Music Education Symposium at the University of Oklahoma,* ed. Roger R. Rideout and Stephen J. Paul (Amherst: University of Massachusetts, published by the editors as a service to music education, 2000), 75-90. 그녀의 경험에 대해 궁금하다면 다음을 참고하시오. Akosua Addo, "African Education through the Arts," in *Contemporary Voices from the Margin: African Educators on African and American Education,* ed. Omionota N. Ukpokodu and Peter Ukpokodu (Charlotte, NC: Information Age Publishing, 2012), 22-66.

41. Estelle R. Jorgensen, "Some Challenges for Music Education: What Are Music Teachers to Do?" Keynote lecture to the International Conference CIPEM (Centro de Investigação em Psicologia da Música e Educação Musical), 2019, Porto, Portugal, September 19-21, 2019, published in Portuguese as "Alguns Desafios Para a Educação Musical. O Que Podem Fazer os Professores de Música," trans. Graça Boal-Palheiros, in *Desafios em Educação Musical,* ed., Graça Boal-Palheiros and Pedro S. Boia (Porto, Portugal: CIPEM, 2020).

42. Iris M. Yob, Steven Danver, Sheryl Kristensen, William Schulz, Kathy Simmons, Henry Brashen, Rebecca Sidler, Linda Kiltz, Linda Gatlin, Suzanne Wesson, and Diane Penland, "Curriculum Alignment with a Mission of Social Change in Higher Education," *Innovative Higher Education* (October 2015), https://doi.org/10.1007/s10755-015-9344-5.

43. 자매애에 대해서는 다음을 참고하시오. bell hooks, *Teaching to Transgress: Education as the Practice of Freedom* (New York: Routledge, 1994), 102, 103.

44. Christopher Small, *Musicking: The Meanings of Performing and Listening* (Hanover, NH: Wesleyan University Press, University Press of New England, 1998).

45. Ronald Dworkin, *Sovereign Virtue: The Theory and Practice of Equality* (Cambridge, MA: Harvard University Press, 2000).

46. Israel Scheffler, *Reason and Teaching* (1973; repr., Indianapolis, IN: Bobbs-Merrill, 1973).

47. Bresler, *Knowing Bodies,* Prelude.

48. Deleuze and Guattari, *A Thousand Plateaus,* 492-299.

49. Hanne Fossum and Øivind Varkøy, "Music Education for the Common Good? Between

Hubris and Resignation: A Call for Temperance," in *Humane Music Education for the Common Good*, ed. Iris M. Yob and Estelle R. Jorgensen (Bloomington: Indiana University Press, 2020), 40-53.

에필로그

1. Estelle R. Jorgensen, *Pictures of Music Education* (Bloomington: Indiana University Press, 2011), 1장.

2. Jorgensen, *Pictures of Music Education*, 4장.

3. Jorgensen, *Pictures of Music Education*, 12장.

4. 일반 교육의 중심 부분으로서 예술에 관하여 다음을 참고하시오. Philip Phenix, *Realms of Meaning: A Philosophy of the Curriculum for General Education* (1964; repr., Ventura, CA: Ventura County Superintendent of Schools Office, 1986); Vernon A. Howard, *Learning by All Means: Lessons from the Arts: A Study in the Philosophy of Education* (New York: Peter Lang, 1992).

5. Harvard Museum of Natural History, "Glass Flowers: The Ware Collection of Blaschka Glass Models of Plants," 2018년 11월 7일 접속, https://hmnh.harvard.edu/glass-flowers.

6. Jorgensen, *Pictures of Music Education*, 5장.

7. Jacques Attali, *Noise: The Political Economy of Music*, trans. Brian Massumi (Minneapolis: University of Minnesota Press, 1985).

8. Jorgensen, *Pictures of Music Education*, 8장.

9. Susanne K. Langer, *Philosophy in a New Key: A Study in the Symbolism of Reason, Rite, and Art*, 3rd edition (Cambridge, MA: Harvard University Press, 1957).

10. Iris M. Yob, "If We Knew What Spirituality Was, We Would Teach for It," *Music Educators Journal* 98, no. 2 (December 2011): 41-47, https://doi.org/10.1177/0027432111425959. 동서양 클래식 음악의 전통에서 예시를 찾을 수 있다. 이에 대해서는 다음을 참고하시오. Daniel M. Neuman, *The Life of Music in North India: The Notes Organization of an Artistic Tradition* (Detroit: Wayne State University Press, 1980); Bruno Nettl, *Heartland Excursions: Ethnomusicological Reflections on Schools of Music* (Urbana: University of Illinois Press, 1995); Henry Kingsbury, *Music, Talent, and Performance: A Conservatory Cultural System* (1988; Philadelphia: Temple University, 2001).

11. Jorgensen, *Pictures of Music Education*, 6장.

12. Jorgensen, *Pictures of Music Education*, 9장과 6장.

13. Jorgensen, *Pictures of Music Education*, 11장. 다음을 참고하시오. Maria Montessori, *The Absorbent Mind* (1967; repr., New York: Dell, 1980); Jane Roland Martin, *The Schoolhome: Rethinking Schools for Changing Families* (Cambridge, MA: Harvard University Press,

1992).

14. Jorgensen, *Pictures of Music Education*, 10장.

15. Jorgensen, *Pictures of Music Education*, 11장.

16. Jorgensen, *Pictures of Music Education*, 10장과 11장.

17. Jorgensen, *Pictures of Music Education*, 7장.

18. On growth and nurture, see John Dewey, *Experience and Education* (1938; repr., New York: Collier Books, 1963); Shinichi Suzuki, *Nurtured by Love: A New Approach to Education*, trans. Waltraud Suzuki (New York: Exposition, 1969).

19. Jorgensen, *Pictures of Music Education*, 2장, 6장, 13장.

20. Amanda Hess, "Welcome to the Era of the Post-Shopping Mall: As the Mall Declines, American Dream-a 'Destination' at the Height of Capitalism-Rises," *New York Times,* 2019년 12월 27일, https://www.nytimes.com/2019/12/27/arts/american-dream-mall-opening.html.

21. Ivan Illich, *Deschooling Society* (1971; repr., London and New York: Marion Boyars, 2004).

22. Jorgensen, *Pictures of Music Education*, 12장.

23. Jorgensen, *Pictures of Music Education*, 9장.

24. John Rawls, *A Theory of Justice*, rev. ed. (Cambridge, MA: Harvard University Press, 1999); Amartya Sen, *The Idea of Justice* (Cambridge, MA: Harvard University Press, 2009); Jacques Derrida, "Force of Law: The 'Mystical Foundation of Authority,'" trans. Mary Quaintance, in *Acts of Religion*, ed. Gil Anidjar (London: Routledge, 2002).

25. Ronald Dworkin, *Sovereign Virtue: The Theory and Practice of Equality* (Cambridge, MA: Harvard University Press, 2000); Danielle Allen, *Our Declaration: A Reading of the Declaration of Independence in Defense of Equality* (New York: W. W. Norton, 2014); Danielle Allen, Tommie Shelby, Marcelo Suárez-Orozco, Michael Rebell, and Quiara Alegría Hudes, *Education and Equality* (Chicago: Chicago University Press, 2016). 마을-공동체 그림에 관해서는 다음을 참고하시오. Jorgensen, *Pictures of Music Education*, 3장.

26. John Rawls, *Justice as Fairness: A Restatement*, ed., Erin Kelly (Cambridge, MA: Harvard University Press, 2001); Jorgensen, *Pictures of Music Education*, 9장과 3장.

27. Dworkin, *Sovereign Virtue;* Allen, *Our Declaration;* Allen et. al., *Education and Equality;* Jorgensen, *Pictures of Music Education*, 9장과 3장.

28. 위반의 두 가지 면에 대한 분석에 관하여 다음을 참고하시오. Panagiotis A. Kanellopoulos, "Rethinking the Transgressive: A Call for 'Pessimistic Activism' in Music Education," in *The Road Goes Ever On: Estelle Jorgensen's Legacy in Music Education*, ed. Randall Everett Allsup and Cathy Benedict (London, ON: Western University, December 2019), 119-137, https://doi.org/10.5206/Q1144262.jorgensen.2019.

29. Israel Scheffler, *In Praise of the Cognitive Emotions and Other Essays on the Philosophy of Education* (New York: Routledge, Chapman and Hall, 1991), 12장, "Vice into Virtue, or Seven Deadly Sins of Education Redeemed."

30. Vernon A. Howard, *Learning by All Means: Lessons from the Arts: A Study in the Philosophy of Education* (New York: Peter Lang, 1992)은 이 가능성을 파악하는 사람들 중 하나이다.

31. 음악 교육보다는 음악 교육에 관한 사고는 다음이 앞서간다. Patrick Schmidt, "Becoming a Story: Searching for Music Educations," in *The Road Goes Ever On: Estelle Jorgensen's Legacy in Music Education*, ed. Randall Everett Allsup and Cathy Benedict (London, ON: Western University, December 2019), 141–150, https://doi.org/10.5206/Q1144262.jorgensen.2019

32. 학습 수단으로서의 글쓰기에 관하여 다음을 참고하시오. Vernon A. Howard and James H. Barton, *Thinking on Paper* (New York: William Morrow, 1986). 상상력을 깨우는 수단으로서 공동체 안에 존재하는 것의 중요성에 관하여 다음을 참고하시오. Maxine Greene, *The Dialectic of Freedom* (New York: Teachers College Press, 1988), 17. 또한 글쓰기는 잊어버리거나 간과한 것을 기억하고 다시 배울 수 있게 해 준다. 예를 들어, 25년 전 한센(Forest Hansen)의 주요 기사에서 촉발된 음악적 가치에 대한 철학적 대화가 생각난다. "Values in Music Education," *Philosophy of Music Education Review* 2, no. 1 (Spring 1994): 3–13, https://www.jstor.org/stable/40327065은 음악의 본질적 가치에 관한 중요한 문제를 다루고 있다. David J. Elliott, "Musical Values Revisited: A Reply to Forest Hansen's 'Values in Music Education,'" *Philosophy of Music Education Review* 3, no. 1 (Spring 1995): 52–55, https://www.jstor.org/stable/40327088; Forest Hansen, "Musical Values Again: A Response to David Elliott's Critique of 'Values in Music Education,'" *Philosophy of Music Education Review* 3, no. 2 (Fall 1995): 125–127, https://www.jstor.org/stable/40327098.

🔊 찾아보기

인명

A

Addo, A. 269

Allen, D. 279

Allsup, R. 41, 113, 154, 194, 223, 261

Alperson, P. 33, 208

Aristotle 77, 192, 210, 254

Arnstine, D. 31, 150, 195

Attali, J. 276

B

Benedict, C. 223

Benhabib, S. 31, 223, 256

Berlin, I. 70, 226

Berliner, P. 211

Blacking, J. 157

Bloom, B. 200

Bogdan, D. 78, 117, 183

Bowman, W. 260

Boyce-Tillman, J. 36, 178, 201, 216, 234, 249

Bresler, L. 119, 258

Brett, P. 178

Brokenbrough, E. 178

Broudy, H. 31

Bruner, J. 100

Buber, M. 175

C

Carr, D. 80, 268

Coleridge, S. 105, 114

Copland, A. 33, 69

Csikszentmihalyi, M. 70, 184, 202

Curwen, J. 45

D

Dali, S. 55

Deleuze, G. 250, 272

Derrida, J. 114, 225, 256, 278

Detels, C. 194

Dewey, J. 31, 90, 155, 186, 219, 277

Dickens, C. 224

Dworkin, R. 271, 279

E

Eliade, M. 68

Elliott, D. 33, 35, 208, 211, 260

Émile 89

Erikson, E. 186, 258, 259

Erikson, J. 186, 258, 259

내용

저자 소개

Estelle R. Jorgensen

에스텔 R. 요르겐센은 미국 인디애나대학교 제이콥스 음악학교의 음악 교육 명예 교수이자 대학교 연구 검토위원, 연구 방법론 학자이며, 월든대학교의 리차드 W. 라일리 교육 및 지도력 대학의 기여 교수 요원이다.

요르겐센은 2020년 미 전국 음악교육학회에서 선정한 선도 연구자상 수상자로, 『음악교육을 찾아서, 음악교육의 개혁(In Search of Music Education, Transforming Music Education)』(Indiana University Press, 2002), 『음악을 가르치는 기술(Transforming Music Education)』(Indiana University Press, 2008), 『음악교육의 그림들(Pictures of Music Education)』(Indiana University Press, 2011)의 저자이며, 『공동선을 위한 인도적 음악교육(Humane Music Education for the Common Good)』(Indiana University Press, 2020)의 공동편집자이다.

감수자 소개

이남재(Lee, Nam Jai)
노스텍사스대학교 음악학 박사
현 한국교원대학교 명예교수

⟨주요 저서⟩
『서양음악사 2』(공저, 2016, 음악세계)
『서양음악사 1』(공저, 2014, 음악세계)
『17세기 음악』(2006, 음악세계)

역자 소개

최은아(Choi, Euna)

한국교원대학교 음악교육학 박사

현 전주교육대학교 교수

〈주요 저 · 역서〉

『더해 보고(plus) 더 해보는(more) 음악 중심 통합수업』(공저, 2022, 학지사)

『배우며 가르치는 초등음악교육』(공저, 2022, 어가)

『미래를 향한 새로운 음악교육: 교수법, 이슈 및 관점』(공역, 2020, 학지사)

『한슬리크 음악 미학의 철학적 배경』(2011, 예솔)

김성지(Kim, Sung-Ji)

한국교원대학교 음악교육학 박사

현 한라초등학교 교사

〈주요 저 · 역서〉

『더해 보고(plus) 더 해보는(more) 음악 중심 통합수업』(공저, 2022, 학지사)

『미래를 향한 새로운 음악교육: 교수법, 이슈 및 관점』(공역, 2020, 학지사)

김일영(Kim, Il Young)

한국교원대학교 음악교육학 박사

현 영등포여자고등학교 교사

〈주요 논문〉

「고교학점제에 따른 학교 간 공동교육과정의 음악 선택과목 운영 현황 분석」(2023)

「협력종합예술활동이 중학생의 정의적 영역에 미치는 효과성 연구」(공동, 2023)

「순환 모델(Rotation model) 간 혼합적 접근에 의한 다중모델(Multiple models) 기
    반의 블렌디드 중등 음악 교수 · 학습 설계 방안 탐색」(2022)

박영주(Park, Young Joo)
컬럼비아대학교 음악교육학 박사
현 경남대학교 교수

〈주요 저 · 역서〉
『2022 개정 교육과정을 적용한 음악과 교수 · 학습 및 평가』(공저, 2023, 어가)
『음악교육학 개론』(공저, 2022, 어가)
『피아노 교수학 총론』(공저, 2020, 학지사)
『음악교육의 주요 이슈』(공역, 2017, 음악세계)

양병훈(Yang, Byoung Hun)
한국교원대학교 음악교육학 석사
현 나룰초등학교 교사

〈주요 저서〉
『온음다해 교실합주 1: 학교 기악합주를 위한 악곡집』(공저, 2024, 예솔)
『더해 보고(plus) 더 해보는(more) 음악 중심 통합수업』(공저, 2022, 학지사)

임은정(Lim, Eun-Jeong)
켄트주립대학교 음악교육학 박사
현 제주대학교 교수

〈주요 저서〉
『4.0 평생학습 시대의 문화예술교육론 개정판』(공저, 2023, 어가)
『배우며 가르치는 초등음악교육』(공저, 2022, 어가)

정윤정(Jung, Yoon Jeong)

서울대학교 음악교육학 박사

현 부산교육대학교, 한국교원대학교 강사

〈주요 논문〉

「국제 바칼로레아 중학교(IB MYP) 음악과 교육과정의 특성 및 시사점 탐색」(2023)

「통합음악교육을 위한 교수·학습 실천 모형 개발 연구」(공동, 2023)

「음악과 교육과정의 핵심 개념과 핵심 아이디어의 의미 및 서술 방안 고찰」(2022)

최정윤(Choi, Jungeyun Grace)

이스트만 음악대학 음악교육학 박사

현 숙명여자대학교 강사

〈주요 논문〉

「Improvisation in Collegiate Class Piano」(2022) 등

최진경(Choi, Jin Kyong)

서울대학교 음악교육학 박사

현 전주교육대학교, 국민대학교, 건국대학교 강사

〈주요 저서〉

『멜로스 연주와 비평 001: 2022년 대한민국 음악계의 가장 주목할 만한 순간들』
    (2023, 모노폴리)

『디지털 혁명과 음악: 유튜브, 매시업, 그리고 인공지능의 미학』(공동 편저, 2021,
    모노폴리)

가치, 그리고 음악 교육
Values and Music Education

2024년 1월 5일 1판 1쇄 인쇄
2024년 1월 15일 1판 1쇄 발행

지은이 • Estelle R. Jorgensen
옮긴이 • 최은아 · 김성지 · 김일영 · 박영주 · 양병훈
　　　　임은정 · 정윤정 · 최정윤 · 최진경
감　수 • 이남재
펴낸이 • 김진환
펴낸곳 • ㈜**학지사**
　　　　04031 서울특별시 마포구 양화로 15길 20 마인드월드빌딩
대표전화 • 02-330-5114　　팩스 • 02-324-2345
등록번호 • 제313-2006-000265호

홈페이지 • http://www.hakjisa.co.kr
인스타그램 • https://www.instagram.com/hakjisabook

ISBN 978-89-997-3100-6　93370

정가 23,000원

출판미디어기업 **학지사**
간호보건의학출판 **학지사메디컬** www.hakjisamd.co.kr
심리검사연구소 **인싸이트** www.inpsyt.co.kr
학술논문서비스 **뉴논문** www.newnonmun.com
교육연수원 **카운피아** www.counpia.com
대학교재전자책플랫폼 **캠퍼스북** www.campusbook.co.kr